엑스포지멘터리

요한복음 II

John

엑스포지멘터리 요한복음 Ⅱ

초판 1쇄 발행 2022년 10월 21일
2쇄 발행 2022년 10월 23일

지은이 송병현

펴낸곳 도서출판 이엠
등록번호 제25100-2015-000063
주소 서울시 강서구 공항대로 220, 601호
전화 070-8832-4671
E-mail empublisher@gmail.com

내용 및 세미나 문의 스타선교회: 02-520-0877 / EMail: starofkorea@gmail.com / www.star123.kr
Copyright © 송병현, 2022, *Print in Korea.*
ISBN 979-11-86880-94-4 93230

「이 도서의 국립중앙도서관 출판시 도서목록(CIP)은 서지정보유통지원시스템 홈페이지(http://seoji.nl.go.kr)와 국가자
료공동목록시스템(http://www.nl.go.kr/kolisnet)에서 이용하실 수 있습니다. (CIP제어번호:CIP2015000753)」

엑스포지멘터리

요한복음 II

John

| 송병현 지음 |

EXPOSItory comMENTARY

EM Exposi
Mentary

예수 그리스도의 생명의 복음

송병현 교수님이 오랫동안 연구하고 준비한 엑스포지멘터리 주석 시리즈를 출간할 수 있도록 인도해 주신 여호와 하나님께 감사와 영광을 돌립니다. 함께 수고한 스타선교회 실무진들의 수고에도 격려의 말씀을 드립니다.

많은 주석이 있지만 특별히 엑스포지멘터리 주석이 성경을 하나님의 완전한 계시로 믿고 순종하려는 분들에게 위로와 감동을 주었으면 하는 바람입니다. 단지 신학을 학문적으로 풀어내어 깨달음을 주는 수준이 아니라 성경을 통해 하나님의 세미한 음성을 들을 수 있도록 돕는 역할을 했으면 좋겠습니다. 예수 그리스도가 내 안에 내가 예수 그리스도 안에 있는 신앙으로 하나님의 말씀에 순종하는 사람을 길러내는 일에도 기여할 수 있기를 바랍니다.

우리 백석총회와 백석학원(백석대학교, 백석문화대학교, 백석예술대학교, 백석대학교평생교육신학원)의 신학적 정체성은 개혁주의생명신학입니다. 개혁주의생명신학은 성경의 가르침과 개혁주의 신학을 계승해, 사변

4

화된 신학을 반성하고, 회개와 용서로 하나 되며, 예수 그리스도께서 주신 영적 생명을 회복하고자 하는 신앙 운동입니다. 그리하여 성령의 도우심으로 삶의 모든 영역에서 예수 그리스도의 주권을 실현함으로써 오직 하나님께 영광을 돌리고, 나눔운동과 기도성령운동을 통해 자신과 교회와 세상을 변화시키는 실천 운동입니다.

송병현 교수님은 백석대학교 신학대학원에서 20여 년 동안 구약성경을 가르쳐 왔습니다. 성경 신학자로서 구약을 가르치면서도 기회가 있을 때마다 선교지를 방문해 선교사들을 교육하는 일을 게을리하지 않았습니다. 엑스포지멘터리 주석 시리즈는 오랜 선교 사역을 통해 알게 된 현장을 고려한 주석이라는 점에서 참으로 의미가 있습니다. 그만큼 실용적입니다. 목회자와 선교사님들뿐 아니라 모든 성도가 별다른 어려움 없이 쉽게 읽을 수 있습니다. 개혁주의생명신학이 추구하는 눈높이에 맞는 주석으로서 말씀에 대한 묵상과 말씀에서 흘러나오는 적용을 곳곳에서 만날 수 있습니다. 그래서 성경을 하나님의 말씀으로 믿고 고백하는 사람이라면 궁금했던 내용을 쉽게 배울 수 있고, 설교와 성경 공부를 하는 데도 도움을 받을 수 있습니다. 이번 구약 주석의 완간과 신약 주석 집필의 시작이 예수 그리스도의 생명의 복음을 온 세상에 전하려는 모든 분에게 도움이 되기를 바라는 마음으로 이 책을 추천합니다.

2021년 9월

장종현 목사 | 대한예수교장로회(백석) 총회장·백석대학교 총장

한국 교회를 향한 아름다운 섬김

우리 시대를 포스트모던 시대라고 합니다. 절대적 가치를 배제하고 모든 것을 상대화하는 시대입니다. 이런 시대를 살아가면서 목회자들은 여전히 변하지 않는 절대적인 계시의 말씀인 성경을 들고 한 주간에도 여러 차례 설교하도록 부름을 받습니다. 그런가 하면 진지한 평신도들도 날마다 성경을 읽고 해석하며 삶의 마당에 적용하도록 도전을 받고 있습니다.

이런 시대 속에서 우리는 전통적인 주석과 강해를 종합하는 도움을 기다리고 있었습니다. 저는 이러한 시대적 요청에 송병현 교수가 꼭 필요한 응답을 했다고 믿습니다. 그것이 구약 엑스포지멘터리 전권 발간에 한국 교회가 보여 준 뜨거운 반응의 이유였다고 믿습니다.

물론 정교하고 엄밀한 주석을 기대하거나 혹은 전적으로 강해적 적용을 기대한 분들에게는 이 시리즈가 다소 기대와 다를 수도 있을 것입니다. 그러나 목회 현장에서 설교의 짐을 지고 바쁘게 살아가는 설교자들과 날마다 일상에서 삶의 무게를 감당하며 성경을 묵상하는 성도들에게 이 책은 시대의 선물입니다.

저는 저자가 구약 엑스포지멘터리 전권을 발간하는 동안 얼마나 자신을 엄격하게 채찍질하며 이 저술을 하늘의 소명으로 알고 치열하게 그 임무를 감당해 왔는지 지켜보았습니다. 그리고 그 모습에 큰 감동을 받았습니다. 그렇기에 다시금 신약 전권 발간에 도전하는 그에게 중보 기도와 함께 진심 어린 격려의 박수를 보내고 싶습니다.

구약 엑스포지멘터리에 추천의 글을 쓰며 말했던 것처럼 이는 과거 박윤선 목사님 그리고 이상근 목사님에 이어 한국 교회를 향한 아름다운 섬김으로 기억될 것입니다. 더불어 구약과 신약 엑스포지멘터리 전권을 곁에 두고 설교를 준비하고 말씀을 묵상하는 주님의 종들이 하나님 말씀 안에서 더욱 성숙해 한국 교회의 면류관이 되기를 기도합니다.

이 참고 도서가 무엇보다 성경의 성경 됨을 우리 영혼에 더 깊이 각인해 성경의 주인 되신 주님을 높이고 드러내는 일에 존귀하게 쓰이기를 축복하고 축원합니다. 제가 그동안 이 시리즈로 받은 동일한 은혜가 이 선물을 접하는 모든 분에게 넘치기를 기도합니다.

2021년 1월

이동원 목사 | 지구촌 목회리더십센터 대표

신약 엑스포지멘터리 시리즈를 시작하며

지난 10년 동안 구약에 관해 주석 30권과 개론서 4권을 출판했다. 이 시리즈의 준비 작업은 미국 시카고 근교에 자리한 트리니티복음주의신학교(Trinity Evangelical Divinity School)에서 목회학석사(M. Div.)를 공부할 때 시작되었다. 교수들의 강의안을 모았고, 좋은 주석으로 추천받은 책들은 점심을 굶어가며 구입했다. 덕분에 같은 학교에서 구약학 박사(Ph. D.) 과정을 마무리하고 한국으로 올 때 거의 1만 권에 달하는 책을 가져왔다. 지금은 이 책들 대부분이 선교지에 있는 여러 신학교에 가 있다.

신학교에서 공부할 때 필수과목을 제외한 선택과목은 거의 성경 강해만 찾아서 들었다. 당시 트리니티복음주의신학교가 나에게 참으로 좋았던 점은 교수들의 신학적인 관점의 폭이 매우 넓었고, 다양한 성경 과목이 선택의 폭을 넓혀 주었다는 점이다. 세계적으로 유명한 구약과 신약 교수들의 강의를 들으면서도 내 마음 한구석은 계속 불편했다. 계속 "소 왓?"(So what?, "그래서 어쩌라고?")이라는 질문이 나를 불편하게 했다. 그들의 주옥같은 강의로도 채워지지 않는 부분이 있었기 때문이다.

주석은 대상에 따라 학문적 수준이 천차만별인 매우 다이내믹한 장르다. 평신도들이 성경 말씀을 쉽게 이해하도록 돕기 위해 출판된 주석들은 본문 관찰에 대한 가장 기본적인 내용과 쉬운 언어로 작성된다. 나에게 가장 친숙한 예는 바클레이(Barclay)의 신약 주석이다. 나는 고등학생과 대학생 시절에 바클레이가 저작한 신약 주석 17권으로 큐티(QT)를 했다. 신앙생활뿐 아니라 나중에 신학교에 입학할 때도 많은 도움이 되었다.

평신도들을 위한 주석과는 대조적으로 학자들을 위한 주석은 당연히 말도 어렵고, 논쟁적이며, 일반 성도들이 몰라도 되는 내용을 참으로 많이 포함한다. 나는 당시 목회자 양성을 위한 목회학석사(M. Div.) 과정을 공부하고 있었기 때문에 성경 강해를 통해 설교와 성경 공부를 인도하는 데 도움이 될 만한 강의를 기대했다. 교수들의 강의는 학문적으로 참으로 좋았다. 그러나 그들이 가르치는 내용을 성경 공부와 설교에는 쉽게 적용할 수 없다는 생각이 들었다. 이러한 필요가 채워지지 않았기 때문에 계속 "소 왓"(So what?)을 반복했던 것이다.

그때부터 자료들을 모으고 정리하며 나중에 하나님이 기회를 주시면 목회자들의 설교와 성경 공부에 실질적인 도움을 줄 수 있는 주석을 출판하겠다는 꿈을 품었다. 그러면서 시리즈 이름도 '엑스포지멘터리' (exposimentary=expository+commentary)로 정해 두었다. 그러므로 『엑스포지멘터리 시리즈』는 20여 년의 준비 끝에 10년 전부터 출판을 시작한 주석 시리즈다. 2010년에 첫 책인 창세기 주석을 출판할 무렵, 친구인 김형국 목사에게 사전에도 없는 'Exposimentary'를 우리말로 어떻게 번역하면 좋겠냐고 물었다. 그는 우리말로는 쉽게 설명할 수 없는 개념이니 그냥 영어를 소리 나는 대로 표기해 사용하라고 조언했다. 이렇게 해서 엑스포지멘터리 시리즈 주석이 탄생하게 되었다.

지난 10년 동안 많은 목회자가 이 주석들로 인해 설교가 바뀌고 성경 공부에 자신감을 얻었다고 말해 주었다. 참으로 감사한 일이다. 나는 학자들을 위해 책을 쓰는 것이 아니라, 목회자들을 위해 주석을 집필하고 있다. 그래서 목회자들이 알아야 할 정도의 학문적인 내용과 설교 및 성경 공부에 도움이 될 만한 실용적인 내용이 균형을 이룬 주석을 출판하기 위해 노력하고 있다. 또한 학문적으로 높은 수준의 주석을 추구하지 않기 때문에 구약을 전공한 내가 감히 신약 주석을 집필할 생각을 했다. 나의 목표는 은퇴할 무렵까지 마태복음부터 요한계시록까지 신약 주석을 정경 순서대로 출판하는 것이다. 이 책으로 도움을 받은 독자들이 나를 위해 기도해 준다면 참으로 감사하고 영광스러운 일이 될 것이다.

2021년 1월 방배동에서

시리즈 서문

"너는 50세까지는 좋은 선생이 되려고 노력하고, 그 이후에는 좋은 저자가 되려고 노력해라." 내가 미국 시카고 근교에 위치한 트리니티복음주의신학교(Trinity Evangelical Divinity School) 박사 과정을 시작할 즈음에 지금은 고인이 되신 스승 맥코미스키(Thomas E. McComiskey)와 아처(Gleason L. Archer) 두 교수님이 주신 조언이다. 너무 일찍 책을 쓰면 훗날 아쉬움이 많이 남는다며 하신 말씀이었다. 박사 학위를 마치고 1997년에 한국에 들어와 신학대학원에서 가르치기 시작하면서 나는 이 조언을 마음에 새겼다. 사실 이 조언과 상관없이 당시에 곧장 책을 출판하기는 불가능한 일이었다. 중학생이었던 1970년대 중반에 캐나다로 이민 가서 20여 년 만에 귀국해 우리말로 강의하는 일 자체가 그 당시 나에게 매우 큰 도전이었던 만큼, 책을 출판하는 일은 사치로 느껴질 뿐이었다.

세월이 지나 어느덧 선생님들이 말씀하신 쉰 살을 눈앞에 두었다. 1997년에 귀국한 후 지난 10여 년 동안 나는 구약 전체에 대한 강의안을 만드는 일을 목표로 삼았다. 나 자신에게 동기를 부여하기 위해 몸담고 있는 신대원 학생들에게 매 학기 새로운 구약 강해 과목을 개설

해 주었다. 감사한 것은 지혜문헌을 제외한 구약 모든 책의 본문 관찰을 중심으로 한 강의안을 13년 만에 완성할 수 있었다는 점이다. 앞으로 수년에 거쳐 이 강의안들을 대폭 수정해 매년 2–3권씩을 책으로 출판하려 한다. 지혜문헌은 잠시 미루어 두었다. 시편 1권(1–41편)에 대해 강의안을 만든 적이 있는데, 본문 관찰과 주해는 얼마든지 할 수 있었지만 무언가 아쉬움이 남았다. 삶의 연륜이 가미되지 않은 데서 비롯된 부족함이었다. 그래서 지혜문헌에 대한 주석은 예순을 바라볼 때쯤 집필하기로 했다. 삶을 조금 더 경험한 후로 미루어 둔 것이다. 아마도 이 시리즈가 완성될 즈음이면, 자연스럽게 지혜문헌에 대한 책을 출판할 때가 되지 않을까 싶다.

이 시리즈는 설교를 하고 성경 공부를 인도해야 하는 중견 목회자들과 평신도 지도자들을 마음에 두고 집필한 책이다. 나는 이 시리즈의 성향을 'exposimentary'('해설주석')이라고 부르고 싶다. Exposimentary라는 단어는 내가 만든 용어다. 해설/설명을 뜻하는 'expository'라는 단어와 주석을 뜻하는 'commentary'를 합성했다. 대체로 expository는 본문과 별 연관성이 없는 주제와 묵상으로 치우치기 쉽고, commentary는 필요 이상으로 논쟁적이고 기술적일 수 있다는 한계를 의식해 이러한 상황을 의도적으로 피하고 가르치는 사역에 조금이나마 실용적이고 도움이 되는 교재를 만들기 위해 만들어낸 개념이다. 나는 본문의 다양한 요소와 이슈들에 대해 정확하게 석의하면서도 전후 문맥과 책 전체의 문형(文形, literary shape)을 최대한 고려해 텍스트의 의미를 설명하고 우리 삶과 연결하고자 노력했다. 또한 히브리어 사용은 최소화했다.

이 시리즈를 내놓으면서 감사할 사람이 참 많다. 먼저, 지난 25년 동안 내 인생의 동반자가 되어 아낌없는 후원과 격려를 해 준 아내 임우민에게 감사한다. 아내를 생각할 때마다 참으로 현숙한 여인(cf. 잠 31:10–31)을 배필로 주신 하나님께 감사할 뿐이다. 아빠의 사역을 기도와 격려로 도와준 지혜, 은혜, 한빛에게도 고마운 마음을 표한다. 평생

기도와 후원을 아끼지 않는 친가와 처가 친척들에게도 감사하다는 말을 전하고 싶다. 항상 옆에서 돕고 격려해 주는 평생 친구 장병환·윤인옥 부부에게도 고마움을 표하며, 시카고 유학 시절에 큰 힘이 되어 주신 이선구 장로·최화자 권사님 부부에게도 이 자리를 빌려 평생 빚진 마음을 표하고 싶다. 우리 가족이 20여 년 만에 귀국해 정착할 수 있도록 배려를 아끼지 않으신 백석학원 설립자 장종현 목사님에게도 감사드린다. 우리 부부의 영원한 담임 목자이신 이동원 목사님에게도 고마움을 표하고 싶다.

2009년 겨울 방배동에서

감사의 글

스타선교회의 사역에 물심양면으로 헌신해 오늘도 하나님의 말씀이 온 세상에 선포되는 일에 기쁜 마음으로 동참하시는 백영걸, 정진성, 장병환, 임우민, 정채훈, 강숙희 이사님들께 감사의 마음을 전하고 싶습니다. 이사님들의 헌신이 있기에 세상은 조금 더 살맛 나는 곳이 되고 있습니다. 온 세상이 코로나19로 인해 겸손해질 수밖에 없는 시간을 지나고 있습니다. 여호와 라파의 주님께서 창궐한 코로나19를 다스리시고, 투병 중인 정채훈 이사님을 온전히 낫게 하실 것을 믿습니다.

2022년 봄의 향기가 가득한 방배동에서

일러두기

엑스포지멘터리(exposimentary)는 '해설/설명'을 뜻하는 엑스포지토리
(expository)와 '주석'을 뜻하는 코멘터리(commentary)를 합성한 단어다. 본
문의 뜻과 저자의 의도와는 별 연관성이 없는 주제와 묵상으로 치우치
기 쉬운 엑스포지토리(expository)의 한계와 필요 이상으로 논쟁적이고
기술적일 수 있는 코멘터리(commentary)의 한계를 극복해 목회 현장에
서 가르치고 선포하는 사역에 실질적으로 도움을 주는 새로운 장르다.
본문의 다양한 요소와 이슈에 대해 정확하게 석의하면서도 전후 문맥
과 책 전체의 문형(文形, literary shape)을 최대한 고려해 텍스트의 의미를
설명하고 성도의 삶과 연결하고자 노력하는 설명서다. 엑스포지멘터
리는 다음과 같은 원칙을 바탕으로 인용한 정보를 표기한다.

1. 참고문헌을 모두 표기하지 않고 선별된 참고문헌으로 대신한다.
2. 출처를 표기할 때 각주(foot note) 처리는 하지 않는다.
3. 출처는 괄호 안에 표기하되 페이지는 밝히지 않는다.
4. 여러 학자가 동일하게 해석할 때는 모든 학자를 표기하지 않고 일
   부만 표기한다.

5. 한 출처를 인용해 설명할 때 설명이 길어지더라도 문장마다 출처를 표기하지 않는다.

6. 본문 설명을 마무리하면서 묵상과 적용을 위해 "이 말씀은…"으로 시작하는 문단(들)을 두었다. 이 부분만 읽으면 잘 이해되지 않는 것들도 있다. 그러나 본문 설명을 읽고 나면 이해가 될 것이다.

7. 본문을 설명할 때 유대인들의 문헌과 외경과 위경에 관한 언급을 최소화한다.

8. 구약을 인용한 말씀은 장르에 상관없이 가운데 맞춤으로 정렬했으며, NAS의 판단 기준을 따랐다.

주석은 목적과 주된 대상에 따라 인용하는 정보의 출처와 참고문헌 표기가 매우 탄력적으로 제시되는 장르다. 참고문헌 없이 출판되는 주석도 있고, 각주가 전혀 없이 출판되는 주석도 있다. 또한 각주와 참고문헌 없이 출판되는 주석도 있다. 엑스포지멘터리 시리즈는 이 같은 장르의 탄력적인 성향을 고려해 제작된 주석이다.

선별된 약어표

개역	개역한글판
개역개정	개역개정판
공동	공동번역
새번역	표준새번역 개정판
현대	현대인의 성경
아가페	아가페 쉬운성경
BHS	Biblica Hebraica Stuttgartensia
ESV	English Standard Version
KJV	King James Version
LXX	Septuaginta
MT	Masoretic Text
NAB	New American Bible
NAS	New American Standard Bible
NEB	New English Bible
NIV	New International Version
NIRV	New International Reader's Version

NRS	New Revised Standard Bible
TNK	Jewish Publication Society Tanakh
AB	Anchor Bible
ABCPT	A Bible Commentary for Preaching and Teaching
ABD	The Anchor Bible Dictionary, 6 vols. Ed. by D. N. Freedman. New York, 1992
ABR	Australian Biblical Review
ABRL	Anchor Bible Reference Library
ACCS	Ancient Christian Commentary on Scripture
ANET	The Ancient Near Eastern Texts Relating to the Old Testament. 3rd ed. Ed. by J. B. Pritchard. Princeton: Princeton University Press, 1969
ANETS	Ancient Near Eastern Texts and Studies
ANTC	Abingdon New Testament Commentary
AOTC	Abingdon Old Testament Commentary
ASTI	Annual of Swedish Theological Institute
BA	Biblical Archaeologist
BAR	Biblical Archaeology Review
BAR	Biblical Archaeology Review
BBR	Bulletin for Biblical Research
BCBC	Believers Church Bible Commentary
BCL	Biblical Classics Library
BDAG	A Greek–English Lexicon of the New Testament and Other Early Christian Literature, 3rd ed. Ed. by Bauer, W., W. F. Arndt, F. W. Gingrich, and F. W. Danker. Chicago, 2000
BECNT	Baker Exegetical Commentary on the New Testament

BETL	Bibliotheca Ephemeridum Theoloicarum Lovaniensium
BETS	Bulletin of the Evangelical Theological Society
BibOr	Biblia et Orientalia
BibSac	Bibliotheca Sacra
BibInt	Biblical Interpretation
BR	Bible Reseach
BRev	Bible Review
BRS	The Biblical Relevancy Series
BSC	Bible Student Commentary
BST	The Bible Speaks Today
BT	Bible Translator
BTB	Biblical Theology Bulletin
BTC	Brazos Theological Commentary on the Bible
BV	Biblical Viewpoint
BZ	Biblische Zeitschrift
BZNW	Beihefte zur Zeitschrift für die neutestamentliche Wissenschaft
CB	Communicator's Bible
CBC	Cambridge Bible Commentary
CBQ	Catholic Biblical Quarterly
CBQMS	Catholic Biblical Quarterly Monograph Series
CGTC	Cambridge Greek Testament Commentary
CurBS	Currents in Research: Biblical Studies
CurTM	Currents in Theology and Missions
DJG	Dictionary of Jesus and the Gospels. Ed. by J. B. Green, S. McKnight, and I. Howard Marshall. Downers Grove, 1992
DNTB	Dictionary of New Testament Background. Ed. by C. A. Evans and S. E. Porter. Downers Grove, 2000

DPL	Dictionary of Paul and His Letters. Ed. by G. F. Hawthorne, R. P. Martin, and D. G. Reid. Downers Grove, 1993
DSB	Daily Study Bible
ECC	Eerdmans Critical Commentary
ECNT	Exegetical Commentary on the New Testament
EDNT	Exegetical Dictionary of the New Testament. Ed. by H. Balz, G. Schneider. Grand Rapids, 1990−1993
EvJ	Evangelical Journal
EvQ	Evangelical Quarterly
ET	Expository Times
FCB	Feminist Companion to the Bible
GTJ	Grace Theological Journal
HALOT	The Hebrew and Aramaic Lexicon of the Old Testament. Ed. by L. Koehler and W. Baumgartner. Trans. by M. E. J. Richardson. Leiden, 1994−2000
Hist. Eccl.	Historia ecclesiastica (Eusebius)
HNTC	Holman New Testament Commentary
HTR	Harvard Theological Review
IB	Interpreter's Bible
IBS	Irish Biblical Studies
ICC	International Critical Commentary
IDB	Interpreter's Dictionary of the Bible
ISBE	The International Standard Bible Encyclopedia. 4 vols. Ed. by G. W. Bromiley. Grand Rapids, 1979−88
JAAR	Journal of the American Academy of Religion
JBL	Journal of Biblical Literature
JESNT	Journal for the Evangelical Study of the New Testament

JETS	Journal of the Evangelical Theological Society
JQR	Jewish Quarterly Review
JRR	Journal from the Radical Reformation
JSNT	Journal for the Study of the New Testament
JSNTSup	Journal for the Study of the New Testament Supplement Series
JTS	Journal of Theological Studies
LABC	Life Application Bible Commentary
LB	Linguistica Biblica
LCBI	Literary Currents in Biblical Interpretation
LEC	Library of Early Christianity
Louw–Nida	Greek–English Lexicon of the New Testament: Based on Semantic Domains, 2nd ed., 2 vols. By J. Louw, and E. Nida. New York, 1989
LTJ	Lutheran Theological Journal
MBC	Mellen Biblical Commentary
MenCom	Mentor Commentary
MJT	Midwestern Journal of Theology
NAC	New American Commentary
NCB	New Century Bible
NIB	The New Interpreter's Bible
NIBC	New International Biblical Commentary
NICNT	New International Commentary on the New Testament
NICOT	New International Commentary on the Old Testament
NIDNTT	The New International Dictionary of New Testament Theology. Ed. by C. Brown. Grand Rapids, 1986
NIDNTTE	New International Dictionary of New Testament Theology and Exegesis. 2nd Ed. by Moisés Silva. Grand Rapids, 2014

NIDOTTE	New International Dictionary of Old Testament Theology and Exegesis. Ed. by W. A. Van Gemeren. Grand Rapids, 1996
NIGTC	New International Greek Testament Commentary
NIVAC	New International Version Application Commentary
NovT	Novum Testamentum
NovTSup	Novum Testamentum Supplements
NSBT	New Studies in Biblical Theology
NTL	New Testament Library
NTM	New Testament Message
NTS	New Testament Studies
PBC	People's Bible Commentary
PNTC	Pillar New Testament Commentary
PRR	The Presbyterian and Reformed Review
PSB	Princeton Seminary Bulletin
ResQ	Restoration Quarterly
RevExp	Review and Expositor
RR	Review of Religion
RRR	Review of Religious Research
RS	Religious Studies
RST	Religious Studies and Theology
RTR	Reformed Theological Review
SacP	Sacra Pagina
SBC	Student's Bible Commentary
SBJT	Southern Baptist Journal of Theology
SBL	Society of Biblical Literature
SBLDS	Society of Biblical Literature Dissertation Series
SBLMS	Society of Biblical Literature Monograph Series

SBT	Studies in Biblical Theology
SHBC	Smyth & Helwys Bible Commentary
SJT	Scottish Journal of Theology
SNT	Studien zum Neuen Testament
SNTSMS	Society for New Testament Studies Monograph Series
SNTSSup	Society for New Testament Studies Supplement Series
ST	Studia Theologica
TBT	The Bible Today
TD	Theology Digest
TDOT	Theological Dictionary of the Old Testament. 11 vols. Ed. by G. J. Botterweck et al. Grand Rapids, 1974−2003
TDNT	Theological Dictionary of the New Testament. Ed. by G. Kittel and G. Friedrich. Trans. by G. W. Bromiley. 10 vols. Grand Rapids, 1964−1976
Them	Themelios
TJ	Trinity Journal
TNTC	Tyndale New Testament Commentaries
TS	Theological Studies
TT	Theology Today
TTC	Teach the Text Commentary Series
TWBC	The Westminster Bible Companion
TWOT	R. L. Harris, G. L. Archer, Jr., and B. K. Waltke (eds.), Theological Wordbook of the Old Testament, 2 vols. Chicago: Moody, 1980
TynBul	Tyndale Bulletin
TZ	Theologische Zeitschrift
USQR	Union Seminary Quarterly Review

VE	Vox Evangelica
VT	Vetus Testament
WBC	Word Biblical Commentary
WBCom	Westminster Bible Companion
WCS	Welwyn Commentary Series
WEC	Wycliffe Exegetical Commentary
WTJ	The Westminster Theological Journal
WUNT	Wissenschafliche Untersuchungen zum Neuen Testament und die Kunde der älteren Kirche
WW	Word and World
ZNW	Zeitschrift für die neutestamentliche Wissenschaft

차례

선별된 참고문헌

(Select Bibliography)

Adams, S. L. *Social and Economic Life in Second Temple Judea*. Louisville, KY: Westminster John Knox, 2014.

Alexander, L. "What is a Gospel?" Pp. 13–33 in *The Cambridge Companion to the Gospels*. Ed. by S. Barton. Cambridge: Cambridge University Press, 2006.

Ashton, J., ed. *The Interpretation of John*. Minneapolis: Fortress, 1986.

_____. *Understanding the Fourth Gospel*. Oxford: Clarendon, 1991.

Aland, K., ed. *Synopsis of the Four Gospels: Greek-English Edition of the Synopsis Quattuor Evangeliorum*. 7th ed. Stuttgart, Germany: German Bible Society, 1983.

Alexander, J. *Commentary on the Prophecies of Isaiah*. New York/London: Wiley & Putnam, 1847.

Allison, D. C. *The Historical Christ and the Theological Jesus*. Grand Rapids: Eerdmans, 2009.

Aquinas, T. *Commentary on the Gospel of John*. 3 vols. Trans. by F. Larcher and J. A. Weisheipl. Washington, DC: The Catholic University

Press, 2010.

Arterbury, A. E. "Breaking the Betrothal Bonds: Hospitality in John 4." CBQ 72 (2010): 63–83.

Ashton, J. *Understanding the Fourth Gospel*. Oxford: Clarendon, 1991.

Attridge, H. W. "Genre Bending in the Fourth Gospel." JBL 121 (2002): 3–21.

_____. "How Priestly is the 'High Priestly Prayer' of John 17?" CBQ 75 (2013): 1–14.

The Works of Saint Augustine. A Translation for the 21st Century. Homilies on the Gospel of John. Trans. and ed. by E. Hill. Myde Park, NY: New City Press, 2009.

Aune, D. E. *The New Testament in Its Literary Environment*. Philadelphia: Westminster, 1987.

Bailey, K. E. *Poet and Peasant*. Grand Rapids: Eerdmans, 1976.

_____. *Through Peasant Eyes: More Lucan Parables, Their Culture and Style*. Grand Rapids: Eerdmans, 1980.

_____. *Jesus through Middle Eastern Eyes: Cultural Studies in the Gospels*. Downers Grove, IL: InterVarsity Press, 2008.

Barclay, W. *The Gospel of John*. 2 vols. DSB. Rev. ed. Philadelphia: Westminster Press, 1975.

Barrett, C. K. *The Gospel According to St. John*. Philadelphia: Westminster Press, 1955.

_____. *Essays on John*. Philadelphia: Westminster Press, 1982.

_____. *The Gospel of John and Judaism*. London: SPCK, 1975.

Bauckham, R. *The Testimony of the Beloved Disciple: Narrative, History, and Theology in the Gospel of John*. Grand Rapids: Baker, 2007.

_____. *Gospel Women: Studies in the Named Women in the Gospels*. Grand

Rapids: Eerdmans, 2002.

_____. *Jesus and the Eyewitnesses: The Gospels as Eyewitness Testimony*. Grand Rapids: Eerdmans, 2006.

_____, ed. *The Gospel for All Christians*. Grand Rapids: Eerdmans, 1998.

Baumgardt, D. "Kaddish and the Lord's Prayer." JBQ 19 (1991): 164–69.

Beale, G. K.; B. L. Gladd. *The Story Retold: A Biblical-Theological Introduction to the New Testament*. Downers Grove, IL: InterVarsity Press, 2020.

Beasley-Murray, G. R. *John*. WBC. Waco, TX: Word, 1987.

_____. *Baptism in the New Testament*. Grand Rapids: Eerdmans, 1962.

Bernard, J. H. *The Gospel of John*. 2 vols. ICC. Edinburgh: T&T Clark, 1928.

Bird, M. F. *Jesus and the Origin of the Gentle Mission*. London: T&T Clark, 2006.

_____. "New Testament Theology Re-Loaded: Integrating Biblical Theology and Christian Origins." TynBul 60(2009): 265–91.

_____. *Jesus Is the Christ: The Messianic Testimony of the Gospels*. Downers Grove, IL: InterVarsity Press, 2012.

Blank, J. *The Gospel According to John*. New York: Crossroads, 1981.

Blomberg, C. L. *The Historical Reliability of the Gospels*. Downers Grove, IL: InterVarsity Press, 1987.

_____. *Interpreting the Parables*. Downers Grove, IL: InterVarsity Press, 1990.

_____. *Making Sense of the New Testament: Three Crucial Questions*. Grand Rapids: Baker, 2004.

Bock, D. L.; M. Glasser. *The Gospel According to Isaiah 53: Encountering the Suffering Servant in Jewish and Christian Theology*. Grand Rapids: Kregel, 2012.

Bockmuehl, M. *Seeing the Word: Refocusing New Testament Study*. Grand Rapids: Baker, 2006.

Boice, J. *The Gospel of John*. Grand Rapids: Zondervan, 1979.

Bond, H. "Discarding the Seamless Robe: the High Priesthood of Jesus in John's Gospel." Pp. 183–94 in *Israel's God and Rebecca's Children: Christology and Community*. Ed. by D. Capes et al. Festschrift for L. Hurtado and A. Segal. Baylor University Press, 2007.

Bonhoeffer, D. *Discipleship*. Trans. by B. Green and R. Krauss. Minneapolis: Fortress, 2001.

Borchert, G. L. *John*. 2 vols. NAC. Nashville: Broadman & Holman, 1996, 2002.

Brandon, S. G. F. *Jesus and the Zealots*. New York: Scribner's, 1967.

Brant, J. A. *John*. PCNT. Grand Rapids: Baker, 2011.

Brodie, T. L. *The Gospel of John: A Literary and Theological Commentary*. New York: Oxford University Press, 1993.

Brown, D. *The Four Gospels: A Commentary, Critical, Experimental and Practical*. Carlisle, PA: The Banner of Truth Trust, 1976rep.

Brown, R. E. *The Death of the Messiah: From Gethsemane to Grave. A Commentary on the Passion Narratives of the Four Gospels*. 2 vols. New York: Doubleday, 1994.

_____. *The Gospel According to John*. 2 vols. AB. New York: Doubleday, 1966, 1970.

_____. *The Community of the Beloved Disciple: The Life, Loves, and Hates of an Individual Church in New Testament Times*. New York: Paulist, 1979.

Bruce, F. F. *The Gospel of John: Introduction, Exposition, and Notes.* Grand Rapids: Eerdmans, 1983.

_____. *New Testament History.* Garden City, New York: Doubleday & Company, 1980.

_____. *Hard Sayings of Jesus.* Downers Grove, IL: InterVarsity Press, 1983.

Bruner, F. D. *The Gospel of John: A Commentary.* Grand Rapids: Eerdmans, 2012.

Bryan, S. M. "The Eschatological Temple in John 14." BBR 15 (2005): 187–98.

Bultmann, R. *The Gospel According to John: A Commentary.* Trans. by G. R. Beasley–Murray, et al. Philadelphia: Westminster Press, 1971.

_____. *The History of the Synoptic Tradition.* 2nd ed. Trans. by J. Marsh. Oxford: Blackwell, 1968.

_____. *Theology of the New Testament.* 2 vols. Trans. by K. Grobel. New York: Charles Scribner's Sons, 1951.

Burge, G. M. *The Anointed Community: The Holy Spirit in the Johannine Tradition.* Grand Rapids: Eerdmans, 1987.

_____. *Interpreting the Gospel of John.* NIVAC. Grand Rapids: Baker, 1992.

Burridge, R. A. "Gospel Genre and Audiences." Pp. 113–46 in *The Gospels for All Christians: Rethinking the Gospel Audiences.* Ed. by R. Bauckham. Grand Rapids: Eerdmans, 1998.

_____. *What Are the Gospels? A Comparison with Graeco-Roman Biography.* 2nd ed. Grand Rapids: Eerdmans, 2004.

Byrskog, S. *Story as History—History as Story: The Gospel Tradition in the Context of Ancient Oral History.* Leiden: Brill, 2002.

Caird, G. B.; L. D. Hurst. *New Testament Theology*. Oxford: Clarendon, 1994.

Calvin, J. *The Gospel According to St. John*. 2 vils. Trans. by T. H. L. Parker. Grand Rapids: Eerdmans, 1959, 1961.

Caragounis, C. C. *Peter the Rock*. BZNW 58. Berlin: de Gruyter, 1990.

Carlston, C. E.; D. Norlin. "Statistics and Q—Some Further Observations." NovT 41 (1999): 108–23.

Carrington, P. *The Primitive Christian Calendar*. Cambridge: Cambridge University Press, 1952.

Carse, J. P. *The Gospel of the Believed Disciple*. San Francisco: Harper, 1997.

Carson, D. A. *The Gospel According to John*. PNTC. Grand Rapids: Eerdmans, 1991.

_____. "What is the Gospel?—Revisited." Pp. 147–170 in *For the Fame of God's Name: Essays in Honor of John Piper*. Ed. by S. Storms and J. Taylor. Wheaton, IL: Crossway, 2010.

Carson, D. A.; Moo, D. J.; Morris, L., eds. *An Introduction to the New Testament*. Grand Rapids: Zondervan, 1992.

Carter, W. *The Roman Empire and the New Testament: An Essential Guide*. Nashville: Abingdon, 2006.

Casey, M. "General, Generic, and Indefinite: The Use of the Term 'Son of Man' in Jewish Sources and the Teaching of Jesus." JSNT 29 (1987): 21–56.

Chapman, D. W. "Perceptions of Crucifixion Among Jews and Christians in the Ancient World." TynBul 51 (2000): 313–16.

Charlesworth, J. H. *The Beloved Disciple: Whose Witness Validates the Gospel of John?* Valley Forge, PA: Trinity Press International, 1995.

Collins, A. Y. *Mark*. Hermeneia. Minneapolis: Fortress, 2007.

Coloe, M. L. *God Dwells with Us: Temple Symbolism in the Fourth Gospel*. Collegeville, MN: Liturgical Press, 2001.

Crossan, J. D. *Cliffs of Fall: Paradox and Polyvalence in the Parables of Jesus*. New York: Seabury, 1980.

_____. *The Historical Jesus: The Life of a Mediterranean Jewish Peasant*. San Francisco: Harper, 1991.

Cullman, O. *The Christology of the New Testament*. Philadelphia: Westminster Press, 1959.

Culpepper, R. A. *Anatomy of the Fourth Gospel: A Study in Literary Design*. Philadelphia: Fortress, 1983.

Culpepper, R. A.; C. C. Black, eds. *Exploring the Gospel of John*. Louisville: Westminster, 1996.

Daube, D. *The New Testament and Rabbinic Judaism*. London: University of London Press, 1956.

_____. "Jesus and the Samaritan Woman: The Meaning of sugcra,omai." JBL 69 (1950). 137–47.

Davis, S.; D. Kendall; G. O'Collins, ed. *The Resurrection: An Interdisciplinary Symposium on the Resurrection of Jesus*. Oxford: Oxford University Press, 1997.

De Boer, E. A. *The Gospel of Mary: Beyond a Gnostic and a Biblical Mary Magdalene*. New York: Continuum, 2005.

deSilva, D. A. *An Introduction to the New Testament: Context, Methods and Ministry Formation*. Downers Grove, IL: InterVarsity Press, 2004.

Derrett, J. D. M. *Law in the New Testament*. London: Dartman, Longman & Todd, 1970.

Dibelius, M. *From Tradition to Gospel*. Trans. by B. L. Woolf. Cam-

34

bridge: James Clarke & Company, 1971.

Dodd, C. H. *The Interpretation of the Fourth Gospel*. Cambridge: Cambridge University Press, 1953.

_____. *Historical Tradition in the Fourth Gospel*. Cambridge: Cambridge University Press, 1963.

Dodds, M. *The Gospel According to St. John*. EGNT. Grand Rapids: Eerdmans, 1976.

Doeve, J. W. *Jewish Hermeneutics in the Synoptic Gospels and Acts*. Assen: Van Gorcum, 1954.

Duke, P. D. *Irony in the Fourth Gospel*. Atlanta: John Knox, 1985.

Dunn, J. D. G. *Jesus and the Spirit: A Study of the Religious and Charismatic Experience of Jesus and the First Christians as Reflected in the New Testament*. London: SCM, 1975.

_____. *Unity and Diversity in the New Testament: An Inquiry into the Character of Earliest Christianity*. Philadelphia: Westminster Press, 1977.

_____. *New Testament Theology: An Introduction*. Nashville: Abingdon, 2009.

Edwards, M. *John*. BBC. Malden, MA: Blackwell, 2004.

Ellis, E. E. *The World of St. John*. Grand Rapids: Eerdmans, 1984.

Evans, C. A., ed. *Encyclopedia of the Historical Jesus*. New York: Routledge, 2008.

Fenton, J. C. *The Gospel According to St. John*. Oxford: Clarendon, 1970.

Ferguson, E. *Backgrounds of Early Christianity*. Grand Rapids: Eerdmans, 1987.

Filson, F. *The Gospel According to St. John*. Atlanta: John Knox, 1963.

Fortna, R. T. *The Gospel of Signs: A Reconstruction of the Narrative Source Underlying the Fourth Gospel*. Cambridge: Cambridge University

Press, 1970.

France, R. T. *Jesus and the Old Testament*. Grand Rapids: Baker, 1982.

_____. "Chronological Aspects of 'Gospel Harmony.'" VE 16 (1986): 33-60.

Funk, R. W., R. W. Hoover, Jesus Seminar. *The Five Gospels: What Did Jesus Really Say? The Search for Authentic Words of Jesus*. San Francisco: HarperOne, 1996.

Gardner-Smith, P. *Saint John and the Synoptic Gospels*. Cambridge: Cambridge University Press, 1938.

Godet, F. L. Commentary on John's Gospel. 3rd ed. Trans. by T. Dwight. Grand Rapids: Kregel, 1974rep.

Grassi, J. A. *The Secret Identity of the Beloved Disciple*. Mahwah, NJ: Paulist Press, 1992.

Grayston, K. *The Gospel of John. Narrative Commentaries*. Philadelphia: Trinity Press, 1990.

Green, J. B., J. K. Brown, N. Perrin, eds. *Dictionary of Jesus and the Gospels*, 2nd ed. Downers Grove, IL: InterVarsity Press, 2013.

Guelich, R. A. "The Gospel Genre." Pp. 173-208 in *The Gospel and the Gospels*. Ed. by P. Stuhlmacher. Grand Rapids: Eerdmans, 1991.

Guilding, A. *The Fourth Gospel and Jewish Worship*. Oxford: Clarendon, 1960.

Gundry, R. H. *A Survey of the New Testament*. Rev. ed. Grand Rapids: Zondervan, 1981.

Guthrie, D. *New Testament Introduction*. Downers Grove, IL: InterVarsity Press, 1970.

_____. *New Testament Theology*. Downers Grove, IL: InterVarsity Press, 1981.

Haenchen, E. A. *Commentary on the Gospel of John*. 2 vols. Hermeneia. Trans. by R. W. Funk. Philadelphia: Fortress, 1984.

Harris, M. J. *Jesus as God: The New Testament Use of Theos in Reference to Jesus*. Grand Rapids: Baker, 1992.

Harvey, A. E. *Jesus on Trial: A Study in the Fourth Gospel*. London: SPCK, 1976.

Hays, R. B. *The Moral Vision of the New Testament: Community, Cross, New Creation, A Contemporary Introduction to New Testament Ethics*. San Francisco: HarperOne, 1996.

_____. *Reading Backwards: Figural Christology and the Fourfold Gospel Witness*. Waco, TX: Baylor University Press.

Heil, J. P. *Jesus Walking on the Sea*. Rome: Pontifical Biblical Institute, 1981.

_____. *Blood and Water: The Death and Resurrection of Jesus in John 18-21*. CBQMS. Washington, DC: Catholic Biblical Association of America, 1995.

Hendriksen, W. *The Gospel of John*. 2 vols. Grand Rapids: Baker, 1954.

Hengel, M. *The Four Gospels and the One Gospel of Jesus Christ: An Investigation into the Collection and Origin of the Canonical Gospels*. London: SCM, 2000.

_____. *Crucifixion in the Ancient World and the Folly of the Message of the Cross*. Philadelphia: Fortress, 1977.

_____. *The Johannine Question*. London: SCM, 1989.

Hengstenberg, E. W. *Christology of the Old Testament, abridged edition*. Grand Rapids: Kregel, 1970.

Hoehner, H. W. *Chronological Aspects of the Life of Christ*. Grand Rapids: Zondervan, 1977.

Hooker, M. *Jesus and Servant*. London: SPCK, 1959.

_____. "John the Baptist and the Johannine Prologue." NTS 16 (1969): 354–58.

Hoskyns, E.; F. N. Davey. *The Fourth Gospel*. 2nd ed. London: Faber & Faber, 1947.

House, H. W. *Chronological and Background Charts of the New Testament*. Grand Rapids: Zondervan, 1981.

Howard, W. F. *Saint John: Introduction and Exegesis*. IB vol 8. Nashville: Abingdon, 1952.

Hull, W. E. *John*. BBC. Nashville: Broadman, 1970.

Hunter, A. M. *The Gospel According to John*. Cambridge: Cambridge University Press, 1965.

Isaksson, A. *Marriage and Ministry in the New Testament*. Lund: Gleerup, 19965.

Jeffers, J. S. *The Graeco-Roman World of the New Testament: Exploring the Background of Early Christianity*. Downers Grove, IL: InterVarsity Press, 1999.

Jeremias, J. *The Parables of Jesus*. 2nd ed. New York: Scribner's, 1972.

_____. *The Eucharistic Words of Jesus*. London: SCM, 1966.

Johnston, G. *The Spirit-Paraclete in the Gospel of John*. Cambridge: Cambridge University Press, 1970.

Käsemann, E. *The Testament of Jesus*. Philadelphia: Fortress, 1968.

Kealy, S. P. *The You May Believe: The Gospel According to St. John*. Middlegreen, Slough: St. Paul Publishers, 1978.

Keener, C. S. *The Gospel of John: A Commentary*. 2vols. Peabody, MA: Hendrickson, 2003.

_____. *The Historical Christ of the Gospels*. Grand Rapids: Eerdmans,

2009.

Kelly, J. N. D. *Early Christian Doctrines*. London: A. & C. Black, 1977.

Klink, E. W. *John*. ECNT. Grand Rapids: Zondervan, 2016.

_____. *The Sheep of the Fold: The Audience and Origin of the Gospel of John*. SNTSMS. Cambridge: Cambridge University Press, 2007.

Koester, C. R.; R. Bieringer, eds. *The Resurrection of Jesus in the Gospel of John*. Tübingen: Mohr Siebeck, 2008.

Köstenberger, A. J. *John*. BECNT. Grand Rapids: Baker, 2004.

_____. *A Theology of John's Gospel and Letters: The Word, the Christ, the Son of God*. Grand Rapids: Zondervan, 2009.

Kümmel, W. G. *Introduction to the New Testament*. Trans. by H. C. Kee. Nashville: Abingdon, 1975.

Kysar, R. *John*. Minneapolis: Augsburg, 1986.

_____. *John's Story of Jesus*. Philadelphia: Fortress, 1984.

_____. *The Fourth Evangelist and His Gospel: An Examination of Contemporary Scholarship*. Minneapolis: Augsburg, 1975.

Ladd, G. E. *A Theology of the New Testament*. Grand Rapids: Eerdmans, 1974.

Leithart, P. J. *Deep Exegesis: The Mystery of Reading Scripture*. Waco: Baylor University Press, 2009.

Lightfoot, R. H. *St. John's Gospel*. Oxford: Oxford University Press, 1956.

_____. *History and Interpretation in the Gospels*. New York: Hodder & Stoughton, 1934.

Lincoln, A. T. *The Gospel according to Saint John*. BNTC. London: Continuum, 2005.

_____. *Truth on Trial: The Lawsuit Motif in the Fourth Gospel*. Peabody,

MA: Hendrickson, 2000.

Lindars, B. *The Gospel of John*. NCB. London: Oliphants, 1972.

Longenecker, R. N. *The Christology of Early Jewish Christianity*. Grand Rapids: Baker, 1981.

_____. *Biblical Exegesis in the Apostolic Period*. Grand Rapids: Eerdmans, 1999.

Lunn, N. P. "Jesus, the Ark, and the Day of Atonement: Intertextual Echoes in John 19:38−20:18." JETS 52 (2009): 731−46.

Luther, M. *Luther's Works*. 15 vols. Ed. & Trans. by J. J. Pelikan and H. T. Lehmann. St. Louis: Concordia, 1955−1960.

MacGregor, G. H. C. *The Gospel of John*. London: Hodder, 1928.

MacRae, G. W. *Invitation to John*. New York: Doubleday, 1978.

Malina, B. J.; R. L. Rohrbaugh. *Social-Science Commentary on the Gospel of John*. Minneapolis: Fortress, 1998.

Manson, T. W. *The Sayings of Jesus*. London: SCM, 1949.

Marsh, J. *Saint John*. Philadelphia: Westminster Press, 1968.

Marshall, I. H. *Last Supper and Lord's Supper*. Exter: Paternoster, 1980.

Martyn, J. L. *History and Theology in the Fourth Gospel*. 3rd ed. Louisville: Westminster John Knox, 2003.

McPolin, J. *John*. Dublin: Veritas Publishers, 1979.

McHugh, J. F. *A Critical and Exegetical Commentary on John 1-4*. ICC. London: T&T Clark, 2009.

_____. *The Mother of Jesus in the New Testament*. Garden City, NJ: Doubleday, 1975.

McKnight, S. *Turning to Jesus: The Sociology of Conversion in the Gospels*. Louisville: John Knox Press, 2002.

_____. *The Jesus Creed: Loving God, Loving Others*. Brewster, MA: Paraclete, 2004.

_____. *Jesus and His Death: Historiography, the Historical Jesus, and Atonement Theory*. Waco, TX: Baylor University Press, 2005.

Meeks, W. A. "The Man from Heaven in Johannine Sectarianism." JBL 91 (1972): 44-72.

_____. *The Prophet King*. Leiden: E. J. Brill, 1967.

Meier, J. P. *A Marginal Jew: Rethinking the Historical Jesus: The Roots of the Problem and the Person*. New York: Doubleday, 1991.

Metzger, B. A *Textual Commentary on the Greek New Testament*. 2nd ed. New York: United Bible Societies, 1994.

Meyer, B. F. *Critical Realism and the New Testament*. Allison Park, PA: Pickwick, 1989.

Michaels, J. R. *The Gospel of John*. NICNT. Grand Rapids: Eerdmans, 2010.

Miller, R. J. *The Jesus Seminar and Its Critics*. Salem, OR: Polebridge Press, 1999.

_____. *Born Divine: The Births of Jesus and Other Sons of God*. Santa Rosa, CA: Polebridge Press2003.

Milne, B. *The Message of John*. BST. Downers Grove, IL: InterVarsity Press, 1993.

Minear, P. S. "The Original Functions of John 21." JBL 102 (1983): 91-98.

Moloney, F. J. *The Gospel of John*. SP. Collegeville, MN: Liturgical Press, 1998.

Moo, D. J. *The Old Testament in the Gospel Passion Narratives*. Sheffield: Almond Press, 1983.

Moody, D. "God's Only Son: The Translation of John 3:16 in the Revised Standard Version." JBL 72(1953): 213–19.

Morris, L. *The Gospel According to St. John*. Rev. ed. NICNT. Grand Rapids: Eerdmans, 1995.

Moule, H. C. G. *The High Priestly Prayer*. London: Religious Tract Society, 1908.

Mounce, R. H. "John." Pp. 357–661 in *The Expositor's Bible Commentary*, Rev. ed. Vol. 10. Grand Rapids: Zondervan, 2007.

Moule, C. F. D. *The Phenomenon of the New Testament*. London: SCM, 1967.

_____. *An Idiom Book of New Testament Greek*. 2nd ed. Cambridge: Cambridge University Press, 1959.

Moulton, J. H.; W. F. Howard; N. Turner. *A Grammar of New Testament Greek*. 4 vols. Edinburgh: T&T Clark, 1908.

Motyer, J. A. *The Prophecy of Isaiah*. Downers Grove, IL: InterVarsity Press, 1993.

Motyer, S. *Your Father the Devil? A New Approach to John and "the Jews."* Carlisle: Paternoster, 1997.

Neirynck, F. "John 21." NTS 36 (1990): 321–36.

Newbigin, L. *The Light Has Come: An Exposition of the Fourth Gospel*. Grand Rapids: Eerdmans, 1982.

Neyrey, J. H. *The Gospel of John*. NCBC. Cambridge: Cambridge University Press, 2007.

_____. *An Ideology of Revolt: John's Christology in Social-Science Perspective*. Philadelphia: Fortress, 1988.

O'Day, G. R. "The Gospel of John: Introduction, Commentary, and Reflections." Pp. 491–865 in *The New Interpreter's Bible*, vol. 9. Nashville: Abingdon, 1995.

Oswalt, J. N. *The Book of Isaiah*. 2 vols. NICOT Grand Rapids: Eerdmans, 1986, 1998.

Pagels, E. *The Johannine Gospel in Gnostic Exegesis: Heracleon's Commentary on John*. Atlanta: Scholars Press, 1972.

Painter, J. *The Quest for the Messiah: The History, Literature and Theology of the Johannine Community*. Nashville: Abingdon, 1993.

Pazadan, M. "Nicodemus and the Samaritan Woman: Contrasting Models of Discipleship." BTB 17 (1987): 145–48.

Pendrick, G. "Monogenh.j." NTS 41(1995): 587–600.

Plummer, A. *The Gospel According to St. John*. Cambridge: Cambridge University Press, 1891.

Porter, S. E. *Idioms of the Greek New Testament*. Sheffield: Almond Press, 1992.

_____. *Verbal Aspect in the Greek of the New Testament, with Reference to Tense and Mood*. New York: Peter Lang, 1989.

Pryor, J. W. "Jesus and Israel in the Fourth Gospel—John 1:11." NovT 32 (1990): 201–218.

Reith, G. *The Gospel according to St. John*. Edinburgh: T&T Clark, 1948.

Rensberger, D. *Johannine Faith and Liberating Community*. Philadelphia: Westminster Press, 1988.

Richardson, A. *The Gospel According to St. John*. London: SCM, 1959.

Ridderbos, H. *The Gospel of John*. Grand Rapids: Eerdmans, 1997.

Robinson, J. A. T. *Redating the New Testament*. Philadelphia: Westminster Press, 1976.

_____. *Twelve More New Testament Studies*. London: SCM, 1984.

_____. *The Priority of John*. Grand Rapids: Eerdmans, 1986.

Robinson, J. M.; P. Hoffmann; J. S. Kloppenborg, eds. *The Critical*

Edition of Q: Synopsis Including the Gospels of Matthew and Luke, Mark, and Thomas, with English, German and French Translations of Q and Thomas. Hemeneia. Minneapolis: Fortress, 2000.

Rousseau, J. J.; R. Arav. *Jesus and His World: An Archaeological and Cultural Dictionary*. Minneapolis: Fortress, 1995.

Sanders, E. P. *Jesus and Judaism*. Philadelphia: Fortress, 1985.

Sanders, J. N.; B. A. Mastin. *A Commentary on the Gospel According to St. John*. HNTC. London: A. & C. Black, 1968.

Schnabel, E. J. *Early Christian Mission*. 2 vols. Downers Grove, IL: InterVarsity Press, 2004.

Schnackenburg, R. *Gospel According to St. John*. 3 vols. New York: Seabury, 1968, 1980, 1982.

Schweizer, E. *Jesus, the Parable of God: What Do We Really Know about Jesus?* Allison Park, PA: Pickwick, 1994.

Scott, B. B. *Hear Then the Parable: A Commentary on the Parables of Jesus*. Minneapolis: Fortress, 1989.

Shepeherd, D. "'Do You Love Me?' A Narrative-Critical reappraisal of avgapa,w and file,w in John 21:15-17. JBL 129 (2010): 777-92.

Sider, J. W. *Interpreting the Parables: A Hermeneutical Guide to Their Meaning*. Grand Rapids: Zondervan, 1995.

Siker, J. S. *Disinheriting the Jews: Abraham in Early Christian Controversy*. Louisville, KY: Westminster John Knox Press, 1991.

Sloyan, G. *John*. Interpretation. Atlanta: John Knox, 1988.

_____. *What Are They Saying About John?* New York: Paulist, 1991.

Smalley, S. *John: Evangelist and Interpreter*. New York: Thomas Nelson, 1978.

Smallwood, E. M. *The Jews under Roman Rule*. Leiden: E. J. Brill, 1976.

Smith, D. M. *John*. Philadelphia: Fortress, 1976.

_____. *John Among the Gospels: The Relationship in Twentieth Century Research*. Minneapolis: Fortress, 1992.

_____. *The Theology of the Gospel of John*. Cambridge: Cambridge University Press, 1995.

Snodgrass, K. R. *Stories with Intent: A Comprehensive Guide to the Parables of Jesus*. Grand Rapids: Eerdmans, 2008.

Stein, R. H. *An Introduction to the Parables of Jesus*. Philadelphia: Westminster Press, 1981.

_____. *Jesus the Messiah*. Downers Grove, IL: InterVarsity Press, 1996.

Strachan, R. H. *The Fourth Gospel*. London: SCM, 1941.

Streeter, B. H. *The Four Gospels: A Study of Origins Treating of the Manuscript Tradition, Sources, Authorship, and Dates*. New York: Macmillan, 1925.

Strauss D. F. *The Life of Jesus Critically Examined*. Trans. by G. Eliot. London: SCM, 1973.

Strauss, M. L. *Four Portraits, One Jesus: A Survey of Jesus and the Gospels*. Grand Rapids: Zondervan, 2007.

Stuhlmacher, P., ed. *The Gospel and the Gospels*. Grand Rapids: Eerdmans, 1991.

Talbert, C. H. *What Is a Gospel? The Genre of the Canonical Gospels*. Philadelphia: Fortress, 1977.

Tasker, R. B. G. *John*. TNTC. Grand Rapids: Eerdmans, 1960.

Temple, W. *Readings in St. John's Gospel*. London: MacMillan, 1945.

Tenney, M. *The Gospel of John*. EBC vol. 9. Grand Rapids: Zondervan, 1981.

Theissen, G. *The Gospels in Context: Social and Political History in the Syn-*

optic Tradition. Trans. by L. M. Maloney. Minneapolis: Fortress, 1991.

_____. The Miracle Stories of the Early Christian Tradition. Trans. by F. McDonagh. Philadelphia: Fortress, 1983.

Theissen, G.; A. Merz. The Historical Jesus: A Comprehensive Guide. Minneapolis: Fortress, 1997.

Thiselton, A. C. Thiselton on Hermeneutics: Collected Works with New Essays. Grand Rapids: Eerdmans, 2006.

Thomas, J. C. Footwashing in John 13 and the Johannine Community. Cleveland, TN: CPT Press, 2014.

Thompson, M. M. The Humanity of Jesus in the Fourth Gospel. Philadelphia: Fortress, 1988.

Tuckett, C. M. "Jesus and the Gospels." Pp. 71–86 in The New Interpreter's Bible, vol. 1. Nashville: Abingdon, 1994.

Turner, N. Grammatical Insights into the New Testament. New York: Bloomsbury Academic, 2015.

Twelftree, G. H. Jesus the Miracle Worker. Downers Grove, IL: InterVarsity Press, 1999.

Vanderlip, D. G. Christianity According to John. Philadelphia: Westminster Press, 1979.

Vanhoozer, K. J. Is There A Meaning in This Text? The Bible, the Reader, and the Morality of Literary Knowledge. Grand Rapids: Zondervan, 1998.

Vermes, G. The Religion of Jesus the Jew. Minneapolis: Fortress, 1993.

Verseput, D. Rejection of the Humble Messianic King: Study of the Composition of Matthew 11-12-European University Studies v. 291. Frankfurt: Peter Lang, 1986.

von Wahlde, U. C. *The Gospel and Letters of John*. 3 vols. Grand Rapids: Eerdmans, 2010.

Walker, P. W. *Jesus and the Holy City: New Testament Perspectives on Jerusalem*. Grand Rapids: Eerdmans, 1996.

Walker, W. O. "John 1:43−51 and 'the Son of Man' in the Fourth Gospel." JSNT 56 (1994): 31−42.

Wallace, D. B. *Greek Grammar beyond the Basics: An Exegetical Syntax of the New Testament*. Grand Rapids: Zondervan, 1996.

Wenham, D. *The Parables of Jesus*. Downers Grove, IL: InterVarsity Press, 1989.

Wenham, J. W. "Gospel Origins." TJ 7 (1978): 112−134.

_____. "When Were the Saints Raised?" JTS 32 (1981): 150−52.

Westcott, B. F. *The Gospel According to St. John: The Greek Text with Introduction and Notes*. 2 vols. London: J. Murray, 1908.

Whitacre, R. A. *John*. IVPNTC. Downers Grove, IL: InterVarsity Press, 1999.

Witherington, B. *What Have They Done with Jesus?* San Francisco: Harper, 2006.

Wildberger, H. *Isaiah 1-12*. CC. Philadelphia: Fortress, 1991.

Wiles, M. F. *The Spiritual Gospel: The Interpretation of the Fourth Gospel in the Early Church*. Cambridge: Cambridge University Press, 1960.

Wilkins, M. J. *Following the Master: A Biblical Theology of Discipleship*. Grand Rapids: Zondervan, 1992.

Williams, P. J. "Not the Prologue of John." JSNT 33 (2011): 375−86.

Winter, W. *John the Baptist in the Gospel Tradition*. SNTSMS. Cambridge: Cambridge University Press, 1968.

Winter, P. "Monogenh,j para. Patro,j." ZRGG 5 (1953): 335−365.

Witherington, B. *John's Wisdom*. Louisville: Westminster John Knox, 1995.

Wrede, W. *The Messianic Secret*. Trans. by J. C. G. Greig. Cambridge: James Clarke & Company, 1971.

Wright, A. *Christianity and Critical Realism: Ambiguity, Truth, and Theological Literacy*. New York: Routledge, 2013.

Wright, N. T. *The New Testament and the People of God*. Christian Origins and the Question of God 1. London: SPCK, 1992.

_____. *Jesus and Victory of God*. Christian Origins and the Question of God 2. Minneapolis: Fortress, 1996.

_____. *Scripture and the Authority of God: How To Read the Bible Today*. New York: HarperOne, 2011.

Wright, N. T.; M. F. Bird. *The New Testament in Its World: An Introduction to the History, Literature, and Theology of the First Christians*. Grand Rapids: Zondervan Academic, 2019.

Wuest, K. S. *The Practical Use of the Greek New Testament*. Chicago: Moody Press, 1982.

Zerwick, M. *A Grammatical Analysis of the Greek New Testament, 5th ed.* Trans. by M. Grosvenor. Rome: Biblical Institute Press, 1996.

VI. 전환: 사역에서 죽음과 부활로

(11:1-12:50)

많은 학자가 요한복음을 1-12장과 13-21장으로 구분하며, 이러한 구조에서 11-12장이 전반부의 결론에 해당한다고 주장한다. 그러나 10:22-42이 1-10장에 대한 결론이며, 11-12장은 요한복음의 앞부분(1-10장)과 뒷부분(13-21장)을 이어 주는 역할을 하는 전환(transition) 부분이라는 주장도 만만치 않다(Brown, Bultmann, Burge, Carson, Klink, O'Day). 전반부(1-10장)가 세례 요한에 관한 이야기로 시작해(1:19ff.) 그에 대한 언급으로 끝이 나기 때문이다(10:41).

이러한 구조를 고려하면 1장이 예수님의 공개적인 사역에 관한 이야기(2-10장)를 시작한 것처럼, 11-12장은 예수님의 죽음과 부활에 관한 이야기(13-21장)로 주제를 전환할 준비를 한다고 할 수 있다(O'Day). 나사로를 살리신 일은 예수님의 발길을 예루살렘에서 가까운 베다니로 인도했다. 이어서 예수님은 예루살렘에 입성해(12:12) 그곳에서 죽음을 맞이하신다. 그러므로 11-12장은 예수님의 마지막 예루살렘 여정을 시작할 뿐 아니라, 예수님이 구약이 오실 것이라고 예언했던 메시아이심을 선언한다(Beale & Carson).

예수님이 나사로를 살리신 이야기(11장)도 예수님의 죽음과 부활에

49

대해 여러 가지 상징성을 지닌다(Burge). 마리아는 예수님의 머리에 향유를 부어(12:3) 그분의 죽음을 준비하고, 예수님은 십자가 죽음을 통해 영화롭게 될 때가 이르렀다고 하신다(12:23). 예수님의 죽음과 부활은 땅에 떨어져 죽어 많은 열매를 맺는 일과 같다(12:24). 이 섹션은 다음과 같이 구분된다.

A. 여섯 번째 표적: 죽은 나사로를 살리심(11:1-57)
B. 향유 부음(12:1-8)
C. 나사로도 죽이려는 음모(11:9-11)
D. 영광스러운 예루살렘 입성(12:12-19)
E. 영광을 얻을 때가 임함(12:20-50)

> VI. 전환: 사역에서 죽음과 부활로(11:1-12:50)

A. 여섯 번째 표적: 죽은 나사로를 살리심(11:1-57)

예수님이 나사로를 살리신 일은 요한복음에서 가장 중요하고 절정적인 표적이며, 가장 자세하게 기록된 사건이다(Carson, Mounce, cf. 11:47). 요한복음에 여섯 가지 기적이 아니라 완전함을 상징하는 일곱 가지 기적이 포함되어 있다고 주장하는 이들은 이 일이 마지막 기적인 예수님의 십자가 죽음과 부활을 준비하는 기적이라고 한다(Klink). 다음 장에서 언급될 여섯 번째 기적으로 인해 많은 사람이 예수님을 믿었다(12:11). 그러나 예수님이 죽고 부활하시면 더 많은 사람이 믿게 될 것이다.

하나님을 경외하는 사람들에게 나사로를 살리신 기적은 하나님 나라가 어떤 곳인지 생각하고 기대하게 하는 참으로 좋은 일이다. 그러나 주님을 반대하는 유대인들에게는 참으로 치명적인 일이었기에 그들은 이 일로 예수님뿐 아니라 나사로까지 죽이기로 모의했다(12:10; cf. 11:48).

이처럼 중요한 기적이 왜 공관복음에는 기록되지 않았을까? 어떤 이들은 예수님이 살리신 이의 이름이 누가복음 16:19-31에 기록된 거지 나사로와 부자 이야기에 등장하는 인물과 이름이 같다는 점을 근거로 요한이 그 이야기를 재구성한 것이라고 주장한다. 심지어 예수님이 죽은 나사로를 살리신 이야기는 실제 있었던 일이 아니라며 역사성을 부인하는 이들도 있다(cf. Bauckham, Brown, Bultmann, Klink, McHugh, O'Day).

그러나 나사로는 당시 매우 흔한 이름이었으며, 이름이 같다는 이유로 요한이 누가복음의 이야기를 재구성한 것이라는 주장은 근거 없는 주장이다. 게다가 이 두 이야기는 목적하는 바가 다르다. 누가복음의 나사로 이야기는 자기중심적으로 살지 말고 하나님 말씀대로 살라는 권면을 담았고, 본문에 기록된 이야기는 죽은 나사로를 살리신 예수님이 장차 자기 죽음도 이기고 부활하실 것을 선포하는 목적을 지녔다.

또한 이 이야기는 나사로와 누이들의 이름, 그리고 그가 살던 마을 이름 등 여러 가지 구체적인 정보를 담고 있다. 만일 실제로 있었던 일이 아니라면, 요한이 이러한 역사적 정보를 제공하는 이유를 납득하기가 쉽지 않다(Carson, Morris). 또한 베데스다 못에서 치료하신 중풍병자 이야기(5:1-9)와 태어날 때부터 맹인이었던 사람을 보게 하신 이야기(9:1-7)도 요한복음에만 기록되어 있을 뿐 공관복음에는 없다. 그러므로 이 이야기가 요한복음에만 기록되어 있다는 이유로 사실성을 부인하는 것은 옳지 않다. 예수님이 나사로를 살리신 이야기는 다음과 같이 구분된다.

A. 나사로가 죽음(11:1-16)
B. 나사로의 누이들(11:17-27)
C. 예수님의 눈물(11:28-37)

D. 나사로를 살리심(11:38-44)
E. 예수님을 죽이려는 음모(11:45-57)

VI. 전환: 사역에서 죽음과 부활로(11:1-12:50)
  A. 여섯 번째 표적: 죽은 나사로를 살리심(11:1-57)

1. 나사로가 죽음(11:1-16)

[1] 어떤 병자가 있으니 이는 마리아와 그 자매 마르다의 마을 베다니에 사는 나사로라 [2] 이 마리아는 향유를 주께 붓고 머리털로 주의 발을 닦던 자요 병든 나사로는 그의 오라버니더라 [3] 이에 그 누이들이 예수께 사람을 보내어 이르되 주여 보시옵소서 사랑하시는 자가 병들었나이다 하니 [4] 예수께서 들으시고 이르시되 이 병은 죽을 병이 아니라 하나님의 영광을 위함이요 하나님의 아들이 이로 말미암아 영광을 받게 하려 함이라 하시더라 [5] 예수께서 본래 마르다와 그 동생과 나사로를 사랑하시더니 [6] 나사로가 병들었다 함을 들으시고 그 계시던 곳에 이틀을 더 유하시고 [7] 그 후에 제자들에게 이르시되 유대로 다시 가자 하시니 [8] 제자들이 말하되 랍비여 방금도 유대인들이 돌로 치려 하였는데 또 그리로 가시려 하나이까 [9] 예수께서 대답하시되 낮이 열두 시간이 아니냐 사람이 낮에 다니면 이 세상의 빛을 보므로 실족하지 아니하고 [10] 밤에 다니면 빛이 그 사람 안에 없는 고로 실족하느니라 [11] 이 말씀을 하신 후에 또 이르시되 우리 친구 나사로가 잠들었도다 그러나 내가 깨우러 가노라 [12] 제자들이 이르되 주여 잠들었으면 낫겠나이다 하더라 [13] 예수는 그의 죽음을 가리켜 말씀하신 것이나 그들은 잠들어 쉬는 것을 가리켜 말씀하심인 줄 생각하는지라 [14] 이에 예수께서 밝히 이르시되 나사로가 죽었느니라 [15] 내가 거기 있지 아니한 것을 너희를 위하여 기뻐하노니 이는 너희로 믿게 하려 함이라 그러나 그에게로 가자 하시니 [16] 디두모라고도 하는 도마가 다른 제자들에게 말하되 우리도 주와 함께 죽으러 가자 하니라

예수님이 아끼고 사랑하시는 세 남매의 이야기다(cf. 11:3, 5, 36). 그들은 베다니라는 곳에서 살았다(1절). 이 '베다니'(Βηθανία)는 세례 요한이 사역했고(1:28) 예수님이 얼마 전에 머물며 가르치시던(10:40-42) 요단강 건너편에 있는 베다니가 아니다(1:28; 10:40-42). 본문의 배경이되는 베다니는 감람산 동쪽 언덕에 있으며, 예루살렘에서 남동쪽으로약 3km 떨어져 있었다(ABD, cf. 1:18). 예루살렘에서 여리고로 내려가기위해 지나가는 마을이기도 하다. 이 베다니는 요한복음에서 처음으로언급되고 있다.

마르다와 마리아와 나사로 남매가 베다니에서 산 것은 확실하지만,그들이 한집에서 같이 살았는지, 혹은 각자 따로 살았는지는 확실하지않다. 만일 셋 다 결혼했다면 각자 다른 집에서 살았을 것이다. 마르다와 마리아 자매 이야기는 누가복음에도 기록되어 있다(눅 10:38-42).누가복음의 이야기에서 마르다가 손님을 대접하는 주인(hostess) 역할을하는 것으로 보아 마르다가 언니였을 것이다(Burge). 이 이야기에서 마르다가 마리아보다 먼저 언급되는 것도 그녀가 언니였음을 암시한다(Carson). 마르다가 세 남매로 구성된 가정을 대표한다(cf. 5절).

'나사로'(Λάζαρος)는 히브리어 이름 '엘르아살'(אֶלְעָזָר, '하나님의 도움, 하나님이 도우시는 자')을 헬라어로 표기한 것이다(TDNT, cf. BDAG). 죽었다가 하나님의 도우심을 받아 되살아난 그에게 잘 어울리는 이름이라 할수 있다. 요한은 그가 어떤 병을 앓고 있었는지는 언급하지 않는다. 그러나 죽은 것으로 보아 매우 심각한 질병이었다.

이어서 저자는 마르다의 동생 마리아가 예수님의 머리에 향유를 부었으며, 병든 나사로는 그의 오라버니라고 한다(2절). 이 말씀은 잠시 후 등장할 향유 이야기를 위해 독자들을 준비시키는 역할을 한다(12:1-8). 예수님의 머리에 향유를 부은 여인의 이야기는 모든 공관복음에 기록되어 있다(마 26:6-13; 막 14:3-9; 눅 7:37-50). 그러나 여인이마르다의 자매 마리아라고 알려 주는 것은 요한복음이 유일하다. 이러한 정보가 앞으로 전개될 이야기를 이해하는 데 도움이 되기는 하지만, 책의 흐름에는 별 영향을 미치지 않는 추가적인 정보다. 즉, 괄호 안에 들어갈 만한 내용이다.

나사로가 많이 아프다. 그러므로 누이들이 예수님께 사람을 보내 주께서 사랑하시는 자가 병들었다고 알렸다(3절). '주여'(κύριε)는 '선생님'이라는 의미일 수도 있지만, 이 자매는 예수님을 메시아로 알고 섬기는 사람들이다(cf. 11:21-32). 그러므로 '주님'이라는 의미로 이렇게 부른다(cf. Carson). '[예수님이] 사랑하시는 자'(ὃν φιλεῖς)에 사용되는 대명사는 남성 단수다. 세 남매 중 유일한 남자인 나사로가 아프다는 뜻이다. 자매들도 예수님이 그들을 얼마나 특별히 사랑하시는지 잘 알고 있기 때문에 이렇게 소식을 전했다.

예수님이 한 장소에 머무시지 않고 곳곳을 다니며 사역하시는데도 자매들이 별 어려움 없이 예수님의 소재를 파악해 사람을 보내는 것을 보면 계속해서 예수님의 소식을 듣고 있었던 것으로 추측할 수 있다. 한 학자는 당시에 믿는 자들에게 예수님의 사역을 끊임없이 알려 주는 네트워크가 조성되었을 것으로 생각한다(Burge). 예수님과 제자들의 사역을 물심양면으로 돕는 사람들이 있었을 것이라는 뜻이다.

자매들은 예수님께 나사로가 아프다는 소식을 전할 뿐 와서 고쳐 달라고 강요하거나 요구하지 않는다. 소식을 전한 자체가 오셔서 치료해 달라는 간접적인 부탁을 내포하는 것으로 볼 수도 있지만(Bultmann), 무엇보다도 그들은 예수님이 나사로에 대해 가장 지혜롭고 좋은 결정을 내리실 것을 믿는다. 어떤 결정을 하시든 따르겠다는 뜻이다.

나사로에 관한 소식을 들으신 예수님은 예전에 맹인으로 태어났던 사람에 대해 하신 말씀(9:1-5)과 비슷한 말씀을 하신다(4a절). 이 병은 죽을 병이 아니라 하나님의 영광을 위한 것이라고 하신다. 나사로가 죽지 않는다고 하시는 것이 아니라, 죽음이 이 일의 최종적인 결말이 되지는 않을 것이라는 뜻이다(Carson).

또한 이 일로 인해 하나님이 예수님(하나님의 아들)도 영광을 받게 하실 것이다(4b절). 하나님과 아들은 한 분이며, 하나님이 아들을 영화롭게 하시는 것은 당연한 일이다. 나사로가 앓는 병은 참으로 혹독해 그의 생명을 앗아갔지만, 그의 병과 죽음은 하나님과 예수님을 영화롭게 하는 신비로운 효과를 발휘할 것이다. 나사로의 죽음은 그의 생명에 관한 일이며 동시에 하나님의 아들에 관한 일이기도 하다는 뜻이다.

저자가 예수님이 마르다와 동생 마리아와 나사로를 사랑하셨다는(5절, cf. 3절) 사실을 재차 확인하는 것은 이 가족에 대한 주님의 특별한 애정을 묘사할 뿐 아니라 나사로의 병이 죽음으로 끝나지 않을 것이라는 기대를 갖게 한다. 또한 6절에 대해 오해할 소지(예수님이 곧바로 베다니로 가지 않고 이틀이나 더 머무신 것은 나사로를 사랑하지 않아 죽도록 내버려 두신 것)를 사전에 배제한다(Barrett).

예수님은 나사로 소식을 들으시고도 계시던 곳에서 이틀을 더 머무셨다(6절). 예수님이 사랑하는 나사로를 치료하기 위해 곧바로 길을 떠나지 않으시고 이틀이나 더 머무신 것이 이상하게 보일 수 있다. 병자에게는 1분이 급하기 때문이다. 그러나 예수님이 이틀을 지체하신 것은 이 일로 인해 하나님과 아들의 영광이 드러나는 것과 연관이 있다(cf. 4절).

또한 이틀을 지체하신 일이 나사로가 죽게 된 이유는 아니다. 예수님이 베다니에 도착하셨을 때는 나사로가 죽은 지 4일째 되는 날이었다(11:17). 그렇다면 마르다와 마리아가 예수님께 소식을 전하기 위해 사람을 보내고 얼마 지나지 않아 나사로가 죽었다. 당시 유대인들은 사람이 죽으면 곧바로 매장했기 때문에 예수님이 그의 소식을 접하셨을 때 그는 이미 무덤에 안치되었을 것이다(cf. 행 5:1-10).

예수님은 왜 나사로가 죽은 지 4일이 지나서야 베다니를 찾으셨을까? 아무리 절박하고 다급하다고 해도 나사로를 살리는 일에 이용당할 수는 없으므로 예수님은 하나님 아버지의 때가 차기를 기다리셨다

55

(Carson). 또한 유대인들의 생각과도 연관이 있는 듯하다. 유대인들은 사람이 죽으면 그 영혼이 몸 밖에서 3일을 머물며 다시 몸으로 들어가 소생할 기회를 엿보다가, 죽은 지 4일째가 되면 시신 옆을 맴돌던 영혼이 영원히 떠난다고 생각했다(Barclay, Mounce). 물론 이러한 생각은 사실이 아니지만, 여하튼 유대인들의 관념에 따른다 해도 나사로는 완전히 죽은 사람이다. 예수님은 더는 어떠한 소생의 가능성도 없는 나사로를 살려 하나님의 영광을 드러내고자 하신다. 그러므로 예수님이 소식을 듣고도 이틀을 더 지체하신 것은 예수님이 일하실 때가 이르지 않았기 때문이다(Bultmann).

예수님은 거하시던 곳에서 이틀을 더 머무신 후 드디어 제자들에게 유대로 가자고 하셨다(7절). 나사로가 묻힌 베다니는 예루살렘 근처 유대에 속한 마을이다. '그 후'(ἔπειτα μετὰ τοῦτο)는 시간이 이틀이나 지체됨을 강조한다(Morris). 이틀이 지나 드디어 예수님이 일하실 때가 이른 것이다.

예수님이 나사로를 살리려면 유대로 가셔야 하는데, 제자들은 예수님께 정말 가실 것이냐고 묻는다(8절). 제자들은 예수님을 '선생님'이라는 의미에서 '랍비'(ῥαββί)라고 부르는데, 그들이 예수님을 이렇게 부르는 것은 이번이 마지막이다. 아직도 그들에게는 예수님이 메시아라는 확신이 없는 듯하다(Klink). 그러나 앞으로는 메시아이심을 확신할 것이다(Mounce).

유대는 예수님도 기피하시는 위험한 곳이다. "그 후에 예수께서 갈릴리에서 다니시고 유대에서 다니려 아니하심은 유대인들이 죽이려 함이러라"(7:1). 유대인들은 예수님을 잡으려고 했고(10:39), 돌로 치려고 했고(10:31), 죽이려고 했다(7:1, 25). 그러므로 제자들이 진짜 가시겠냐고 질문하는 것이 당연하다.

예수님은 사람이 밤에 다니면 위험하지만 낮에 다니면 안전하다며 괜찮다고 하셨다(9-10절). 표면적으로는 기본적인 원리를 말씀하시는 것 같지만, 여기에는 예수님이 누구신가에 대한 가르침이 섞여 있다. 유대인과 로마인은 해가 뜰 때부터 질 때까지를 12시간으로 나누었다(Morris). 그러므로 하루 중 빛이 있는 시간은 언제나 12시간이다. 이때는 모든 것이 잘 보이므로 넘어지지 않는다(9절). 또한 예수님은 세상을 밝히는 빛이시다(1:5). 그러므로 예수님이 그들과 함께하시는 한 모든 위험에서 그들을 보호하실 것이다(Bultmann). 그러나 하루의 낮(빛이 있는 시간)이 12시간으로 제한된 것처럼, 예수님이 그들 곁을 떠나시고 밤(어둠)이 지배할 때가 오고 있다.

사람이 밤에 다니면 온갖 위험 요소가 도사리고 있고 길을 가는 것이 만만치 않아 실족하게 된다(10절). 그에게 어둠을 밝혀 줄 빛이 없어서가 아니라, 빛이 그 사람 안에 없기 때문이다. '그 빛이 그 사람 안에 없다'(τὸ φῶς οὐκ ἔστιν ἐν αὐτῷ)는 예수님이 우리와 함께하시며 우리 삶을 밝혀 주시는 것을 전제하는 말씀이다(cf. 8:12; 9:5). 사람 안에 빛이신 예수님이 계시면 어떠한 상황에서도 안전하다(Bultmann).

예수님은 유대로 가셔야 하는 이유에 대해서도 말씀하신다. 잠든 친구 나사로를 깨우기 위해 그가 사는 베다니로 가셔야 한다(11절). '친구'(φίλος)는 '사랑하다'(φιλέω, 3절)에서 유래한 단어다. 마르다와 마리아는 나사로를 예수님이 '사랑하시는'(φιλεῖς) 자라고 했다(3절). 예수님은 그들의 말대로 '친구'(φίλος) 나사로를 찾아 길을 떠나신다. 하나님이신 예수님이 연약한 사람을 친구라고 하시는 것이 인상적이다.

제자들은 만일 나사로가 잠들었으면 나을 것이라고 한다(12절). 대체로 병은 앓는 사람의 수면을 방해한다. 그러므로 나사로가 편히(깊이) 잠을 잘 수 있다면 그가 건강을 회복하는 데 도움이 될 것이라는 의미로 이렇게 말한다. '낫다'(σῴζω)는 '구원하다'라는 의미를 지닌다(BDAG). 그러므로 일부 학자는 저자가 죽은 성도들이 모두 살아날 것이라는 의미로 이 용어를 사용하고 있다고 한다(Barrett). 그러나 제자들은 나사로가 건강을 회복할 것이라는 의미로(cf. 13절) 이 단어를 사용하는 만큼 영생(부활)과 연결하는 것은 설득력이 없다.

제자들은 나사로를 깨우기 위해 간다는 예수님의 말씀이 죽음에 대한 완곡어법인 줄 모르고 '잠이 그가 앓고 있는 병에 보약'이라고 했다(13절). 그러므로 예수님은 제자들에게 나사로가 잠들었다는 것이 무엇을 의미하는지 설명하신다. 그는 죽었다(14절).

예수님은 나사로가 이미 죽었다는 사실을 어떻게 아셨을까? 아마도 나다나엘(1:48)과 사마리아 여인(4:18)에 대해 아셨던 것처럼 이번에도 신적인 능력으로 아셨을 것이다. 예수님은 하나님이시기에 이런 능력을 지니셨다.

신약에서 '잠자다'(κοιμάω)는 18차례 사용되는데, 그중 4차례는 실제적인 잠듦을, 나머지 14차례는 죽음을 의미하며 사용된다(Morris). 그러므로 죽은 나사로를 깨우러 간다는 것은 그를 살리기 위해 찾아가신다는 뜻이다. 예수님 안에 생명이 있으므로(1:4) 주님은 이렇게 말씀하실 수 있다(Augustine).

예수님은 나사로가 숨을 거둘 때 그 자리에 있지 않았던 일을 좋게 여기신다(15a절). 나사로를 다시 살려 제자들에게 하나님의 능력과 아들의 영광을 드러내실 것이기 때문이다(cf. 4절). 나사로를 통해 하나님의 영광이 드러나면 그들은 예수님이 바로 하나님이 구세주로 보내신 메시아라는 사실을 더 확고히 믿게 될 것이다(15b절). 하나님의 백성에게 죽음은 끝이 아니다. 믿음의 시작이자 믿음이 더 성장하는 동기다.

예수님은 마치 나사로가 살아 있는 것처럼 그에게 가자고 하신다(15c절, cf. Barrett, Michaels). 예수님을 따르는 열두 제자 중에 디두모라고도 하는 도마가 있었다(16a절). 도마는 네 복음서 중 요한복음에서 가장 두각을 나타낸다. 나중에 그는 부활하신 예수님을 만나지 못한 상황에서 그 사실을 믿지 못하겠다고 말해 '의심하는 도마'(Doubting Thomas)라는 별명을 얻게 된다(cf. 20:24).

'디두모'(Δίδυμος)는 '쌍둥이'라는 뜻이다. 그에게는 우리가 알지 못하는 쌍둥이 형제(자매)가 있다는 뜻이다. 성경이 도마의 쌍둥이를 언급하지 않는 것으로 보아 그는 예수님과 전혀 연관이 없는 삶을 살았을 것이다(Bauckham). 혹은 일찍 죽어 도마만 생존했을 수도 있다.

예수님이 위험을 무릅쓰고 나사로를 살리기 위해 유대로 가시겠다고 하자(cf. 8절) 도마가 다른 제자들에게 "우리도 주와 함께 죽으러 가자!"라며 따라 나섰다(16b절). 예수님은 나사로를 살림으로써 죽음이 그분의 권세 아래 있다는 사실을 제자들에게 보여 주고자 하신다. 또한 유대인들은 오직 예수님의 목숨을 노리고 있으며 제자들은 안중에도 없다. 하지만 이러한 사실을 알지 못하는 도마는 순교를 각오하고 예수님을 따라 가자며 다른 제자들을 권면한다. 도마는 예수님을 따른다는 것이 무엇을 의미하는지를 생각하게 하는 용기를 발휘하고 있다(Carson).

이 말씀은 예수님의 사랑이 얼마나 큰지를 생각하게 한다. 나사로를 살리기 위해서는 생명을 위협하는 자들이 곳곳에 도사리고 있는 유대로 가셔야 한다. 예수님은 사랑하는 그를 살리기 위해 모든 위험을 무릅쓰고 유대로 가셨다. 한 사람을 살리기 위해 자기 생명을 버릴 각오로 위험한 길을 가신 것이다. 우리를 향한 예수님의 사랑은 참으로 크고 위대하며, 묵상할수록 우리의 마음을 먹먹하게 한다.

도마는 어떤 자세로 삶에 임해야 하는지를 가르쳐 준다. 그는 아직 하나님 나라에 대해 온전히 깨우치지 못했지만, 주님과 함께 죽겠다는 각오로 예수님을 따라 나선다. 물론 나중에는 다른 제자들과 함께 주님만 남겨 두고 도망갈 것이다. 그럼에도 불구하고 이런 각오로 주님을 따르는 그는 우리에게 귀감이 되어야 한다.

2. 나사로의 누이들(11:17–27)

¹⁷ 예수께서 와서 보시니 나사로가 무덤에 있은 지 이미 나흘이라 ¹⁸ 베다니는 예루살렘에서 가깝기가 한 오 리쯤 되매 ¹⁹ 많은 유대인이 마르다와 마리아에게 그 오라비의 일로 위문하러 왔더니 ²⁰ 마르다는 예수께서 오신다는 말을 듣고 곧 나가 맞이하되 마리아는 집에 앉았더라 ²¹ 마르다가 예수께 여짜오되 주께서 여기 계셨더라면 내 오라버니가 죽지 아니하였겠나이다 ²² 그러나 나는 이제라도 주께서 무엇이든지 하나님께 구하시는 것을 하나님이 주실 줄을 아나이다 ²³ 예수께서 이르시되 네 오라비가 다시 살아나리라 ²⁴ 마르다가 이르되 마지막 날 부활 때에는 다시 살아날 줄을 내가 아나이다 ²⁵ 예수께서 이르시되 나는 부활이요 생명이니 나를 믿는 자는 죽어도 살겠고 ²⁶ 무릇 살아서 나를 믿는 자는 영원히 죽지 아니하리니 이것을 네가 믿느냐 ²⁷ 이르되 주여 그러하외다 주는 그리스도시요 세상에 오시는 하나님의 아들이신 줄 내가 믿나이다

예수님은 나사로가 무덤에 묻힌 지 나흘째 되는 날 베다니에 도착하셨다(17절). 당시 무덤은 언덕에 파 놓은 굴이었으며, 부자들은 가족묘로 사용하기 위해 상당히 정교하고 길게 여러 갈래의 굴을 팠다. 나사로가 아프다는 소식을 듣고도 예수님이 일부러 이틀이나 지체한 뒤 그가 죽은 지 나흘이 되어서야 베다니에 도착하신 데에는 그럴 만한 이유가 있다.

당시 유대인들은 사람이 죽으면 그의 영혼이 몸 주변에서 3일을 머물며 다시 몸으로 들어가 소생할 기회를 엿본다고 생각했다. 그러다가 죽은 지 4일째가 되어 시신이 썩기 시작하고 얼굴 색이 변하면(cf. 11:39) 영혼이 영원히 시신을 떠난다고 여겼다(Mounce, O'Day). 그러므로 나사로가 죽은 지 나흘이 되었다는 것은 그가 일시적으로 정신을 잃었을 가능성을 원천적으로 배제한다. 예수님은 잠들거나 정신을 잃은 나사로를 깨우신 것이 아니다. 이미 죽은 지 며칠이 지난 그를 살리신 것이다(Carson, cf. 11:39).

나사로가 살던 베다니는 예루살렘에서 가깝기가 한 오 리쯤 되었다(18절). 헬라어 사본들은 '15스타디온'(σταδίων δεκαπέντε)이라고 한다. '스타디오스'(στάδιος)는 로마 사람들의 스타디움(stadium) 길이에서 유래한 단위이며, 한 스타디움은 192m다(TDNT, cf. BDAG). 그러므로 예루살렘에서 베다니까지는 약 3㎞ 정도 되었다. 이미 제자들이 지적한 것처럼 예루살렘은 예수님에게 매우 위험한 곳이다(11:8; cf. 10:31, 39). 한마디로 예수님은 나사로를 살리기 위해 '호랑이 굴'로 들어오신 것이나 다름없다. 한 영혼을 살리기 위해 자신을 위험에 빠트리신 것이다.

나사로의 죽음을 애도하기 위해 많은 조문객이 왔다(19절). 유대인들은 사람이 죽으면 그날 바로 매장하고 7일 동안 집에서 조문객을 받았다. 조문객 중에 유대인이 많았다는 것은 예수님을 달갑게 생각하지 않거나 위협하는 자가 많았다는 뜻이다(cf. 11:8). 베다니는 예루살렘에 매우 가까웠으므로 예루살렘에서 예수님에 대해 여러 가지 소문을 들은 사람들도 있었을 것이다.

마르다가 예수님이 오신다는 소식을 듣고 귀한 분이 오셨다며 존경하는 의미에서 나가 주님을 맞이했다(20a절). 마리아는 집에 계속 앉아 있었다(20b절). 두 자매의 대조되는 행동에 대한 다양한 해석이 있다. 어떤 이들은 마리아가 집에 남고 마르다만 예수님을 맞이하러 나간 것은 마르다가 마리아보다 믿음이 더 좋아서라고 한다. 성격상 마르다는 능동적이고, 마리아는 수동적이기 때문이라는 해석이 있다(Barrett, Brown). 마리아가 예수님이 오신다는 소식을 듣지 못해서 집에 머문 것이라는 해석도 있고(Klink), 죽음을 대하는 두 자매의 태도가 다르기 때문이라는 해석도 있다. 모두 다 추측에 근거한 해석에 불과하다(cf. Ridderbos).

조문객이 오면 주인은 그들이 머무는 동안 함께 있으며 담소를 통해 슬픔을 나누었다(cf. 욥 2:8, 13). 아마도 두 자매는 각자 역할을 분담하고 있는 것으로 보인다. 예수님을 맞이하기 위해 둘 다 집을 나서면 조문객에게 무례를 범하게 된다. 그러므로 언니인 마르다가 집안을 대표해서 예수님을 맞이하기 위해 집을 나서고, 동생인 마리아는 집에 남아 조문객들을 접대하고 있다(Bultmann, Burge). 믿음에서는 두 자매 모두 신실하다(cf. 11:21, 32).

예수님을 만난 마르다는 주님이 나사로와 함께 계셨더라면 그가 죽지 않았을 것이라고 말했다(21절). 이 말을 예수님이 너무 늦게 오셨다며 간접적으로 원망하거나(Klink, cf. Wallace), 혹은 아쉬워하는 것으로 (Schnackenburg) 해석하는 이들이 있다. 그러나 대부분은 믿음의 표현으로 간주한다(Bultmann, Carson, Morris, O'Day). 예수님과 마르다 남매의 각별한 관계를 생각하면 원망이나 아쉬움은 아니다. 예수님이 자기들과 함께 계속 계셨더라면 나사로가 죽지 않았을 것이라고 확신한다는 믿음의 고백이다.

마르다는 아직도 희망적으로 생각한다. 그녀는 예수님이 하나님께 무엇을 구하든 하나님이 주실 것을 믿기 때문이다(22절). 예수님은 하나님이 아들인 자기에게 모든 것을 주셨다고 말씀하셨다(3:35; 10:29; cf. 단 7:12-13). 마르다도 이러한 사실을 믿는다. 그러므로 그녀는 예수님이 나사로를 살리실 수 있다고 확신한다.

어떤 이들은 11:39에 기록된 그녀의 발언이 이러한 확신을 부정한다고 한다. 그러나 믿음이라는 것이 순간적으로 변하기도 한다는 점을 고려해, 이곳에서는 마르다가 확신에 차 있다가 그곳에서는 잠시 믿음이 흔들린 것으로 보면 별문제 없다. 오라버니의 장례식을 치르고 있는 사람의 마음이 흔들리는 것은 당연한 일이다.

예수님은 마르다에게 나사로가 다시 살아나리라고 하신다(23절). '살아나다'(ἀνίστημι)를 직역하면 '일어나다'이다(cf. NAS, NIV, NRS, ESV).

다니엘 12:2은 부활에 관해 말하면서 '땅의 티끌 가운데에서 자는 자 중에서 많은 사람이 깨어날 것'이라고 하는데, 칠십인역(LXX)은 히브리어의 '깨어나다'(רְקָיץ)를 이 단어, 곧 '일어나다'(ἀνίστημι)로 번역했다. 게다가 예수님이 미래형(ἀναστήσεται)으로 말씀하시니 마르다는 자기 오라버니가 마지막 날에 부활할 것을 두고 말씀하시는 것으로 착각했다 (24절).

마르다는 언젠가 자기 오라버니가 부활할 것을 믿는다. 그러나 그와 사별한 현실이 너무나도 슬프다. 그러므로 예수님이 슬픔을 해결하기 위해 무언가 하시기를 기대했다(cf. 22절). 그런데 언젠가 그가 부활할 것이라고 하시니 만족스럽지 않다(Morris).

예수님은 오해하는 마르다에게 "나는 부활이요 생명이다"라고 말씀하신다(25절). 이때까지 예수님은 자신을 '생명의 떡'(6:35, 48), '생명의 물(생수)'(7:38), '생명[세상]의 빛'(8:12, 9:5, cf. 1:4)이라고 하셨다. 이 마지막 표적에서 예수님은 생명이 되어 나사로를 살리실 것이다(Carson).

또한 이 말씀은 요한복음에 기록된 예수님의 일곱 가지 '나는 …이다'(ἐγώ εἰμι…) 선언 중 다섯 번째다(cf. 6:35). 유대교 지도자 중 바리새인들은 부활을 믿었고, 사두개인들은 부활을 부인했다(cf. 막 12:18-27; 행 23:6-8). 예수님은 부활에 대한 신학적 논쟁에서 바리새인들이 옳다고 하신다. 그러나 바리새인들이 부활을 믿은 것은 좋은데, 충분하지 않다. 그들은 예수님이 부활이고 생명이라는 것을 믿지 않기 때문이다. 그러므로 부활에 대한 그들의 교리가 완전히 잘못되었다고 하기보다는 부족하다고 하는 것이 옳을 것이다(Mounce).

예수님은 자신이 부활이고 생명이라는 것이 무엇을 의미하는지 설명하신다(25b-26절). 예수님은 부활이시기에 누구든지 예수님을 믿으면 죽어도 산다. 그는 육체적으로 죽더라도 영적으로 살 것이다(Mounce). 예수님은 생명이시기에 살아서 믿는 사람은 영원히 죽지 않을 것이다 (O'Day). 그러므로 부활과 생명이신 예수님을 믿는 사람은 절대 죽음을 경험하지 않을 것이다.

우리의 부활과 영생은 미래에 있을 일이 아니라, 오늘 당장 이 땅에서부터 우리의 것이다(Ridderbos). 우리는 더는 죽음의 그늘 아래에서 살지 않기 때문이다. 설령 죽는다고 해도 다시 살 것이며, 이 땅에서 믿음으로 시작된 우리의 생명이 영원히 지속될 것이다. 예수님이 죽음에서 부활하셨고 영원히 사시기 때문에 이런 일이 가능하다(Bultmann). 예수님은 우리의 이 땅에서의 삶(현재)과 내세에서의 삶(미래)을 주관하시는 분이다(cf. Hoskyns). 그러므로 예수님과 함께 사는 사람에게는 죽음의 권세가 거리(전에 계시던 곳에서 베다니까지)나 시간(죽어 무덤에 묻힌 지 나흘)으로 정의될 수 없다(Klink).

예수님은 마르다에게 이러한 사실을 믿느냐고 물으신다(26b절). 예수님이 나사로를 살릴 수 있다고 믿느냐는 질문이 아니다. 마르다처럼 예수님과 함께하는 사람은 죽지 않고 영원히 사는 것을 믿느냐는 질문이다(Carson).

마르다는 주저하지 않고 믿는다고 했다(27절). 그녀는 예수님이 "그리스도시요 세상에 오시는 하나님의 아들이신 줄 내가 믿나이다"라고 말한다. 번역본 대부분은 그녀의 '믿나이다'를 현재형으로 번역했다(새번역, 공동, NIV, NRS, ESV). 그러나 '믿나이다'(πεπίστευκα)는 완료형이다. 공식적으로 믿음을 고백할 때 완료형이 사용된다(cf. 6:69; 20:29). 즉, 마르다는 예전부터 마음을 정해 예수님을 믿어 왔다고 고백한다(Bruce, Carson, Klink).

마르다가 이때까지 무엇을 믿어왔는지에 대한 고백은 신약에서 매우 확고한 신앙 고백 중 하나이며, 이는 베드로(6:68-69)와 도마(20:28) 그리고 요한복음 저자(20:31)의 고백에 버금간다(O'Day). 제자 안드레는 자기 형제 베드로에게 '메시아'를 만났다고 했고(1:41), 나다나엘은 예수님을 '하나님의 아들'이라고 했다(1:49). 빌립은 예수님을 '모세가 율법에 기록하였고 여러 선지자가 [오실 것이라고] 기록한 그이'라고 했다(1:45). 마르다는 이 세 가지를 한꺼번에 고백한다. "주는 그리스도시요 세상에 오시는 하나님의 아들이신 줄 내가 믿나이다."

이 말씀은 예수님이 믿는 자들이 홀로 슬퍼하고 아파하도록 내버려두지 않고 찾아오신다고 한다. 그들을 위로하고 살리기 위해서다. 예수님은 오라버니의 죽음으로 슬퍼하는 마르다 자매를 위로하고 죽은 나사로를 살리기 위해 위험을 무릅쓰고 먼 길을 오셨다.

우리는 종종 예수님을 죽은 자들을 부활시키고 그들에게 영생을 주시는 분 정도로 생각하지만, 사실은 예수님 자신이 부활과 생명이시다. 그러므로 예수님을 믿는 이들은 죽은 후에 부활하고 영생을 얻는 것이 아니라, 이미 부활했고 영생을 누리고 있다. 우리에게 이생과 내세는 단절되지 않고 이어지는 하나다.

> VI. 전환: 사역에서 죽음과 부활로(11:1-12:50)
>   A. 여섯 번째 표적: 죽은 나사로를 살리심(11:1-57)

3. 예수님의 눈물(11:28-37)

[28] 이 말을 하고 돌아가서 가만히 그 자매 마리아를 불러 말하되 선생님이 오셔서 너를 부르신다 하니 [29] 마리아가 이 말을 듣고 급히 일어나 예수께 나아가매 [30] 예수는 아직 마을로 들어오지 아니하시고 마르다가 맞이했던 곳에 그대로 계시더라 [31] 마리아와 함께 집에 있어 위로하던 유대인들은 그가 급히 일어나 나가는 것을 보고 곡하러 무덤에 가는 줄로 생각하고 따라가더니 [32] 마리아가 예수 계신 곳에 가서 뵈옵고 그 발 앞에 엎드리어 이르되 주께서 여기 계셨더라면 내 오라버니가 죽지 아니하였겠나이다 하더라 [33] 예수께서 그가 우는 것과 또 함께 온 유대인들이 우는 것을 보시고 심령에 비통히 여기시고 불쌍히 여기사 [34] 이르시되 그를 어디 두었느냐 이르되 주여 와서 보옵소서 하니 [35] 예수께서 눈물을 흘리시더라 [36] 이에 유대인들이 말하되 보라 그를 얼마나 사랑하셨는가 하며 [37] 그 중 어떤 이는 말하되 맹인의

눈을 뜨게 한 이 사람이 그 사람은 죽지 않게 할 수 없었더냐 하더라

예수님은 대화하던 곳에 그대로 계시고, 마르다는 집으로 돌아와 조문객들을 맞이하고 있는 마리아에게 예수님이 찾으시니 가 보라고 귀띔했다(28절). 예수님을 '주님'(κύριε)이라고 불렀던 마르다가 마리아에게는 '선생님'(διδάσκαλος)이 부르신다고 말한 것은 아마도 예수님을 미워하는 사람들을 의식해서일 것이다.

예수님은 왜 장례식이 진행되는 집으로 가지 않으시고(cf. 30절) 마리아를 마을 밖으로 불러내신 것일까? 예수님은 나사로가 죽었다는 것을 인정하지 않으시기에 그의 장례식에 참석하지 않으신다. 곧 그를 살려내실 것이기 때문이다. 또한 당시 무덤은 마을 주변에 있었다. 그러므로 집으로 가면 나사로를 살리기 위해 다시 마을을 벗어나야 한다.

마리아는 예수님이 그녀를 찾는다는 말을 듣고 급히 일어나 예수님께 갔다(29절). 예수님은 아직도 마을 밖 마르다가 맞이하던 곳에 계셨다(30절). 곧바로 마을 밖에 있는 나사로의 무덤으로 가서 그를 살리기 위해서다.

마리아가 급히 집을 떠나는 것을 보고 함께 있던 조문객들도 따라나섰다(31a절). 자매가 번갈아 가며 장례식장을 벗어나자 그들이 번갈아 나사로의 무덤에 가서 그를 위해 곡하는 줄 알고 함께 곡하겠다며 따라나선 것이다(31b절). 아마도 마리아가 따라오지 말라며 말렸겠지만 소용없었다.

마리아는 예수님을 뵙자마자 엎드려 마르다가 했던 것과 똑같은 말을 한다(32절). "주께서 여기 계셨더라면 내 오라버니가 죽지 아니하였겠나이다"(cf. 11:27). 학자 중에는 마리아의 말을 마르다의 말처럼 예수님이 너무 늦게 오셨다며 간접적으로 원망하거나(Brown, Klink, cf. Wallace), 혹은 아쉬워하는(Schnackenburg) 것으로 해석하는 이들이 있다. 그러나 대부분은 믿음의 표현으로 간주한다(Bultmann, Carson, Morris,

O'Day). 예수님과 마리아 남매의 각별한 관계를 생각하면 원망이나 아쉬움은 아니다. 예수님이 자기들과 함께 계속 계셨더라면 나사로가 죽지 않았을 것이라고 확신한다는 믿음의 고백이다.

이 말을 하고 마리아가 울자 함께 온 유대인들도 울었다(33a절). 나사로의 죽음에 대한 슬픔이 극에 달한 것이다. 그가 살아 있을 때 예수님이 오셨더라면 분명히 살렸을 텐데 이제는 너무 늦었다는 생각이 그들을 엄습했기 때문이다.

예수님은 심령에 비통히 여기고 그들을 불쌍히 여기셨다(33b절). '비통하다'(ἐμβριμάομαι)는 정확히 무슨 일이 벌어지고 있는지 해석하기가 매우 어려운 말이다(cf. TDNT, BDAG). 일상적으로 '분노하다, 야단치다'라는 뜻을 지니며, 가끔 '크게 슬퍼하다'라는 의미로 사용되기 때문이다. 대부분 번역본은 슬퍼하는 것으로 해석한다(새번역, 공동, NAS, NIV, ESV). 그러나 분노로 마음을 가라앉히지 못하시는 것으로 해석하는 번역본도 있다(NRS). 주석가들의 해석도 나뉘기는 마찬가지다. (1) 예수님이 분노를 드러내시는 것이다(Barrett, Beasley-Murray, Burge, Klink, Schnackenburg, O'Day, cf. 마 9:30; 막 1:43; 14:5). (2)예수님이 슬퍼하는 사람들을 불쌍히 여기신 것이다(Lindars, Mounce, cf. 11:38). 후자의 경우 예수님의 인간적인 감정을 느낄 수 있는 말씀이 된다.

만일 예수님이 화를 내시는 것이라면 무엇에 화를 내시는가? 이에 대해 (1)그들의 불신(Beasley-Murray, Bultmann, Carson, Hoskyns), (2)죄가 사람의 삶을 피폐하게 만드는 영향력(Brown), (3)다가오는 십자가 죽음(Barrett), (4)자신이 메시아라는 사실을 믿지 않는 자들에게 나사로를 살리는 기적을 목격하게 해야 하는 것(O'Day) 등 다양한 해석이 있다. 네 번째 해석은 "그를 어디에 두었느냐?"(ποῦ τεθείκατε αὐτόν;)(34a절)라는 예수님의 질문 대상이 단수(마리아)가 아니라, 복수(그녀와 함께한 유대인들을 포함)로 표현된 것에 근거한 해석이다.

만일 예수님이 분노하신 상태라면 나사로의 무덤이 어디 있냐고 그들에게 질문하신 것은 상당히 이해하기 어려운 상황이다(Mounce). 먼저 책망이 나와야 하기 때문이다. 그러므로 예수님이 비통해하신 것을 슬퍼하면서도 분노하신 것으로 해석하는 것이 바람직하다. 예수님은 나사로의 죽음으로 사람들이 슬퍼하는 모습을 보고 비통해하신다. 또한 지난 수년 동안 부활과 영생에 대해 가르쳤는데도 그 소망을 마음에 새기지 못하고 눈에 보이는 죽음의 지배 아래 모든 것을 생각하고 행동하는 사람들이 답답해 화를 내신다. 죽음은 신앙과 현실의 괴리감을 극대화시키는 영향력을 행사한다.

그들은 예수님에게 와서 보라고 대답했다(34b절). 나사로가 묻혀 있는 곳으로 길을 인도할 테니 따라오시라는 것이다. '와서 보라'(ἔρχου καὶ ἴδε)는 예수님이 제자들에게 하신 말씀이다(1:39). 예수님은 제자들에게 앞으로 일어날 기적들을 기대하라며 이렇게 말씀하셨다. 반면에 이 사람들은 예수님께 죽음의 파괴력을 보라며 이렇게 말한다.

예수님은 나사로의 무덤으로 가시는 중에 눈물을 흘리셨다(35절). "예수께서 눈물을 흘리시더라"(ἐδάκρυσεν ὁ Ἰησοῦς)는 두 단어로 구성되어 있으며, 성경 구절 중 가장 짧다. 가장 짧은 성경 구절이지만, 슬픔에 빠진 그리스도인들에게 가장 위로가 되는 말씀이다. 하나님이신 예수님이 연약한 인간인 우리의 슬픔을 헤아리고 함께 울어 주신다는 의미다.

'울다'(δακρύω)는 마리아와 사람들이 운 것(κλαίω)을 묘사하는 단어와 다르다. 그들은 소리 내어 울었지만, 예수님은 조용히 우신다. 예수님에게 사용된 '우셨다'(ἐδάκρυσεν)는 신약에서 이 본문에만 나오는 동사다. 이 동사의 파생어인 '눈물'(δάκρυον)은 10차례 사용되었다(cf. 눅 7:38, 44; 행 20:19; 고후 2:4; 히 5:7). 마음으로 아파하며 조용히 흘리는 눈물이다(NIDNTTE). 예수님의 눈물은 소망이 없다며 사람들이 흘리는 절망적인 눈물과 다르다(cf. 살전 4:13). 죄와 죽음이 가져온 결과가 사람들에게 얼마나 치명적인지 보시고 죽음을 그렇게 대할 필요 없다며 안타까워서 흘리시는 눈물이다(Mounce). 그러므로 예수님은 눈물을 흘리실 때마다 하나님의 나라가 온전하게 이 땅에 세워져 죽음의 공포와 절망으로부터 사람들을 해방시켜야 한다는 사명감을 느끼셨을 것이다. 주님을 믿는 사람들에게 죽음은 끝이 아니라 또 하나의 시작이기 때문이다.

예전에 예수님의 가르침이 유대인들을 둘로 갈라놓았던 것처럼, 이번에는 주님의 눈물이 그들을 둘로 나눴다. 어떤 이들은 예수님의 눈물에서 죽은 나사로에 대한 주님의 사랑을 보았다(36절). 그들은 예수님이 나사로의 죽음을 슬퍼할 정도로 그를 사랑하셨다고 생각한다. 그러나 사실 예수님은 죽은 나사로를 살려 내실 만큼 그를 사랑하셨다.

다른 사람들은 예수님을 비난할 빌미로 삼았다. "맹인의 눈을 뜨게 한 이 사람이 그 사람은 죽지 않게 할 수 없었더냐?"(37절). 기적을 베푸는 사람으로 알려진 예수님이 왜 이번에는 기적을 행하지 못했느냐며 무능함과 도덕적 문제를 제기하고 있다(Barrett). 그들은 예수님을 '이 사람'(οὗτος)이라고 부르며 빈정댄다.

이 말씀은 예수님은 사람들의 아픔을 헤아리고 함께 슬퍼하신다고 한다. 예수님은 나사로의 죽음을 슬퍼하는 마리아와 함께 우셨다. 히브리서 5:7도 예수님에 대해 "그는 육체에 계실 때에 자기를 죽음에서 능히 구원하실 이에게 심한 통곡과 눈물로 간구와 소원을 올렸고 그의 경건하심으로 말미암아 들으심을 얻었느니라"라고 증언한다.

우리의 아픔을 헤아리시고 우리와 함께 우시는 예수님이 계시기에 어떤 일을 당하더라도 이 세상에 홀로 남겨졌다는 생각은 버려야 한다. 우리는 혼자가 아니다. 우리를 가장 잘 아시는 분이 우리와 함께하시며 안아 주고 위로하신다. 주님 한 분으로 우리는 어려움을 견뎌 낼 수 있다.

VI. 전환: 사역에서 죽음과 부활로(11:1–12:50)
    A. 여섯 번째 표적: 죽은 나사로를 살리심(11:1–57)

4. 나사로를 살리심(11:38–44)

³⁸ 이에 예수께서 다시 속으로 비통히 여기시며 무덤에 가시니 무덤이 굴이라 돌로 막았거늘 ³⁹ 예수께서 이르시되 돌을 옮겨 놓으라 하시니 그 죽은 자의 누이 마르다가 이르되 주여 죽은 지가 나흘이 되었으매 벌써 냄새가 나나이다 ⁴⁰ 예수께서 이르시되 내 말이 네가 믿으면 하나님의 영광을 보리라 하지 아니하였느냐 하시니 ⁴¹ 돌을 옮겨 놓으니 예수께서 눈을 들어 우러러 보시고 이르시되 아버지여 내 말을 들으신 것을 감사하나이다 ⁴² 항상 내 말을 들으시는 줄을 내가 알았나이다 그러나 이 말씀 하옵는 것은 둘러선 무리를 위함이니 곧 아버지께서 나를 보내신 것을 그들로 믿게 하려 함이니이다 ⁴³ 이 말씀을 하시고 큰 소리로 나사로야 나오라 부르시니 ⁴⁴ 죽은 자가 수족을 베로 동인 채로 나오는데 그 얼굴은 수건에 싸였더라 예수께서 이르시되 풀어 놓아 다니게 하라 하시니라

나사로가 묻힌 곳으로 예수님을 인도하는 무리가 참으로 슬퍼한다. 그들과 함께 가시는 예수님도 비통해하신다(38a절). '비통하다'(ἐμβριμάομαι)는 '매우 슬퍼하다, 안타까워하다'(새번역, 공동, NAS, NIV, ESV, cf. 11:33)라는 의미이며, 11:33에서도 예수님의 심경을 묘사하는 데 사용되었다. 드디어 무덤에 도착하니 나사로의 무덤도 여느 무덤처럼 입구가 돌로 막혀 있었다(38b절). 당시에는 짐승들이 시신을 훼손하지 못하도록 성인 두세 사람이 굴려서 움직일 수 있을 만한 큰 돌로 무덤 입구를 막았다.

예수님은 나사로의 무덤을 막고 있는 돌을 옮겨 놓으라고 하셨다(39a절). 입구를 막은 바위를 옆으로 굴려 사람이 무덤 안으로 드나들 수 있게 하라는 뜻이다. 유대인들은 시신을 매장한 지 사흘째 되는 날 다시 묘지를 찾았다. 혹시 그사이에 죽은 사람이 살아났는지 확인하기 위해서다. 그러므로 나사로가 죽은 지 나흘째가 되었다는 것은 그는 죽었고 회생할 가능성이 전혀 없음을 의미한다.

예수님의 말씀에 마르다가 나섰다. 원래 예수님은 마리아와 함께 계셨는데 무덤 앞에서 마르다가 말하는 것으로 보아 마리아가 예수님을 모시고 무덤으로 가고 있다는 소식을 듣고 마르다가 곧바로 뒤따라온 것으로 보인다. 마르다는 부활이자 생명이신 예수님이 죽은 자도 살리신다는 믿음을 지녔다(cf. 11:25-27). 그러나 순간적으로 그녀의 믿음이 흔들렸다. 현실이 믿음과 너무나도 동떨어져 있다고 생각했기 때문이다. 나사로가 죽은 지 이미 며칠이 되어 그의 시신이 썩고 있다. 이런 상황에서 예수님이 무리하시는 것 아닌지 걱정이 앞선 것이다. 그녀는 예수님께 나사로의 시신이 이미 부패하기 시작해 냄새가 날 정도인데 그를 다시 살리는 것은 어렵지 않겠느냐는 취지로 말씀드렸다(39b절).

예수님은 마르다에게 확신을 갖고 믿으라고 권면하신다. 믿으면 그녀는 하나님이 나사로를 살리시는 영광을 볼 것이다(cf. 11:25). 마르다는 나사로의 죽음에 압도되어 있다. 그러나 예수님은 부활이고 생명이시다(11:25). 그러므로 나사로의 죽음이 생명이신 예수님의 능력을 제한할 수 없다.

마르다와 사람들은 예수님이 명령하신 대로 나사로의 무덤을 막고 있던 돌을 옮겨 놓았다(41a절). 죽은 나사로와 자기 사이에 막는 것이 아무것도 없음을 확인하신 예수님은 먼저 기도하셨다. 당시 유대인들이 가장 흔히 취했던 기도 자세, 곧 눈을 들어 하늘을 우러러보며 하나님께 기도하셨다.

예수님은 먼저 하나님 아버지께서 자기 말을 들으신 것에 감사드렸다(41b절; cf. 17:1, 11, 25). 이미 하나님 아버지께 나사로를 살려 주시길 기도하고 응답받기 때문에 이곳에서는 감사 기도를 드리신다(Carson). 요한복음에 예수님의 기도 내용이 기록된 것은 이번이 처음이다. 예수님은 하나님이 항상 자기 기도를 들으신다는 사실을 아신다(42a절). 그러므로 굳이 이렇게 말씀하실 필요가 없지만, 주변에 있는 사람들이 듣게 하려고 이러한 사실을 확인하신다(42b절). 하나님과 예수님의 특별하고 친밀한 관계를 깨닫고 하나님이 예수님을 보내셨다는 사실을 믿게 하기 위해서다(42c절). 하나님 아버지께서 예수님의 기도를 항상 들으시는 것은 예수님 안에 거하는 우리의 기도도 항상 들으신다는 것을 의미한다(Klink).

기도를 마치신 예수님은 큰 소리로 나사로에게 나오라고 하셨다(43절). '나오라'(δεῦρο)는 명령문이 아니라 부사(adverb)다. 본문에서 이 부사는 명령문과 감탄사 효과를 발휘하며 사용되고 있다(Barrett). 예수님의 나오라는 말씀은 이 이야기의 절정이다(Burge, Klink).

예수님의 말씀대로 나사로가 무덤 밖으로 나왔다(44절). 요한은 '나사로'(Λάζαρος)라는 이름 대신 그를 '죽은 자'(τεθνηκὼς)라고 한다. 한때 죽었던 사람이 되살아남으로 이제 죽음이 더는 나사로를 지배하지 못한다며 죽음을 조롱하기 위해서다(Klink). 나사로가 죽음의 지배를 벗어난 것은 그가 생명이신 예수님 안에 있기 때문이다.

무덤 밖으로 나온 나사로는 수족이 베로 동여진 상태였다(44a절). 유대인들은 시신을 매장하기 전에 머리끝에서 발끝까지 베로 꽁꽁 묶었는데, 나사로는 묻혔을 때 모습 그대로 무덤에서 나온 것이다. 온몸이 꽁꽁 묶인 채로 무덤 밖으로 나오려면 안간힘을 써서 움직여야 한다. 나사로가 살아난 것이다!

예수님은 주변에 있는 사람들에게 그를 묶고 있는 베를 풀어 다니게 하라고 하셨다(44b절). 예수님은 죽은 나사로를 가두었던 무덤을 그가 나흘 동안 깊은 잠을 잔 침실로 바꾸셨다(cf. 11:11-13). 요한복음에서 예수님이 행하신 마지막 기적이다.

이 말씀은 하나님이 행하시는 기적을 보고자 하는 사람은 믿음으로 하나님 말씀에 순종해야 한다고 한다. 마르다는 예수님이 이미 시신이 썩기 시작한 나사로를 살리시는 것은 불가능하다고 생각했다. 그럼에도 불구하고 예수님의 말씀에 순종해 사람들과 함께 무덤을 막은 돌을 옮겨 나사로가 살아나는 기적을 목격했다. 우리도 기적을 보려면 믿고 순종해야 한다.

VI. 전환: 사역에서 죽음과 부활로(11:1-12:50)
  A. 여섯 번째 표적: 죽은 나사로를 살리심(11:1-57)

5. 예수님을 죽이려는 음모(11:45-57)

⁴⁵ 마리아에게 와서 예수께서 하신 일을 본 많은 유대인이 그를 믿었으나 ⁴⁶ 그 중에 어떤 자는 바리새인들에게 가서 예수께서 하신 일을 알리니라 ⁴⁷ 이에 대제사장들과 바리새인들이 공회를 모으고 이르되 이 사람이 많은 표적을 행하니 우리가 어떻게 하겠느냐 ⁴⁸ 만일 그를 이대로 두면 모든 사람이 그를 믿을 것이요 그리고 로마인들이 와서 우리 땅과 민족을 빼앗아 가리라 하니 ⁴⁹ 그 중의 한 사람 그 해의 대제사장인 가야바가 그들에게 말하되 너희가 아무 것도 알지 못하는도다 ⁵⁰ 한 사람이 백성을 위하여 죽어서 온 민족이 망하지 않게 되는 것이 너희에게 유익한 줄을 생각하지 아니하는도다 하였으니 ⁵¹ 이 말은 스스로 함이 아니요 그 해의 대제사장이므로 예수께서 그 민족을 위하시고 ⁵² 또 그 민족만 위할 뿐 아니라 흩어진 하나님의 자녀를 모아 하나가 되게 하기 위하여 죽으실 것을 미리 말함이러라 ⁵³ 이 날부터는 그들이 예수를 죽이려고 모의하니라 ⁵⁴ 그러므로 예수께서 다시 유대인 가운데 드러나게 다니지 아니하시고 거기를 떠나 빈 들 가까운 곳인 에브라임이라는 동네에 가서 제자들과 함께 거기 머무르시니라 ⁵⁵ 유대인의 유월절이 가까우매 많은 사람이 자기를 성결하게 하기 위하여 유월절 전에 시골에서 예루살렘으로 올라갔더니 ⁵⁶ 그들이 예수를 찾으며 성전에 서서 서로 말하되 너희 생각에는 어떠하냐 그가 명절에 오지 아니하겠느냐 하니 ⁵⁷ 이는 대제사장들과 바리새인들이 누구든지 예수 있는 곳을 알거든 신고하여 잡게 하라 명령하였음이러라

예수님이 죽은 나사로를 살리셨다는 소문이 퍼지자 많은 사람이 마리아를 찾아왔다(45a절). 요한은 왜 사람들이 마르다와 마리아를 찾지 않고 마리아를 찾아왔다고 하는 것일까? 지금까지 전개된 이야기를 종합해 보면 마르다는 집안을 대표하는 언니로서 감정을 절제할 줄 아는데, 동생인 마리아는 오라버니 나사로의 죽음에 감정을 숨기지 않고 크게 슬퍼했던 것으로 생각된다. 그러므로 마르다보다 마리아가 더 많은 위로와 격려가 필요했다. 예수님이 마르다를 만나 신학적 교훈을 주신 것과 달리(11:20-26) 마리아를 만나 함께 우셨던 것도(11:35) 이러한 상황을 반영하는 것으로 보인다.

찾아온 유대인 중에는 예수님이 하신 일을 보고 믿은 사람이 많았다(45b절). '보다'(θεάομαι)는 무슨 일이 벌어졌는지, 또한 그 일이 어떤 의미를 지녔는지를 깨달았다는 뜻이다(Brown). '그를 믿었다'(ἐπίστευσαν εἰς αὐτόν)는 요한복음에서 7차례 사용되는 표현이며, 예수님을 메시아로 영접했다는 의미를 지닌다(Burge). 기적을 근거로 한 믿음은 온전한 믿음이 아니지만 믿지 않는 것보다는 훨씬 좋다(Mounce). 참 믿음의 시작이기 때문이다.

마리아에게서 예수님이 행하신 기적에 대해 들은 사람들이 모두 주님을 믿은 것은 아니다. 일부는 믿기는커녕 오히려 바리새인들을 찾아가 예수님에 대해 고자질했다(46절). 바리새인들은 유대교 권력과 연관된 사람들이다(cf. 1:19, 24). 사람들은 그들을 두려워했다(9:13, 22). 그러므로 나중에 잡혀가서 보고하지 않은 것에 대해 추궁당하지 않기 위해서라도 미리 알려야 한다.

사람들은 예수님이 행하신 기적에 대해 같은 사람(마리아)에게 같은 장소에서 함께 전해 듣고도 이처럼 엇갈린 반응을 보인다. 유대인들의 엇갈린 반응은 이번만이 아니다(cf. 7:43; 9:16). 하나님이 하시는 선한 일을 비뚤어진 시각으로 보는 자들은 항상 우리 주변에 도사리고 있다. 죄는 기적을 행하시는 하나님을 보지 못하게 한다. 오직 믿음이 하나님을 보게 한다.

예수님이 나사로를 살리는 기적을 행하셨다는 보고를 받은 바리새인들은 곧바로 공회를 소집했다(47a절). '산헤드린'(Sanhedrin)으로도 알려진 '공회'(συνέδριον)는 유대교의 최고 의결 기관이었다. 유대인들이 사는 곳곳에 공회가 운영되었으며, 종교적인 이슈들을 판결했다. 공회원 수는 상황에 따라 몇 명에서 수십 명까지 되었는데, 예루살렘 공회의 경우 공회원이 71명에 달했다. 간단한 이슈는 공회원 3명이 판결했으며, 사형을 선도할 수 있는 재판은 최소 23명의 출석이 필요했다(ABD, DJG). 예루살렘 공회는 공회 중에서도 가장 큰 권위를 가진 최고 의결 기관이었다(Bruce).

대제사장들과 서기관들과 사두개인들과 바리새인들은 공회원이었다. 대제사장은 모두 사두개인 출신이며, 서기관은 대부분 바리새인 출신이었다. 그러므로 본문에서 대제사장들과 바리새인들이 공회를 소집한 것은 공회를 구성하는 자들의 신학적 성향을 반영한다.

공회를 소집한 사람들은 최고 종교 기관으로서 예수님이 많은 기적을 행하는 것에 어떤 조치를 취할 것인지를 물었다(47b절). 그들은 예수님의 이름을 언급하지 않고 '이 사람'(οὗτος ὁ ἄνθρωπος)이라며 경멸하는 투로 말한다. 그들은 예수님이 행하시는 기적을 공정하게 평가하고 그에 대해 적절한 대책을 세우기 위해서 모인 것이 아니다. 예수님을 음해하기 위해 모였다.

예수님이 기적을 행하시는 것은 하나님 나라를 드러내는 좋은 일이다. 그러나 그 누구보다도 하나님을 사랑한다는 이 유대교 지도자들은 기적을 행하시는 메시아로 인해 위협을 느낀다. 그들이 염려하는 것은 두 가지다. 두 가지 모두 그들이 누리고 있는 지위와 이권을 위협한다.

첫째, 예수님을 이대로 두면 모든 사람이 그를 믿을 것이다(48a절). 그동안에도 여러 기적으로 인해 사람들이 예수님을 믿었는데, 이번에는 죽은 자를 살리셨으니 얼마나 더 많은 사람이 예수님을 믿겠는가!

사람들이 하나님의 아들이신 예수님을 믿는 것은 좋은 일이다. 그러나 시기와 질투로 눈이 먼 이 자들은 사람들이 예수님을 믿는 것이 싫다. 모든 사람이 자신들만 존경하고 따르길 바란다.

둘째, 로마인들이 땅과 민족을 빼앗아 갈 것이다(48b절). 유대는 로마 사람들의 지배 아래 종교적인 자유 외에도 상당한 자유를 누리고 있었다. 그러나 로마 사람들이 절대 용납하지 않는 한 가지가 있으니 바로 유대의 정치적 독립이다. 산헤드린은 예수님을 메시아로 따르는 사람들이 그를 왕으로 삼으려고 할 것을 기정사실로 여긴다(cf. 6:14-15). 만일 예수님이 유대의 왕이 되면 로마인들이 상황을 방관하지 않을 것이며, 이로 인해 엄청난 피 흘림이 있을 것이 불 보듯 뻔하다는 것이다.

로마인들이 와서 빼앗을 '땅'(τὸν τόπον)은 일상적으로 예루살렘 성전을 뜻한다(NRS, Burge, Klink, cf. 행 6:13-14; 7:7; 21:28). 그러나 본문에서는 그들이 로마인으로부터 받아 누리는 지위와 특권을 뜻한다(Carson, Mounce, O'Day). 유대교 지도자들은 예수님이 메시아로 추대되면 자신들이 잃을 이권을 염려하고 있다.

그 해의 대제사장인 가야바가 나섰다. 원래 대제사장직은 평생직이다(cf. 민 35:25). 그러므로 어떤 이들은 요한이 유대인의 풍습을 잘 몰라서 가야바를 '그 해의 대제사장'이라 한다고 주장한다(Bultmann, Haenchen). 그러나 로마 사람들은 유대교의 평생직을 연임할 수 있는 1년직으로 바꾸어 언제든지 마음에 들지 않으면 갈아치웠다(Lightfoot, Schlatter). 요세푸스는 가야바가 주후 18-36년 사이 18년 동안 대제사장 자리에 있었다고 한다(cf. Klink). 빌라도는 주후 26-36년 사이 10년 동안 유대의 총독이었으므로 이 두 사람의 집권 시기가 평행을 이룬다. 가야바는 주후 6-15년에 대제사장이었던 안나스(Annas)의 사위였다.

그해 대제사장은 71명으로 구성된 예루살렘 산헤드린의 의장이었으며, 캐스팅 보트(casting vote, 찬반수가 같을 때 행하는 의장의 결정투표)를 행사했다(Keener). 유대인 중 가장 막강한 정치적 권력을 지닌 사람 중 하나였던 것이다. 가야바는 공회로 모인 사람들에게 "너희가 아무것도 알지 못하는도다!"라고 말했다. '생각 없는 자들아!'라는 의미의 비아냥이다(Barclay).

가야바는 한 사람이 죽어 온 민족이 망하지 않게 되는 것이 모두를 위해 가장 좋은 일이라고 한다(50절). 희생이 필요하다면 한 사람을 죽게 하는 것이 온 민족을 궁지로 내모는 것보다 더 합리적이고 유익하다는 것이다. 가야바는 예수님을 자신들의 손으로 죽이자고 하는 것이 아니다. 로마 사람들의 관심을 온 나라(유대 민족)보다는 한 사람(예수님을 유대의 왕으로 몰아)에게 돌리게 하는 것이 유익하다고 한다(Michaels). 혹은 자신들의 문제(예수님)를 로마의 문제로 둔갑시키자는 것이다(Bultmann). 이렇게 하면 그들은 예수님도 제거하고 로마와 갈등을 빚을 필요도 없다는 논리다.

요한은 가야바의 발언이 의미하는 바를 해석해서 설명해 준다(51-52절). 무엇보다도 대제사장 가야바의 발언은 그가 인지하는 것보다 더 많은 것을 말하고 있다는 것이다(Carson, cf. Beasley-Murray). 유대를 위해 예수님을 희생제물로 삼아야 한다는 그의 말은 예수님의 죽음을 예언하는 선지자의 말과 같다. 가야바는 예수님을 유대를 위한 희생제물로 삼을 생각이다(50절). 그러나 예수님은 유대 민족뿐 아니라 흩어진 하나님의 자녀를 모아 하나 되게 하기 위해 죽으실 것이다(51-52절). 흩어진 하나님의 자녀는 온 세상에 흩어져 사는 이방인을 의미한다(Barrett, Klink, Ridderbos, cf. 10:16). 그러므로 가야바의 말은 복음의 핵심을 요약하는 계기를 마련해 준다(Temple). 예수님이 이미 말씀하셨던 일이 점차 다가오고 있다(cf. 6:51; 10:11, 14).

예루살렘 공회는 예수님을 죽이기로 하고 방법을 강구하기 시작했다(53절). 그들은 예수님을 재판에 회부하기 위해 잡으려고 하는 것이 아니라, 죽이기 위해 잡으려 한다. 물론 그들 스스로는 예수님을 죽일 수 없다. 로마 사람들이 허락하지 않을 것이기 때문이다. 그러므로 로마 사람들의 손을 빌려 예수님을 죽이도록 음모를 꾸며야 한다. 결국 그들은 이 악한 일에 성공하고 로마 사람들은 예수님에게 '유대인의 왕'이라는 죄명을 씌워 처형할 것이다(19:19).

우리는 권력화된 종교 지도자들의 가장 추한 모습을 보고 있다. 유대교뿐 아니라 어느 종교든 지도자들은 사람을 살려야 한다. 그러나 이들은 하나님의 아들이신 예수님을 죽이기로 결정했다. 원래 대제사장들을 배출한 사두개인과 서기관들을 배출한 바리새인은 여러 가지 이유로 연합하지 않았다. 그런데 메시아를 죽이는 악한 일에는 서로 힘을 합한다! 이때까지 예수님을 죽이려는 음모가 종종 있었지만, 유대교의 최고 의결 기관인 예루살렘 공회의 공식적인 입장은 아니었다. 그러나 이제 예루살렘 공회에서 예수님을 죽이기로 결의했다. 예수님을 죽이기로 한 것은 전적으로 죄인들이 도모한 일이지만, 하나님의 계획은 그들이 저지른 만행을 통해서 급진전한다.

신적인 지식을 지니신 예수님은 예루살렘 공회의 결정을 모두 아신다. 그러므로 그들과 갈등하기보다는 피하는 것이 지혜라고 생각해 예루살렘 근처에 있는 베다니를 떠나 에브라임이라는 동네로 가셨다(54절). 요즘 말로 하면 '잠수를 타신 것'이다. 그 어떤 일도 예수님이 이 땅에 오신 일(십자가에서 온 인류를 대속해 죽으시는 일)을 이루기 전까지는 방해가 되어서는 안 된다. 그러므로 그들이 두려워서, 혹은 죽음이 두려워서가 아니라 아직 주님의 때가 이르지 않았기 때문에 그 자리를 피하신 것이다.

에브라임 마을은 예루살렘에서 북동쪽으로 20㎞ 떨어진 곳으로(Burge, cf. 대하 13:19), 벧엘의 남서쪽 6㎞ 지점에 있었다(Mounce). 게다가 에브라임 마을에서부터 광야가 시작되었다(Brown, cf. 본문의 '빈 들'). 에브라임 마을은 충분히 안전할 만큼 예루살렘에서 멀면서도, 예수님이 이 땅에서의 마지막 유월절을 보내기 위해 성전으로 가시기에 그다지 멀지 않은 곳이었다.

예루살렘을 떠나 에브라임 마을로 가시는 것으로 예수님의 공개적인 사역이 끝났다. 이제 예수님은 더는 기적을 베풀지 않으실 것이다. 앞으로는 새로 주님을 믿는 자도 없을 것이다. 지금부터 십자가에 매달리실 때까지 예수님은 제자들을 포함한 소수의 사람과 교제하며 그들을 가르치실 것이다.

예수님이 에브라임 마을에 머무신 기간은 그다지 길지 않다. 유월절이 가까웠기 때문이다(55a절). 유월절이 가까워지자 많은 사람이 성결하게 하려고 예루살렘으로 올라갔다(55b절). 율법은 유월절 절기 참석자들에게 미리 몸을 성결하게 할 것을 요구했다(Keener, cf. 출 19:10-15; 민 9:6-12; 대하 30:17-18).

요한복음이 언급하는 세 번째 유월절이다(Carson, cf. 2:13, 23; 6:4). 첫 번째는 헤롯왕이 성전을 재건하기 시작한 지 46년째 되던 해인 주후 28년의 유월절이다(2:20). 두 번째 유월절은 이듬해인 주후 29년의 유월절이다(6:4). 이번 유월절은 주후 30년의 유월절이며, 시간을 계산해 보면 예수님은 2년 조금 넘은 기간(햇수로 3년) 동안 사역하셨다. 세상 죄를 지고 가는 하나님의 어린양 예수님이 온 인류를 대속하기 위해 십자가를 지실 때가 다가왔다(cf. 1:29).

유월절을 기념하기 위해 예루살렘을 찾은 사람들이 예수님을 찾았다(56절). '찾았다'(ἐζήτουν)는 미완료형(imperfect)이며, 지속적으로 찾았음을 강조한다. 그들은 서로 "그가 명절에 오지 아니하겠느냐?"(οὐ μὴ ἔλθη εἰς τὴν ἑορτήν;)라고 말했다. "설마 명절에 오는 것은 아니겠지?"라며 오신다고 해도 믿을 수 없다는 반응을 보이고 있다(Wallace).

그들은 예수님이 행하신 기적에 관한 소문을 들었다. 또한 유대교 지도자들이 예수님을 죽이고자 누구든지 예수님을 본 사람은 당국에 신고하라는 명령을 내렸다는 소문도 들었다(57절). 이런 상황에서 만일 예수님이 유월절 명절을 기념하기 위해 성전에 나타나신다면 과연 어떤 일이 벌어질지 궁금하다. 신실한 유대교인이신 예수님은 반드시 유월절을 기념하기 위해 성전에 나타나실 것이다.

이 말씀은 종교가 권력화되면 사람들을 위로하고 격려하는 것이 아니라 오히려 억압하고 해하려고 한다고 경고한다. 유대교 지도자들은 메시아이신 예수님이 온갖 기적을 행하시자 자신들의 이권을 위협한다며 죽이기로 의결했다. 창조주 하나님을 경배하고 생명을 존중한다고 자부하는 종교 지도자들의 추한 모습이다. 세상에 썩지 않는 권력은 없으며, 절대적인 권력은 절대적으로 썩는다는 말이 생각난다.

때로는 문제를 피하는 것도 지혜다. 예수님은 산헤드린의 결정을 아시고 그들을 피해 예루살렘을 떠나셨다. 무서워서가 아니라 아직 때가 이르지 않았기 때문이다. 잠시 후 때(유월절)가 되면 스스로 예루살렘을 다시 찾으실 것이다. 우리도 어떤 일을 결정할 때 정면 돌파만 고집할 것이 아니라, 아직 하나님의 때가 아니라고 생각되면 피해 가는 것이 현명하다. 반대로 하나님의 때가 이르렀는데 계속 피하는 것도 옳지 않다. 하나님의 역사가 이뤄지는 일에는 때가 가장 중요하다.

VI. 전환: 사역에서 죽음과 부활로(11:1-12:50)

B. 향유 부음(12:1-8)

[1] 유월절 엿새 전에 예수께서 베다니에 이르시니 이 곳은 예수께서 죽은 자 가운데서 살리신 나사로가 있는 곳이라 [2] 거기서 예수를 위하여 잔치할새 마르다는 일을 하고 나사로는 예수와 함께 앉은 자 중에 있더라 [3] 마리아는 지극히 비싼 향유 곧 순전한 나드 한 근을 가져다가 예수의 발에 붓고 자기 머리털로 그의 발을 닦으니 향유 냄새가 집에 가득하더라 [4] 제자 중 하나로서 예수를 잡아 줄 가룟 유다가 말하되 [5] 이 향유를 어찌하여 삼백 데나리온에 팔아 가난한 자들에게 주지 아니하였느냐 하니 [6] 이렇게 말함은 가난한 자들을 생각함이 아니요 그는 도둑이라 돈궤를 맡고 거기 넣는 것을 훔쳐 감이

러라 ⁷ 예수께서 이르시되 그를 가만 두어 나의 장례할 날을 위하여 그것을 간직하게 하라 ⁸ 가난한 자들은 항상 너희와 함께 있거니와 나는 항상 있지 아니하리라 하시니라

네 복음서 모두 한 여인이 예수님께 향유를 부은 이야기를 기록하지만 디테일은 서로 다르다(마 26:6-13; 막 14:3-9; cf. 눅 7:36-50). 특히 누가복음은 다른 복음서와 비교해 매우 큰 차이를 보이는 만큼 많은 학자가 아예 다른 이야기라고 주장하기도 한다. 각 버전의 차이는 각 복음서가 이 이야기를 통해 강조하는 바가 다르기 때문에 빚어진 현상이다.

학계에서는 세 공관복음 중 마가복음이 가장 먼저 저작되었고, 마태복음과 누가복음이 마가복음을 참조해 저작되었다는 학설(일명 Markan Priority)이 기정사실화되어 있다. 그러므로 이 학설에 따르면 이 여인의 이야기도 마가복음에 기록된 버전이 제일 먼저 기록된 오리지널이라 할 수 있다. 마가복음과 요한복음의 이야기를 비교하면 다음과 같은 공통점과 차이점이 있다(cf. Brown, Burge, Carson).

마가복음 14:3-9	요한복음 12:1-8
베다니	베다니
유월절 이틀 전	유월절 엿새 전
나병 환자 시몬의 집	마르다의 집
한 여자	마리아
	한 근
옥합	
옥합을 깨뜨림	
값진(πολυτελής) 향유	지극히 비싼(πολύτιμος) 향유
순전한 나드	순전한 나드
예수님의 머리에 부음	예수님의 발에 부음
	머리털로 그의 발을 씻음
제자들이 화를 냄	가롯 유다가 화를 냄

가치: 300데나리온	가치: 300데나리온
예수님이 여자를 변호하심	예수님이 마리아를 변호하심
가만두라	그를 가만두어라
가난한 자들은 항상 너희와 함께 있다	가난한 자들은 항상 너희와 함께 있다
장례를 미리 준비했느니라	장례할 날을 위해 그것을 간직하게 하라
온 천하에 이 여인이 한 일을 알리라	

　예수님은 예루살렘 공회가 예수님을 죽이기로 했다는 소식을 들으시고 제자들과 함께 에브라임 마을로 가서 얼마 동안 그곳에서 시간을 보내셨다(cf. 11:53-54). 드디어 이 땅에서 보내실 마지막 유월절이 엿새 후로 다가왔다(1절). 십자가에서 대속 제물로 죽으실 때가 이르렀기에 예수님은 제자들을 이끌고 예루살렘 근교에 있는 마을 베다니로 올라오셨다. 네 복음서를 바탕으로 예수님이 십자가를 지시기 전 마지막한 주를 구성하면 다음과 같다(Boring, Wilkins, cf. 마 21-28장; 막 11-16장; 눅 19-24장; 요 12-21장).

요일	사건
금요일	• 베다니에 도착하심(요 12:1)
토요일	• 저녁 잔치, 마리아가 예수님의 발에 기름을 부음 　(요 12:2-8; cf. 마 26:6-13)
일요일	• 영광스러운 예루살렘 입성(마 21:1-11; 막 11:1-10; 요 12:12-18) • 예수님이 성전 주변을 살펴보심(막 11:11) • 베다니로 돌아가심(마 21:17; 막 11:11)
월요일	• 예루살렘으로 가는 길에 무화과나무를 저주하심 　(마 21:18-22; cf. 막 11:12-14) • 성전을 깨끗하게 하심(마 21:12-13; 막 11:15-17) • 성전 안에서 기적을 행하시고 대제사장들과 다투심 　(마 21:14-16; 막 1:18) • 베다니로 돌아가심(막 11:19)
화요일	• 무화과나무를 저주하신 일에 대한 반응(마 21:20-22; 막 11:20-22) • 종교 지도자들과 논쟁하고 성전에서 가르치심 　(마 21:23-23:39; 막 11:27-12:44) • 감람산에서 종말에 대해 가르치시고 베다니로 돌아가심 　(마 24:1-25:46; 막 13:1-37)

수요일	• 조용히 하루를 보내심-베다니에서 제자들과 마지막으로 교제하심 • 유다가 예수님을 팔기 위해 홀로 예루살렘을 다녀옴 　(마 26:14-16; 막 14:10-11)
목요일	• 유월절 준비(마 26:17-19; 막 14:12-16) • 해가 진 다음: 　유월절 잔치와 최후의 만찬(마 26:20-35; 막 14:17-26) 　다락방 디스코스(요 13-17장) 　겟세마네 동산에서 기도하심(마 26:36-46; 막 14:32-42)
금요일	• 목요일 자정이 지난 후: 　배신과 붙잡히심(마 26:47-56; 막 14:43-52) • 유대인 재판-예수님이 세 차례 재판을 받으심 　안나스(요 18:13-24) 　가야바와 산헤드린 일부(마 26:57-75; 막 14:53-65) 　모두 모인 산헤드린(마 27:1-2; 막 15:1) • 로마인 재판-예수님이 세 단계를 거치심 　빌라도(마 27:2-14; 막 15:2-5) 　분봉 왕 헤롯(Antipas)(눅 23:6-12) 　빌라도(마 27:15-26; 막 15:6-15) • 십자가에 못 박히심(오전 9시-오후 3시) 　(마 27:27-66; 막 15:16-39)
일요일	• 부활을 목격한 사람들(마 28:1-8; 막 16:1-8; 눅 24:1-12) • 부활하신 모습을 보이심(마 28:9-20; 눅 24:13-53; 요 20-21장)

　베다니는 예수님이 11장에서 살리신 나사로와 그의 누이들이 사는 동네다. 나사로를 살리신 일로 인해 예루살렘 공회가 예수님께 사형을 선고한 일을 고려할 때(11:53), 예수님이 나사로와 함께 계신다는 것은 머지않아 형이 집행될 것을 암시하는 듯하다(O'Day). 예루살렘 공회는 악의적인 의도로 하나님과 주님 백성의 평안을 위해 예수님을 죽여야 한다고 한다. 그러나 예수님은 하나님과 백성 사이에 화해와 평화를 주는 선(善)을 이루기 위해 죽음을 맞이하실 것이다.

　예수님과 제자들이 베다니에 도착하자 잔치가 벌어졌다(2절). 나사로와 마르다와 마리아 남매 중 누구의 집에서 잔치가 벌어졌는지 정확히 알 수 없지만, 이들은 예수님이 사랑하시는 가족이다(cf. 11:5). 그들은 예수님이 나사로를 살리는 기적을 행하신 일과 죽은 나사로가 새로운 삶을 살게 된 일을 기념하고 축하하기 위해 잔치를 벌였다. 집안을 대표하는 마르다는 분주히 일하고 나사로는 예수님과 함께 앉아 있었다. '앉다'(ἀνάκειμαι)는 중앙에 있는 음식을 함께 나누기 위해 옆으로 비스듬히 엎드려 식사하며 교제하는 자세를 의미한다.

이 잔치가 벌어진 날로부터 6일 뒤가 유월절(금요일 밤에 시작)이라는 것은 이날이 전주(前週) 토요일 밤, 곧 우리가 종려주일(Palm Sunday)이라고 부르는 날의 전야임을 알려 준다(Klink, Mounce). 어떤 이들은 마가복음이 문둥병자 시몬의 집에서 이 잔치가 있었다고 하는 것과 연계해 시몬이 이들의 아버지였거나 혹은 이 남매가 그의 명의로 된 집에서 살았다고 주장하기도 하지만, 정확히 알 수 없다(Haenchen, cf. Carson).

잔치가 한창 진행되는 동안 마리아가 향유를 가져와 예수님의 발에 붓고 자기 머리털로 발을 닦았다(3a절). 네 복음서 중 향유를 부은 여인의 이름이 마리아라고 밝히는 것은 요한복음이 유일하다. 동사 '닦다'(ἐκμάσσω)는 예수님이 제자들의 발을 씻기시는 이야기에도 사용된다. 이에 마리아가 예수님의 발을 닦는 것을 그 일을 예고하는 것으로 해석하는 이들도 있다(Kysar).

마리아가 예수님께 부은 향유는 지극히 비싼 것, 곧 순전한 나드 한 근이었다. '나드'는 인도에서 수입한 매우 귀한 것으로 비싼 가격에 거래되었다(ABD). 당시에는 저렴한 나드도 한 근에 100데나리온에 거래되었다(ABD). 마리아가 부은 것은 '순전한 나드"(νάρδου πιστικῆς), 곧 질이 좋은 것으로, 가격이 300데나리온에 달했다(cf. 5절).

'근'(λίτρα)은 이곳과 19:39에서만 사용되는 단어이며, 라틴어 '리브라'(libra)에서 유래한 외래어다. 로마 사람들의 한 근은 327.45g이었다. 한 사람에게 사용하기에는 참으로 많은 양의 향유라 할 수 있다. 그러므로 온 집이 향유 냄새로 가득했다(3b절). 나사로는 한때 죽음의 악취로 가득한 곳에 있었는데(cf. 11:39), 지금은 예수님과 함께 향긋함과 사랑으로 가득한 집에 있다.

마리아는 불안하다. 전에도 유대인들이 예수님을 음해하려고 여러 차례 시도한 적이 있지만, 지난번 오라버니 나사로를 살리신 일로 인해 예루살렘 공회가 예수님을 죽이기로 공식적인 결정을 내렸기 때문이다. 그러므로 이번에 향유를 부어 예수님께 경배와 사랑을 표현하지 못하면 언제 다시 기회가 올지 알 수 없다. 유대교의 최고 권력 기관인 공회가 예수님의 사형을 결정한 상황에서 마리아도 예수님이 곧 죽임 당하실 것을 직감했을 것이다(cf. 7절).

마리아는 예수님께 향유를 붓고 엎드려 무릎을 꿇은 채 머리털로 발을 닦아 드렸다. 당시 축하할 일이 있을 때 집주인이 손님의 머리 위에 기름을 붓는 것은 흔히 있었던 일이다(Neyrey). 이러한 정황을 고려해 마리아가 단순히 예수님을 환영하는 의미에서 이렇게 했다고 하는 이들도 있지만(Luz), 예수님이 다윗의 후손으로 오신 하나님의 아들이라는 사실과 이 향유의 값을 고려하면 그녀는 메시아 왕에게 경외와 존경을 표하는 의미로 기름을 부었다(Bruner, Lincoln, Osborne, Wilkins, cf. 삼상 9:16; 왕하 9:6).

마가복음은 그녀가 예수님의 머리에 향유를 부었다고 하는데(막 14:3), 본문은 발에 부었다고 한다. 당시 사람들은 만찬을 할 때 옆으로 엎드린 자세로 식사를 했기 때문에 누구든지 마음만 먹으면 만찬을 나누는 사람의 발에 쉽게 접근할 수 있었다(Carson). 아마도 예수님의 머리에 부은 것이 몸을 타고 내려와 발까지 적셨고, 발로 흘러내린 향유를 마리아가 머리털로 닦아 드렸다는 것을 의미하는 듯하다(Calvin). 마리아는 예수님의 머리에 가장 비싼 향유를 붓고 주님 앞에 가장 낮게 엎드려 경배하고 있다.

나드의 향은 글라디올라(gladiola) 향과 비슷하다고 한다. 마리아는 나드 중에서도 가장 질이 좋은 나드, 곧 한 근에 300데나리온이나 하는 향유를 예수님께 드렸다. '데나리온'(δηνάριον)은 라틴어 '데나리우스'(denarius)에서 유래한 외래어다(cf. BDAG). 한 데나리온은 당시 노동자의 하루 임금으로, 300데나리온은 노동자의 1년 연봉에 달하는 금

액이다. 마리아가 예수님께 부어 드린 향유가 참으로 비싼 것이었음을 의미한다. 우리는 그녀가 얼마나 부자였는지, 혹은 이 나드를 부모에게 유산으로 받았는지 알 수 없다. 그러나 당시 여인들은 유산으로 이렇게 큰 액수를 받기 쉽지 않았다(Klink). 마리아는 보통 사람들은 감히 엄두도 못 낼 일을 하고 있다(Burge).

옆에서 지켜보던 가룟 유다가 모든 제자를 대표해(cf. 마 26:8) 화를 냈다. 그는 예수님의 열두 제자 중 하나지만, 돈을 받고 예수님을 유대교 지도자들에게 넘길 악인이다(4절). 지금까지 요한은 가룟 유다에 대해 단 한 번 언급했는데, 그때도 그를 가리켜 마귀라고 했다(6:70-71). 그러므로 마리아는 신실한 사람의 모델이며, 가룟 유다는 정반대되는 사람이다(O'Day). 그는 마리아가 한 일에 대해 절대로 선한 말을 하지 않을 것이다.

개역개정은 마치 가룟 유다가 마리아를 추궁하는 것처럼 번역했지만, 원문은 수동태를 취한다. "이 향유를 팔았더라면 삼백 데나리온은 받았을 것이고 그 돈을 가난한 사람들에게 나누어줄 수 있었을 터인데 이게 무슨 짓인가?"(공동, cf. 새번역, NAS, NIV, NRS). 그는 그곳에 있는 모든 사람에게 마리아의 행위를 보라며 공개적으로 비난하고 있으며, 이 일을 묵인하신 예수님도 비난에 포함하고 있다.

가룟 유다를 비롯한 열두 제자는 메시아이신 예수님이 왕으로서 기름 부음을 받기에 합당하신 분이라는 사실은 별로 생각해 보지 않았다. 실은 그들이야 말로 사비를 털어서라도 이렇게 해야 했다. 마리아가 하고 있는 일은 예수님의 은혜를 입은 사람이 할 수 있는 최고의 예배이기 때문이다. 그러나 가룟 유다는 값비싼 향유가 낭비되고 있다고 할 뿐, 마리아처럼 신앙적인 관점에서 이 일을 보려고 하지 않았다.

또한 마리아는 이 일을 통해 오라버니 나사로를 살려 주신 일에 감사를 표하고 있다. 사실 예수님의 은혜를 입은 우리는 모두 마리아에게 감사해야 한다. 예수님은 이때까지 계속 사람들에게 베풀기만 하셨지한 번도 사람들에게 '대접'을 받으신 적이 없다. 마지막으로 우리를 위해 목숨을 내주러 가시는 길에(cf. 7절) 마리아가 이렇게라도 예를 갖추어 배웅해 드린 것이 얼마나 감사한 일인가!

가룟 유다는 향유를 팔아서 가난한 사람들을 도왔어야 한다고 하지만, 그것은 입에 발린 말일 뿐 그는 가난한 사람들을 돕는 자가 아니다. 그는 가난한 사람들을 돕는 데 사용되어야 할 돈을 훔치는 '도둑'(κλέπτης)이다(6a절). 가룟 유다는 예수님과 제자들의 재정을 담당했는데(돈궤를 맡음), 평소에 사람들이 사역에 보태라고 헌금하고 기부한 돈 중 일부를 훔치고 빼돌렸다(6b절). 그러므로 이번에도 만일 마리아가 향유를 300데나리온에 팔아 헌금했더라면, 그는 이 돈의 일부를 도둑질했을 것이다.

예수님도 가룟 유다가 돈을 훔치고 있다는 것을 아셨을 것이다. 신적인 능력으로 모든 사람을 꿰뚫어 보는 통찰력을 지니셨기 때문이다. 그러나 아무 말도 하지 않으시고 그가 해야 할 일, 곧 스승을 배반하고 악인들에게 메시아를 팔아 넘기는 일을 할 때까지 내버려 두셨다. 하나님의 역사가 차질없이 진행되어야 하기 때문이다.

예수님은 마리아가 향유를 부은 일을 자신의 장례를 위한 일로 간주하시며 그녀를 비난하지 말라고 하신다(7절). 유대인들은 사람이 죽으면 염을 하지 않고, 장례를 준비할 때 악취를 줄이기 위해 시신 전체에 향료를 뿌렸다. 니고데모가 예수님이 죽으셨다는 소식을 듣고 몰약과 침향 섞은 것 100리트라(1리트라는 327.45g, 100리트라는 32.75kg)를 가져온 것도 이러한 이유에서다(19:39). 예수님은 마리아의 섬김을 이런 일로 간주하셨다.

그런데 예수님이 마리아에게 무엇을 간직하게 하라고 하시는가(7b절)? 정확히 무엇을 의미하는지 해석하기가 매우 어렵다(cf. Carson). 공관복음은 향유가 옥합에 담겨 있었다고 한다. 옥합은 한 번 깨뜨리면 다시 쓸 수 없는 용기였다. 그러므로 이미 부은 향유를 간직하라는 말씀은 아니다. 학자들은 여러 가지 가능한 해석을 제안하지만(cf. Brown, Carson, McHugh) 가장 합리적인 추측은 NIV의 번역처럼 이 구절의 문장 일부가 생략된 것으로 보는 것이다. 그러므로 예수님은 "그를 가만두 어라. [그녀가 값비싼 나드를 팔지 않고 가지고 있었던 것은] 나의 장 례할 날을 위해 그것을 간직하기 위해서다"라고 말씀하신다(대괄호 안의 내용은 생략된 부분, cf. 새번역, 공동).

예수님은 향유를 팔아 가난한 사람들을 도왔어야 한다고 말하는 가룟 유다와 제자들에게 가난한 사람들은 항상 그들 곁에 있지만 자기는 그 렇지 않다며, 머지않아 떠나실 것(죽으실 것)을 암시하신다(8절, cf. 7절). 가난한 사람들은 항상 우리 곁에 있다는 말씀은 하나님의 백성은 항상 가난한 자들을 도와야 한다는 신명기 15:11을 연상케 한다. "땅에는 언제든지 가난한 자가 그치지 아니하겠으므로 내가 네게 명령하여 이 르노니 너는 반드시 네 땅 안에 네 형제 중 곤란한 자와 궁핍한 자에게 네 손을 펼지니라." 예수님은 교회가 항상 가난한 자들을 돌보아야 한 다는 뜻에서 이렇게 말씀하셨다(Hendricksen). 그러나 예수님이 십자가 죽음을 앞둔 이 순간은 아니다. 제자들이 예수님과 함께할 시간이 얼 마 남지 않았으므로 예수님께 집중해야 한다.

이 말씀은 경제적 이론이 하나님을 사랑하고 예배하는 일을 앞서서 는 안 된다고 한다. 마리아는 예수님을 위해 경제적인 논리로는 도저 히 설명되지 않는 일을 했다. 상상을 초월하는 귀중품으로 예수님을 예배한 것이다. 가룟 유다는 큰돈을 낭비했다며 그녀를 비난했다. 그 러나 예수님은 마리아가 한 일을 귀하게 여기셨다.

교회는 하나님 나라의 확장을 위해 때로는 비효율적이고 경제적으로 손해가 되는 길을 가야 한다. 아무리 능률적이고 효과적으로 보이더 라도 비윤리적이거나 하나님께 드리는 올바른 예배가 아니라면 멀리 해야 한다. 교회는 손해를 보더라도 선한 일을 하기 위해 세상에 존 재한다.

C. 나사로도 죽이려는 음모(11:9-11)

⁹ 유대인의 큰 무리가 예수께서 여기 계신 줄을 알고 오니 이는 예수만 보기 위함이 아니요 죽은 자 가운데서 살리신 나사로도 보려 함이러라 ¹⁰ 대제사장들이 나사로까지 죽이려고 모의하니 ¹¹ 나사로 때문에 많은 유대인이 가서 예수를 믿음이러라

예수님이 나사로를 살리신 베다니에 다시 오셨다는 소문이 퍼지자 많은 유대인이 베다니로 모여들었다(9a절). 그들은 이번 기회에 죽은 사람을 살리신 메시아와 죽었다가 살아난 나사로를 함께 보기 위해 왔다. 일종의 일석이조(一石二鳥) 목적을 가지고 찾아온 것이다.

상황을 지켜보는 대제사장들의 심기가 불편하다(10-11절). 사람들이 자신들을 찾아와야 하는데 예수님과 나사로에게 몰려가고 있기 때문이다. 그들은 예수님과 나사로가 자신들이 누리는 특권과 이권을 위협한다고만 생각할 뿐 예수님이 하나님의 아들일 가능성은 전혀 고려하지 않는다.

그들은 예수님뿐 아니라 나사로까지 함께 죽이기로 모의했다. 죽었다가 살아난 나사로로 인해 많은 유대인이 베다니에 계신 예수님을 찾아가 믿었기 때문이다. 아마도 나사로가 자신이 경험한 일에 대해 사람들에게 꾸준히 간증했기 때문일 것이다(cf. Burge). 하나님을 사랑한다는 자들이 하나님의 아들을 훼방하고 하나님이 살리신 자를 다시 죽이려고 한다! 참으로 어이없는 일이 벌어지고 있다! 그러나 이런 일은 우리 주변에서도 계속 일어나고 있다.

이 말씀은 가장 종교적인 자들이 하나님을 빙자해 살인을 저지를 수도 있다고 경고한다. 그들은 예수님과 나사로를 죽이는 것이 하나님 나라에 유익하다고 생각한다. 하나님을 두려워하지 않는 종교 지도자

들에게 하나님은 자기 잇속을 챙기는 이용 수단에 불과하다. 그러므로 더 높은 리더십에 오를수록 더 낮아지고 더 기도하며 꾸준히 자신을 성찰해야 한다.

VI. 전환: 사역에서 죽음과 부활로(11:1-12:50)

D. 영광스러운 예루살렘 입성(12:12-19)

¹² 그 이튿날에는 명절에 온 큰 무리가 예수께서 예루살렘으로 오신다는 것을 듣고 ¹³ 종려나무 가지를 가지고 맞으러 나가 외치되

호산나 찬송하리로다

주의 이름으로 오시는 이

곧 이스라엘의 왕이시여

하더라 ¹⁴ 예수는 한 어린 나귀를 보고 타시니 ¹⁵ 이는 기록된 바

시온 딸아 두려워하지 말라

보라 너의 왕이 나귀 새끼를 타고 오신다

함과 같더라 ¹⁶ 제자들은 처음에 이 일을 깨닫지 못하였다가 예수께서 영광을 얻으신 후에야 이것이 예수께 대하여 기록된 것임과 사람들이 예수께 이같이 한 것임이 생각났더라 ¹⁷ 나사로를 무덤에서 불러내어 죽은 자 가운데서 살리실 때에 함께 있던 무리가 증언한지라 ¹⁸ 이에 무리가 예수를 맞음은 이 표적 행하심을 들었음이러라 ¹⁹ 바리새인들이 서로 말하되 볼지어다 너희 하는 일이 쓸 데 없다 보라 온 세상이 그를 따르는도다 하니라

마리아가 예수님께 향유를 부은 이야기처럼 예수님의 영광스러운 예루살렘 입성 이야기도 네 복음서에 모두 기록되어 있다(cf. 마 21:1-11; 막 11:1-11; 눅 19:29-38). 공관복음과 요한복음의 가장 기본적인 차이는 예수님이 타신 나귀를 구하는 과정이다. 요한은 과정을 생략하고 예수

VI. 전환: 사역에서 죽음과 부활로(11:1-12:50)

님이 나귀를 타셨다고만 기록하는데(14절), 다른 복음서들은 예수님이 사전에 제자들을 예루살렘성 안으로 보내 나귀 주인에게 빌려왔다고 한다.

베다니에서 잔치가 열린 다음 날이었다(12a절). 예수님이 예루살렘으로 오신다는 소문이 돌았다(12b절). 이때 예루살렘은 유월절을 기념하기 위해 곳곳에서 올라온 순례자로 넘쳐났다(cf. 12:1). 당시 예루살렘과 주변에는 10만 명가량 살고 있었지만, 종교 절기에는 이스라엘 각지에서 온 순례자뿐 아니라 세계 곳곳에서 온 디아스포라 순례자까지 합해 100만 명가량 되었다고 한다(cf. Burge, Mounce, Osborne). 요세푸스(Josephus)는 주후 66-70년에 있었던 유대인 전쟁(Jewish War) 전에는 부정하게 된 사람들과 예루살렘에 사는 이방인들을 제외하고도 270만 명이 유월절을 기념하기 위해 예루살렘으로 모였다고 한다(Carson). 이 순례자 중 상당수가 예수님의 영광스러운 입성을 보고자 거리로 나왔다. 예수님이 예루살렘 근처 베다니에서 죽은 자를 살리셨다는 소문이 자자했기에 많은 사람이 종려나무 가지를 들고 예수님을 맞으러 나왔다(13a절).

어떤 이들은 예수님이 베다니가 있는 감람산에서 내려와 예루살렘에 입성하시는 것을 스가랴 14:3-21과 연결 짓기도 한다. 하지만 스가랴 14장은 종말에 임할 정복자 메시아에 관한 말씀이고, 지금 예수님은 고난받는 종 메시아로 입성하고 계시기 때문에 직접적인 연관은 없다. 오히려 솔로몬이 기혼 샘에서 왕으로 세워질 때 탔던 다윗의 나귀를 연상케 한다(왕상 1:33-44).

옛적에 솔로몬이 아버지의 나귀를 탄 왕으로 예루살렘에 입성해 다윗 언약을 성취했던 것처럼, 다윗의 후손인 예수님도 나귀를 타고 입성해 다윗 언약을 성취하신다. 또한 다윗은 압살롬이 반역했을 때 울면서 나귀를 타고 예루살렘을 떠났고, 훗날 다시 나귀를 타고 예루살렘으로 돌아왔다. 예수님도 고난받는 종으로서 이스라엘의 죄에 대해 안타까운 마음을 품고 나귀를 타고 입성하신다(cf. France).

91

예수님이 나귀를 타고 예루살렘에 입성하신 날은 일요일이다. 사람들이 펼쳐 놓은 것이 종려나무(palm tree)였기 때문에(13절) 오늘날 교회는 이날을 '종려주일'(Palm Sunday)로 부른다. 예수님이 나귀를 타고 예루살렘으로 향하시자 수많은 사람이 길에 겉옷을 펴고 종려나무 가지를 베어다가 폈다(cf. 마 21:8). 유대인들이 예수님이 가시는 길에 겉옷과 나뭇가지를 펴서 그 위를 걷게 하는 것은 이방인들의 억압에서 해방시킬 메시아 왕이 오셨다며 예우를 취하는 것이며, 그러한 메시아에게 복종하겠다는 뜻이다(Köstenberger, cf. 왕하 9:13). 오늘날 스타들이 시상식에 들어가면서 레드카펫(Red Carpet)을 밟는 것과 비슷하다.

입성하는 예수님을 환영하는 사람 중에는 소식을 듣고 예루살렘에서 종려나무 가지를 꺾어 들고 예수님을 맞으러 성 밖으로 나온 이들도 있었다(13절). 종려나무는 장막절과 수전절에 하나님의 승리와 권세와 부활을 상징하며 사용되었다(Klink). 그들은 메시아에 대한 소망을 담아 감격한 목소리로 크게 외쳤다. "호산나 찬송하리로다 주의 이름으로 오시는 이 곧 이스라엘의 왕이시여!"(13b절).

이 말씀은 시편 중 '할렐 모음집'(Hallel Psalms, 113-118편)의 일부인 시편 118:26을 인용한 외침이다. 사람들은 이 시편 말씀에 예수님이 이스라엘의 왕으로 오신다는 말을 더해 그분을 왕으로 환영하고 있다. 외침을 시작하는 '호산나'(ὡσαννὰ)는 아람어를 헬라어로 음역한 것이며, 지금 당장 구원해 달라는 염원을 표현하는 히브리어 문구 '호시아나'(הוֹשִׁיעָה נָּא, '지금 구원하소서')를 반영한 것이다(cf. 시 118:25). 원래는 도움을 구하는 호소였지만, 세월이 지나면서 환호와 갈채로 사용되었다(Beale & Carson, Hagner). 본문에서도 이 같은 의미로 사용되고 있다. '찬송하리로다'(εὐλογημένος)를 직역하면 '복되시다'는 뜻이다(새번역, 아가페, NAS, NIV, NRS). 순례자들의 외침이 예루살렘 지도자들을 더욱 자극했다(cf. 19절).

이날 예수님은 예루살렘에 입성하시면서 어린 나귀를 타셨다(14절).

예수님이 나귀를 타고 입성하신 것은 구약에 기록된 말씀과 같았다 (15a절). "시온의 딸아 두려워하지 말라 보라 너의 왕이 나귀 새끼를 타고 오신다"는 스가랴 9:9에 기록된 말씀을 요약한 것이다. "시온의 딸아 크게 기뻐할지어다 예루살렘의 딸아 즐거이 부를지어다 보라 네 왕이 네게 임하시나니 그는 공의로우시며 구원을 베푸시며 겸손하여서 나귀를 타시나니 나귀의 작은 것 곧 나귀 새끼니라."

스가랴는 메시아가 나귀를 타신 이유는 겸손하기 때문이라고 한다 (Beale & Carson). 예수님은 당시 유대인들이 기대하던 정복자 메시아가 아니라, 고난받는 종(cf. 사 53장)으로 온 겸손한 메시아로 예루살렘에 입성하기 위해 나귀를 취하셨다. 제자들은 예수님이 나귀 새끼를 타고 입성하신 일이 의미하는 바를 깨닫지 못하다가 훗날 예수님이 십자가에서 죽으시고 부활하신 후에야 스가랴서 말씀이 예수님에 관한 것이라는 사실과 사람들이 나귀를 탄 예수님을 이스라엘 왕으로 환영한 일의 의미를 비로소 깨달았다(16절). 팔레스타인에서 나귀는 평화로운 시대에 통치자들이 타는 짐승이었다(cf. 삿 5:10; 왕상 1:33).

예수님은 나귀를 타고 예루살렘에 입성하셨고, 죽은 나사로를 살리실 때 함께 있었던 무리가 그 기적에 대해 증언했다(17절). 나사로에 대한 일을 들은 사람들은 예수님을 환영했다(18절). 이스라엘이 오랫동안 기다리던 메시아가 드디어 오셨기 때문이다. 그러므로 이때까지만 해도 예루살렘은 축제 분위기였다.

새로운 시대가 시작될 것이라는 기대감에 들뜬 사람들과 달리 절망하고 좌절하는 사람들도 있었다. 바리새인들이다. 사람들이 예수님을 따르는 모습을 본 바리새인들은 예수님을 음해하기 위해 자신들이 하는 모든 일이 쓸데없다며 절망했다(19a절). 그들의 노력에도 불구하고 온 세상이 예수님을 따르는 듯 보였기 때문이다(19b절). 만일 이날 이스라엘의 왕으로 오신 예수님이 로마를 상대로 반란을 일으키셨다면 이 무리는 그대로 따랐을 것이다(Carson).

이 말씀은 우리에게 예수님이 어떤 분인지 질문한다. 우리는 평생 예수님을 구세주로 고백하며 여기까지 왔다. 심지어 주님의 나라를 위해 사역자로 헌신하기까지 했다. 그러나 한 번 더 충분한 시간을 두고 질문해 보아야 한다. 이 질문에 어떻게 답하는지가 장차 우리의 삶과 사역에 더 큰 영향력을 행사할 것이며, 더 큰 변화를 가져올 것이기 때문이다. 예수님은 하나님의 아들이시며 우리를 구원하기 위해 오신 메시아이시다.

> VI. 전환: 사역에서 죽음과 부활로(11:1-12:50)

E. 영광을 얻을 때가 임함(12:20-50)

이 섹션은 예수님이 대중을 상대로 하신 마지막 말씀이다. 일부 학자는 이 섹션이 독립적으로 존재하던 여러 이야기를 모아 하나로 편집한 것이라고 하지만(Barrett, Bultmann, Dodd, Smith) 그렇게 단정할 만한 증거는 없다(Carson). 예수님은 자신의 십자가 죽음과 이 땅에 오신 이유, 그리고 하나님에 대해 증언하신다(Klink). 그런 다음 숨으신다(12:36). 이어지는 13장부터 잡히실 때까지 기록된 내용은 제자들에게 주시는 가르침이다. 본 텍스트는 다음과 같이 구분된다.

A. 죽음을 통한 영광(12:20-26)
B. 인자가 들려야 함(12:27-36)
C. 유대인들의 불신앙(12:37-43)
D. 아들의 증언(12:44-50)

1. 죽음을 통한 영광(12:20–26)

²⁰ 명절에 예배하러 올라온 사람 중에 헬라인 몇이 있는데 ²¹ 그들이 갈릴리 벳새다 사람 빌립에게 가서 청하여 이르되 선생이여 우리가 예수를 뵈옵고자 하나이다 하니 ²² 빌립이 안드레에게 가서 말하고 안드레와 빌립이 예수께 가서 여쭈니 ²³ 예수께서 대답하여 이르시되 인자가 영광을 얻을 때가 왔도다 ²⁴ 내가 진실로 진실로 너희에게 이르노니 한 알의 밀이 땅에 떨어져 죽지 아니하면 한 알 그대로 있고 죽으면 많은 열매를 맺느니라 ²⁵ 자기의 생명을 사랑하는 자는 잃어버릴 것이요 이 세상에서 자기의 생명을 미워하는 자는 영생하도록 보전하리라 ²⁶ 사람이 나를 섬기려면 나를 따르라 나 있는 곳에 나를 섬기는 자도 거기 있으리니 사람이 나를 섬기면 내 아버지께서 그를 귀히 여기시리라

유월절 절기를 기념하기 위해 예루살렘으로 모여든 수많은 순례자 중 헬라인도 몇 있었다(20절). '헬라인'('Ελλην)은 모든 비(非)유대인을 뜻한다(Burge, Klink, Mounce, O'Day, cf. 행 19:10; 고전 1:24). 만일 헬라어로 말하는 유대인과 디아스포라 유대인 그리고 유대교로 개종한 이방인(proselytes)을 의미했다면 '헬라파 유대인'('Ελληνιστής)으로 불렀을 것이며, 추가적인 설명이 있었을 것이다(Mounce, O'Day, cf. 행 6:1; 9:29; 11:20). 그러므로 이 사람들은 하나님을 경외하지만 유대교는 거부하는 이방인들(God-fearer)이다(Carson). 가버나움의 백부장(눅 7:1–10)과 고넬료(행 10장)가 이런 사람이다. 바울은 이런 사람들을 '하나님을 경외하는 사람들'(οἱ φοβούμενοι τὸν θεόν)이라며 따로 구분한다(행 13:16, 26).

'하나님을 경외하는 사람들'은 창조주 하나님은 믿으면서 유대교는 왜 거부하는가? 가장 큰 이유는 할례 때문이다(Morris). 할례는 그들에게 매우 혐오스러운 일이었으며 유대인의 정체성을 정의했기 때문에

95

기피했다. 초대교회는 할례가 이방인이 하나님께 나아오는 조건이 될 수 없다며 더는 할례를 그리스도인으로 사는 삶의 전제 조건으로 만들지 않았다(cf. 행 15장).

헬라인들은 메시아라고 하는 예수님에 대한 소문을 들었다. 아마도 죽은 나사로를 살리신 일에 대해서도 들었을 것이다. 그들은 유대교가 선포하는 하나님에 대해서는 지대한 관심이 있지만, 유대교와는 엮이고 싶어 하지 않았다. 그러므로 그들은 열두 제자 중 하나인 빌립에게 '선생님'(κύριε)이라고 부르며 예수님을 뵙게 해 달라고 청했다(21절). '청하다'(θέλομεν)는 현재형이다. 들어줄 때까지 계속 청하는 지속성을 강조한다.

당시 유대 주변에는 헬라어로 말하는 이방인이 많이 살고 있었다. 갈릴리의 세포리스(Sepphoris)에는 2만 명 이상의 이방인이 살았다. 이들이 빌립을 찾아온 것은 아마도 그의 이름 빌립(Φίλιππος)이 헬라어 이름이고, 그의 고향 벳새다(1:44-46)가 헬라 사람들이 세운 도시(Decapolis)에서 가까워 동질감을 느꼈기 때문일 것이다(Carson, cf. ABD). 유대인들은 절기에 이방인들이 예루살렘 성전으로 순례하러 오는 것을 허락했으며, 이방인들은 성전에서 가장 멀리 떨어진 '이방인의 뜰'까지 갈 수 있었다.

이 사람들은 온 세상에 흩어져 있는 하나님의 자녀들(11:52)과 예수님이 말씀하신 '다른 양들'(10:16)을 상징한다. 예수님을 영접할 준비가 된 이방인들인 것이다(Burge). 그러므로 빌립은 또 다른 벳새다 출신 제자인 안드레(1:33)와 함께 예수님을 찾아가 이방인들의 요청을 아뢨다(22절).

요한은 이야기의 흐름을 예수님의 '때'에 대한 가르침(12:24-36)에 맞춰 진행하고 있기 때문에 예수님이 헬라 사람들의 청을 받아 주셨는지에 대해서는 말하지 않는다. 예수님은 인자가 영광을 얻을 때가 왔다고 하신다(23절). '왔다'(ἐλήλυθεν)는 완료형이다. 이방인들이 예수님께

모이기 시작하는 것은 예수님이 영광을 받으실 때(십자가에서 죽으실 때)
가 되었음을 알리는 신호탄이라는 뜻이다. 지금까지 예수님은 이 '때'
가 미래에 임할 것이라고 하셨다(2:4; 4:21, 23; 7:30; 8:20).

영광을 받으실 때가 곧 십자가에서 죽으실 때라는 것은 모순적이다.
또한 옛적부터 계신 하나님으로부터 세상에 대한 모든 권세를 받으신
인자가 십자가에서 죽으심을 통해 그 권세를 행하시는 것도 모순적이
다. 그러나 이러한 모순을 통해 예수님은 지금까지 유대인을 대상으로
했던 사역을 마치고 온 세상 사람을 위해 사역하실 것이다(Burge).

예수님은 씨앗을 비유로 들며 생명은 죽음을 통해서 온다고 하신다
(24절). 훗날 바울도 비슷한 말을 하지만, 그는 죽음의 다음 단계인 부
활을 설명하기 위해 씨앗 비유를 사용한다(고전 15:37-38). 반면에 예수
님은 자신의 죽음이 의미하는 바를 설명하기 위해 씨앗 비유로 말씀하
신다.

한 알의 밀이 땅에 떨어져 죽지 않으면 한 알 그대로 있지만, 씨앗이
땅에 묻혀 죽으면 많은 열매를 맺는다(25절). 이러한 사실은 하나님 나
라의 원칙(법)이라 할 수 있다(Beasley-Murray). 예수님은 이 원칙을 자신
의 삶에 적용하신다. 예수님은 며칠 후 한 알의 밀알이 되어 땅에 떨어
져 죽음을 맞이하실 것이다. 다행히 죽음이 끝은 아니다. 한 알의 씨앗
이 되어 죽으신 예수님은 부활해 수많은 열매를 맺으실 것이다. 그러
므로 온 세상에 생명을 주기 위해 오신 예수님이 한 알의 씨앗이 되어
죽는 것은 피할 수 없는 일이다.

예수님은 제자들에게 이와 비슷하지만 다른 원리로 살아가라고 하신
다(25절). 누구든지 자기 생명을 사랑하는 자는 그 생명을 잃을 것이고
(25a절), 반면에 누구든지 자기 생명을 미워하는 사람은 영원히 살 것이
다(25b절). 예수님의 가르침에서 비슷한 형태로 자주 반복되는 말씀이
다(cf. 마 10:39; 16:25; 눅 9:24; 17:33). 사람이 하나님 나라에 참여하는 것
은 곧 자기중심적인 삶을 포기하는 것을 의미한다(Burge).

'잃다'(ἀπόλλυμι)는 파괴한다는 의미다(BDAG. cf. 요 10:10; 고전 1:19). 예수님은 사람이 자신을 사랑하는 것은 곧 자신을 파괴하는 것이라고 하신다(Morris). 반면에 자신의 삶을 미워하는 사람은 영원히 보전될 것이다. '사랑과 미움'은 유대인이 사용하는 대조 용어다(cf. 신 21:15; 눅 14:26). 그러므로 이 말씀은 자기 자신을 문자적으로 미워하라는 말씀이 아니다. 자기중심적으로 살지 말고 예수님 중심으로 살아가라는 권면이다. 예수님에 대한 사랑과 헌신이 자기 자신에 대한 사랑과 헌신보다 더 커야 한다.

그렇다면 사람이 어떻게 자기 자신보다 예수님을 더 사랑하며 살 수 있을까? 예수님을 섬기지 않고는 불가능한 일이다(26a절). 또한 예수님을 섬기는 사람은 반드시 예수님을 따라야 한다(26b절). 예수님을 따르는 것은 헌신을 전제한다(마 16:24; 막 8:34; 눅 9:23). 예수님이 가르치신 삶의 방식에 따라 살려면 희생을 각오해야 하기 때문이다. 이렇게 사는 사람은 항상 주님과 함께 있다. 하늘나라에서도 예수님과 함께 있을 것이다. 하나님이 예수님을 귀하게 여기신 것처럼 예수님과 함께 있는 그를 귀하게 여기실 것이다(26c절). 이 구절에서 예수님은 자신과 성도들의 관계, 하나님과 예수님의 관계, 그리고 하나님과 성도들의 관계 중심에 자신이 있다는 것을 강조하기 위해 1인칭 대명사를 여럿 사용하신다(Morris). 하나님이 우리를 보실 때 예수님과의 관계를 통해서 보시기 때문에 예수님 없이는 하나님께 나아갈 수 없다는 뜻이다.

이 말씀은 헌신과 희생 없이는 열매를 맺을 수 없다고 한다. 예수님은 한 알의 밀알이 되어 땅에 떨어져 죽으심으로 많은 열매를 맺으셨다. 또한 십자가에서 죽으심을 통해 영광을 얻으셨다. 우리도 하나님 나라를 위해 희생과 헌신을 각오해야 한다. 우리는 이 땅에서 헌신하고 희생한 것보다 몇 배 더 많은 복을 하늘나라에서 예수님과 함께 누리게 될 것이다. 그러므로 헌신과 희생은 생명을 창조하는 아름다운 것이다.

2. 인자가 들려야 함(12:27-36)

²⁷ 지금 내 마음이 괴로우니 무슨 말을 하리요 아버지여 나를 구원하여 이 때를 면하게 하여 주옵소서 그러나 내가 이를 위하여 이 때에 왔나이다 ²⁸ 아버지여, 아버지의 이름을 영광스럽게 하옵소서 하시니 이에 하늘에서 소리가 나서 이르되 내가 이미 영광스럽게 하였고 또다시 영광스럽게 하리라 하시니 ²⁹ 곁에 서서 들은 무리는 천둥이 울었다고도 하며 또 어떤 이들은 천사가 그에게 말하였다고도 하니 ³⁰ 예수께서 대답하여 이르시되 이 소리가 난 것은 나를 위한 것이 아니요 너희를 위한 것이니라 ³¹ 이제 이 세상에 대한 심판이 이르렀으니 이 세상의 임금이 쫓겨나리라 ³² 내가 땅에서 들리면 모든 사람을 내게로 이끌겠노라 하시니 ³³ 이렇게 말씀하심은 자기가 어떠한 죽음으로 죽을 것을 보이심이러라 ³⁴ 이에 무리가 대답하되 우리는 율법에서 그리스도가 영원히 계신다 함을 들었거늘 너는 어찌하여 인자가 들려야 하리라 하느냐 이 인자는 누구냐 ³⁵ 예수께서 이르시되 아직 잠시 동안 빛이 너희 중에 있으니 빛이 있을 동안에 다녀 어둠에 붙잡히지 않게 하라 어둠에 다니는 자는 그 가는 곳을 알지 못하느니라 ³⁶ 너희에게 아직 빛이 있을 동안에 빛을 믿으라 그리하면 빛의 아들이 되리라 예수께서 이 말씀을 하시고 그들을 떠나가서 숨으시니라

예수님은 하나님께 드리는 기도를 통해 이 땅에 오신 이유를 사람들에게 알려 주신다. 그리고 하나님은 예수님의 기도 내용이 사실임을 모든 사람이 들을 수 있는 소리를 통해 확인해 주신다. 그러나 사람들은 고난받는 메시아는 필요 없다며 예수님을 거부한다.

대부분 번역본은 27절을 구성하는 첫 문장뿐 아니라 두 번째 문장까지 질문으로 해석한다. "지금 내 마음이 괴로우니, 무슨 말을 하여야 할까? '아버지, 이 시간을 벗어나게 하여 주십시오' 하고 말할까?"(새번

역, cf. 공동, 현대어, NAS, NIV, NRS, ESV). 반면에 대부분 학자는 개역개정처럼 두 번째 문장을 질문이 아닌 기도로 간주해야 한다고 한다(cf. Hendricksen). "지금 내 마음이 괴로우니 무슨 말을 하리요 아버지여 나를 구원하여 이 때를 면하게 하여 주옵소서." 두 번째 문장까지 질문으로 간주하면 예수님의 불안하고 흔들리는 마음이 부각된다. 한편, 기도로 간주하면 죽음을 앞둔 예수님이 감당하기에는 참으로 힘들고 어렵지만, 이때를 위해 오셨다며 각오를 새롭게 하는 기도를 드리는 것으로 해석할 수 있다(Burge, Mounce, O'Day). 두 번째 문장을 기도로 해석하는 것이 바람직하다. 며칠 후에 있을 죽음이 참으로 감당하기 어렵지만 이때를 위해 세상에 온 것이라며(27c절) 겟세마네 동산에서 드린 기도와 비슷한 기도를 드리시는 것이다(cf. 마 26:39).

이야기 흐름의 초점이 한 알의 밀알(예수님)에서 제자들(많은 열매)로 옮겨갔다가, 다시 땅에 떨어져 죽어야 할 밀알(예수님)로 돌아오고 있다(Klink). 또한 밀알이 열매 맺는 일이 부각되다가, 이번에는 밀알이 감당해야 하는 고통(땅에 떨어져 죽음)이 부각되고 있다. 하나님의 아들이신 메시아에게도 죽음은 결코 쉬운 일이 아니다. 마음이 심히 괴로운 일이다. '괴롭다'(ταράσσω)는 심리적으로 큰 고통을 느낀다는 뜻이다(Mounce). 예수님은 마리아가 나사로의 죽음을 참으로 슬퍼할 때(11:33)와 최후의 만찬이 벌어지는 다락방에서 제자들에게 그들 중 하나가 배신할 것이라고 하실 때(13:21) 괴로움을 느끼셨다. 하나님이신 예수님은 또한 인간이시기에 우리가 경험하는 아픔과 고통을 모두 이해하신다.

예수님은 다가오는 십자가 죽음이 참으로 큰 고통이지만, 기꺼이 십자가를 감당함으로써 자기를 보내신 하나님 아버지의 이름을 영광스럽게 하겠다고 기도하신다(28a절). 예수님은 하나님의 이름을 영광스럽게 하려고 성육신하셨다. 앞에서 하신 말씀과 연결해 해석하면 예수님의 이 같은 다짐은 자기 생명을 미워하여 영생에 이르는 일이다(Klink, cf. 25절).

하나님이 예수님의 기도에 하늘에서 소리로 화답하셨다(28b절). 예수님의 삶에서 하늘의 소리가 임한 것은 이번이 세 번째다. 첫 번째는 세례받으실 때(마 3:17), 두 번째는 변화산에서 임했다(막 9:7). 이곳에 기록된 세 번째 말씀을 통해 하나님은 예수님을 이미 영광스럽게 하셨고, 또다시 영광스럽게 하실 것이라고 하신다. '[이미] 영광스럽게 했다'(ἐδόξασα)는 부정 과거형(aorist)이다. 하나님은 자신이 그동안 예수님을 통해 충분히 영광을 받았다고 하신다. 그러나 이것이 끝이 아니다. 앞으로 또다시 '영광스럽게 하실 것이다'(δοξάσω). 십자가 사건을 염두에 둔 말씀이다. 예수님의 십자가 죽음은 하나님 영광의 절정이기 때문이다.

하나님의 이름을 영광스럽게 하는 것은 또한 아들의 이름을 영광스럽게 하는 일이다(cf. 1:14; 12:23). 밀알 비유와 연결해 설명하면 순서는 이러하다. 많은 열매가 그들에게 생명을 주기 위해 죽은 씨앗에게 영광을 돌리면, 그들의 영광을 받은 죽은 씨앗이 하나님 아버지께 그 영광을 돌릴 것이다.

예수님과 함께 있던 무리가 모두 하늘에서 들리는 소리를 들었다(29a절). 하늘에서 들려오는 소리는 들었지만 정확히 그 소리가 무엇이고, 어떤 내용인지에 대해서는 혼란이 빚어졌다. 어떤 이들은 천둥이 울었다고 하고, 어떤 이들은 천사가 예수님께 말했다고 한다(29b절). 천둥소리는 자연적인 현상이며, 천사의 말은 초자연적인 현상이다. 같은 소리를 듣고도 이처럼 반응이 천차만별이다. 사람들은 하나님의 음성마저도 알아듣지 못해 오해하고 곡해한다.

예수님은 하늘에서 소리가 들린 것은 자신을 위한 것이 아니라 그들을 위한 것이라고 하신다(30절). '소리'(φωνή)는 목소리를 뜻하기도 하지만, 단순히 소리를 의미하기도 한다. 사람들이 하나님이 주신 메시지("내가 이미 영광스럽게 하였고 또다시 영광스럽게 하리라")를 알아듣거나 알아듣지 못하는 것은 중요하지 않다. 다만 하늘에서 들려온 어떤 소리를 들은 것이 중요하다. 그 소리는 그들에게 예수님과 하나님의 특별한 관계를 확인해 주는 기회가 되기 때문이다(Tasker). 물론 듣고도 믿지 않는 사람이 많았을 것이다(cf. 35절).

예수님이 십자가 죽음을 통해 하나님의 이름을 영광스럽게 하시는 일은 곧 이 세상에 심판이 임할 것을 뜻한다(31a절). 세상에 심판이 임하면 제일 먼저 이 세상의 임금이 쫓겨날 것이다(31b절). 요한은 사탄을 세상의 임금이라 한다(14:30; 16:11; cf. 고후 4:4; 엡 2:2). 하나님이 그동안 세상을 억압하고 지배해 왔던 마귀를 내치실 때가 오고 있다. 마귀가 쫓겨나면 세상에는 새로운 질서가 도래할 것이다. 이때까지는 모든 사람이 마귀의 지배를 받았지만, 예수님의 죽음으로 새로운 질서가 세워지면 사람들에게 선택권이 생겨 더는 마귀의 지배를 받지 않고 살 수 있다. 그러므로 십자가 사건은 하나님의 아들이 죽임당하는 실패한 일로 보일 수 있지만, 사실은 하나님이 마귀를 내치시고 승리하시는 사건이다. 이 일로 인해 세상을 다스리는 임금이 바뀔 것이기 때문이다.

예수님이 세상의 새로운 통치자가 되기 전에 하셔야 할 일이 있다. 땅에서 들리는 일이다(32a절). '들리다'(ὑψόω)는 십자가에 매달리는 것을 완곡하게 표현한 것이다(cf. 3:14-15). 십자가는 죽음과 고난의 상징이다. 그러나 십자가는 수치의 상징으로 머물지 않고 높임(존귀함)과 영광의 상징이 된다. 예수님은 십자가를 지신 다음에 부활하시고 하나님 아버지가 계신 곳으로 승천하실 것이기 때문이다.

그러므로 예수님은 들리고(십자가에서 죽임을 당함) 난 후에 모든 사람을 자기에게로 이끄실 것이다(32b절). '이끌다'(ἕλκω)는 예수님이 6:44에서 하나님이 이끄시는 이들만 자기에게 올 수 있다고 말씀하실 때 사용된 단어다. 모든 사람이 예수님께 이끌림을 받는다는 것은 숫자가 아니라 차별 없음을 강조한다(Mounce, cf. Klink). 예전에는 유대인이 아니면 하나님의 이끌림을 받을 수 없었는데, 이제는 누구든 믿음이 있는 이들은 예수님의 이끌림을 받을 것이다. 인종과 민족에 상관없이 누구든지 하나님의 자녀가 될 수 있다.

예수님이 이렇게 말씀하신 것은 자신이 로마인들에 의해 십자가에서 죽임당할 것을 아시기 때문이다(33절). 십자가를 통한 죽음은 참으로 고통스러울 뿐 아니라, 가장 수치스러운 죽음이었다(Mounce).

예수님의 말씀을 듣고 있던 무리가 문제를 제기했다. 유대인들은 그리스도가 영원히 계신다고 말하는 것을 율법에서 들었다고 한다(34a절). 어느 특별한 말씀보다는 메시아에 대한 구약 전반의 가르침에서 내린 결론이다(Barrett). 그러므로 본문에서 '율법'(νόμος)은 구약 전체를 일컫는다. 무리의 주장은 시편 110:4 말씀 등을 근거로 한다. "여호와는 맹세하고 변하지 아니하시리라 이르시기를 너는 멜기세덱의 서열을 따라 영원한 제사장이라 하셨도다"(시 110:4). 변치 않는 여호와께서 메시아를 향해 멜기세덱의 서열을 따라 영원한 제사장이 될 것이라고 하셨다는 것이다. 그들은 메시아가 영원한 제사장이 되려면 그들과 함께 영원히 있어야 한다고 생각한다. 반면에 예수님은 인자가 들려야 한다(십자가에서 죽어야 한다)고 하신다. 사람이 죽으면 더는 산 사람들과 함께 있을 수 없다. 그러므로 메시아가 죽는다는 것은 그들을 떠난다는 뜻이다.

무리는 두 가지 질문으로 문제 제기를 이어간다(34b절). (1)어찌하여 인자가 들려야 한다고 하는가? (2)이 인자는 누구인가? 첫 번째 질문('어찌하여 인자가 들려야 한다고 하는가?')은 승리하는 메시아에 대한 기대에서 비롯된 반론이다. 그들은 로마 사람들을 몰아내고 유대를 독립시킬 왕을 기대하고 있다. 반면에 예수님은 들리는(죽는) 메시아에 대해 말씀하신다. 유대인들은 이런 메시아는 필요 없다며 고난받는 메시아의 가능성을 부인한다.

두 번째 질문('이 인자는 누구인가?')은 누가 이 메시아로 오셨느냐에 관한 질문이 아니다(Ridderbos). 오시는 메시아가 어떤 일을 하기 위해 오시느냐에 관한 질문이다(Morris). 만일 메시아가 십자가에 매달려 죽는다면 그는 결코 메시아가 될 수 없다는 주장이다(Burge, Carson, Klink). 무슨 그리스도가 이러냐며 고난받는 종으로 오신 메시아를 받아들일 수 없다고 하는 것이다(Michaels).

예수님은 무리 중 문제를 제기하는 사람들은 주님이 어떠한 말씀을 하셔도 믿지 않을 것을 아신다. 그러므로 그들과 논쟁하지 않고 아직 기회가 있을 때 지혜롭게 행동할 것, 즉 믿을 것을 권면하신다(35-36절). 잠시 빛이 그들 가운데 있을 때 다녀 어둠에 붙잡히지 않게 하라고 하신다(35a절). 예수님은 빛이시다(1:4, 7-9; 3:19-21; 8:12). 어둠은 마귀다. 빛과 어둠 사이에 선택할 중립은 없다. 빛이신 예수님과 함께하든지, 혹은 어둠인 마귀와 함께해야 한다.

또한 빛 안에 거하는 이들은 자기가 어디를 향해 가는지 알지만, 어둠에 다니는 자는 가는 곳을 알지 못한다(36a절). 빛이신 예수님은 우리의 가는 길을 밝혀 주시지만, 마귀는 어둠 속에서 사람들을 죽음으로 이끈다. 마귀가 길을 밝혀 주면 그들은 자신이 가고 있는 죽음의 길을 더는 가려 하지 않을 것이기 때문이다.

예수님은 그들과 함께 오래 머물지 않으실 것이다. 그러므로 빛이신 예수님이 그들과 함께 있는 동안에 믿어야 한다(36a절). 빛이신 예수님을 믿으면 그들은 빛의 자녀가 될 것이다(cf. 1:12). 이렇게 말씀하시고 예수님은 그들을 떠나 숨으셨다(36b절). 더는 공개적으로 가르치지 않으셨다는 뜻이다.

예수님은 하고자 하는 말씀을 다 하셨다. 그러므로 이제 예수님의 말씀을 믿거나 믿지 않는 것은 사람들의 몫이다. 영어에 "말을 물가로 데려갈 수는 있지만, 물을 마시게 할 수는 없다"(You can lead a horse to water, but you can't make him drink)라는 속담이 있다. 예수님은 그들에게 아직 기회가 있을 때 결단할 것을 촉구하며 그 자리를 떠나셨다.

이 말씀은 십자가 사건이 하나님의 이름을 영광스럽게 하는 일이었다고 한다. 하나님은 이 일을 위해 예수님을 이 땅에 보내셨다. 예수님께 죽음은 참으로 고통스럽고 괴로운 일이었지만, 하나님이 주신 미션 (mission)이기에 기꺼이 감당하셨다.

사람들은 십자가 사건이 메시아에 대해 알고 있는 것과 맞지 않는다 며 반발했다. 예수님은 그들과 논쟁하지 않고 기회가 있을 때 믿으라 고 말씀하시며 그 자리를 떠나셨다. 논리와 이성은 영적인 어둠에 갇 힌 사람을 해방시킬 수 없기 때문이다.

> Ⅵ. 전환: 사역에서 죽음과 부활로(11:1~12:50)
> E. 영광을 얻을 때가 임함(12:20~50)

3. 유대인들의 불신앙(12:37~43)

³⁷ 이렇게 많은 표적을 그들 앞에서 행하셨으나 그를 믿지 아니하니 ³⁸ 이는 선지자 이사야의 말씀을 이루려 하심이라 이르되

주여 우리에게서 들은 바를 누가 믿었으며

주의 팔이 누구에게 나타났나이까

하였더라 ³⁹ 그들이 능히 믿지 못한 것은 이 때문이니 곧 이사야가 다시 일 렀으되

⁴⁰ 그들의 눈을 멀게 하시고

그들의 마음을 완고하게 하셨으니

이는 그들로 하여금 눈으로 보고

마음으로 깨닫고

돌이켜 내게 고침을 받지 못하게 하려 함이라

하였음이더라 ⁴¹ 이사야가 이렇게 말한 것은 주의 영광을 보고 주를 가리켜 말한 것이라 ⁴² 그러나 관리 중에도 그를 믿는 자가 많되 바리새인들 때문에 드러나게 말하지 못하니 이는 출교를 당할까 두려워함이라 ⁴³ 그들은 사람의 영광을 하나님의 영광보다 더 사랑하였더라

요한은 이 섹션에서 예수님이 많은 기적을 행했음에도 사람들이 믿지 않은 것을 신학적으로 설명한다(cf. 1:11). 사람들이 고난받는 메시아로 오신 예수님을 받아들일 수 없다며 스스로 거부하는 것으로 보이지만, 사실 예수님을 영접하지 않는 것은 선지자들, 특히 이사야 선지자가 오래전에 선포한 예언을 성취하는 행위라고 한다. 그러므로 사람들이 예수님을 믿지 않는 것은 결코 놀랄 일이 아니며, 신적(神的) 작정에 의한 것이다.

예수님은 참으로 많은 표적을 사람들 앞에서 행하셨지만, 그들은 예수님을 믿지 않았다(37절). 요한복음에서 '표적'(σημεῖον)은 예수님이 사람들 앞에서 행하신 기적을 뜻하는 전문적인 용어다. 예수님이 행하신 기적들은 자신이 누구인지 알리고, 하나님이 세상에서 일하고 계심을 보여 주는 증거다(Klink). 또한 종말에 하나님이 모든 사람을 회복시키고 치료하실 일을 상징하기도 한다. 심지어 예수님은 사람들이 보는 앞에서 죽은 나사로도 살리셨다. 그러나 그들은 예수님을 믿지 않는다.

왜 사람들은 예수님이 행하신 수많은 기적을 보고도 믿지 않을까? 죄의 영향력으로 인해 인간은 자신이 보기 원하는 것만 보고, 듣기 원하는 것만 듣는다. 그러므로 증거와 자료로 설득되지 않는다. 기적은 사람을 변화시키지 못하며, 심지어 기적을 보고도 트집 잡는 자들이 허다하다. 믿지 않겠다고 작정한 사람에게는 기적도 효과가 없다. 모세도 이러한 사실을 알았기 때문에 다음과 같은 말을 남겼다. "여호와께서 애굽 땅에서 너희의 목전에 바로와 그의 모든 신하와 그의 온 땅에 행하신 모든 일을 너희가 보았나니 곧 그 큰 시험과 이적과 큰 기사를 네 눈으로 보았느니라 그러나 깨닫는 마음과 보는 눈과 듣는 귀는 오늘까지 여호와께서 너희에게 주지 아니하셨느니라"(신 29:2-4). 인간은 하나님이 깨닫는 마음과 보는 눈과 듣는 귀를 주실 때 비로소 믿을 수 있다(Brown).

세례 요한은 자신의 사역을 이사야가 예언한 대로 주의 길을 예비하는 일이라고 했다. "나는 선지자 이사야의 말과 같이 주의 길을 곧게 하라고 광야에서 외치는 자의 소리로라"(1:23). 이제 저자는 이사야가 남긴 두 예언(38, 40절)으로 예수님의 공개적인 사역을 마무리하며 예수님이 행하신 수많은 기적을 경험하고도 사람들이 믿지 않는 이유를 설명한다. 그들의 불신은 선지자들이 예언한 대로이므로 결코 놀랄 만한 일이 아니라고 한다.

요한이 인용하는 이사야의 첫 번째 예언은 "주여 우리에게서 들은 바를 누가 믿었으며 주의 팔이 누구에게 나타났나이까"(38절)이며, 이는 이사야 53:1을 인용한 것이다. 로마서 10:16도 사람들의 불신에 대해 말하며 이 말씀을 인용한다. 요한은 이사야 53:1을 인용함으로써 이사야 52-53장이 메시아에 대해 예언한 것이 모두 예수님을 통해 성취되었음을 시사한다.

이사야의 질문은 선지자들이 자주 사용하는 스타일인 수사학적인 질문(viz., 이미 답이 정해진 질문들)이며, 정해진 답은 '아무도 아니했다'이다. 이는 이어지는 53:3의 '아무도 그를[메시아를] 귀하게 여기지 않았다'라는 말씀을 준비시키는 역할을 한다.

이사야는 여호와의 구원이 고난받는 종을 통해 세상에 드러난 것에 대해 모두 충격을 금치 못할 것이라고 예언했다. 이사야의 '종의 노래'에서 '주의 팔'은 여호와의 종을 의미한다(사 42:1-9; 49:1-6; 50:4-9). 그러나 대부분은 인자이신 예수님이 바로 '주의 팔'의 현현일 것이라고 상상하지 못했다. 중요한 일은 항상 강한 자를 통해서 일어난다는 세상적인 가치관에서는 도저히 상상할 수 없는 일이 일어난 것이다. 그러므로 그들은 메시아의 메시지와 사역을 모두 부인했다. 오직 소수의 사람만 고난받는 종을 영접했다. 구원은 사람이 스스로 노력해서 얻는 것이 아니라 하나님의 팔이 이루시는 일이기 때문이다(cf. 사 40:10; 48:14; 51:5; 52:10).

그러므로 여호와의 고난받는 종으로 오신 예수님은 선지자의 예언처럼 세상의 관점으로 볼 때 실패하셨다. 그러나 예수님의 삶과 사역은 범세계적이고 영원한 영향력을 지녔다. 이러한 면에서 예수님의 실패를 상징하는 들림(십자가, 12:32)은 종의 노래 일부인 이사야 52:13-15에 기록된 예언과도 깊이 연관된다.

> 보라 내 종이 형통하리니 받들어 높이 들려서 지극히 존귀하게 되리라 전에는 그의 모양이 타인보다 상하였고 그의 모습이 사람들보다 상하였으므로 많은 사람이 그에 대하여 놀랐거니와 그가 나라들을 놀라게 할 것이며 왕들은 그로 말미암아 그들의 입을 봉하리니 이는 그들이 아직 그들에게 전파되지 아니한 것을 볼 것이요 아직 듣지 못한 것을 깨달을 것임이라(사 52:13-15).

요한이 인용하는 이사야의 두 번째 예언은 "그들의 눈을 멀게 하시고 그들의 마음을 완고하게 하셨으니 이는 그들로 하여금 눈으로 보고 마음으로 깨닫고 돌이켜 내게 고침을 받지 못하게 하려 함이라"(40절)이며, 이사야 6:10을 인용한 것이다(cf. 마 13:14; 눅 8:10). 이사야 6장은 선지자가 하나님께 받은 소명(사명)을 회고하는 내용으로, 그는 하나님으로부터 사람들이 회개하지 못하게 방해하라는 소명을 받았다. 정황을 모르면 매우 잔인하게 느껴지는 소명이며, 하나님이 이런 일을 선지자에게 맡기셨다는 사실이 믿어지지 않을 수 있다.

이사야에게 소명을 주시기 전인 이사야 1-5장을 살펴보면, 하나님이 사람들을 회개시키기 위해 참으로 열심히 일하시며 많은 기회를 주셨지만 죄의 노예인 그들은 돌아오지 않았다. 그러므로 6장에 기록된 선지자의 소명에서 심판과 새로운 시작이 유일한 옵션으로 부각된다. 죄의 노예가 되어 회개할 줄 모르는 사람들에게는 심판도 은혜다. 심판이 속히 올수록 치러야 할 대가(죗값으로 받는 벌)가 줄어들며, 그 후에 이어지는 회복도 빠르기 때문이다.

요한은 유대인들이 예수님을 믿지 않는 것이 이사야 선지자가 남긴 예언의 성취라고 한다(Hoskyns). 하나님이 허락하지 않으시면 그 누구도 예수님을 믿을 수 없다(Morris). 이러한 해석에 문제를 제기하는 이들도 있지만(cf. Schnackenburg), 우리의 믿음이 하나님의 선물이라는 사실을 생각하면 당연한 일이다. 그러므로 어떤 이들은 이 말씀을 예정론(predestination)을 논할 때 사용하기도 하지만, 예정론은 조직신학자들이 성경적 데이터를 체계화해 강화한 것에 지나지 않는다.

성경에서는 인간의 의지와 하나님의 뜻이 일치하지 대립하지 않는다(Klink). 예를 들면, 경제적인 이유로 이스라엘 노예 내보내기를 거부하는 이집트 왕 바로는 자기 스스로 마음을 강퍅하게 했다(출 8:15, 32 등). 그러나 출애굽기는 하나님이 그의 마음을 강퍅하게 하셨다고도 기록한다(출 7:3; 9:12; 10:27; 11:10 등). 하나님의 예정은 인간의 도덕적 선택을 통해 이뤄지는 것이지 일방적으로 몰아가시는 일이 아니다(Barrett).

이사야는 주의 영광을 보고 주를 가리켜 이러한 예언을 남겼다(41절). 선지자가 본 영광은 분명 여호와 하나님의 영광이다(사 6:1, 3). 또한 예수님과 하나님은 한 분이며 아브라함이 예수님의 영광을 보았다고 하는 것으로 보아(8:56, 58), 이사야는 예수님의 영광도 보았다(Brown, Carson, O'Day, cf. Mounce). 그렇다면 유대인들이 믿지 못하는 것은 하나님의 영광에서 비롯된 일이다. 하나님이 예수님을 통해 그들을 심판하셨기 때문에 그들은 믿지 못한다(Klink).

지금까지 요한은 유대인들이 예수님을 믿지 못하는 이유를 이사야가 남긴 예언을 통해 신학적으로 설명했다. 이제 42-43절에서는 인간적인 관점에서 그들의 불신을 설명한다. 사실은 유대인 관리 중 많은 사람이 예수님을 믿고자 했다(42a절). '관리들'(ἀρχόντων)은 지도자들을 의미한다. 일반인은 물론이고 지도자들까지 예수님을 믿고 싶어 했다. 그러나 사람들 앞에서 드러나게 고백하지는 못했다(42b절). 만일 예수님을 메시아로 고백하면 바리새인들에 의해 유대교에서 출교당할 것이기 때문이다(42c절; cf. 9:22). 니고데모(3:1-21)와 아리마대 사람 요셉 (눅 23:50-54)이 이러한 사람들에 속했다.

이 사람들이 예수님을 믿겠다고 선뜻 나서지 못한 것은 그들이 하나 님의 영광보다 사람의 영광을 더 사랑했기 때문이다(43절). 하나님께 인정받는 것보다 사람들에게 인정받고 존경받는 것을 더 중요하게 여 긴 것이다. 만약 예수님을 영접하면 그 순간부터 그들은 고립과 따돌 림을 감수해야 한다. 사람은 남들이 자신에 관해 하는 말에 지나치게 예민하다. 그러므로 이러한 대가를 치르는 것이 두려워 예수님을 영접 하지 못하는 것이 어느 정도는 이해된다. 그러나 인간적인 계산이 진 리를 앞서거나 신앙보다 더 중요할 수는 없다.

이 말씀은 우리의 구원이 하나님의 은혜임을 고백하며 감사하라고 한다. 하나님이 믿음을 주지 않으시면 예수님을 구세주로 영접하고 고 백할 수 없기 때문이다. 보는 눈을 주시고, 듣는 귀를 주시고, 깨닫는 마음을 주신 것에 감사하며 살아야 한다.

믿음에는 결단과 용기가 필요하다. 주변을 의식하면 예수님을 섬기 며 사는 것이 쉽지 않다. 그러므로 가치관의 우선순위를 정해야 하며 하나님을 사랑하는 일을 최우선으로 삼아야 한다. 이렇게 정한 후에는 어떠한 풍파에도 흔들리지 않을 각오와 용기가 있어야 한다.

요한이 본문에서 두 차례나 인용하는 선지자 이사야는 어떤 사역을 했는가? 그는 사람들의 귀를 막고 마음을 더디게 하는 메시지를 선포 함으로써 듣는 이들이 회개하지 못하게 했다. 선지자가 매번 이런 메 시지를 전하면 사람들이 그를 환영하고 좋아했을까? 아니다. 좋은 말 도 한두 번이지 여러 번 하면 듣기 싫은 소리가 된다. 선지자가 계속 부정적인 메시지만 전하는 것을 누가 좋아하겠는가?

결국 이사야는 사람들을 모으고 자기편으로 만드는 데 실패했다. 실 제로 훗날 선지자는 자신이 이 일에 실패했다고 고백한다(cf. 사 49:4). 이사야는 성도의 숫자와 헌금 액수를 중요하게 여기는 세상의 기준으로 평가할 때 실패한 목회자였다. 그러나 하나님이 보시기에는 성공한 목회자였다. 하나님은 그분이 주신 소명에 우리가 얼마나 신실하게 순종했는가를 유일한 성공 기준으로 삼으시기 때문이다.

> Ⅵ. 전환: 사역에서 죽음과 부활로(11:1-12:50)
> E. 영광을 얻을 때가 임함(12:20-50)

4. 아들의 증언(12:44-50)

⁴⁴ 예수께서 외쳐 이르시되 나를 믿는 자는 나를 믿는 것이 아니요 나를 보내신 이를 믿는 것이며 ⁴⁵ 나를 보는 자는 나를 보내신 이를 보는 것이니라 ⁴⁶ 나는 빛으로 세상에 왔나니 무릇 나를 믿는 자로 어둠에 거하지 않게 하려 함이로라 ⁴⁷ 사람이 내 말을 듣고 지키지 아니할지라도 내가 그를 심판하지 아니하노라 내가 온 것은 세상을 심판하려 함이 아니요 세상을 구원하려 함이로라 ⁴⁸ 나를 저버리고 내 말을 받지 아니하는 자를 심판할 이가 있으니 곧 내가 한 그 말이 마지막 날에 그를 심판하리라 ⁴⁹ 내가 내 자의로 말한 것이 아니요 나를 보내신 아버지께서 내가 말할 것과 이를 것을 친히 명령하여 주셨으니 ⁵⁰ 나는 그의 명령이 영생인 줄 아노라 그러므로 내가 이르는 것은 내 아버지께서 내게 말씀하신 그대로니라 하시니라

예수님의 마지막 대중적 가르침인 본문은 프롤로그(1:1-18)를 상당 부분 요약한 것이라 할 수 있다(O'Day). (1)예수님은 하나님과 하나이시다(1:1-2; 5:19-24; 10:30, 38). (2)예수님은 성육신하신 하나님의 말씀(로고스)이시다(1:14; cf. 5:37-38; 10:36). (3)예수님은 세상을 밝히는 빛으로 오셨다(1:4-5, 9; cf. 8:12; 9:5; 12:35-36). (4)예수님은 생명을 주기 위해 오셨다(1:4; cf. 3:16). 또한 예수님의 고별사(Farewell Discourse, 13-16장)를 예고하는 면모도 지닌다(14:7, 9-11, 20; 15:15).

요한은 이미 예수님이 몸을 숨기셨다고 했는데(12:36), 다시 나타나

가르치시는 것이 상당히 의외이며 부자연스럽다고 생각하는 이들이 있다. 따라서 이들은 저자가 자기 생각을 정리한 내용을 이곳에 삽입한 것이라고 주장한다(Lincoln, Mounce). 그러나 본문은 예수님이 몸을 숨기기 전에 안타까움과 노파심에 마지막으로 한 번 더 외치신 메시지다. 콘서트에 비교하자면 앙코르라 할 수 있다(Klink, cf. Dodd). 아마도 성전 뜰에서 마지막으로 외치신 말씀으로 보인다(Burge).

예수님은 "나를 믿는 자는 나를 믿는 것이 아니라 나를 보내신 이를 믿는 것"이라고 외치셨다(44절). '외치다'(κράζω)는 선지자적인 외침을 뜻한다(cf. 7:28, 37). 예수님은 영감받은 스피치를 하고 계신다. 요한복음에서 '믿다'(πιστεύω)는 매우 중요한 핵심 단어다. 예수님을 믿는 것은 하나님의 아들이신 예수님을 믿는 데서 그치는 것이 아니라, 또한 그분을 보내신 하나님을 믿는 것을 의미한다. 그렇기 때문에 예수님은 이때까지 하나님이 하시고자 하는 말씀을 가르치셨고 하나님이 하시고자 하는 일을 하셨다. 기독교는 예수님을 교주화하는 것이 아니라 하나님을 믿는다(Hoskyns).

예수님은 자기를 보는 사람은 그를 보내신 하나님을 보는 것이라 하신다(45절). 아들인 예수님은 하나님 아버지의 현현이시기 때문이다(cf. 1:1, 14). 또한 보내심을 받은 예수님과 그를 보내신 하나님은 하나다.

이어지는 46-48절은 3:16-21을 재정리한 것이라 할 수 있다(O'Day, cf. Klink). 예수님은 하나님을 드러내는 빛으로 세상에 오셨기에 누구든지 그를 믿는 자는 하나님의 빛 안에 거할 수 있으므로 어둠에 거하지 않아도 된다(46절). 그들은 빛이신 예수님을 따라가면 된다. "나는 세상의 빛이니 나를 따르는 자는 어둠에 다니지 아니하고 생명의 빛을 얻으리라"(8:12). 생명의 빛은 오직 하나님만 주실 수 있다. 사람이 범할 수 있는 가장 큰 실수는 하나님과 빛이신 예수님을 다른 분으로 간주하는 것이다. 여호와의 증인 등 일부 이단은 예수님이 인간인 우리보다 조금 더 나은 분일 뿐 하나님은 아니라고 한다.

예수님이 이 땅에 오신 목적은 심판을 위해서가 아니라 구원하기 위해서다(47절). 그러므로 사람이 예수님의 말씀을 듣고 지키지 않더라도 예수님은 그를 심판하지 않으실 것이다(47a절). 물론 종말에 온 인류를 심판하시지만, 예수님이 오신 궁극적인 목적은 죄인들을 구원하기 위해서지(cf. 3:17-18) 그들을 정죄하기 위해서가 아니다(cf. Hoskyns). 그러므로 누구든지 예수님을 영접하면 심판을 피할 수 있다. 하나님이 아들을 보내신 것은 사랑을 근거로 한다(3:16).

예수님의 말씀을 '듣고'(ἀκούσῃ) '지키는 것'(φυλάξῃ)은 최고로 중요하다. 주님의 말씀을 듣고 지키는 것은 말씀대로 사는 것(Beasley-Murray), 혹은 제자로 사는 것을 정의한다(Burge, cf. 8:31; 마 7:24-27; 약 2:14-26). 그러므로 예수님의 말씀을 듣지 않거나 지키지 않는 것 자체가 심판이라 할 수 있다(cf. Klink).

예수님은 구원을 주요 목적으로 이 땅에 오셨다. 그러므로 예수님은 직접 심판하지 않으신다. 대신 그분을 보내신 하나님 아버지가 마지막 날에 심판하신다(48절). 하나님은 무엇을 심판하시는가? 예수님의 말씀을 듣지 않거나 지키지 않은 일을 심판하신다. 옛적에 모세가 이스라엘에 경고한 말씀과 비슷하다(cf. 신 18:18-19; 요 5:45). 5:22-30은 하나님이 아들에게 온 인류를 심판할 권세를 넘겨주셨다고 한다.

그동안 예수님이 가르치신 말씀은 자의로 말한 것이 아니라 예수님을 보내신 아버지께서 그에게 친히 주신 말씀과 명령이다(49절). 예수님은 모든 말씀을 아버지에게서 받은 대로 선포하셨다. 주신 이와 선포하신 이가 한목소리로 같은 메시지를 선포했다. 그러므로 예수님의 말씀은 곧 하나님의 말씀이며, 그 어떠한 것도 하나님의 의중에 반하는 것이 없다.

예수님이 철두철미하게 하나님이 주신 말씀만 선포하신 것은 하나님의 명령은 영생이기 때문이다(50a절). 하나님의 말씀을 듣고 지키면 영생을 얻게 된다는 뜻이다. 예수님이 하나님의 명령을 그대로 대언하셨기 때문에 예수님의 말씀을 듣고 지키면 영생을 얻는다. "위대하신 예수님은 독립적으로 존재하지 않으신다. 그는 하나님의 말씀으로 존재하시며, 만일 그렇지 않다면 그분은 아무것도 아니다"(Barrett).

이 말씀은 예수님을 믿는 것은 곧 하나님을 믿는 것이라고 한다. 두 분은 서로 독립적으로 존재하시는 것이 아니다. 하나님의 말씀은 곧 예수님의 말씀이다. 예수님의 말씀을 듣고 지키는 것은 곧 하나님의 말씀을 듣고 지키는 것이다. 예수님은 기독교를 통해 새로운 종교를 시작하신 것이 아니라, 태초부터 계신 창조주를 예배하고 그분께 돌아가는 길을 제시하셨다.

우리의 믿음에서 가장 중요한 것은 하나님의 말씀을 듣고 지키는 일이다. 말씀을 듣고 지키는 것이 제자의 삶을 정의한다. 그러므로 들은 말씀대로 살고자 노력하지 않는다면 예수님의 제자가 될 수 없다.

Ⅶ. 다락방 디스코스
(13:1-17:26)

요한복음을 두 파트로 나누어 전반부(1-12장)를 '징조의 책'(Book of Signs)이라고 부르는 사람들은 후반부(13-21장)를 '영광의 책'(Book of Glory)으로 부른다. 징조의 책(1-12장)은 예수님의 대중적(public) 가르침과 행하신 기적들을 중심으로 전개되었다. 한편, 본 텍스트로 시작되는 영광의 책(13-21장)은 예수님이 십자가에서 영광을 받으실 때까지 제자들에게 주신 사적인(private) 가르침을 중심으로 전개된다.

전반부에서 '징조'(기적)가 핵심 주제였던 것처럼, 후반부에서는 '때'(the hour)가 이른 것이 중심 주제다. 또한 상당한 기간에 있었던 일을 기록한 전반부와 달리 후반부는 예수님의 삶에서 불과 며칠 동안 있었던 가르침과 일들을 기록하고 있다. 제자들과 작별하고 아버지께 돌아갈 때가 된 것을 의식하신 예수님은 제자들에게 신앙생활에 필요한 여러 가지 주제(섬김, 성령, 계시, 핍박, 기도 등)에 대해 가르치신다. 영접하는 사람들에게 영생을 주기 위해 이 땅에 오신 예수님은(1:12) 성령을 주고 떠나신다(20:22).

그동안 학자들은 이 '다락방 디스코스'('고별사[Farewell Discourse]로도 불림)의 장르와 구조, 그리고 책의 흐름 안에서 역할 등 다양한 이슈에 대해 논쟁을 벌여 왔다(cf. Brown, Carson, Klink, McHugh, Schnackenburg). 간단히 말하자면 다락방 디스코스는 옛적에 모세(cf. 신명기)와 여호수아(수 22-24장)와 다윗(대상 28-29장)이 죽음을 앞두고 남긴 당부와 비슷하다(cf. Brown). 예수님 시대에 고별사는 하나의 문학적 장르였다 (Moloney).

요한복음의 고별사(13:31-16:33)도 서론(13:1-30)과 결론(17:1-26)으로 감싸인 구조다. 이 섹션의 가장 기본적인 역할은 예수님이 제자들 곁을 떠나셔도 걱정할 필요가 없다고 권면하는 것이다. 비록 예수님은 십자가에서 죽으시지만, 이후 부활하고 승천하셔서 제자들 곁에 계속 계실 것이다. 예수님의 떠남은 그들과 함께하기 위한 떠남이라는 것이다(cf. Klink). 요한복음의 후반부를 시작하는 본 텍스트는 다음과 같이 구분된다.

    A. 유월절 만찬(13:1-30)
    B. 고별사(13:31-16:33)
    C. 예수님의 기도(17:1-26)

VII. 다락방 디스코스(13:1-17:26)

A. 유월절 만찬(13:1-30)

이 섹션은 예수님이 제자들과 유월절 만찬을 나누시던 중 일어난 일과 가르침을 담고 있다. 그러나 학자들은 요한의 회고가 공관복음에 기록된 것과 다소 다르다고 본다(France, Jeremias, Marshall). 어떻게 해석하느냐에 따라 시간상으로 하루가 차이 나기 때문이다(cf. Barrett, Bruce, Carson, Lindars, Mounce). 본 주석에서는 앞서 12장에서 제시한 예수님의 마지막 한 주 일정표에 따라 본문을 해석하고자 한다. 일정표 중 유월절 만찬과 연관된 부분은 다음과 같다.

요일	사건
금요일	• 베다니에 도착하심(요 12:1)
토요일	• 저녁 잔치, 마리아가 예수님의 발에 기름을 부음 (요 12:2-8; cf. 마 26:6-13)
일요일	• 영광스러운 예루살렘 입성(마 21:1-11; 막 11:1-10; 요 12:12-18) • 예수님이 성전 주변을 살펴보심(막 11:11) • 베다니로 돌아가심(마 21:17; 막 11:11)
월요일	• 예루살렘으로 가는 길에 무화과나무를 저주하심 (마 21:18-22; cf. 막 11:12-14) • 성전을 깨끗하게 하심(마 21:12-13; 막 11:15-17) • 성전 안에서 기적을 행하시고 대제사장들과 다투심 (마 21:14-16; 막 1:18) • 베다니로 돌아가심(막 11:19)
화요일	• 무화과나무를 저주하신 일에 대한 반응(마 21:20-22; 막 11:20-22) • 종교 지도자들과 논쟁하시고 성전에서 가르치심 (마 21:23-23:39; 막 11:27-12:44) • 감람산에서 종말에 대해 가르치시고 베다니로 돌아가심 (마 24:1-25:46; 막 13:1-37)
수요일	• 조용히 하루를 보내심-베다니에서 제자들과 마지막으로 교제하심 • 유다가 예수님을 팔기 위해 홀로 예루살렘을 다녀옴 (마 26:14-16; 막 14:10-11)
목요일	• 유월절 준비(마 26:17-19; 막 14:12-16) • 해가 진 다음: 유월절 잔치와 최후의 만찬(마 26:20-35; 막 14:17-26) 다락방 디스코스(요 13-17장) 겟세마네 동산에서 기도하심(마 26:36-46; 막 14:32-42)
금요일	• 목요일 자정이 지난 후: 배신과 붙잡히심(마 26:47-56; 막 14:43-52) • 유대인 재판-예수님이 세 차례 재판을 받으심 안나스(요 18:13-24) 가야바와 산헤드린 일부(마 26:57-75; 막 14:53-65) 모두 모인 산헤드린(마 27:1-2; 막 15:1) • 로마인 재판-예수님이 세 단계를 거치심 빌라도(마 27:2-14; 막 15:2-5) 분봉 왕 헤롯(Antipas)(눅 23:6-12) 빌라도(마 27:15-26; 막 15:6-15) • 십자가에 못 박히심(오전 9시-오후 3시) (마 27:27-66; 막 15:16-39)
일요일	• 부활을 목격한 사람들(마 28:1-8; 막 16:1-8; 눅 24:1-12) • 부활하신 모습을 보이심(마 28:9-20; 눅 24:13-53; 요 20-21장)

본 텍스트는 다음과 같이 두 파트로 구분된다.

A. 제자들의 발을 씻기심(13:1-20)
B. 가룟 유다의 배신(13:21-30)

> VII. 다락방 디스코스(13:1-17:26)
> A. 유월절 만찬(13:1-30)

1. 제자들의 발을 씻기심(13:1-20)

[1] 유월절 전에 예수께서 자기가 세상을 떠나 아버지께로 돌아가실 때가 이른 줄 아시고 세상에 있는 자기 사람들을 사랑하시되 끝까지 사랑하시니라 [2] 마귀가 벌써 시몬의 아들 가룟 유다의 마음에 예수를 팔려는 생각을 넣었더라 [3] 저녁 먹는 중 예수는 아버지께서 모든 것을 자기 손에 맡기신 것과 또 자기가 하나님께로부터 오셨다가 하나님께로 돌아가실 것을 아시고 [4] 저녁 잡수시던 자리에서 일어나 겉옷을 벗고 수건을 가져다가 허리에 두르시고 [5] 이에 대야에 물을 떠서 제자들의 발을 씻으시고 그 두르신 수건으로 닦기를 시작하여 [6] 시몬 베드로에게 이르시니 베드로가 이르되 주여 주께서 내 발을 씻으시나이까 [7] 예수께서 대답하여 이르시되 내가 하는 것을 네가 지금은 알지 못하나 이 후에는 알리라 [8] 베드로가 이르되 내 발을 절대로 씻지 못하시리이다 예수께서 대답하시되 내가 너를 씻어 주지 아니하면 네가 나와 상관이 없느니라 [9] 시몬 베드로가 이르되 주여 내 발뿐 아니라 손과 머리도 씻어 주옵소서 [10] 예수께서 이르시되 이미 목욕한 자는 발밖에 씻을 필요가 없느니라 온 몸이 깨끗하니라 너희가 깨끗하나 다는 아니니라 하시니 [11] 이는 자기를 팔 자가 누구인지 아심이라 그러므로 다는 깨끗하지 아니하다 하시니라 [12] 그들의 발을 씻으신 후에 옷을 입으시고 다시 앉아 그들에게 이르시되 내가 너희에게 행한 것을 너희가 아느냐 [13] 너희가 나를 선생이라 또는 주라 하니 너희 말이 옳도다 내가 그러하다 [14] 내가 주와 또는 선생이 되어 너희

발을 씻었으니 너희도 서로 발을 씻어 주는 것이 옳으니라 [15] 내가 너희에게 행한 것 같이 너희도 행하게 하려 하여 본을 보였노라 [16] 내가 진실로 진실로 너희에게 이르노니 종이 주인보다 크지 못하고 보냄을 받은 자가 보낸 자보다 크지 못하나니 [17] 너희가 이것을 알고 행하면 복이 있으리라 [18] 내가 너희 모두를 가리켜 말하는 것이 아니니라 나는 내가 택한 자들이 누구인지 앎이라

그러나 내 떡을 먹는 자가

내게 발꿈치를 들었다

한 성경을 응하게 하려는 것이니라 [19] 지금부터 일이 일어나기 전에 미리 너희에게 일러 둠은 일이 일어날 때에 내가 그인 줄 너희가 믿게 하려 함이로라 [20] 내가 진실로 진실로 너희에게 이르노니 내가 보낸 자를 영접하는 자는 나를 영접하는 것이요 나를 영접하는 자는 나를 보내신 이를 영접하는 것이니라

예수님은 그동안 계속 자기 때가 아니라고 하셨고(cf. 2:4; 7:6), 요한도 유대교 지도자들이 예수님을 잡아들이지 못한 이유가 아직 때가 이르지 않았기 때문이라고 했다(7:30; 8:20). 이번 유월절 절기 중 드디어 때가 이를 것이다(1절). 때가 이르면 무슨 일이 벌어질 것인가? 예수님이 지난 30여 년을 지내신 이 세상을 떠나 하나님 아버지께로 돌아가실 것이다(1a절).

죄와 악이 성행하는 세상을 떠나는 일은 거룩하신 예수님에게 기쁘고 홀가분한 일이 될 수도 있지만, 정작 예수님은 많은 미련과 아쉬움으로 인해 만감이 교차한다. 무엇보다도 이 땅에 남겨 두어야 할 자기 사람들(제자들)로 인해 마음이 무겁다(1b절). 예수님은 자기 사람들을 사랑하시되 끝까지 사랑하셨다. 죽을 각오로 그들을 사랑하셨다는 뜻이다. 성육신하신 예수님이 이 땅에 오셨을 때 그분의 백성이 주님을 영접하지 않았다는 사실(cf. 1:11)을 생각하면 더욱더 감동적인 사랑이다.

예수님은 한 방향(one way) 사랑으로 우리를 끝까지 사랑하시기 때문에 우리의 죄와 실수는 우리를 향한 주님의 사랑을 방해할 수 없다.

예수님의 사랑은 한 방향 사랑이며 무조건적인 사랑이지만, 열두 제자 중에 이러한 사랑을 거부하는 자가 있다. 바로 가룟 유다다(2절). 그는 예수님의 사랑을 달갑게 생각하지 않고 오히려 예수님을 팔아넘길 생각을 하고 있다. 니고데모가 예수님을 반대하는 유대교 지도자들을 상징하는 것처럼, 가룟 유다는 예수님을 훼방하는 마귀의 권세를 상징한다(Klink).

예수님은 예전부터 이러한 사실을 알고 계셨다(6:70; cf. 12:4). 그러나 그를 내치지 않으시고 품으셨다. 예수님이 자기 사람들을 끝까지 사랑하기 위해서는 십자가에서 죽으셔야 한다. 당시 예수님이 십자가에서 죽임당할 유일한 길은 유대인 지도자들이 예수님에게 누명을 씌우고 사람을 처형할 권한을 가진 로마 사람들을 속여 그들로 하여금 예수님을 처형하게 하는 것뿐이었다. 가룟 유다가 이 일을 위해 예수님을 유대인들에게 팔아넘길 것이다. 그러므로 가룟 유다의 배신은 예수님이 제자들을 끝까지 사랑하기 위해 치르신 대가라 할 수 있다(Burge).

가룟 유다는 예수님을 유대교 지도자들에게 팔아넘길 계획을 세우면서 자기 스스로 이런 일을 하는 것이라고 생각했을 것이다. 그러나 요한은 그가 마귀에게 이용당하고 있다고 한다. 마치 예수님이 홀로 하시는 모든 일이 하나님 아버지의 뜻에 따라 하시는 일인 것처럼, 가룟 유다가 하는 일은 마귀의 뜻에 따라 하는 일이다(cf. Michaels). 가룟 유다를 조종하기 위해 마귀가 벌써 그의 마음에 예수님을 팔려는 생각을 넣었다(2절). '그의 마음에 생각을 넣었다'(βεβληκότος εἰς τὴν καρδίαν)는 이제부터는 마귀가 가룟 유다의 생각과 행동을 원격 조종할 것이라는 뜻이다. 가룟 유다는 나쁜 생각을 마음에 둠으로써 마귀에게 틈을 주어 이렇게 되었다(엡 4:27).

예수님은 제자들과 함께 저녁 식사를 하셨다(3a절). 요한은 공관복음처럼 예수님이 제자들과 함께 드신 최후의 만찬에 대해 자세하게 언급하지 않는다(cf. 마 26:17-19; 막 14:12-16; 눅 22:7-13). 어떤 이들은 요한이 이 만찬을 별로 중요하게 여기지 않았기 때문이라고 주장하지만(Bultmann), 6:52-58은 이 유월절 식사를 바탕으로 시작된 성만찬이 그리스도인에게 얼마나 중요한지에 대해 말한다. 그러므로 별로 설득력 없는 주장이다.

요한복음이 성만찬에 관해 자세하게 언급하지 않는 이유는 요한복음이 복음서 중 가장 마지막으로 저작된 데서 그 이유를 찾을 수 있다. 요한복음이 저작될 당시에는 이미 그리스도인들이 성만찬을 오랫동안 행해 왔기 때문에 대부분 최후의 만찬에 대해 잘 알고 있었다(Bauckham, Burge). 그러므로 요한은 이 만찬의 디테일을 설명할 필요를 느끼지 못했을 것이다. 게다가 이미 6:52-58에서 성만찬의 의미를 자세하게 설명했으므로 굳이 다시 설명할 필요가 없다. 요한은 본문에서 그날 있었던 일 중 공관복음이 자세하게 다루지 않는 부분만 강조하고자 한 것이다(cf. Beasley-Murray). 당시 유대인들의 유월절 만찬은 다음과 같은 순서로 진행되었다(cf. ABD, DJG).

1. 아버지가 유월절과 마실 술을 축복하고 첫 잔을 마심
2. 무교병, 쓴 나물, 채소, 삶은 과일, 구운 양고기 등 음식이 나옴
3. 아들이 아버지에게 왜 이 밤이 다른 밤과 다른지 질문. 가장은 출애굽 이야기를 들려줌. 시편에서 '할렐 모음집'으로 불리는 노래들(시 113-118편)의 처음 절반(시 113-115편)을 통해 과거와 미래에 있을 하나님의 구속을 찬양함
4. 두 번째 잔을 마심
5. 무교병을 축복하고 아버지가 무교병의 의미를 설명하는 동안 쓴 나물과 삶은 과일을 먹음
6. 식사를 시작하되 자정을 넘기면 안 됨

7. 식사가 마무리되면 아버지가 세 번째 잔을 축복함. '할렐 모음집'의 나머지 절반(시 116-118편)을 노래함

8. 네 번째 잔을 마심으로 유월절 식사를 마무리함

예수님은 식사하시면서 하나님 아버지께서 모든 것을 자기 손에 맡기신 것과 이제 성육신할 때 떠나온 하나님 아버지께 돌아가실 때가 되었음을 아시고 생각에 잠기셨다(3b-c절). 예수님은 하나님께 돌아가기 위해 자기가 거쳐야 할 과정도 아신다. 유다의 배신으로 십자가에서 죽임을 당하고, 부활한 후에 하나님께 돌아가실 것이다. 그러므로 예수님 입장에서는 마귀가 방해하는 일이나, 가룟 유다가 마귀의 하수인이 되어 놀아나는 것이 그다지 놀랍거나 충격적인 일이 아니다. 마귀와 가룟 유다의 역할도 하나님이 진행해 가시는 구속사의 일부일 뿐이다.

만찬이 한창 무르익어 갈 때 예수님이 자리에서 일어나 겉옷을 벗고 수건을 가져다가 허리를 두르셨다(4절). 일하시려는 자세, 더 구체적으로 남의 발을 씻기려는 자세를 취하신 것이다. 어떤 이들은 보통 유대인들은 식사를 시작하기 전에 손과 발을 씻기 때문에 이 일이 만찬이 시작되기 전에 있었던 일이라고 주장하지만(Burge), 예수님이 이 일을 통해 제자들에게 특별한 가르침을 주시고자 하기 때문에 식사 중에 있었던 일로 보아도 별문제 없다. 겉옷을 벗으시고(내려 두고) 수건을 두르신 것(올린 것)은 예수님이 자기 생명을 내려놓았다가 다시 드시는 것을 상징한다고 해석하는 이들도 있다(Ridderbos).

예수님은 대야에 물을 떠서 제자들의 발을 씻기시고 허리에 두르신 수건으로 닦아 주셨다(5절). 당시 사람들은 손님을 맞이할 때 환영의 의미로 발을 씻겨 주었다(cf. 창 18:4; 19:2; 24:32; 43:24; 삿 19:21). 그러므로 예수님은 자기를 손님으로 청하고서 발을 씻겨 주지 않은 바리새인 시몬을 적개심(hotility)을 품은 자로 간주하셨다(눅 7:36-50).

가나안 도로에는 먼지가 많고 사람들이 대부분 샌들을 신고 다니다
보니 남의 발을 씻어 주는 것은 역겨운 일이었다. 종과 노예가 있는 집
에서는 손님의 발을 씻기는 것이 종과 노예를 구분하는 기준이 되기도
했다(Thomas). 손님의 발을 씻기는 일은 노예 중에서도 가장 낮은 자가
도맡아 하는 일이었으며, 유대인 노예에게는 이런 일을 시키지 않았다
(Burge). 심지어 친구 사이라 할지라도 발은 씻겨 주지 않았다(Carson).

윗사람이 아랫사람의 발을 씻어 주는 일은 수많은 고대 문헌 기록
중 이곳이 유일하다(Thomas). 예수님은 당시의 사회적 관행을 깨고 있
을 뿐 아니라, 하나님이 인간이 되신 것처럼 이번에는 왕이 종이 되셨
다(Klink). 또한 발을 씻기는 일은 앞으로 수행해야 할 임무와 제자들과
의 관계를 준비하는 행위였다(Thomas). 예수님은 제자들의 발을 씻기
심으로써 앞으로 십자가 죽음을 통해 그들을 섬기실 것을 상징하신다
(Burge). 또한 예수님이 십자가에서 죽으시고 부활하신 이후 제자들이
시작해야 할 일과 맺어야 할 관계를 준비하신다(Thomas, cf. 9절). 그러
므로 예수님이 제자들의 발을 씻기신 일을 통해 유월절은 더는 과거의
일을 기념하는 잔치가 아니라, 앞으로 하나님이 행하실 새로운 일의
시작을 알리는 잔치로 변화하고 있다.

예수님이 발을 씻어 주신 제자 중에는 가룟 유다도 포함되어 있다.
그의 발을 씻기시는 예수님의 심정이 어떠했을까? 생각만 해도 가슴
이 먹먹해진다. 배신할 것을 알고도 가룟 유다의 발을 씻기시는 예수
님은 훗날 예수님을 버리고 도망간 제자들을 위해 밥을 지어 먹이신다
(21:12).

예수님이 발을 씻어 주시자 제자들은 당혹스럽다. 이런 일은 상상해
본 적도, 들어 본 적도 없기 때문이다. 모두 당혹스러워할 뿐 어떻게
해야 할지 모르고 있을 때 수제자인 시몬 베드로가 도저히 있을 수 없
는 일, 곧 스승이 제자들의 발을 씻기는 일이 벌어지고 있다고 말했다
(6절). 혹시 예수님이 무언가 착각해 이런 일을 하시는 것이라면 당장

그만두셔야 한다는 뜻이다. 예수님이 발 씻기시는 것을 겸손하게 거부하는 것으로 보이지만, 책의 흐름을 고려하면 불순종과 자기 의로움에 도취해 예수님의 섬김을 거부하고 있다. 그러므로 베드로는 하나님의 은혜, 곧 복음을 거부하고 있다고 할 수 있다(Klink).

베드로의 문제 제기에 예수님은 지금은 그가 이해하지 못하지만, 후에 시간이 어느 정도 지나면 알게 될 것이라고 하신다(7절). 예수님은 그동안 성립된 신뢰 관계를 근거로 베드로에게 자기를 믿고 자기가 하는 대로 따르라고 하신 것이다.

베드로는 예수님이 하시는 대로 따를 수 없다며 다른 제자들의 발은 몰라도 자기 발만큼은 절대 씻기지 못하실 것이라고 한다(8a절). 그가 사용하는 부정사(οὐ μὴ)는 헬라어 문법에서 가장 강한 부정을 의미한다(Wallace). 자기 발을 씻기는 일은 아예 꿈도 꾸지 말라는 뜻이다. '절대로'(εἰς τὸν αἰῶνα)는 '영원히'(in all eternity)라는 의미를 지닌다. 베드로가 예수님에게 '영원히' 자기 발을 씻길 수 없다고 하는 것과 달리, 예수님이 제자들의 발을 씻기시는 일이 '영원히' 효력을 발휘한다는 사실이 아이러니하다. 베드로는 예수님이 절대 자기 발을 씻기지 못하실 것이라며 하늘을 두고 맹세하고 있다.

베드로의 반응은 겉으로 보기에는 윗사람이 아랫사람의 발을 씻기는 일은 사회 관념상 있을 수 없는 일이라는 겸손에서 비롯된 거부다. 그러나 예수님이 그동안 그와 쌓아 온 관계를 근거로 말씀하시는데도 거부하는 것을 보면 그의 반응은 겸손을 빙자한 불신이라 할 수 있다. 그동안 예수님이 그에게 보여 주신 신실함을 생각하면 이번에도 허튼 일을 하실 분이 아니라는 것을 믿어야 했다.

베드로가 반발하자 예수님은 만일 베드로의 발을 씻길 수 없다면 그와 아무런 상관이 없다고 잘라 말씀하셨다(8b절). 예수님과 베드로는 어떠한 관계도 없는 남남이 된다는 것이다. 겸손을 빙자해 예수님을 불신했던 베드로는 예수님 말씀에 당황했다. 그러므로 그는 예수님께 자기 발뿐 아니라 손과 머리도 씻겨 달라고 간청했다(9절). 상황 판단이 잘 안 되는 베드로가 이번에는 주님이 하시고자 하는 것보다 더 많은 것을 요구한다. 이것도 문제다.

예수님은 이미 목욕한 자는 발밖에 씻을 필요가 없다고 하신다(10a절). 목욕한 사람의 몸은 깨끗하기 때문이다(10b절). 학자들은 몸은 이미 깨끗하기 때문에 발만 씻으면 된다는 예수님의 말씀을 해석하기 어려워 한다(cf. Brown, Burge, Carson, McHugh). 대부분 주석가는 예수님의 발 씻음을 십자가 죽음을 통해 그들을 의롭게 하시는 것을 상징하는 것으로 이해하기 때문이다. 가장 설득력 있는 추론은 온 몸이 깨끗하다는 것은 그동안 제자들이 예수님 안에 거하면서 자신들의 경건과 성결(sanctification)을 유지해 온 것을 뜻하고, 이런 사람들에게 발 씻음만 필요하다는 것은 이제 예수님의 십자가를 통한 칭의(justification)만이 필요하다는 의미로 해석하는 것이다(Mounce, cf. Carson).

예수님은 제자들에게 그들이 깨끗하지만 다는 아니라고 하신다(10c절). 베드로는 예수님이 하시는 말씀의 의미를 알지 못하지만, 우리는 안다. 바로 가룟 유다를 두고 하시는 말씀이다. 열두 제자 중 열한 명은 깨끗하지만, 예수님을 유대인들에게 팔아넘기려는 가룟 유다의 몸은 깨끗하지 않다(11절). 그는 경건하지도 성결하지도 않다. 예수님이 이 사실을 알면서도 그의 발을 씻기신 것은 회개하라는 마지막 권면이라 할 수 있다.

예수님은 제자들의 발을 모두 씻기신 후 벗어 두었던 겉옷을 다시 입으시고(cf. 4절) 앉으셨다(12a절). '앉다'(ἀναπίπτω)는 당시 사람들이 식사할 때 취하던 자세로, 옆으로 비스듬히 눕는 것을 뜻한다(BDAG). 제자들과 식사를 이어 가며 담소할 자세를 취하신 것이다. 예수님은 제자들에게 그들의 발을 씻어 준 것이 무엇을 의미하는지 아느냐고 물으셨다(12b절). 베드로가 제자들을 대표해서 한 행동으로 보아 그들은 알지 못한다. 그러므로 예수님의 질문은 그 이유를 알려 주겠다는 뜻이다.

예수님은 먼저 자신과 제자들의 관계를 확인하신다(13절). 그들은 예수님을 선생님이라 하거나 주님이라고 한다(13a절). '선생'(διδάσκαλος)은 가르치는 사람이다. 유대인들은 랍비를 선생이라고 불렀다. '주'(κύριος)는 '선생님'(sir)라는 의미이지만, 나중에는 부활하신 예수님이 구주이자 하나님의 아들이라는 고백도 포함한다(cf. 20:2, 18, 20, 25, 28). 칠십인역(LXX)은 구약을 헬라어로 번역하면서 여호와 하나님을 부르는 호칭으로 이 단어를 사용했다. 예수님은 제자들에게 스승(선생)이시며, 그들을 하나님 나라로 인도하는 구세주이시다.

선생님이자 메시아이신 예수님이 그들의 발을 씻어 주셨으니, 그들도 서로 발을 씻어 주는 것이 옳다(14절). 예수님은 제자들이 서로에게 이렇게 하기를 바라며 본을 보여 주셨다(15절). '본'(ὑπόδειγμα)은 모형(model) 혹은 패턴(pattern)을 뜻한다(BDAG). 그러므로 제자들은 예수님이 그들의 발을 씻겨 섬기신 일을 삶의 원칙으로 삼아 그대로 따라 하면 된다(Ridderbos). 바울은 성도들의 발을 씻어 주는 일을 섬김의 상징으로 사용한다(딤전 5:10). 세상에서는 낮은 자가 높은 자를 섬기지만, 기독교에서는 높은 자가 낮은 자를 섬기라고 한다. 섬김은 기독교의 가장 기본적인 윤리다.

예수님은 중요한 교훈을 주실 때마다 사용하는 '진실로 진실로'(ἀμὴν ἀμὴν)로 말씀을 이어 가신다(16a절). 내용은 14절을 재정리한 것이라 할 수 있다. 종이 주인보다 크지 못하고, 보냄을 받은 자가 보낸 자보다 크지 못하다(16b절). 종이 주인보다 크지 않다는 것은 누구나 동의하는 원리다. 또한 보냄을 받은 자가 보낸 자보다 크지 않다는 것도 누구나 인정하는 원리다. 종들인 제자들은 주인이신 예수님보다 크지 않다. 보냄받은 제자들은 그들을 보내시는 예수님보다 크지 않다. 그러므로 주인이자 보내시는 분인 예수님이 그들의 발을 씻어 주셨으니, 그들은 얼마나 더 서로의 발을 씻어 주며 섬겨야 하겠는가! 하나님 나라의 원리는 이렇지만 우리의 현실에서는 교만이 섬김을 방해한다(cf. Mounce).

예수님은 제자들이 이러한 원리를 알고 행하면 복이 있을 것이라고 하신다(17절). 알고 행하는 것은 곧 예수님이 그들에게 보이신 본의 의미를 이해하는 사람은 그대로 행해야 한다는 뜻이다. 아는 것은 그대로 행해야 하는 책임을 동반한다. 실천하는 책임을 다하면 그들은 복을 누릴 것이다. 하나님의 선하심과 은혜를 경험하게 하는 축복이다(Brown). 하늘에서 하나님 아버지와 함께 계시던 예수님이 모든 것을 버리고 이 땅으로 내려와 인간으로 낮아지셨지만 성육신으로 인해 더 높아지신 것처럼, 그리스도인에게 이웃을 섬기는 일은 낮아지는 것이 아니라 더 높아지는 것이다(Klink).

예수님이 택하신 자들은 복을 누리겠지만, 예외도 있다(18a절). 예수님이 택하신 자들은 예수님 스스로 제자로 세우신 자들이지만(6:70), 또한 하나님이 예수님에게 보내신 자들이기도 하다(cf. 6:39, 44). 예수님은 그들이 어떤 종류(부류)의 사람들인지 아신다(Barclay). 대부분 하나님의 복을 누리며 살기에 합당한 사람들이다. 그러나 한 사람, 가룟 유다는 예외다.

예수님은 가룟 유다가 "내 떡을 먹는 자가 내게 발꿈치를 들었다"라는 성경 말씀을 성취하기 위해 열두 명 중 하나가 되었다고 하신다(18b절). 시편 41:9을 인용한 말씀이다. 시편 41편은 병을 앓는 사람이 원수로 돌변한 친구에 대해 탄식하는 노래다. 평소에 함께 떡을 먹을 정도로 친한 친구였는데, 기자가 병을 얻어 앓아눕자 그가 기자를 보고 발꿈치를 들었다. 발꿈치를 드는 것(발바닥을 보이는 것)은 경멸한다는 뜻이다(Michaels). 예수님이 겪으시는 일과 참으로 잘 어울리는 말씀이다. 가룟 유다는 예수님과 3년을 같이 지내며 때로는 스승과 제자로, 때로는 친구처럼 지냈다. 그러다가 예수님을 배신하고 원수처럼 된다.

앞으로 가룟 유다가 할 일이 어떤 일인지 시편 말씀을 통해 보여 주신 예수님은 제자들에게 이 일이 실제로 일어나면 믿음이 흔들리지 않게 하라고 하신다(19절). 가룟 유다가 배신해 예수님을 파는 일이 일어나면 놀라거나 낙심하지 말고, 오히려 예수님이 구약이 예언한 배신당하는 메시아이자 하나님이라는 사실을 믿으라는 것이다. 요한복음에서 '내가 그다'(ἐγώ εἰμι)는 예수님이 하나님이심을 뜻하는 표현으로 이미 사용되었다(6:35; 8:58; cf. 출 3:14).

예수님은 중요한 진리를 선포하실 때 사용하는 '진실로 진실로'(ἀμὴν ἀμὴν)를 한 번 더 사용해 하나님과 예수님과 제자들의 관계에 대해 말씀하신다(20절). 예수님이 보내신 자들을 영접하는 것은 곧 예수님을 영접하는 것이며, 예수님을 영접하는 것은 곧 그분을 보내신 하나님을 영접하는 것이다(cf. 1:18). 그러므로 누구든지 제자들을 영접하면 예수님과 하나님을 영접하는 것과 같다. 하나님과 예수님이 하나이신 것처럼 예수님과 제자들도 하나이기 때문이다.

이 말씀은 사랑은 책임을 동반한다고 한다. 예수님은 자기 사람들을 끝까지 사랑하셨기 때문에 십자가에서 그들을 위해 죽는 것을 마다하지 않으셨다. 또한 주인이자 스승이신 예수님은 종이며 제자인 열두 명의 발을 씻기셨다. 우리도 우리가 경험한 하나님의 놀라운 사랑과 섬김으로 이웃들을 사랑하고 섬겨야 한다.

우리는 주님이 하시는 일이 잘 이해되지 않더라도 믿음과 신뢰로 묵묵히 지켜보며 기다려야 한다. 베드로처럼 섣불리 반대해서는 안 된다. 하나님이 어떤 일을 하실 때는 그 일을 하시는 이유와 의미가 분명히 있기 때문이다. 믿음은 이해되지 않더라도 하나님을 기다린다.

하나님의 구원 능력에는 한계가 없지만 구원받지 못할 사람들도 있다. 가룟 유다 같은 사람은 구원에 이를 수 없다. 그는 예수님을 배신하고 유대인들에게 팔아넘길 것이다. 그러므로 하나님의 구속하시는 사랑은 그와는 상관없는 일이다.

2. 가룟 유다의 배신(13:21-30)

²¹ 예수께서 이 말씀을 하시고 심령이 괴로워 증언하여 이르시되 내가 진실로 진실로 너희에게 이르노니 너희 중 하나가 나를 팔리라 하시니 ²² 제자들이 서로 보며 누구에게 대하여 말씀하시는지 의심하더라 ²³ 예수의 제자 중 하나 곧 그가 사랑하시는 자가 예수의 품에 의지하여 누웠는지라 ²⁴ 시몬 베드로가 머릿짓을 하여 말하되 말씀하신 자가 누구인지 말하라 하니 ²⁵ 그가 예수의 가슴에 그대로 의지하여 말하되 주여 누구니이까 ²⁶ 예수께서 대답하시되 내가 떡 한 조각을 적셔다 주는 자가 그니라 하시고 곧 한 조각을 적셔서 가룟 시몬의 아들 유다에게 주시니 ²⁷ 조각을 받은 후 곧 사탄이 그 속에 들어간지라 이에 예수께서 유다에게 이르시되 네가 하는 일을 속히 하라 하시니 ²⁸ 이 말씀을 무슨 뜻으로 하셨는지 그 앉은 자 중에 아는 자가 없고 ²⁹ 어떤 이들은 유다가 돈궤를 맡았으므로 명절에 우리가 쓸 물건을 사라 하시는지 혹은 가난한 자들에게 무엇을 주라 하시는 줄로 생각하더라 ³⁰ 유다가 그 조각을 받고 곧 나가니 밤이러라

요한은 예수님이 다락방에서 제자들에게 말씀하신 마지막 고별사(Farewell Discourse, 13:31-16:33)를 본격적으로 회고하기 전에 이 섹션에서 가룟 유다가 예수님을 팔아넘기기 위해 유월절 만찬 자리를 떠난 정황을 묘사한다. 네 복음서 모두 유다의 배신을 언급하지만, 저자 중 유일한 산 증인(eyewitness)인 요한의 회고는 여러 면에서 독특하다.

예수님은 제자들의 발을 씻기신 후 섬김에 대해 말씀하셨다(13:1-20). 또한 열두 제자 중 하나가 주님을 배신할 것이라고도 하셨다(cf. 13:11, 18). 예수님은 이런 말씀을 하시며 심히 괴로워하셨다(21a절). 요한복음이 시작된 이후 '괴로워하다'(ταράσσω)로 예수님의 감정을 표현하는 것은 이번이 세 번째다. 예수님은 마리아가 나사로의 죽음으로

인해 슬퍼할 때 괴로워하셨고(11:33), 다가오는 십자가 죽음을 생각하며 괴로워하셨다(12:27). 이번에는 유다의 배신과 십자가를 지실 때가 가까이 왔음을 생각하며 괴로워하신다. 예수님은 하나님이시지만 그렇다고 해서 그분이 겪으신 고통이 줄지는 않았다. 이러한 상황을 근거로 히브리서 4:15은 이렇게 증언한다. "우리에게 있는 대제사장은 우리의 연약함을 동정하지 못하실 이가 아니요 모든 일에 우리와 똑같이 시험을 받으신 이로되 죄는 없으시니라." 예수님은 인간인 우리의 모든 괴로움과 상한 감정을 이해하시는 대제사장이시다.

예수님의 마음을 가장 아프게 하는 것은 가룟 유다의 배신이다. 예수님은 그가 주님을 배신하는 것은 피할 수 없는 사실이자 현실이라며 '진실로 진실로'(ἀμὴν ἀμὴν)를 사용해 가룟 유다가 자기를 팔아넘길 것이라고 하신다(21b절). 물론 배신자의 이름을 언급하진 않으셨지만, 우리는 가룟 유다라는 것을 잘 안다(cf. 6:71; 12:4; 13:2).

열두 제자 중 하나가 예수님을 원수들에게 팔아넘긴다는 것은 제자들 입장에서 매우 당혹스럽고 황당한 일이 아닐 수 없다. 당시 정서에서도 제자가 스승을 배신하는 것은 상상하기 어려운 일이었다. 더욱이 하나님 나라에 대한 진리와 영생의 길로 인도하시는 메시아를 감히 누가 배신한단 말인가? 그러므로 충격을 받아 어안이 벙벙해진 그들은 선뜻 예수님에게 누구냐고 물어보지 못하고 서로 얼굴만 쳐다보며 주님이 누구를 두고 이런 말씀을 하시는지 의아해했다(22절). 제자들이 서로 얼굴을 쳐다보며 누구냐고 묻는 것은 이 섹션에 기록된 여러 비(非)언어적 통신(non-verbal communication) 중 하나다(Bultmann).

예수님의 제자 중 그분이 사랑하시는 자가 주님의 품에 의지해 누워 있었다(23절). '그[예수님]가 사랑하시는 자'는 이 제자에게 주어진 호칭이다(19:25-27, 35; 20:1-10; 21:1-7, 20-24; cf. 1:40; 18:15). 열두 제자 중 가룟 유다를 제외하면 누구든 될 수 있지만, 대부분 학자는 이 복음서의 저자 요한으로 본다. 당시 만찬은 U자 형태로 된 로마 사람들의 식탁(triclinium)에서 진행되었다. 양쪽에 기다란 테이블을 두 개 놓고, 이 두 테이블이 만나는 한쪽에 헤드 테이블(head table)을 두었다. 헤드 테이블에는 가장 중요한 사람들이 앉았다. 예수님이 열두 제자와 식사를 하고 계신다는 점을 고려하면 아마도 긴 테이블에 각각 다섯 명씩 앉고, 헤드 테이블의 중앙에 예수님이 앉으시고, 예수님 양옆으로 가장 아끼시는 제자 둘이 앉았을 것이다.

만찬에 임하는 사람들은 왼쪽으로 비스듬히 누워 몸을 왼팔로 받치고 오른손으로 테이블에 놓여 있는 음식을 가져다 먹으며 담소했다. 그러므로 이 제자가 예수님의 품에 의지해 누웠다는 것은 예수님의 오른쪽에서도 가장 가까운 자리(헤드 테이블)에서 식사를 했다는 뜻이다 (cf. 막 10:37). 요한이 굳이 자기 이름을 밝히지 않는 점을 고려해 이 '예수님이 사랑하시는 제자'를 신분을 알 수 없는 '이상적인 제자'로 남겨 두는 것도 좋은 대안이다. 이 대안에 따르면 우리도 이 제자를 통해 최후의 만찬에 참여하고 있다고 할 수 있다.

개역개정의 24절 번역에는 명쾌하게 드러나 있지 않지만, 헬라어 사본에는 베드로가 예수님에게 질문하는 것이 아니라, 요한에게 질문하도록 요구하는 것으로 표기되어 있다(cf. 새번역, 공동, NAS, NIV ESV). 시몬 베드로가 예수님 품에서 가장 가까이 있는 요한(그가 사랑하시는 자)에게 머릿짓을 하며 누구에 대해 말씀하시는 것인지 예수님께 물어보라고 한 것이다. 이번에도 두 제자가 주고받는 대화에는 말이 필요 없다. 베드로와 요한은 몸짓으로 대화할 정도로 친숙한 관계다.

베드로의 머릿짓을 본 요한은 예수님의 가슴에 그대로 의지한 채 배신자가 누구냐고 물었다(25절). 예수님 오른편에서 식사하던 요한이 머리를 조금 뒤로 젖혀 주님의 가슴에 파고든 것이다. 예수님과 요한은 스승과 제자이지만, 요한이 이렇게 할 수 있는 것은 둘 사이가 매우 친밀했음을 암시한다. 그는 예수님이 '사랑하시는 자'다.

요한의 질문에 예수님은 자기가 떡 한 조각을 적셔다 주는 자가 바로 그 배신자라고 말씀하셨다(26a절). 다른 제자들이 전개되고 있는 상황에 대해 눈치 채지 못하는 것으로 보아 예수님은 요한에게만 나직하게 말씀하셨을 것이다. 이어서 떡 한 조각을 소스에 적셔서 가룟 시몬의 아들 유다에게 주셨다(26b절).

가룟 유다가 예수님이 주신 떡을 받았다는 것은 그도 헤드 테이블에서 예수님의 왼편에 앉아 식사하고 있었음을 암시하는 듯하다(Burge). 그가 예수님과 제자들의 재정을 담당하고 있다는 점을 고려하면 충분히 가능성 있다. 그러므로 유다의 배신이 더욱더 쓰리고 아프다. 베드로가 헤드 테이블에 없다는 것은 이때만 해도 베드로가 '수제자' 자리를 굳히지 못한 것으로 해석할 수 있다. 이 광경을 지켜본 제자들은 예수님이 가룟 유다에게 특별한 애정을 표하는 것으로 생각했을 것이다(Burge). 그러나 요한은 그가 배신자라는 것을 안다.

예수님이 가룟 유다에게 소스에 적신 떡을 주시자 사탄이 유다 속으로 들어갔다(27a절). 요한은 마귀가 이미 유다 안으로 들어갔다고 했다(13:2). 그러므로 본문은 그가 계획한 배신(cf. 13:2)을 드디어 행동으로 옮길 때가 되었다는 것을 의미한다. 가룟 유다가 유대교 지도자들을 찾아갈 때가 된 것이다. 요한복음에서 '사탄'($\Sigma\alpha\tau\alpha\nu\hat{\alpha}\varsigma$)이 직접 언급되기는 이곳이 유일하다. 다른 곳에서는 그를 '마귀'($\delta\iota\acute{\alpha}\beta o\lambda\acute{o}\varsigma$)라고 부른다(6:70; 8:33; 13:2).

예수님은 유다에게 "네가 하는 일을 속히 하라"라고 하셨다(27b절). 그가 유대교 지도자들에게 예수님을 팔아 넘길 때가 되었으니 더는 지체 말고 빨리 하라는 뜻이다. 또한 그가 계획한 일을 다 알고 있으니 지금이라도 회개하고 멈추라는 예수님의 마지막 권면이라 할 수 있다(Mounce). 보통 사람들이라면 상황이 이 정도 되면 아마도 슬피 울며 회개했을 것이다. 그러나 가룟 유다는 그렇게 하지 않았다.

유다의 배신은 분명 하나님이 계획하신 구속사의 일부다. 이 일이 있어야만 예수님이 죽음을 통해 온 인류를 구원하실 수 있다. 그러므로 유다는 하나님께 '쓰임받았다'고 할 수 있다. 그러나 그는 하나님의 아들을 배신한 죄를 지었으며, 혹독한 대가를 치러야 할 것이다.

옆에서 지켜보던 제자들은 무슨 일이 벌어지고 있는지 알지 못한다 (28절). 오직 요한만 상황을 이해한다(cf. 25-26절). 그러므로 제자들은 예수님이 유다에게 '속히 하라'고 하신 말씀을 두 가지로 추측했다. 첫째, 예수님과 제자들이 유월절에 쓸 물건을 사라고 지시하시는 것으로 생각했다. 둘째, 가난한 자들에게 나눠 줄 물건을 구매하라고 하시는 것으로 생각했다. 유다가 그룹의 재정을 담당하고 있기 때문에 이러한 추측이 가능했다.

예수님의 떡 조각을 받은 유다는 곧바로 그 자리를 떠났다(30절). 그가 떠난 때는 밤이었다. 밤은 어둡다. 한편, 예수님은 빛으로 오셨다 (1:5, 9). 어둠은 예수님을 반대하고 영접하기를 거부하는 세상을 상징한다(cf. 3:2; 9:4; 11:9-10; 21:3). 그러므로 밤에 떠나는 유다는 영적 어둠에 거하는 자다.

이 말씀은 하나님이 계획하신 일이 사람을 통해 이뤄진다고 한다. 유다는 마귀의 하수인이 되어 하나님이 계획하신 구속사의 악한 부분을 맡았다. 하나님이 계획하신 좋은 일도 사람을 통해 이뤄진다. 우리는 악한 일을 멀리하고, 하나님이 계획하신 선한 일을 맡아 행하도록 노력해야 한다.

예수님은 제자들에게 유다가 배신자라는 것을 알리지 않으셨다. 그를 보호하고자 하는 마지막 선처였다. 하나님이 누군가의 죄를 직접 들추어내시기 전까지는 우리도 그대로 덮어 두는 것이 바람직하다 (Calvin). 하나님의 은혜는 많은 죄를 덮는다.

VII. 다락방 디스코스(13:1-17:26)

B. 고별사(13:31-16:33)

이 섹션에서 예수님은 제자들에게 매우 긴 스피치를 하신다. 십자가 죽음을 앞둔 상황에서 제자들에게 주시는 여러 가지 당부와 권면을 곁들인 가르침이다. 그러므로 학자들은 이 섹션을 예수님의 '고별사'(Farewell Discourse)라고 한다. 옛적에 야곱(창 49장), 모세(cf. 신 31-34장), 여호수아(수 22-24장), 다윗(대상 28-29장)이 죽음을 앞두고 한 스피치와 비슷하다(cf. Brown). 그들은 이 세상을 떠나면서 남은 자들에게 자신들의 '정신'(spirit)을 전수해 주었다(Burge, cf. 민 27:18; 신 24:9; 왕하 2:9-14). 예수님의 고별사는 구약 선진들의 것보다 훨씬 더 구체적이고 실용적이며, 그리스도인의 삶을 지향할 때 반드시 참고해야 할 필수적인 내용을 담고 있다.

예수님이 매우 다양한 주제에 대해 말씀하시기 때문에 내용을 전체적으로 아우르는 주제는 없는 듯하다. 또한 이 섹션은 예수님의 '나는…' 혹은 '내가…' 선언문들을 중심으로 분석하는 것이 가장 설득력이 있다. 그러므로 우리는 본 텍스트를 다음과 같이 구분해 주해하고자 한다(Klink).

A. 프롤로그(13:31-38)
B. 나는 길이요 진리요 생명이다(14:1-14)
C. 내가 보혜사 성령을 주리라(14:15-31)
D. 나는 참 포도나무다(15:1-17)
E. 나도 세상의 미움을 경험했다(15:18-27)
F. 내가 보혜사를 통해 능력을 주리라(16:1-15)
G. 내가 너희의 슬픔을 기쁨으로 바꾸리라(16:16-24)
H. 에필로그(16:25-33)

Ⅶ. 다락방 디스코스(13:1-17:26)
　B. 고별사(13:31-16:33)

1. 프롤로그(13:31-38)

예수님은 제일 먼저 제자들에게 서로 사랑하라는 계명을 주신다. 그들이 서로 사랑하면 그들이 예수님의 제자라는 것을 사람들이 알 것이라고 하신다. 이어서 주님을 위해 죽겠다고 나선 베드로에게 그가 예수님을 부인할 것이라고 하신다. 마치 베드로가 예수님 사랑하기에 실패하는 것은 용서할 것이지만 형제 사랑하기는 포기하면 안 된다고 하시는 것처럼 말이다. 그러므로 본 텍스트는 다음과 같이 구분된다.

　A. 내가 새 계명을 주노라(13:31-35)
　B. 베드로가 나를 부인할 것이다(13:36-38)

Ⅶ. 다락방 디스코스(13:1-17:26)
　B. 고별사(13:31-16:33)
　　1. 프롤로그(13:31-38)

(1) 내가 새 계명을 주노라(13:31-35)

³¹ 그가 나간 후에 예수께서 이르시되 지금 인자가 영광을 받았고 하나님도 인자로 말미암아 영광을 받으셨도다 ³² 만일 하나님이 그로 말미암아 영광을 받으셨으면 하나님도 자기로 말미암아 그에게 영광을 주시리니 곧 주시리라 ³³ 작은 자들아 내가 아직 잠시 너희와 함께 있겠노라 너희가 나를 찾을 것이나 일찍이 내가 유대인들에게 너희는 내가 가는 곳에 올 수 없다고 말한 것과 같이 지금 너희에게도 이르노라 ³⁴ 새 계명을 너희에게 주노니 서로 사랑하라 내가 너희를 사랑한 것 같이 너희도 서로 사랑하라 ³⁵ 너희가 서로 사랑하면 이로써 모든 사람이 너희가 내 제자인 줄 알리라

31-32절에는 '영광을 받다/돌리다'(δοξάζω)가 다섯 차례 등장하며 이 섹션의 중심 주제를 이룬다. 또한 이 동사가 과거형에서 미래형으로 변환되어 사용되는 것은 예수님이 이때까지 받으신 영광을 바탕으로 미래에도 영광을 받으실 것을 암시하는 듯하다.

예수님은 가룟 유다가 유대교 지도자들에게 주님을 팔아넘기기 위해 떠난 다음(31a절)에 고별사를 시작하셨다. 그러므로 이 다락방에는 예수님을 사랑하고 따르는 제자 열한 명만 남았다. 예수님은 "인자가 영광을 받았고 하나님도 인자로 말미암아 영광을 받으셨도다"와 비슷한 말씀을 이미 몇 차례 하셨다(cf. 8:54; 11:4; 12:23, 28). 이렇게 말씀하시는 것은 곧 올 것이라고 했던 '때'(12:20)가 드디어 임하기 시작했음을 의미한다.

하나님이 '영광을 받으셨도다'(ἐδοξάσθη)(31b절)는 부정 과거형이다. 온전히 순종하는 예수님의 삶을 통해 하나님이 이미 영광을 받으셨다는 뜻이다(Burge, cf. 1:14, 18). 또한 '인자가 영광을 받았다'(ἐδοξάσθη)도 부정 과거형이다. 예수님은 곧(다음 날) 십자가를 통해 영광을 받으실 것이다(cf. 32절). 그럼에도 '지금'(νῦν) 이미 받으신 것처럼 말씀하시는 것은 가룟 유다의 떠남으로 인해 십자가에서 절정에 이를 연쇄 반응(chain reaction)이 시작되어 영광을 받기 시작하셨기 때문이다(Mounce).

요한복음에서 예수님이 자신을 '인자'로 칭하시는 것은 이 본문이 마지막이다. '인자'(ὁ υἱὸς τοῦ ἀνθρώπου)는 하나님의 능력과 권세와 영광이 예수님 안에 있다는 것과 예수님이 종말에 받으실 영광을 상징하는 호칭이다(cf. Klink, O'Day). 인자를 통해 영광을 받으신 하나님이 예수님에게 영광을 주실 것이다(32절). 그것도 '곧'(εὐθὺς) 주실 것이다. 하나님이 십자가 사건을 통해 자기 영광뿐 아니라 예수님의 영광도 드러내실 것이라는 뜻이다. 십자가는 하나님과 예수님께 가장 영광스러운 사건이다.

예수님은 제자들과 잠시 더 있다가 떠나실 것이다(33a절). 떠나시고 나면 예전에 유대인들에게 그들이 예수님이 가는 곳으로 따라올 수 없다고 말씀하신 것처럼, 제자들도 따라올 수 없다고 하신다(33b-c절). 그때 유대인들에게는 너무 늦기 전에 믿으라는 취지로 이렇게 말씀하셨지만(cf. 7:34; 8:21), 지금 제자들에게는 처한 상황이 크게 변하더라도 두려워하거나 놀라지 말라는 위로와 격려 차원에서 이렇게 말씀하신다(Ridderbos, cf. 14:19; 16:16). 예수님이 떠나신 후에는 보혜사 성령을 통해 제자들과 함께하실 것이기 때문에 크게 좌절할 필요가 없다. 또한 예수님의 떠나심은 새로운 시대의 시작이 될 것이다(Schnackenburg, cf. 14:1-14).

'작은 자들'(τεκνία)은 '애들아, 자녀들아'라는 의미를 지닌 애칭이며, 요한복음에서는 이곳에만 사용되지만 요한일서에는 7차례나 사용된다. 예수님이 제자들을 이 애칭으로 부르시는 것은 지금부터 하시는 말씀이 제자들이 받아들이기에 쉽지 않을 것이기 때문이다. 예수님은 제자들에게 헤어질 때가 되었다며 고별사를 시작하신다.

예수님이 떠나시고 새로운 시대가 열리면 제자들은 어떻게 살아야 하는가? 예수님은 제자들에게 죽을 각오로 자기를 따라오라고 하지 않으신다(cf. 13:36-38). 대신 그들에게 삶의 지침으로 삼으라며 서로 사랑하라는 권면을 주신다(34-35절). '새 계명'(Ἐντολὴν καινὴν)(34절)의 내용은 전혀 새롭지 않다. 옛적부터 하나님은 주님의 백성에게 서로 사랑하라고 하셨다(cf. 레 19:18; 눅 10:25-27). 예수님의 삶과 사역은 모두 사랑으로 이뤄졌으며, 제자들의 발을 씻기신 일도 헌신적인 섬김으로 사랑을 표현하라는 롤 모델링이었다(Burge, cf. 3:35; 8:29; 10:18; 12:49-50; 14:31; 15:9-10). 다만 하나님을 사랑하는 것과 이웃을 사랑하는 것이 이 계명에서 하나 되는 것이 새롭다(Augustine). 또한 예수님이 세워 가시는 하나님 나라의 기준이 될 것이라는 사실이 새롭다(Carson). 이제 제자들은 예수님이 하나님을 향한 사랑을 그들을 사랑한 일로 표현하신 것처럼 이웃들을 사랑함으로써 하나님을 향한 그들의 사랑을 표현해야 한다.

제자들이 하나님의 사랑으로 서로를 사랑하면 이로써 세상 모든 사람이 그들이 예수님의 제자라는 것을 알 것이다(35절). 세상 사람들은 제자들이 서로 사랑하고 섬기는 모습을 보고 그들이 예수님의 제자라는 사실을 인정할 것이라는 뜻이다. 예수님을 사랑하는 것을 표현하는 가장 좋은 방법은 이웃을 사랑하는 것이다(Bultmann). 그러므로 서로 사랑하는 것은 하나님 백성이 지녀야 할 본성(nature)이자 정체성(identity)이다(Barrett). 어떻게 사랑할 것인지는 산상 수훈의 일부(마 5:43-47)가 좋은 지침이 된다.

이 말씀은 십자가 사건은 실패와 절망이 아니라, 하나님과 예수님의 영광이 드러나는 절정이라고 한다. 예수님이 십자가에서 죽으셨다고 해서 인류를 구원하는 메시아의 역할에 실패하신 것이 아니다. 오히려 구원하는 일에 성공하셔서 하나님의 영광과 자신의 영광을 온 세상에 드러내셨다. 예수님은 세상의 관점으로 보기에는 분명 실패하셨다. 그러나 하나님의 관점에서는 성공하셨다. 우리는 세상의 가치관과 하나님 나라의 가치관이 때로는 이처럼 첨예하게 대립한다는 사실을 깨달으며 살아야 한다.

하나님의 자녀라면 서로 사랑해야 한다. 서로 사랑하는 것은 서로에 대한 사랑 표현으로 끝나지 않고, 더 나아가 하나님을 얼마나 사랑하는지를 표현하는 일이기도 하다. 그러므로 사랑이 없는 기독교는 위선과 가식에 불과하다. 참된 기독교의 본성과 정체성은 사랑이다.

(2) 베드로가 나를 부인할 것이다(13:36-38)

> ³⁶ 시몬 베드로가 이르되 주여 어디로 가시나이까 예수께서 대답하시되 내가 가는 곳에 네가 지금은 따라올 수 없으나 후에는 따라오리라 ³⁷ 베드로가 이르되 주여 내가 지금은 어찌하여 따라갈 수 없나이까 주를 위하여 내 목숨을 버리겠나이다 ³⁸ 예수께서 대답하시되 네가 나를 위하여 네 목숨을 버리겠느냐 내가 진실로 진실로 네게 이르노니 닭 울기 전에 네가 세 번 나를 부인하리라

곧 떠난다는 예수님의 말씀(13:33)에 혼란스러워진 베드로가 걱정하며 "주여 어디로 가시나이까?"(κύριε, ποῦ ὑπάγεις;)라고 물었다 (Schnackenburg, 36a절). 라틴어 번역본은 이 문장을 "Domine quo vadis"라고 번역했고, 기독교 소설과 영화 〈쿼바디스〉(quo vadis)의 제목이 되었다. 베드로의 질문에 예수님은 13:33에서 하신 말씀과 비슷한 내용으로 대답하셨다. "내가 가는 곳에 네가 지금은 따라올 수 없다"(36b절).

다만 "후에는 따라오리라"라고 하셨다(36c절). 대부분 학자는 이 말씀을 베드로가 나중에 순교할 것을 의미하는 것으로 해석한다. 예수님은 21:18에서 베드로의 미래에 대해 다음과 같이 말씀하신다. "내가 진실로 진실로 네게 이르노니 네가 젊어서는 스스로 띠 띠고 원하는 곳으로 다녔거니와 늙어서는 네 팔을 벌리리니 남이 네게 띠 띠우고 원하지 아니하는 곳으로 데려가리라." 이어지는 19절에서 저자는 예수님이 베드로에게 하신 말씀에 대해 이렇게 설명한다. "이 말씀을 하심은 베드로가 어떠한 죽음으로 하나님께 영광을 돌릴 것을 가리키심이러라." 훗날 베드로는 십자가에 거꾸로 매달려 순교한다.

또한 장기적인 안목에서 '지금은 따라올 수 없으나 후에는 따라오리

라'라는 말씀은 제자들도 예수님이 가시는 곳(천국)에 갈 것이라는 의미를 지닌다. 단지 '때'(지금)와 '방법'(십자가)이 다를 뿐이다. 십자가는 오직 하나님의 유일무이한 아들이신 예수님만 지실 수 있다. 베드로를 포함한 제자들은 질 수 없다.

예수님의 말씀을 잘 이해하지 못한 베드로가 자기는 주님을 위해 죽을 각오가 되어 있으니 지금 당장 따라가게 해 달라고 했다(37절). 그가 예수님을 위해 죽을 각오가 되었다고 하는 것은 그 역시 주님이 곧 죽으실 것을 알고 있다는 뜻이다(Klink, cf. 11:16). 그러나 베드로는 예수님이 사람들에게 생명을 주기 위해 십자가를 통해 아버지께 가신다는 사실은 알지 못한다(Beasley-Murray). 그러므로 자기도 모르는 사이에 예수님만 마실 수 있는 고난의 잔을 주님과 함께 마시겠다고 한다(Ridderbos).

예수님은 베드로에게 그가 책임지지 못할 말을 하고 있다고 하신다(38a절). 예수님의 개인적인 마음이야 함께 죽겠다며 충성을 다짐하는 베드로가 고마울 수 있지만, 결코 그렇게 되지 않을 것이다. 각자 마셔야 하는 잔이 다르기 때문이다. 예수님은 메시아로서, 베드로는 주님의 제자로서 마셔야 할 잔이 따로 있다. 그러므로 예수님은 스승이 마셔야 할 고난의 잔을 함께 마시겠다는 베드로를 허락하실 수 없다.

예수님은 베드로가 고난의 잔을 함께 마시는 것을 허락하지 않으실 뿐 아니라 그가 몇 시간 후 닭이 울기 전, 곧 아침이 밝아 오기 전에 주님을 세 번 부인할 것이라고 하신다(38b절; cf. 마 26:32-34; 막 14:27-30; 눅 22:31-34). 설령 예수님이 허락하신다고 해도 베드로는 주님의 잔을 마실 자격이 없다는 뜻이다. 예수님은 베드로에 대해 그보다 더 잘 아신다(Brown).

이 말씀은 메시아이신 예수님이 가시는 길과 우리가 가는 길이 다르다고 한다. 우리는 분명 예수님을 닮아 가고 주님의 가르침을 실천하며 살고자 노력해야 한다. 그러나 우리가 마치 예수님이라도 되는 것처럼 착각해서는 안 된다. 메시아이신 예수님의 죽음을 통해 하나님의 자녀가 된 우리는 모든 영광과 존귀를 예수님께 돌리고, 우리 자신은 무익한 종처럼 섬기며 사랑해야 한다.

모든 일에는 때가 있다. 예수님은 당장 따라가겠다는 베드로에게 아직 그의 때가 아니라고 하셨다. 때가 되면 그도 예수님처럼 하나님 나라를 위해 죽을 것이다. 그러나 지금은 아니다. 우리 모두에게도 정해진 때가 있다. 삶에서 때를 분별하는 것은 참으로 어려운 일이지만, 이를 잘 분별하는 것이 지혜다.

VII. 다락방 디스코스(13:1-17:26)
　B. 고별사(13:31-16:33)

2. 나는 길이요 진리요 생명이다(14:1-14)

[1] 너희는 마음에 근심하지 말라 하나님을 믿으니 또 나를 믿으라 [2] 내 아버지 집에 거할 곳이 많도다 그렇지 않으면 너희에게 일렀으리라 내가 너희를 위하여 거처를 예비하러 가노니 [3] 가서 너희를 위하여 거처를 예비하면 내가 다시 와서 너희를 내게로 영접하여 나 있는 곳에 너희도 있게 하리라 [4] 내가 어디로 가는지 그 길을 너희가 아느니라 [5] 도마가 이르되 주여 주께서 어디로 가시는지 우리가 알지 못하거늘 그 길을 어찌 알겠사옵나이까 [6] 예수께서 이르시되 내가 곧 길이요 진리요 생명이니 나로 말미암지 않고는 아버지께로 올 자가 없느니라 [7] 너희가 나를 알았더라면 내 아버지도 알았으리로다 이제부터는 너희가 그를 알았고 또 보았느니라 [8] 빌립이 이르되 주여 아버지를 우리에게 보여 주옵소서 그리하면 족하겠나이다 [9] 예수께서 이르시되 빌립아 내가 이렇게 오래 너희와 함께 있으되 네가 나를 알지 못하느냐 나를 본 자는 아버지를 보았거늘 어찌하여 아버지를 보이라 하느냐 [10] 내가 아버지 안에 거하고 아버지는 내 안에 계신 것을 네가 믿지 아니하느냐 내가 너희에게 이르는 말은 스스로 하는 것이 아니라 아버지께서 내 안에 계셔서

그의 일을 하시는 것이라 [11] 내가 아버지 안에 거하고 아버지께서 내 안에 계심을 믿으라 그렇지 못하겠거든 행하는 그 일로 말미암아 나를 믿으라 [12] 내가 진실로 진실로 너희에게 이르노니 나를 믿는 자는 내가 하는 일을 그도할 것이요 또한 그보다 큰 일도 하리니 이는 내가 아버지께로 감이라 [13] 너희가 내 이름으로 무엇을 구하든지 내가 행하리니 이는 아버지로 하여금 아들로 말미암아 영광을 받으시게 하려 함이라 [14] 내 이름으로 무엇이든지 내게 구하면 내가 행하리라

예수님은 제자들을 두고 곧 떠나야 한다고 생각하니 참으로 안타까우시다. 예수님은 이미 그들에게 십자가 죽음에 대해 말씀하셨고 (13:31-33), 베드로가 배신할 것이라고 예언도 하셨다(13:38). 이에 제자들이 많이 위축되고 불안해했다. '근심하다'(ταράσσω)는 심리적인 초조함과 혼란을 겪는 것을 뜻한다(BDAG). 요한은 이런 감정을 예수님이 먼저 경험하셨다고 했다(11:33; 12:27; 13:21). 이제는 제자들이 예수님이 겪으신 심적 갈등을 겪게 될 것이다. 그러므로 '근심하지 말라'(1절)는 말씀은 각자 감정을 조절하고 추스르라(be in control of yourself)는 권면이다(Wallace).

제자들은 근심하는 대신 하나님을 믿고 또 예수님을 믿어야 한다 (1b절). "하나님을 믿으니 또 나를 믿으라"에서 '믿으니(πιστεύετε)…믿으라(πιστεύετε)'는 둘 다 현재형 직설(present indictive), 혹은 현재형 명령 (present imperative)으로 해석할 수 있다. 앞 문장에서 '근심하지 말라'(Μὴ ταρασσέσθω)고 명령형으로 말씀하신 후 믿음에 대해 직설법으로 말씀하지는 않으셨을 것이다. 또한 하나님과 자신을 따로 구분해 한 분을 믿는 것은 명령형으로, 다른 한 분을 믿는 것은 직설법으로(명령-직설 혹은 직설-명령) 말씀하지도 않으셨을 것이다. 그러므로 둘 다 명령형으로 간주하는 것이 바람직하다. 예수님은 1절에서 세 개의 명령문을 사용해 제자들을 권면하신다(cf. Carson).

스승이신 예수님이 십자가에서 죽더라도 근심하지 말고, 모든 것이 하나님의 뜻대로 진행되고 있다고 하신 주님의 말씀을 믿어야 한다. 근심과 두려움은 믿음의 반대말이다. 수제자인 베드로가 예수님의 죽음에 제일 먼저 두려움을 표현했다(13:37). 그러므로 예수님은 십자가 사건을 목격하고 당혹스러워할 제자들에게 근심하지 말고 믿으라고 하신다. 그들은 하나님은 물론이고 자신들을 위해서도 근심을 믿음으로 바꿔야 한다.

제자들로서는 예수님의 떠나심이 오래전에 하나님이 계획하신 일이라 할지라도 근심되기는 마찬가지다. 그러나 예수님의 떠나심은 제자들에게 복이 되는 일이다. 예수님이 그들을 떠나 하나님 아버지께 가시는 것은 그들의 거처를 마련하기 위해서이기 때문이다(2절). 예수님은 아버지의 집에 거할 곳이 많다고 하시는데(2a절), '집'(οἰκία)은 공간적인 개념이다(cf. 2:16; 11:31; 12:3). 그러므로 어떤 이들은 종말에 구원받은 이들이 영원히 살게 될 물리적인 공간이라고 한다(Bryan). 그러나 영적인 차원에서 집은 '가족'을 상징하기도 한다(cf. 4:53; 8:35). 더욱이 요한복음에서 장소는 대부분 관계를 상징한다(O'Day). 전통적인 해석은 예수님이 말씀하시는 집을 하나님이 계시는 하늘나라(cf. 1:1, 18)로 보는 것이다.

'거할 곳'(μονή)은 방(room)이다. 어떤 이들은 이 헬라어 단어가 아람어로 '길가에 설치된 임시 숙소'라는 의미를 지닌 단어에서 유래했으므로, 이 본문은 우리의 천국 여정을 예수님이 인도하시는 것을 뜻한다고 주장한다(Temple). 그러나 이 단어는 헬라어 '머물다'(μένω)에서 비롯된 것이며(TDNT), 문맥상 하늘나라로 가는 길가에 방들이 있다는 뜻이 아니라 하나님 나라에 제자들의 방들이 있다는 것으로 해석해야 한다.

영어 번역본 킹 제임스 버전(KJV)이 이 단어를 '맨션'(mansion)으로 번역한 이후로 많은 사람이 천국에 가면 호화로운 맨션에서 살 것으로 착각한다. 심지어 영어권에는 '나는 하늘에 맨션이 있다'(I've Got a

Mansion in the Sky)라는 제목의 오래된 복음 성가도 있다. 그러나 이 단어(μονή)에는 호화 저택으로 해석할 만한 여지가 조금도 없다. 또한 킹제임스 버전이 번역된 1600년대 당시의 맨션(mansion)은 호화 저택이 아니라 평범한 집이었다(Burge, Mounce).

우리가 하나님 나라에 있는 방들에 대해 말할 때 물리적 공간에만 집착하는 것은 바람직하지 않다. 우리는 하나님 나라가 어떻게 생겼는지 잘 알지 못하기 때문이다. 게다가 영적으로 한 가족이 된 사람들에게 각자의 방은 큰 의미가 없다. 마치 '교회'가 건물이 아니라 공동체를 뜻하는 것처럼 말이다.

번역본 중 일부는 2b절을 '내가 너희를 위하여 거처를 예비하러 간다'라는 의미의 직설법 문장으로(개역개정, 아가페, 현대인, NAS), 나머지는 '만일 거기에 있을 곳이 없다면 내가 이렇게 말했겠느냐?'라는 의미의 의문형 문장으로 번역한다(새번역, 공동, ESV, NIV, NRS). 헬라어 사본의 정확한 번역이 어렵기 때문이다. 그러나 직설법으로 번역하든 의문형으로 번역하든 의미는 달라지지 않는다. 예수님은 제자들의 거처를 마련하러 하늘나라로 가는 것이니 걱정하지 말고 기다리라고 하신다. '가다'(πορεύω)는 정해진 절차를 진행한다는 의미를 지니며, 예수님이 가시는 길은 십자가의 죽음과 부활과 승천을 포함한다. 예수님은 분명히 영광스러운 길을 가신다. 그러나 첫 관문은 죄인들의 불의한 재판을 받고 죽으시는 일이다. 결코 쉽지 않은 고난의 길이다.

앞서 예수님은 따라가겠다는 베드로에게 지금은 따라올 수 없다고 하셨다(13:36). 이제 예수님은 천국에 제자들의 거처를 마련한 후 그들을 자기가 사는 곳(천국)으로 데려가기 위해 다시 오실 것이라고 하신다(3절). 하늘나라에서 제자들을 환영할 만반의 준비를 한 후에 데리러 오겠다는 것이다. 물론 하늘나라는 항상 우리를 환영할 준비가 되어 있다. 따라서 예수님은 천국에는 입성 절차와 적절한 때가 있다는 것을 이렇게 말씀하신다. 떠나심이 확실한 것처럼 다시 오심도 확실하

144

다. 그러므로 예수님의 떠나심(죽음과 부활과 승천)이 제자들에게 안타깝고 슬픈 일만은 아니다. 예수님과 잠시 헤어졌다가 다시 만나 영원히 살 소망이 있기 때문이다.

제자들을 데려가기 위해 다시 오실 것이라는 예수님의 말씀은 종말론을 가장 쉽고 확실하게 설명한다(Beasley-Murray). 종말은 세상이 끝나는 때 시작되지만, 오늘 이 순간에도 진행되고 있다. 예수님은 세상이 끝나는 순간, 우리를 환영하기 위해 세상 끝자락에서 우리를 기다리시는 것이 아니다. 하늘나라에 거처가 준비되면 다시 오셔서 우리를 영접하시고, 우리와 함께하시며, 준비된 곳으로 우리를 인도하신다. 그러므로 지금도 우리와 함께하시며 인도하시는 예수님의 사역은 종말론적이라 할 수 있다(Dodd, Klink). 예수님이 세상 끝 날까지 우리와 함께하시는 것은 요한복음의 중요한 가르침 중 하나이며(cf. 15:3-10), 죽음도 이 일을 방해할 수 없다(Burge).

그런데 예수님은 언제 다시 오시는가? 제자들이 거할 '거처를 예비하시는 일'은 언제 끝나는가? 학자들은 부활하실 때, 보혜사 성령이 임하실 때, 성도가 죽을 때, 재림하실 때 등 다양한 해석을 내놓는다(cf. Brown, Carson, Klink, McHugh). 가장 기본적인 의미는 재림하실 때이지만, 나머지 정황도 배제할 필요는 없다. 우리는 예수님을 다양한 방법을 통해 만나게 될 것이기 때문이다.

제자들은 예수님이 그들의 거처를 마련하기 위해 떠나신다는 사실을 알아야 한다. 또한 그 일을 이루기 위해 가시는 길(죽음-부활-승천)도 알아야 한다(4절). 그래야 이런 일들을 목격할 때 절망하지 않을 것이다. 예수님 말씀을 듣고 있던 도마가 예수님이 어디로 가시는지 아무도 모르는데 어찌 그 길을 알겠느냐며 푸념 섞인 질문을 했다(5절). 베드로도 예수님께 어디 가시는지 물었지만(13:36) 대답하지 않으셨기 때문에 도마의 질문이 정당하게 보일 수 있다.

그러나 예수님은 이미 십자가에 대해 여러 차례 말씀하셨다(cf. 12:7-

8, 23-24, 27, 32, 46-47). 그러므로 도마는 예수님이 영적으로 말씀하신 것을 물리적으로 해석해 가시는 곳(장소)과 그곳으로 가는 경로를 묻는다. 예수님이 가시는 곳은 하늘나라이며, 가시는 길은 십자가와 부활과 승천이다. 그러므로 예수님이 가시는 곳과 길은 서로 상호 보완적이다(Bultmann).

도마의 질문에 대한 예수님의 답은 그가 물어본 것보다 훨씬 더 많은 것을 담고 있다. 그곳이 어디이며, 그곳으로 가는 방법과 그곳에서 기대할 수 있는 것까지 알려 주시기 때문이다. 예수님의 "내가 곧 길이요 진리요 생명이니 나로 말미암지 않고는 아버지께 올 자가 없느니라"(6절)라는 선언은 요한복음의 신학을 요약하는 가장 핵심적인 말씀이다. 또한 성경 말씀 중 가장 유명하고 자극적(provocative)인 것이다(Mounce).

'나는 길이요 진리요 생명이다'(ἐγώ εἰμι ἡ ὁδὸς καὶ ἡ ἀλήθεια καὶ ἡ ζωή)는 요한복음에 등장하는 일곱 개의 '나는 …이다'(ἐγώ εἰμι…) 선언 중 여섯 번째 선언이다. 일곱 가지 선언은 모두 유대교에서 의미 있는 상징성을 지닌다(Burge). 다음 도표를 참조하라.

'나는 …이다'	성경 구절
나는 생명의 떡이다	6:35, 41, 48
나는 세상의 빛이다	8:12, 9:5
나는 양의 문이다	10:7, 9
나는 선한 목자다	10:11, 14
나는 부활이요 생명이다	11:25
나는 길이요 진리요 생명이다	14:6
나는 참 포도나무다	15:1

이 세 가지는 유대교의 가장 기본적인 세 가지 신념(conceptions)인데, 이 말씀에서 하나가 되었다(Barclay). 또한 '길'(ὁδός)과 '진리'(ἀλήθεια)와 '생명'(ζωή)은 각각 정관사(ἡ)를 지닌다. 즉, 예수님이 하나님 나라로 가

는 유일한 길이며, 유일한 진리이며, 유일한 생명이라는 의미다. 이 세 가지는 예수님의 삶과 사역을 요약하기도 한다. 예수님은 하나님이 성육신하신 길이자 진리이자 생명이시기 때문이다. 『그리스도를 본받아』(The Imitation of Christ)의 저자 토마스 아 켐피스(Thomas à Kempis)는 이 본문에 대해 "길이 없으면 갈 수 없고, 진리가 없으면 알 수 없고, 생명이 없으면 살 수 없다"(Without the way, there is no going; without the truth, there is no knowing, without the life, there is no living)라는 말을 남겼다. 우리는 길이며 진리이며 생명이신 예수님이 없이는 아무것도 할 수 없으며, 설령 무엇을 한다고 해도 아무런 의미 없는 헛된 일에 지나지 않는다는 뜻이다.

'길'과 '진리'와 '생명' 중 제일 먼저 등장하는 '길'(ὁδός)이 가장 중요하게 강조된다. 예수님은 우리가 하나님이 계시는 하늘나라로 가는 유일한 방법이시다. 예수님은 우리의 길을 인도하거나 보여 주시는 것이 아니라, 유일한 길이 되신다. 종교 다원주의자들과 불신자들이 가장 받아들이기 어려운 말씀이다. 온 세상에서 예수님만이 유일한 구세주라는 큰 믿음을 요구하기 때문이다. 예수님은 우리가 하나님께 나아가고, 하나님 안에서 살 수 있는 유일한 길이시다. 그 외에 다른 방법은 존재하지 않는다.

'진리'(ἀλήθεια)는 예수님과의 인격적인 관계를 통해서 알 수 있다. 예수님은 진리의 하나님을 대표하는 분으로 예수님 안에 하나님의 진리가 있기 때문이다. 예수님은 하나님을 본 유일한 분(1:18)이며, 성육신하신 예수님은 하나님의 완전한 표현이시다. "말씀이 육신이 되어 우리 가운데 거하시매 우리가 그의 영광을 보니 아버지의 독생자의 영광이요 은혜와 진리가 충만하더라"(1:14). 그동안 예수님은 하나님과 교통하시며 하나님이 말씀하신 일들을 해 오셨다(cf. 5:19; 8:29). 그러므로 예수님이 진리라는 것은 예수님 안에서 삶의 의미와 목적을 찾아야 하며, 예수님이 우리 삶의 기준이 되셔야 한다는 뜻이다.

예수님이 '생명'(ζωή)이신 것은 우리 생명의 출처이며 생명을 보급해 주는 분이라는 의미다(cf. 1:3-4; cf. 5:26; 11:25). 그러므로 예수님은 '생명'의 창조주이자 중계인이시다. 영생은 예수님을 아는 것이다(17:3; cf. 요일 1:2; 5:20). 그러므로 예수님 안에서 삶과 죽음의 경계와 구분이 무너졌다(Klink). 모든 생명이 하나님의 생명인 것처럼 모든 진리는 하나님의 진리다. 하나님의 진리와 하나님의 생명은 예수님 안에서 성육신 되었다(Bruce).

제자들이 아버지를 보여 달라고 하는 것은 그들이 아직도 예수님을 잘 모르기 때문이다. 그러므로 예수님은 만일 그들이 예수님을 알았더라면 하나님 아버지도 알았을 것이라고 하신다(7a절). 제자들은 3년이나 예수님과 함께 지냈지만, 아직도 주님에 대해 아는 것이 참으로 부족하다. 가장 기본적이고 자주 말씀하신 것을 모르기 때문이다. 또한 '나를 알았더라면(ἐγνώκατε, 완료형) 아버지도 알았으리라(γνώσεσθε, 미래형)'는 예수님의 현재 삶을 아는 것을 미래에 하나님을 알아 가는 일과 연결한다(Klink). 따라서 지금 예수님을 믿는 것은 훗날 뵙게 될 하나님을 믿는 일이다(cf. 1절).

예수님은 자신의 삶과 사역을 하나님과 연결하신다(cf. 1:18). 하나님과 예수님이 얼마나 서로 일치하는지 예수님을 보는 것은 곧 하나님을 보는 것과 같다(7b절). 하나님과 예수님이 태초부터 함께 계셨기 때문이다(cf. 1:1-2). 사람이 예수님과 하나님을 따로 믿을 수는 없다.

이번에는 빌립이 아버지를 보여 달라며 나섰다(8a절). 다른 제자들이 계속 질문하는데도 평소에 가장 말을 많이 하는 베드로가 잠잠한 것은 아마도 그가 예수님을 배신할 것이라는 말씀에 상당한 충격을 입은 탓으로 보인다(cf. 13:38). 예수님은 분명 자기를 알면 아버지도 알고 보았다고 하셨는데(7b절), 빌립은 예수님의 말씀을 믿지 못하겠다며 아버지를 보여 달라고 한다. '그리하면 족하겠나이다'(8b절)는 예수님이 아버지를 보여 주시면 믿겠다는 것이다.

빌립은 아브라함(창 18:1)과 모세(출 3장)와 엘리야(왕상 19:9-14)가 본 것처럼 스펙터클한 현상을 보고 싶어 한다. 그러므로 그는 옛적에 모세가 하나님께 모습을 보여 달라고 한 것(출 33:18-23)처럼 예수님께 아버지를 보여 달라고 한다(Schnackenburg). 빌립은 아무도 하나님 아버지를 볼 수 없다는 사실(1:18)을 깨닫지 못하고 있다.

빌립이 하나님 아버지를 보여 달라고 하는 것을 비난할 필요는 없다. 성도가 하나님을 뵙기 원하는 것은 당연한 일이다. "하나님이여 사슴이 시냇물을 찾기에 갈급함 같이 내 영혼이 주를 찾기에 갈급하니이다"(시 42:1). 다만 빌립은 이미 하나님 아버지를 뵈었다는 사실을 모르거나 인정하지 않을 뿐이다. 그는 예수님을 통해 사람이 보고도 죽지 않는 하나님의 현현 중 가장 확실하고 뚜렷한 모습을 보고 있다. 그런데도 이러한 요구를 하는 것은 예수님이 어떻게 하나님 아버지를 드러내시는가(보이시는가)를 잘못 이해하고 있고, 또 어떻게 하나님 아버지를 경험해야 충분히 보는 것인가에 대해서도 오해하고 있기 때문이다(O'Day).

빌립이 아버지를 보여 달라고 하자 예수님은 그가 아직도 모른다며 답답해하시며 실망 섞인 질책을 하신다. "…알지 못하느냐? …어찌하여 아버지를 보이라 하느냐?"(9절). 빌립은 지난 3년 동안 예수님과 함께했으면서도 주님을 잘 알지 못한다(cf. 10:30, 37-38). 그러므로 예수님은 '나를 본 자는 아버지를 보았다'고 하신다(cf. 12:45; 13:20). 그동안 예수님은 태초부터 함께하신 하나님의 에이전트(agent)로서(1:1, 14) 하나님을 대신해 말씀하시고 사역하셨다(Burge).

예수님과 아버지는 모든 것에서 하나라는 10-11절 말씀은 '나를 본 자는 아버지를 보았다'(9절)를 정당화하는 역할을 한다. 9절에서는 아들이 아버지를 보이시는 것이 강조되었는데, 이제는 "내가 아버지 안에 거하고, 아버지는 내 안에 계신다"(10a절; cf. 10:38; 17:21)라는 말씀을 통해 아버지와 아들의 관계가 강조된다. 아버지가 아들 안에 거하시고 아들이 아버지 안에 거하심으로 하나가 되셨으니, 아들이 하시는 모든 말씀은 아들 안에 계신 아버지가 하시는 말씀이기도 하다(10b절). 예수님이 말씀하시고 행하신 모든 것은 예수님이 아버지에 대해 표현하신 것이며, 또한 아버지가 직접 하신 일이다(Klink). 그러므로 아버지와 아들을 구분할 수는 있지만, 예수님이 하신 말씀과 사역 중 어떤 부분이 아버지가 하신 일이고, 어떤 부분이 예수님이 하신 일인지 구분하는 것은 불가능하다. 예수님은 이러한 말씀을 통해 믿든지 혹은 거부하든지 결정하라고 하신다(Morris). 중립은 없다.

그럼에도 예수님이 하신 말씀만으로 믿을 수 없다면, "행하는 그 일로 말미암아 나를 믿으라"라고 하신다(11절). '그 일들'(τὰ ἔργα)은 예수님이 행하신 표적(기적)을 의미한다(cf. 2:11). 예수님은 하나님으로부터 온 이만 할 수 있는 기적들을 행하셨다. 감옥에 갇힌 세례 요한이 예수님에게 제자들을 보내 메시아냐고 물었을 때, 예수님은 그들에게 '맹인이 보고…저는 사람이 걷는다'라고 보고하게 하셨다(마 11:2-5). 물론 보지 않고 믿는 것이 가장 바람직하다. 그러나 기적을 보고 믿는 것도 믿지 않는 것보다는 낫다.

12-14절은 초대교회의 마그나 카르타(Magna Carta)로 불린다(Mounce). 마그나 카르타는 왕정의 독재에서 영국 시민의 법적-정치적 권리를 확인해 주는 문서였다. 본문이 초대교회의 마그나 카르타로 불리는 것은 이 말씀을 통해 믿는 사람들이 예수님에 대한 증인에서 하나님의 일에 동참할 권리를 가진 하나님 나라 시민으로 탈바꿈하기 때문이다(cf. Bultmann). 그동안 예수님은 아버지-아들 관계에 집중해 오셨는데, 이 섹션에서는 아들-제자들 관계에 집중하신다.

예수님은 중요한 가르침을 시작하실 때 사용하는 '진실로 진실로'로 12절을 시작하신다. 예수님을 믿는 사람은 예수님이 하시는 일을 할 수 있다(12a절). 더 나아가 예수님보다 더 큰 일도 할 수 있다(12b절). 제자들에게 이러한 능력을 주시는 것은 예수님이 아버지께 가시기 때문이다(12c절; cf. 13:31-38). 예수님이 떠나시더라도 하나님의 일이 계속 되도록 권한을 이양하겠다는 뜻이다.

중요한 것은 예수님 안에 거할 때 이런 일을 할 수 있다는 사실이다. 예수님은 떠나시지만, 성령을 통해 제자들과 함께하실 것이기에 그들은 성령을 통해 예수님 안에 거할 수 있다. 그러므로 그들이 예수님보다 더 큰 일도 할 수 있다는 것은 예수님이 십자가에서 죽었다가 부활하신 이후 그들을 통해 지금보다 더 큰 일을 하실 것이라는 뜻이다 (Klink, cf. 5:20). 이 말씀에 가장 적합한 성경 속 사례는 오순절 때 사도들의 전도로 3,000명이 예수님을 영접한 일이다(행 2:41).

예수님은 제자들이 더 큰 일을 할 수 있게 하실 뿐 아니라(cf. 12절), 그들의 기도도 들어주실 것이다(13절). 제자들이 그들 안에 거하시는 예수님의 이름으로 하나님께 구하면 주님이 이루실 것이다. 예수님은 아버지가 아들을 통해 영광 받으시길 원하기 때문이다. '이름'(ὄνομα)은 그 이름을 지닌 사람의 인격(personality)과 존재(person)을 상징한다. 그러므로 예수님의 이름으로 구한다는 것은 기도하는 자가 자기 욕심대로 구하는 것이 아니다. 예수님의 인격과 생각에 따라 하나님의 능력과 뜻에 부합하게 구한다는 뜻이다. 우리가 기도한 대로 이루는 능력은 기도하는 우리에게 있는 것이 아니라 예수님께 있다.

예수님은 제자들이 자기 이름으로 기도하면 반드시 들어주겠다며 다시 한번 "내 이름으로 무엇이든지 내게 구하면 내가 행하리라"라고 말씀하신다(14절). 태초부터 하나님과 함께 계신 분(1:1)이 이렇게 말씀하시니 우리는 더욱더 확신을 가지고 주님이 다시 오실 때까지 예수님의 이름으로 하나님의 뜻을 이루어 나가는 기도를 드려야 한다.

이 말씀은 우리에게 천국에 대한 소망을 품고 오늘 이 순간을 성실하게 살아가라고 한다. 예수님은 천국에 우리의 거처를 마련해 두셨다. 또한 우리가 천국을 향해 갈 수 있도록 우리와 함께하시며 목자가 양을 인도하듯이 우리를 인도하신다. 예수님의 인도하심은 우리가 천국에 도달할 때까지, 또한 그 이후에도 계속될 것이다.

예수님은 인간이 하나님께 나아가 주님과 영원히 살 수 있는 유일한 길이요 진리요 생명이시다. 절대성을 인정하지 않고 다원주의를 지향하는 세대는 이러한 사실을 인정하지 않는다. 그러나 세상이 인정한다고 해서 진리가 되고, 부인한다고 해서 거짓이 되는 것이 아니다. 기독교는 지난 2,000년 동안 이 진리를 고수해 왔으며, 이러한 확신과 고백은 앞으로 주님 오실 때까지 계속될 것이다.

예수님과 하나님은 한 분이다. 삼위일체적인 차원에서 두 분은 구분되지만, 본질적인 면에서는 같다. 두 분이 생각하고 일하시는 것이 너무나도 일치하기 때문에 무엇이 아버지의 일이고 무엇이 아들의 일인지 구분하기 어려울 뿐 아니라, 구분할 필요도 없다. 그러므로 우리는 예수님을 믿고 하나님을 믿는다. 예수님을 믿는 것은 곧 그분과 일치하신 아버지를 믿는 것이다.

> VII. 다락방 디스코스(13:1-17:26)
>   B. 고별사(13:31-16:33)

3. 내가 보혜사 성령을 주리라(14:15-31)

예수님이 이 세상을 떠나 하나님 아버지께 가시는 일은 예수님을 보내 드릴 준비가 되지 않은 제자들에게 불안하고 슬픈 일이 될 수밖에 없다(cf. 14:5, 8). 예수님은 불안해하는 그들에게 자신이 떠나는 것은 좋은 일이니 걱정하지 말라고 하신다. 예수님의 떠나심이 보혜사 성령의 오심으로 대체될 것이기 때문이다. 예수님이 하나님 아버지께 가시는 것은 끝이 아니라 시작이다. 이러한 내용으로 구성된 본 텍스트는 다음과 같이 구분된다.

A. 보혜사를 보내실 것(14:15-21)

B. 오직 구별된 자들에게 보이심(14:22-24)
C. 보혜사 성령의 사역(14:25-31)

Ⅶ. 다락방 디스코스(13:1-17:26)
  B. 고별사(13:31-16:33)
    3. 내가 보혜사 성령을 주리라(14:15-31)

---

(1) 보혜사를 보내실 것(14:15-21)

[15] 너희가 나를 사랑하면 나의 계명을 지키리라 [16] 내가 아버지께 구하겠으니 그가 또 다른 보혜사를 너희에게 주사 영원토록 너희와 함께 있게 하리니 [17] 그는 진리의 영이라 세상은 능히 그를 받지 못하나니 이는 그를 보지도 못하고 알지도 못함이라 그러나 너희는 그를 아나니 그는 너희와 함께 거하심이요 또 너희 속에 계시겠음이라 [18] 내가 너희를 고아와 같이 버려두지 아니하고 너희에게로 오리라 [19] 조금 있으면 세상은 다시 나를 보지 못할 것이로되 너희는 나를 보리니 이는 내가 살아 있고 너희도 살아 있겠음이라 [20] 그 날에는 내가 아버지 안에, 너희가 내 안에, 내가 너희 안에 있는 것을 너희가 알리라 [21] 나의 계명을 지키는 자라야 나를 사랑하는 자니 나를 사랑하는 자는 내 아버지께 사랑을 받을 것이요 나도 그를 사랑하여 그에게 나를 나타내리라

예수님은 고별사에서 보혜사에 관해 여러 차례 말씀하신다. 보혜사 성령은 예수님을 대신해서 성도를 도우시는 분이다. 첫째, 진리의 영이신 보혜사는 성도들을 가르치고 예수님의 말씀을 생각나게 하신다 (14:26). 둘째, 예수님에 대해 증언하신다(15:26). 셋째, 죄와 의와 심판에 대한 세상의 그릇된 생각을 책망하신다(16:4b-11). 넷째, 성도들을 진리 가운데로 인도하신다(16:12-15).

예수님과 제자들의 관계는 사랑에 근거한다(15a절). 요한복음에서 사

랑은 감정적인 것이 아니라 도덕적인 것이다(Barrett). 그러므로 만일 제자들이 예수님을 사랑한다면 주님이 주신 계명을 지키는 것으로 사랑을 표현해야 한다(15b절). 본문에서 예수님의 '계명'(ἐντολὰς)은 예수님의 삶과 가르침을 뜻한다(Klink). 그러므로 제자들이 주님의 계명을 지키면 예수님은 그들을 떠나신 후에도 제자들의 삶의 기준이 되어 그들과 함께하실 것이다.

복음서가 시작된 후 지금까지 사랑은 자기 백성에 대한 하나님의 사랑에 관한 말씀에 언급되었다. 이제부터는 하나님에 대한 백성의 사랑이 계속 부각될 것이다. 그러나 성도들이 하나님을 사랑하는 것은 결코 쉬운 일이 아니다.

예수님은 보혜사를 보내 그들을 도우실 것이다. 보혜사가 오시는 가장 중요한 조건은 15-17a절의 조건인 '너희가 나를 사랑하면'이다(15a절)(Barrett). 그러므로 보혜사가 오시는 것은 제자들이 보혜사를 받을 만한 자격이 있어서가 아니라 그들이 주님을 사랑할 때 그 관계에서 비롯되는 선물이다(Burge).

예수님은 하나님 아버지께 구해 또 다른 보혜사를 제자들에게 주셔서 영원토록 그들과 함께 있게 하겠다고 하신다(16절). 제자들이 보혜사의 도움 없이는 예수님의 계명을 지킬 수 없기 때문이다. 예수님이 구하고 하나님 아버지가 보혜사(성령)를 주시는 것은 삼위일체의 완벽한 사역이라 할 수 있다. 또한 예수님이 보혜사를 구하자 하나님이 주시는 것은 보혜사를 이 땅에 보내는 일이 처음부터 하나님의 뜻이었음을 암시한다.

예수님은 또 다른 보혜사를 보내겠다고 하시는데, 무엇을 의미하는가? 신약에서 '보혜사'(παράκλητος)는 5차례 언급되는데, 모두 요한 문헌에서만 언급된다(14:16, 26; 15:26; 16:7; 요일 2:1). 요한과 연관된 책을 벗어나서는 한 차례도 언급되지 않는다. 그중 요한일서 2:1b은 예수님을 '보혜사'(παράκλητος)라고 한다. "만일 누가 죄를 범하여도 아버지 앞에서 우리에게 대언자가 있으니 곧 의로우신 예수 그리스도시라." 개역개정이 이 말씀에서 '대언자'로 번역한 단어가 바로 본문에서 '보혜사'로 번역된 것과 같은 단어(παράκλητος)다. 다른 번역본은 '변호해 주시는 분'(새번역, 공동)으로 번역했다.

그러므로 예수님이 '또 다른'(ἄλλος) 보혜사를 보낼 것이라고 하는 것은 자신과 똑같은 다른 분(another of same kind)을 보내겠다는 뜻이다. 원조(첫 번째) 보혜사이신 예수님이 다른(두 번째) 보혜사를 보내실 것이다(Morris, O'Day). 보혜사가 오셔서 제자들의 삶에서 하실 사역은 이미 예수님이 그들의 삶에 시작하고 이때까지 해 오신 사역을 지속하는 것이다(Burge). 만일 조금이라도 다른 분(another of different kind)을 보낼 것이었으면 '다른'(ἕτερος)이라는 단어를 사용하셨을 것이다(Burge, Carson).

개역개정이 '보혜사'로 번역한 헬라어 단어(παράκλητος)의 정확한 의미를 두고 논쟁이 계속되고 있다. KJV는 Comforter라고 번역해 많은 사람에게 오해를 불러일으키고 있다. 오늘날에는 이 단어가 '위안을 주는 자'라는 의미이지만, 이 단어(comforter)는 라틴어 '강화하다'(confortare) 혹은 '용감하다'(fortis)에서 유래했다. 따라서 KJV가 번역된 1600년대에는 '격려하고 힘을 북돋는 자'라는 의미였다(Burge, Mounce). 그런데 세월이 지나면서 이 영어 단어의 의미가 변해 오늘날에는 '위안을 주는 자'라는 의미로 취급되고 있다(Carson).

영어 번역본은 '돕는 자'(Helper, NAS, ESV), '상담자'(Counselor, RSV), '지지/옹호자'(Advocate, NIV, NRS) 등으로 번역했다. 공동번역은 '협조자'라고 번역하고, 새번역 각주는 '변호해 주시는 분' 또는 '도와주시는 분'으로 해석할 것을 제안한다.

예수님 시대에 작성된 비기독교 문헌에서는 이 단어가 법정에서 재판을 받는 피고인 옆에 서서 그를 적극적으로 변호하고 두둔하는 사람(오늘날로 말하자면 변호사 역할을 하는 사람)을 뜻했다(Burge, cf. TDNT). '위로하는 자' 혹은 '돕는 자' 혹은 '협조자'보다 훨씬 더 적극적인 자세로 피고인을 변호해 주는 역할을 했던 것이다. 또한 보혜사의 역할을 설명하는 일부 말씀(15:18-27; 16:7-11)에서는 성령이 성도들에게 법적인 도움을 주신다고 하는 것으로 보인다(Burge). 그러므로 '옹호자'(Advocate, NIV, NRS) 혹은 '변호해 주시는 분'(새번역 각주)이 그나마 다른 번역보다 나은 대안이다(cf. Burge, Mounce).

'보혜사'로 번역된 헬라어 단어(παράκλητος)의 어원과 정확한 의미는 지금도 논쟁이 되고 있으며, 앞으로도 그럴 것으로 보인다(cf. Brown, Carson, Morris). 그러므로 차라리 이 헬라어 단어를 번역하지 말고 소리 나는 대로 음역해 표기하자고 주장하는 이들도 있다(O'Day). 실제로 영어 번역본인 New Jerusalem Bible은 이 헬라어 단어를 번역하지 않고 소리 나는 대로 'Paraclete'로 표기한다.

보혜사는 성령의 다른 이름이다. 그래서 우리는 '보혜사 성령'이라는 호칭을 사용한다. 성령은 이미 예수님의 삶과 사역에 깊이 연루되어 계신다. 예수님은 성령으로 잉태되었으며, 세례를 받으실 때 성령이 임했다. 또한 사람은 성령의 도움 없이는 예수님을 영접할 수 없다(고전 12:3). 성령은 예수님이 사역하시는 내내 함께하신 것이다. 심지어 성령은 구약 시대에 살던 일부 성도와도 교통하셨다. 그렇다면 예수님이 떠나신 후에 오시는 보혜사(cf. 16:7)는 어떤 일(역할)을 하시는가?

무엇보다도 보혜사는 예수님이 떠난 후에 오셔서 예수님이 하시던 일을 이어 가신다. 예수님이 제자들과 함께하신 것처럼, 보혜사도 그들과 함께하신다(14:16-17, 20, 23; 15:4-5; 17:23, 26). 예수님이 제자들과 맺으신 특별한 관계를 계속 유지하며, 예수님이 그들의 삶에서 하시고자 했던 일을 계속하신다(Morris). 보혜사는 제자들과 성도들로 하여금 그들이 예수님을 알듯이 성령을 알게 하신다(14:7, 9).

예수님이 진리이신 것처럼 보혜사도 진리의 영이시며(14:16, 17; 15:26; 16:13) 제자들을 모든 진리로 인도하신다(16:13). 진리의 영이신 보혜사는 진리이신 예수님에 대해 증언하신다(15:26). 보혜사는 예수님을 영화롭게 하며(16:14), 예수님께 들은 것을 제자들에게 가르치신다 (16:14). 또한 세상이 죄와 의와 심판에 대해 알게 하신다(16:8).

이처럼 보혜사는 제자들에게 진리를 가르치고 세상을 진리로 심판하는 진리의 영이시다(17a절). 요한복음에서 '진리의 영'(πνεῦμα τῆς ἀληθείας)은 두 번 더 사용되는데(15:26; 16:13) 진리를 선포하고 가르치는 영이라는 의미를 지닌다(Barrett, Brown). 진리는 요한복음 전체에서 중요하지만, 예수님이 "나는 길이요 진리요 생명이다"(14:6)라고 선언하신 후 중요도가 더욱더 높아졌다. 보혜사는 믿는 사람들이 진리이신 예수님을 더 깊이 알아가게 하신다. 또한 태초부터 창조주와 함께하셨으므로 하나님이 창조하신 세상과 존재(existence)의 의미를 우리에게 알려 주는 통로가 되신다.

그러나 세상은 이처럼 놀라운 능력과 은혜를 지니신 보혜사를 능히 받지 못한다(17b절). 보혜사의 권세를 인정하고 환영해야 하는데, 그렇게 하지 못한다는 뜻이다(cf. 1:12; 13:20). 세상이 예수님을 알아보지 못한 것처럼(5:43; 12:48) 보혜사를 보지도 못하고 알지도 못한다(17c절; cf. 1:10). 하늘에서 오신 예수님이 자연적인 세상의 일부가 아닌 것처럼, 보혜사도 이 세상의 일부가 아니기 때문에 세상과 어떠한 관계도 없으시다(Klink). 더욱이 하나님께 반역한 세상이 하늘에서 오시는 이들을 알아볼 리 없다(cf. 1:10; 3:16, 19; 7:7; 8:23; 12:31; 14:30). 그러므로 세상이 보혜사를 알아보려면 길이요 진리요 생명이신 예수님을 영접해야 한다(cf. 4:42; 6:14, 33, 51; 8:12).

세상과는 대조적으로 믿는 자들은 보혜사를 안다(17d절). 믿는 자들이 보혜사를 아는 것은 믿음으로만 성령을 알 수 있기 때문이다(Calvin). 보혜사는 그들과 함께하시며, 그들 속에 계실 것이다(17e절). 예수님이 그들과 함께하신 것처럼, 보혜사도 그들과 함께하신다. 그러므로 우리는 성령이 강림하신 오순절 때부터 예수님이 재림하실 때까지를 '성령의 시대'라고 한다.

예수님은 제자들을 떠나신 후에도 그들을 고아처럼 버려두지 않고 그들에게 오실 것이다(18절). 원래 '고아'(ὀρφανός)는 스승이 버리고 떠난 제자를 뜻했는데(Mounce, O'Day) 시간이 지나면서 아버지가 없는 아이를 의미하게 되었다(cf. 1:12). 그러므로 '고아'는 버림받거나 보호받지 못하는 상황을 상징한다(Mounce, cf. 약 1:27). 제자들은 적대적인 세상을 향해 예수님의 복음을 들고 가야 한다. 이러한 상황에서 예수님이 그들을 고아처럼 버려두지 않고 보호하고 인도하실 것이다. 그들은 예수님이 시작하신 일을 이어 가는 사명을 받았다. 하나님은 사명을 주실 때 그 사명을 이행할 능력도 주신다.

예수님은 십자가에서 제자들을 떠나신 후 언제 그들에게 다시 오시는가? 사흘 후 부활하실 때인가, 혹은 재림하실 때인가, 혹은 보혜사 성령이 오순절에 임하실 때인가? 성령을 통해 오순절에 오신다는 것이 문맥에 가장 잘 어울린다(Burge, Mounce). 문맥의 주제가 보혜사의 오심이기 때문이다. 그러나 부활(Burge)과 재림(Dodd)도 완전히 배제할 필요는 없다.

예수님의 떠나심은 세상과 제자들의 관계를 재정리해 차별한다. 세상은 더는 예수님을 보지 못할 것이다(19a절). 그동안 예수님은 기회가 있을 때마다 사람들에게 믿으라고 하셨지만(12:35; cf. 11:9) 그들은 믿지 않았다. 세상은 예수님을 직접 보고도 믿지 않았으니 눈에 보이지 않는 보혜사 성령이 오시면 더욱더 믿지 않을 것이다(Morris). 결국 세상은 예수님을 보지 못할 것이다.

반면에 예수님과 제자들의 관계는 예전처럼 유지된다. 그들은 예수님을 볼 것이다(19b절). 보혜사를 통해 예수님이 예전처럼 그들과 함께 하실 것이다. 떠나신 후에도 예수님은 살아 계시고 제자들도 살아 있을 것이기 때문이다(19c절). "내가 살아 있고 너희도 살아 있겠음이라"는 생명의 근원이신 예수님(14:6)이 그들에게 계속 생명을 주실 것을 뜻한다. 그러므로 제자들은 예수님이 주시는 생명으로 살 것이다. 십자가에서 죽은 지 사흘 만에 부활하시는 예수님이 죽음을 패하게 하실 뿐 아니라 새로운 생명(삶)의 근원이 되실 것이다(Klink).

예수님이 새로운 삶의 근원이 되시는 날, 곧 부활하시는 날이 되면 제자들은 예수님이 아버지 안에, 그들이 예수님 안에, 예수님이 그들 안에 있는 것을 알게 될 것이다(20절). 예수님과 하나님 아버지가 하나이신 것처럼 예수님과 제자들이 하나가 될 것이다. 이런 일이 있으려면 그들이 먼저 예수님 안에 있어야 한다(20b절). 예수님의 삶과 가르침대로 살고자 노력하며 예수님과 영적인 교제를 이루어 가길 갈망해야 한다는 뜻이다. 제자들이 이러한 삶을 살면 예수님이 성령을 통해 그들 안에 계실 것이다(20c절). 그들과 영원히 함께하시며 그들을 도우시고 인도하실 것이라는 뜻이다. 이런 은혜를 경험하려면 먼저 우리가 예수님 안에 거해야 한다.

예수님은 함께함에 대한 조건을 다시 한번 말씀하신다(21절). 예수님의 계명을 지키는 사람만이 예수님을 사랑하는 사람이다(21a절). '지키는 자'(ἔχων)는 현재형 분사이며, 지속성을 강조한다. 계속해서 계명을 지키며 행하려고 노력하는 사람이다.

예수님을 사랑하는 사람은 하나님 아버지께 사랑받을 것이며, 예수님도 그를 사랑하실 것이다(21b절). 예수님을 사랑하는 사람은 하나님과 예수님 두 분의 사랑(암시된 보혜사까지 포함하면 삼위일체 하나님의 사랑)을 한 몸에 받을 것이다.

이런 일이 있으려면 예수님의 계명을 지켜야 한다. 예수님의 계명을 지키는 것은 주님을 사랑하는 사람만 할 수 있다. 예수님에 대한 우리의 사랑은 주님의 계명을 지키는 일로 표현되기 때문이다. 또한 예수님은 사랑하는 사람들에게 더 많은 계시를 주실 것이다. 계명을 지키는 사람들에게 자기를 나타내실 것이기 때문이다(21c절). 물론 성령을 통해 이 일을 하신다(Klink). 사랑과 계명으로 시작된(15절) 이 섹션이 사랑과 계명으로 마무리되고 있다(21절).

이 말씀은 믿는 사람이 예수님과 하나님의 사랑을 누리며 살려면 먼저 예수님의 계명을 꾸준히 지켜야 한다고 한다. 하나님은 이렇게 노력하는 사람을 고아처럼 버려두지 않으시고 항상 함께하신다. 또한 끊임없는 교제를 통해 계속 예수님에 대해 계시하신다. 하나님과 믿는 자들의 관계가 더 깊어지게 하시는 것이다.

세상에 있는 모든 사람을 구원하는 것이 하나님의 계획은 아니다. 세상에 충분히 기회를 주셨지만, 세상은 하나님을 거역하고 예수님을 거부했다. 그러므로 하나님은 더는 세상 사람들에게 집중하지 않고 오직 믿는 자들에게 집중해 천국에 이르게 하신다.

> VII. 다락방 디스코스(13:1–17:26)
>   B. 고별사(13:31–16:33)
>   3. 내가 보혜사 성령을 주리라(14:15–31)

(2) 오직 구별된 자들에게 보이심(14:22–24)

²² 가룟인 아닌 유다가 이르되 주여 어찌하여 자기를 우리에게는 나타내시고 세상에는 아니하려 하시나이까 ²³ 예수께서 대답하여 이르시되 사람이 나를 사랑하면 내 말을 지키리니 내 아버지께서 그를 사랑하실 것이요 우리가 그에게 가서 거처를 그와 함께 하리라 ²⁴ 나를 사랑하지 아니하는 자는 내 말을 지키지 아니하나니 너희가 듣는 말은 내 말이 아니요 나를 보내신 아버지의 말씀이니라

예수님 시대에 유다는 매우 흔한 이름이었다. 유명한 소설이자 영화인 〈벤허〉(Ben Hur)의 주인공 이름도 유다다. 예수님의 제자 중에도 유다가 둘 있었다. 본문이 언급하는 유다는 이 본문에서만 언급되며, 정확히 누구인지 알 수 없다(Klink). 누가는 그를 야고보의 아들 유다라고 한다(눅 6:16; cf. 행 1:13). 그러나 그가 야고보의 아들인지 형제인지 정

확히 알 수 없다(Carson). 반면에 마태와 마가는 제자 목록에서 이 유다 대신 '다대오'(Θαδδαῖος)를 언급한다(마 10:3; 막 3:18). 학자들은 본문의 '유다'와 누가복음의 '야고보의 아들 유다', 그리고 마태복음과 마가복음의 '다대오'를 모두 같은 사람으로 추측한다. 가룟 유다는 이미 예수님을 팔아넘기기 위해 자리를 뜬 상황이다(13:30). 그러므로 요한은 가룟인 아닌 [다른] 유다가 예수님께 질문했다고 한다(22a절).

유다는 예수님이 왜 자신을 제자들에게만 드러내고 세상에는 드러내지 않으시는지 물었다(22b절). 대부분 번역본에는 반영되어 있지 않지만, 헬라어 사본에 따르면 유다는 '대체 무슨 일이 있었기에'(τί γέγονεν) 예수님이 제자들에게는 자신을 드러내시고 세상에는 드러내지 않으시는지 물었다(cf. NAS). 예수님이 이렇게 결정하신 계기가 무엇인지를 묻는 것이다.

또한 어떤 목적(의도)으로 이렇게 하시는지도 묻는다(Klink). 당시 유대교에서는 메시아가 온 세상에 자기를 드러내실 것이라고 가르쳤는데(cf. 사 11장; 단 7장; 합 3:3-15; 슥 9장), 메시아이신 예수님이 그렇게 하지 않겠다고 하시니 혼란스러웠다(Carson). 물론 예수님의 십자가 죽음과 부활을 많은 사람이 목격할 것이다(cf. 고전 15:3-70). 그러나 그 이후 세상은 예수님을 보지 못하며, 오직 제자들만 주님을 본다.

예수님은 그분의 말씀에 순종하는 사람들하고만 함께하실 것이다(23절). 누구든지 예수님을 사랑하면 주님의 말씀(계명)을 지킬 것이며(23b절; cf. 14:15), 하나님은 예수님의 말씀에 순종하는 그를 사랑하실 것이다(23c절). 우리가 먼저 순종하면 하나님이 사랑으로 화답하실 것이라는 뜻이다.

또한 예수님은 하나님 아버지와 함께 그분의 말씀에 순종하는 사람에게 가서 함께하실 것이다(23d절). 예수님은 거처를 그와 함께 하겠다고 하시는데, '거처'(μονή)는 14:2에서 우리가 하늘나라에 가면 머물 장소를 의미했다. 이곳에서는 성도 안에 내재하시는 하나님의 임재(거처)

를 뜻한다(Carson, Klink). 말씀에 순종하며 사는 사람은 훗날 천국에 가서 하나님과 영원히 살 뿐 아니라, 이 땅에 사는 동안에는 삼위일체 하나님이 그의 삶을 '거처'로 삼으신다(cf. 롬 8:9). 내재하시는 하나님이 세상 끝 날까지 그와 함께하며 인도하실 것이다.

그러나 예수님을 사랑하지 않는 자들은 주님의 말씀(계명)을 지키지 않는다(24a절). 예수님은 말씀에 대한 순종은 사랑의 표현이라고 하셨다(23절). 따라서 그들이 순종하지 않는다는 것은 하나님을 사랑하지 않는다는 뜻이다. 그러므로 예수님이 주님을 사랑하지도 않는 그들에게 굳이 자기를 나타내실 필요가 없다. 순종은 사랑을 유발하지만, 불순종은 무관심을 유발한다.

그러나 제자들과는 계속 함께하실 것이다. 그들이 듣고 순종하는 말씀은 예수님의 말씀일 뿐 아니라 그를 보내신 하나님의 말씀이기도 하다(24b절). 예수님이 제자들에게 사랑으로 반응하시는 것처럼, 하나님도 그들에게 사랑으로 반응하신다는 뜻이다. 그러므로 삼위일체 하나님이 제자들을 거처로 삼으시는 것이다.

이 말씀은 말씀에 순종하면 삼위일체 하나님이 우리와 함께하신다고 한다. 우리는 항상 하나님의 임재와 인도를 받길 원하는데, 말씀에 순종하면서 사는 것이 바로 그 비결이다. 하나님은 우리의 순종을 주님을 향한 사랑으로 여기시고, 우리를 더욱더 사랑하기 위해 우리 삶에 함께하신다.

예수님은 분명 세상 사람들과 성도들을 차별하신다. 세상 사람들에게 기회를 주었지만 그들이 믿지 않았기 때문이다. 그러므로 예수님은 주님을 사랑하는 사람들에게 관심과 사랑을 집중하신다.

(3) 보혜사 성령의 사역(14:25-31)

²⁵ 내가 아직 너희와 함께 있어서 이 말을 너희에게 하였거니와 ²⁶ 보혜사 곧 아버지께서 내 이름으로 보내실 성령 그가 너희에게 모든 것을 가르치고 내가 너희에게 말한 모든 것을 생각나게 하리라 ²⁷ 평안을 너희에게 끼치노니 곧 나의 평안을 너희에게 주노라 내가 너희에게 주는 것은 세상이 주는 것과 같지 아니하니라 너희는 마음에 근심하지도 말고 두려워하지도 말라 ²⁸ 내가 갔다가 너희에게로 온다 하는 말을 너희가 들었나니 나를 사랑하였더라면 내가 아버지께로 감을 기뻐하였으리라 아버지는 나보다 크심이라 ²⁹ 이제 일이 일어나기 전에 너희에게 말한 것은 일이 일어날 때에 너희로 믿게 하려 함이라 ³⁰ 이 후에는 내가 너희와 말을 많이 하지 아니하리니 이 세상의 임금이 오겠음이라 그러나 그는 내게 관계할 것이 없으니 ³¹ 오직 내가 아버지를 사랑하는 것과 아버지께서 명하신 대로 행하는 것을 세상이 알게 하려 함이로라 일어나라 여기를 떠나자 하시니라

예수님은 보혜사가 누구인지 확실하게 밝히신다. 바로 성령이시다 (26절). 제자들을 떠나는 예수님은 보혜사를 통해 다시 그들에게 와서 사역을 이어 가실 것이다. 예수님은 성령을 통해 그들에게 평안을 주신다. 그러므로 예수님은 자신의 떠남이 제자들에게 좋은 일이라 하신다.

예수님은 지난 3년 동안 제자들과 함께했던 시간을 돌아보며 자신이 아직 그들과 함께 있기 때문에 이 [모든] 말을 그들에게 했다고 하신다 (25절). 이제 떠날 때가 되었고, 떠나고 나면 더는 그들과 이렇게 대화할 수 없다는 의미로 말씀하신다.

앞서 예수님은 아버지께 가신 후에 하나님께 구해 자신과 똑같은 다른 보혜사를 보내게 하겠다고 하셨다(14:16). 이제 하나님이 예수님의 이름으로 보내실 보혜사는 다름 아닌 성령이라고 하신다(26a절). 요한복음에서 '성령'(τὸ πνεῦμα τὸ ἅγιον)이 언급되기는 이곳이 처음이다.

예수님의 이름으로 오시는 성령은 예수님과 같지만, 또 다른 보혜사이실 뿐 아니라 예수님에 대해 제자들에게 증언하고(cf. 15:26; 16:13-14), 예전에 예수님이 그들에게 주신 가르침을 생각나게 하실 것이다(26b절). 요한은 제자들이 예수님이 그들과 함께 계실 때는 주님의 말씀과 사역을 잘 이해하지 못하다가 부활하신 후에야 비로소 많은 것을 깨달았다고 한다. "죽은 자 가운데서 살아나신 후에야 제자들이 이 말씀하신 것을 기억하고 성경과 예수께서 하신 말씀을 믿었더라"(2:22).

성령이 오시면 예수님에 대한 모든 오해와 무지함이 해결될 것이다. 성령이 그들에게 새로운 계시를 주시는 것이 아니라, 예수님의 삶과 사역이 의미하는 바를 깨닫게 하시기 때문이다(Barrett, Brown). 예수님이 자신을 보내신 하나님을 드러내고 가르치신 것처럼(cf. 1:18) 성령도 자신을 제자들에게 보내신 예수님을 보이고 가르치실 것이다.

성령은 원(原)보혜사인 예수님이 보내시는 또 다른 보혜사다(cf. 14:16). 새 보혜사인 성령도 원보혜사인 예수님처럼 가르치는 사역을 하신다. 또한 예수님이 제자들에게 하신 말씀을 모두 생각나게 하실 것이다. 그러므로 곧 원보혜사(예수님)가 사역한 시대에서 또 다른 보혜사(성령)가 사역하는 시대로 바뀔 것이다. 그러나 새로 오실 보혜사는 예수님이 하시던 일을 대체하는 것이 아니라 '인수인계'만 받아 그대로 이어 가신다. 새 보혜사는 원보혜사인 예수님이 성령으로 임하시는 분이기에 첫 번째 보혜사와 두 번째 보혜사가 하는 일에는 차이가 없다.

예수님은 성령을 통해 제자들에게 자신만 줄 수 있는 평안을 주실 것이다(27a절). '평안'(εἰρήνη)은 구약의 '샬롬'(שָׁלוֹם)과 같은 개념이다. 이는 메시아가 주시는 것이며(사 9:6-7; 52:7; 57:19; 겔 37:26; 학 2:9), 종말에 누릴 화평이다(cf. 사 54:10; 슥 9:10). 요한복음에서 평안이 처음 등장하고 있다. 예수님은 하나님과 죄인 사이에 평안을 이루기 위해 사역하셨다(cf. 행 10:36; 롬 5:1; 14:7). 주님이 주시는 평안은 온갖 갈등과 핍박과 수치뿐 아니라 죽음으로도 깨지지 않는 평온함이며(Hoskyns), 사랑(14:21, 23)과 기쁨(15:11; 16:22; 17:13)에서 비롯된다(Schnackenburg). 부활하신 예수님은 제자들에게 평안을 주셨다(20:19, 26). 평안은 하나님이 예수님을 통해, 또한 성령 안에서 주신다. 성도에게 임하는 평안은 삼위일체 하나님이 함께 주시는 선물이다. 그러므로 훗날 성도들이 서로에게 빌어 주는 가장 기본적인 인사가 되었다(cf. 롬 1:7; 고전 1:3; 고후 1:2; 갈 1:3). 예수님은 제자들에게 드디어 이 평안이 실현될 때가 되었으니 마음에 근심하지도 말고 두려워하지도 말라고 하신다(27b절; cf. 14:1).

예수님이 제자들을 떠났다가 다시 오시는 것은 피할 수 없는 현실이다(28a절). 제자들은 예수님의 떠나심에 대해 불안해하거나 걱정할 수 있다. 그러나 예수님은 만일 그들이 주님을 사랑한다면 자기가 아버지께 가는 것을 기뻐하라고 하신다(28b절). 만일 그들이 예수님을 사랑한다면, 예수님이 스스로 하시고자 하는 일을 행하실 때 이를 기뻐하며 축복할 것이다. 그러므로 제자들은 예수님이 아버지께 가시는 일을 걱정하지 않고 오히려 기뻐할 수 있다.

예수님이 아버지께 가시는 것을 기뻐할 또 한 가지 이유는 하나님 아버지가 예수님보다 크시기 때문이다(28c절). '아버지는 나보다 크다'라는 예수님의 말씀은 참으로 많은 논쟁을 불러일으켰다. 3-4세기에 예수님의 신성을 부인하며 많은 논란을 일으키다가 325년 니케아 공회(Council of Nicaea)에서 이단으로 규명된 아리우스(Arius)와 추종자들은 이 말씀을 근거로 삼았다. 그들은 예수님은 하나님이 아니며, 하나님보다 못하다고 주장했다. 예수님 스스로 '아버지는 나보다 크다'라고 하셨기 때문이다. 오늘날에도 여러 이단(여호와의 증인, 모르몬교 등)이 비슷한 교리를 가지고 있다.

만일 이 말씀이 요한복음에서 하나님과 예수님의 관계에 대해 말하

는 유일한 부분이라면 이단자들이 하는 말이 맞을 것이다. 그러나 요
한은 이때까지 예수님과 하나님이 동일하다고(same essence) 여러 차례
말했다(1:1-18; 5:16-18; 10:30; 20:28). 만일 예수님이 하나님보다 조금
이라도 못하다면(작다면) 성육신은 그다지 대단한 일이 아니다. 또한 성
경은 오직 유일하신 하나님만 경배하고 예배하라고 하는데, 만일 예수
님이 조금이라도 하나님보다 못하다면 우리가 예수님을 경배하고 예
배하는 일은 유일신주의를 훼손하는 것이 된다. 그러므로 예수님이 하
나님보다 못하다는 것은 성경적인 해석이 될 수 없다.

그렇다면 예수님은 무슨 의미에서 이렇게 말씀하시는 것일까? 교
부들은 삼위일체 하나님의 질서(혹은 관계, '성부-성자-성령')에 따라 예
수님이 아버지보다 작은 아들이시지만 본질은 같다고 했다(Tertullian,
Athanasius). 예수님이 성육신하실 때 하나님으로서 포기하신 권리로 인
해 이 땅에 계시는 동안에만 하나님보다 작다고 하시는 것으로 해석한
이들도 있다(Augustine, Ambrose, Calvin). 그러나 예수님의 낮아짐의 절정
인 십자가 죽음 이후로는 상황이 달라진다(Barrett, Carson).

예수님은 종종 보내는 자가 보냄받은 자보다 더 큰 권세를 가진다고
하셨다. "내가 진실로 진실로 너희에게 이르노니 종이 주인보다 크지
못하고 보냄을 받은 자가 보낸 자보다 크지 못하나니 너희가 이것을
알고 행하면 복이 있으리라"(13:16-17; cf. 15:20). 또한 예수님은 자신을
보내신 이는 하나님 아버지라고 하셨다(4:34; 5:30; 6:38-39; 9:4; 10:32,
37; 17:4). 여기서도 이러한 비유적 언어를 근거로 '나를 보내신 아버지
는 보내심을 받은 나보다 더 크시다'라고 하신다. 아버지와 아들의 본
질이 다르거나 동격이 아니라는 뜻에서 이런 말씀을 하시는 것이 아니
라(Klink, cf. 1:1, 18; 5:16-18; 10:30; 20:28), 단순히 순서(관계)에 따라 이
렇게 말씀하시는 것이다. 하나님께 보내심을 받은 예수님은 이때까지
하나님의 뜻에 따라 행하셨다.

또한 예수님은 주님이 떠나신다는 말을 듣고 두려워하고 걱정하는

제자들을 위로하고 달래기 위해 이 말씀을 하셨다(27-28절). 그러므로 예수님은 그들을 떠나면 하나님이 일하실 것이기 때문에 자신이 그들과 함께 있는 것보다 좋은 일이 더 많을 것이라는 의미에서 이렇게 말씀하신다. 예수님이 가시면 주님의 빈자리를 하나님 아버지가 직접 채우실 것이기 때문이다.

예수님이 제자들에게 이러한 말씀을 미리 하시는 것은 이 일이 일어날 때 믿게 하기 위해서다(29절). 제자들에게 믿으라는 권면으로 시작된 스피치(14:1)가 이 말씀으로 마무리되고 있다. 제자들은 앞으로 많은 일을 겪게 될 것이다. 혼란스럽고 두려운 일들도 경험할 것이다. 그 중에는 예수님이 예언하신 일도 많을 것이다. 예수님이 미리 알려 주신 일을 경험할 때마다 세상은 스스로 흘러가는 것이 아니라 하나님이 계획하신 대로 가고 있다는 사실을 깨닫고 믿음을 더욱더 확고히 하라는 당부다.

예수님이 십자가 죽음으로 제자들을 떠나시면 또 다른 보혜사가 와서 그들을 격려하고 인도하실 것이다(14:16). 그러므로 예수님의 떠나심은 좋은 일이다. 그러나 예수님이 십자가에서 죽으시면 '이 세상의 임금'도 온다(30a절). '이 세상의 임금'(ὁ τοῦ κόσμου ἄρχων)은 사탄을 뜻하며 이미 12:31에서 한 차례 언급되었다. 예수님은 십자가에서 이 임금을 상대로 절대적이고 최종적인 승리를 거두시지만, 패배한 사탄이 세상에 종말이 이를 때까지 예수님의 제자들을 괴롭히고 방해하기 위해 더 적극적으로 활동할 것이다(cf. 엡 6:10-17). 가룟 유다의 경우 은밀하게 그의 마음을 조종했지만(13:27), 앞으로는 노골적으로 성도들을 괴롭힐 것이다. 그가 이렇게 활동하도록 하나님이 허락하셨기 때문이다.

이 세상의 임금인 사탄은 세상 사람들을 다스린다. 그러나 그는 그리스도인들을 괴롭힐 수는 있어도 다스릴 수는 없다. 하나님의 백성인 성도는 사탄의 지배 아래 있지 않고 예수님의 다스림을 받기 때문이다. 사탄은 예수님에게 관계할 것이 없다(30b절). '관계할 것이 없다'(ἐν ἐμοὶ οὐκ ἔχει οὐδέν)는 어떠한 권리도 주장할 수 없다는 뜻이다(Carson). 사탄은 예수님을 절대 괴롭힐 수 없다. 예수님은 죄가 없으시고, 그를 이기셨기 때문이다. 그러나 제자들의 경우는 다르다. 제자들은 이 땅에 사는 한 죄를 지을 수 있고, 죄를 지으면 사탄이 그들에 대한 권리를 주장할 수 있다. 그러므로 사탄의 권리와 위협에서 벗어나려면 예수님 안에 거하며 죄를 짓지 않아야 한다.

예수님은 이 섹션을 마무리하며 세상이 두 가지를 알길 원하신다 (31a-b절). 첫째, 예수님이 아버지를 사랑하는 것을 알기를 원하신다 (31a절). 예수님은 사람이 어떻게 창조주 하나님을 사랑하는지에 대한 롤모델이 되셨다. 둘째, 예수님이 아버지께서 명하신 대로 행했다는 것을 알기를 원하신다(31b절). 예수님의 삶은 무엇이 순종인지를 잘 보여 주는 롤 모델이다. 또한 사랑과 순종은 예수님이 제자들에게 요구하신 것들이다(14:15, 21, 23). 만일 어떻게 하는 것이 하나님을 사랑하는 것이며, 무엇이 순종인지 궁금하다면 예수님의 삶을 보면 된다.

예수님은 말씀을 마치시고 "여기를 떠나자"라고 하신다(31c절). 예수님이 어떤 의미로 이 말씀을 하셨는지는 학자들 사이에 아직도 큰 논쟁거리로 남아 있다. 이렇게 말씀하셨으면 곧바로 떠나야 하는데, 이후 15-17장에 걸쳐 더 가르치고 18:1에 가서야 떠나시기 때문이다. 학자들은 이에 대해 다양한 해석을 내놓았다(cf. Carson).

어떤 이들은 13-17장에 기록된 말씀의 순서가 잘못된 것이라며 재구성을 시도한다. 한 학자는 이 섹션의 순서를 '13:1-30→17장→13:31-35→15장→16장→13:36-14:31'로 재정리했다(Bultmann). 떠나자고 하신 말씀(14:31)을 가장 마지막에 둔 것이다. 그러나 대부분 학자는 이 주장이 설득력 없다고 생각한다. 게다가 주장을 뒷받침할 만한 어떠한 역사적 증거도 없다. 한편, 어떤 이들은 14장과 17장이 예수님의 고별사이며, 15-16장은 저자 요한이 자기 생각을 정리해 삽입한 것이라고 한다. 그렇기 때문에 14장과 16장에 반복되는 내용이 많다고 한다. 이러한 주장이 사실이라면 요한은 별로 좋은 작가(story teller)가 아니다. 한마디(31c절)만 제거했더라면 이야기가 훨씬 더 매끄럽게 진행되었을 것이기 때문이다.

요한이 마가복음 14:42을 인용하다가 생긴 현상이라고 주장하는 이들도 있다(Dodd, Hoskyns). 그러나 마가복음 14:42은 예수님이 겟세마네 동산에서 제자들과 기도하시다가 가룟 유다와 함께 잡으러 온 자들이 왔을 때 하신 말씀이다. 반면에 본문에서는 아직 그런 단계가 아니다.

가장 전통적이고 합리적인 해석으로 생각되는 것들은 모두 본문을 있는 그대로 유지한다. 원래는 예수님이 이 말씀을 하고 떠나시려고 했는데, 제자들이 주저하며 더 많은 가르침을 바랐기 때문에 15-17장에 기록된 것을 더 말씀하고 떠난 것이라고 하는 이들이 있다(cf. Carson). 혹은 '여기를 떠나자'를 다음 주제로 넘어가자는 뜻으로 해석하는 이들도 있다(Dodd, Lightfoot, Morris). 가장 합리적인 해석은 예수님이 떠나자는 말씀을 하시고 만찬 자리를 떠나 기드론 계곡을 건너 겟세마네 동산이 있는 감람산으로 가시는 길에 15-17장에 기록된 것을 제자들에게 말씀하셨다는 해석이다. 이렇게 해석하면 "여기서 떠나자"라는 말씀을 별 어려움 없이 설명할 수 있다.

이 말씀은 성령의 가장 중요하고 기본적인 사역은 예수님의 말씀을 생각나게 하고 가르치는 일이라고 한다. 그런데 우리(한국 교회)는 왜 성령의 사역을 방언하고 병을 낫게 하는 등의 일로만 생각하고 착각하는 것일까? 우리는 성령론을 더 성경적으로 정의해야 한다.

성령은 원보혜사인 예수님과 동일한 또 다른 보혜사다. 성령은 하나님이시지 우리가 조종하거나 이용할 수 있는 힘이 아니라는 뜻이다. 어떤 사역자들은 성령을 마치 하수인 대하듯 한다. 이런 사람들은 회개해야 한다. 성령은 우리가 예배하고 경배해야 할 삼위일체 하나님이시다.

우리가 예수님 안에서 말씀에 순종하며 살면 마귀의 지배를 받지 않아도 된다. 사탄은 죄인들만 지배하는 이 세상의 임금이기 때문이다. 그러므로 예수님의 보혈로 하나님의 자녀가 된 우리는 더욱더 경건하게 삶으로써 사탄의 지배 아래 사는 사람들에게 다른 대안이 있다는 것을 보여 주어야 한다. 이렇게 사는 것도 전도다.

VII. 다락방 디스코스(13:1-17:26)
　B. 고별사(13:31-16:33)

---

4. 나는 참 포도나무다(15:1-17)

예수님은 14장에서 제자들을 떠나 아버지께 갔다가 다시 올 것에 대해 말씀하셨다. 한 번 관계를 맺으면 끝까지 책임지시는 주님이 제자들을 고아처럼 내버려 두지 않으실 것이기 때문이다(14:18). 예수님은 본 텍스트를 통해 세상에 다시 오신 후 제자들과 영원히 함께하실 것에 대해 말씀하신다. 그러므로 본문은 예수님이 하나님과 함께 제자들과 영원히 함께하겠다는 말씀(14:23)의 의미를 설명하는 것이라 할 수 있다. 본 텍스트는 다음과 같이 구분된다.

　A. 나는 포도나무, 너희는 가지(15:1-8)
　B. 내 사랑 안에 거하라(15:9-11)
　C. 서로 사랑하라(15:12-17)

(1) 나는 포도나무, 너희는 가지(15:1-8)

¹ 나는 참포도나무요 내 아버지는 농부라 ² 무릇 내게 붙어 있어 열매를 맺지 아니하는 가지는 아버지께서 그것을 제거해 버리시고 무릇 열매를 맺는 가지는 더 열매를 맺게 하려 하여 그것을 깨끗하게 하시느니라 ³ 너희는 내가 일러준 말로 이미 깨끗하여졌으니 ⁴ 내 안에 거하라 나도 너희 안에 거하리라 가지가 포도나무에 붙어 있지 아니하면 스스로 열매를 맺을 수 없음 같이 너희도 내 안에 있지 아니하면 그러하리라 ⁵ 나는 포도나무요 너희는 가지라 그가 내 안에, 내가 그 안에 거하면 사람이 열매를 많이 맺나니 나를 떠나서는 너희가 아무 것도 할 수 없음이라 ⁶ 사람이 내 안에 거하지 아니하면 가지처럼 밖에 버려져 마르나니 사람들이 그것을 모아다가 불에 던져 사르느니라 ⁷ 너희가 내 안에 거하고 내 말이 너희 안에 거하면 무엇이든지 원하는 대로 구하라 그리하면 이루리라 ⁸ 너희가 열매를 많이 맺으면 내 아버지께서 영광을 받으실 것이요 너희는 내 제자가 되리라

예수님이 14장이 끝날 때 제자들과 유월절 만찬이 열린 다락방을 떠나셨다면(cf. 14:31), 이 말씀은 겟세마네 동산으로 가기 위해 기드론 계곡을 건너기 전(cf. 18:1) 성전에 들렀다가 하신 말씀일 수 있다(Burge). 이렇게 생각하는 사람 중 일부는 예수님이 당시 성전 정문에 새겨진 포도나무 문양에서 영감을 받아 이 비유를 말씀하신 것이라고 주장하기도 한다(cf. Mounce). 그러나 굳이 그렇게 생각할 필요는 없다. 만일 예수님이 어딘가에서 영감을 받으셨다면, 아마도 구약에서 영감을 받으셨을 것이다. 구약에는 이스라엘을 하나님의 포도원(나무)에 비유하는 내용이 여러 차례 나오기 때문이다.

예수님은 10장에서 목자와 양 비유를 통해 말씀하셨다. 이번에는 포

도나무와 가지 비유를 통해 제자들을 가르치신다. 포도나무 비유에서 가장 중요한 포인트는 믿는 자들이 항상 예수님 안에 거하는 것이다(cf. 4, 5, 6, 7, 9, 10절). 우리는 예수님을 온전히 의지하지 않고는 아버지와 아들이 우리 안에 거하시는 것을 기대할 수 없으며(cf. 14:20, 23), 성령도 우리와 함께하지 않으신다(cf. 14:16, 25; 15:26).

'나는 참 포도나무다'(ἐγώ εἰμι ἡ ἄμπελος ἡ ἀληθινή)(1a절)는 요한복음에 등장하는 예수님의 일곱 가지 '나는 …이다'(ἐγώ εἰμι…) 선언 중 마지막이다. 일곱 가지 선언 모두 유대교에서 의미 있는 상징성을 지닌다. 다음 도표를 참조하라.

'나는 …이다'	성경 구절
나는 생명의 떡이다	6:35, 41, 48
나는 세상의 빛이다	8:12, 9:5
나는 양의 문이다	10:7, 9
나는 선한 목자다	10:11, 14
나는 부활이요 생명이다	11:25
나는 길이요 진리요 생명이다	14:6
나는 참 포도나무다	15:1

포도나무 비유는 농경 사회에서 비롯된 전통적이고 흔한 이미지다. 구약은 이스라엘을 하나님의 포도원으로 여러 차례 비유한다(시 80:8-16; 사 5:1-7; 27:2-6; 렘 2:21; 12:10-11; 겔 15:1-5; 17:1-6; 19:10-15; 호 10:1-2). 어떤 이들은 포도나무 비유가 구약의 아가서에서 비롯된 것이라고 하지만(Bauckham), 이스라엘뿐 아니라 당시 근동 모든 농경 사회에서 매우 흔한 비유였다. 구약에서는 율법대로 살지 못하는 이스라엘이 열매를 맺지 못하는 포도나무와 다를 바 없다는 질책에 포도나무 비유가 사용된다(cf. 시 80:7-9; 사 5:1-7). 심지어 이스라엘이 아무짝에도 쓸모가 없어 불에 태워지는 포도나무에 비교되기도 한다(겔 15:2-6).

예수님도 가르치시며 포도원 비유를 여러 차례 사용하셨다(마 20:1-7; 21:23-41; 막 12:1-11; 눅 13:6-7; 20:9-16). 그러나 이번 비유는 매우 독특하다. 예수님이 자신을 하나님이 심으신 유일한 포도나무라 하시기 때문이다. 구약에서 이스라엘이 차지한 자리를 예수님이 대신 차지하시는 것이다(Burge, Klink). 그러므로 만일 이스라엘이 이 포도나무의 일부가 되고 싶으면(가지가 되고 싶으면) 포도나무이신 예수님을 영접해야 한다(Burge).

예수님은 자신을 '참'(ἀληθινός) 포도나무라고 하시는데, 원래 하나님이 계획하고 보기 원하셨던 포도나무라는 뜻이다(Morris). 하나님은 참 포도나무를 가꾸는 농부이시다(1b절). 예수님은 농부이신 하나님이 참으로 기뻐하는 포도나무다.

만일 예수님이 참 포도나무이고 하나님이 농부라면 제자들, 곧 믿는 사람들은 무엇인가? 예수님은 그들이 포도나무인 자기의 가지라 하신다. 그러나 예수님께 붙어 있는 가지라 할지라도 열매를 맺지 않으면 농부이신 하나님이 그것을 제거해 버리실 것이다(2a절). 반면에 열매를 잘 맺는 가지는 더 많은 열매를 맺도록 깨끗하게 하실 것이다(2b절).

예수님은 지금 원리적인 말씀을 하신다. 제자 중에 잘려서 버려질 사람들이 있다고 하시는 것이 아니다. 단지 포도나무를 보살피는 농부가 하는 가지치기를 원리적으로 설명할 뿐이다. 농부는 버리기 위해 가지치기를 하기도 하고, 더 많은 열매를 맺게 하려고 가지치기를 하기도 한다. 제자들은 버려지고자 가지치기를 당하지는 않는다(cf. 3절).

'제거해 버리시고(αἴρει)…깨끗하게 하신다(καθαίρει)'는 두 단어의 뒷부분 소리가 같아 일종의 언어유희를 형성한다(Beasley-Murray, Mounce, Ridderbos). 열매를 맺지 않는 가지를 자를 때와 열매 맺는 가지를 자를 때 자르는 것은 마찬가지다. 하지만 하나는 버리기 위해 자르고, 하나는 더 풍성하게 하려고 자른다. 각각 자르는 목적이 다르다.

만일 예수님이 포도나무고 우리가 가지라면, 우리는 무슨 일이 있어도 예수님께 붙어 있어야 한다. 가지가 나무에 붙어 있어야 열매를 맺는다. 그러나 가지가 나무에서 분리되면 말라 죽는다. 우리가 예수님께 붙어 있는 것은 생산성(열매 맺음)뿐 아니라 생존(생명을 공급받음)을 위해서도 필수다. 우리의 모든 것이 포도나무인 예수님으로부터 공급되기 때문이다. 그러므로 포도나무와 가지는 예수님이 14장에서 지속적으로 '내 안에 거하라'고 권면하신 것과 매우 잘 어울리는 비유다. 제자의 삶은 예수님을 고백하고 인정하는 것이 아니라, 삶의 중심이 항상 예수님과 영적으로 연결되어 있는 것을 의미한다(Burge).

하나님 아버지는 포도나무에서 가지를 치는 농부이시다. 구약의 포도원 비유에서도 하나님은 항상 농부이시다(cf. 사 5:1-7; 시 80:7-15). 농부이신 하나님은 포도나무를 가지치기하시는데, 가지를 치는 기준은 열매다. 열매를 맺지 않는 가지는 잘라서 버리신다. 이 말씀은 예수님을 믿지 않는 유대인이나 주님을 배신한 가룟 유다에 대한 경고가 아니라, 스스로 믿는 자라고 여기는 이들에 대한 경고다(Barrett, Hoskyns).

열매를 잘 맺는 가지는 쳐서(깨끗하게 해서) 더 많은 열매를 맺게 하신다. 한 가지 우리가 기억해야 할 것은 열매는 가지 스스로 맺는 것이 아니라는 점이다. 좋은 열매는 그 가지가 건강하고 나무에 잘 붙어 있어 영양분을 잘 공급받고 있다는 증거다. 그리고 열매는 가지가 맺는 것이 아니라 나무이신 예수님이 맺는다. 생각해 보면 가지 입장에서는 농부가 더 많은 열매를 맺으라며 가지를 쳐 주는 것이 고통이다. 성경은 이런 고통을 일종의 성장통이라 한다. "내 형제들아 너희가 여러 가지 시험을 당하거든 온전히 기쁘게 여기라"(약 1:2).

제자들은 열매를 맺지 못하기 때문에 혹은 병들어서 버리기 위해 잘려 나간 가지가 아니라, 더 많은 열매를 맺으라고 깨끗하게 쳐 낸 건강한 가지들이다(3절). 그들은 예수님이 가르쳐 주신 말씀으로 이미 깨끗해졌다. 제자들은 주님의 말씀에 순종해 건강한 열매를 맺는 삶을 살고 있다. 그러므로 농부이신 하나님이 그들이 더 많은 열매를 맺도록 도우실 것이다.

예수님은 제자들에게 자기 안에 거하라고 하시며 예수님 역시 그들 안에 거할 것이라고 하신다(4a절). "내 안에 거하라 나도 너희 안에 거하리라"(μείνατε ἐν ἐμοί, κἀγὼ ἐν ὑμῖν)는 마치 두 동사를 지닌 두 문장처럼 보이지만, 사실은 한 가지 명령어 '거하라'(μείνατε)밖에 없다. 그래서 어떤 학자는 "내 안에 거하라, 그리하면 내가 네 안에 있으리라"로 번역하기도 하지만(Morris), 더 정확한 번역은 "내가 너희 안에 있는 것처럼, 너희는 내 안에 거하라"다. '거하다'(μένω)는 이 비유에서 매우 중요한 단어이며, 15:1-11에서 10차례나 사용된다. 이는 요한복음에서 '계속 머물다'라는 의미로 사용된다(5:38; 6:56; 8:31; 12:36; 14:10, 17, 25, cf. BDAG). 또한 새 언약과 연관된 언어다(Carson).

'거하라'(μείνατε)는 부정 과거형 명령이다. 이 명령문은 긴급함과 중요성을 강조한다(Wallace). 그리스도인의 삶에서 예수님 안에 머무는 것보다 더 중요하고 긴급한 것은 없다. 사실 제자들은 이미 예수님 안에 거하고 있다. 그러므로 그들은 하던 일을 지속하기만 하면 된다. 예수님도 그들 안에 계속 거하실 것이다. 예수님은 제자들의 발을 씻기시며 관계의 중요성을 강조하셨는데, 이번에는 상호 머무는 일을 통해 지속적인 관계의 중요성을 강조한다(O'Day). 제자들이 예수님 안에 거하는 한 그들 안에 거하시는 예수님이 열매를 맺으실 것이다. 그러나 그들이 예수님 안에 머무는 것을 멈추는 순간 더는 열매를 맺을 수 없다. 그들 안에서 열매를 맺는 이는 예수님이지 그들이 아니기 때문이다.

예수님은 지금까지 말씀하신 내용을 재차 확인하는 차원에서 다시 한번 "나는 포도나무요 너희는 가지라"라고 하신다(5a절). 누구든지 예수님 안에 거하는 사람은 많은 열매를 맺을 것이다(5b절). 이 열매는 그가 스스로 맺은 것이 아니라, 예수님이 그 사람 안에 거하시며 맺으시는 것들이다. 예수님과 연결된 가지는 모두 열매를 맺는다. 열매는 그 가지가 나무인 예수님 안에 있을 때 생기는 부산물(by-product)이기 때문이다(Burge). 그러므로 누구든지 예수님을 떠나서는 아무것도 할 수 없다(5c절). 가지가 맺어야 할 열매가 순종인지, 새 회심자인지, 사랑인지, 혹은 그리스도인의 인품인지에 대해 다소 논란이 있다(cf. Carson). 그러나 이렇게 구분할 필요가 없다. 우리가 삶에서 맺어야 할 열매는 매우 포괄적인 개념이기 때문이다.

예수님 안에 거하지 않는 사람은 포도나무의 쓸모없는 가지처럼 밖에 버려져 마른다(6a절). 결국 사람들은 마른 가지를 모아다가 불에 던져 사른다(6b절). 불에 태우는 것 외에는 아무런 쓸모가 없기 때문이다. 에스겔 15장은 이를 자세하게 묘사한다. 포도나무는 원래 가지가 가늘고 약해서 잘 부러진다. 그러므로 설령 포도나무에서 목재를 채취한다 해도 가구는커녕 나무못 하나 만들 수 없다. 결국 다른 나뭇가지들과 함께 불에 태워지는 것이 잘린 포도나무의 유일한 용도다. 그런데 이마저도 포도나무는 화력이 높지 않다. 그러므로 에스겔은 포도나무는 열매를 맺는 것 외에 할 수 있는 것이 하나도 없다고 한다. 예수님도 포도나무에서 잘린 가지의 유일한 '사용처'는 불에 사르는 것이라 하신다. 그러므로 사람이 예수님 안에 머물지 않는 것은 가지가 삶을 포기하는 것과 같다.

반면에 예수님 안에 거하는 사람들은 무엇이든지 원하는 대로 구하면 예수님이 이루실 것이다(7절). 4-5절에서는 예수님이 자기 안에 거하는 사람들 안에 직접 거할 것이라고 하셨는데, 이번에는 예수님의 말씀이 그들 안에 거할 것이라고 하신다. 예수님의 말씀이 그들 안에 거한다는 것은 말씀 묵상과 기도하는 일을 통해 예수님과 교통하는 것을 의미한다(Mounce). 예수님은 그들 안에 거하시며 계속해서 하나님을 계시해 주실 것이다(Brown).

구하는 것은 기도하는 것을 뜻한다. 예수님은 자기 안에 거하는 사람이 무엇이든지 원하는 대로 구하면 이루겠다고 약속하신다. 그러나 우리는 이 말씀에서 기도의 근원(원천)을 생각해야 한다. 우리 안에 거하는 주님의 말씀이다. 그러므로 '무엇이든 원하는 대로 구하라'는 것은 우리의 생각과 욕심에 따라 마음대로 구하라는 뜻이 아니다. 우리 안에 거하는 예수님의 말씀에 따라 하나님이 기뻐하고 원하시는 것을 무엇이든 구하라는 뜻이다. 우리의 기도는 우리가 원하는 바를 구하는 것이 아니라 '하나님의 뜻이 하늘에서 이룬 것 같이 땅에서도 이루어지게 하는 것'이기 때문이다(cf. 마 6:10).

사람이 참 포도나무이신 예수님 안에 거하며 삶에서 많은 열매를 맺으면 하나님 아버지께서 영광을 받으신다(8a절). 아들이신 예수님을 통해 영광을 받으시는 하나님(14:13)이 예수님의 제자들을 통해서도 영광을 받으신다. 겉으로는 제자들이 하나님의 영광을 드러내는 것 같지만, 실상은 그들 안에 거하시는 예수님이 하시는 일이다.

예수님의 제자는 열매를 통해 자신이 제자임을 증명하게 된다(8b절, cf. ESV, NAS, NIV). 줄기는 나무에 잘 붙어 있어야 열매를 맺을 수 있다. 그러므로 가지인 제자는 나무이신 예수님을 통해 열매를 맺으며, 스스로 떨어져 나와서는 아무것도 할 수 없다. 그러므로 열매가 없는 가지는 버려질 뿐 아니라 나무(예수님)를 통해 하나님께 돌려야 할 영광을 돌리지 않는다(Carson).

이 말씀은 우리가 예수님 안에 거하고, 예수님이 우리 안에 거하시는 것이 얼마나 중요한지를 한 번 더 강조하는 말씀이다. 예수님은 참 포도나무이시며 우리는 가지다. 가지가 열매를 맺는 것은 나무에 잘 붙어 있다는 증거다. 반면에 나무에서 떨어져 나온 가지는 아무것도 할 수 없다. 우리는 예수님 안에서 하나님을 위한, 예수님에 의한 삶을 살아야 한다.

(2) 내 사랑 안에 거하라(15:9-11)

⁹ 아버지께서 나를 사랑하신 것 같이 나도 너희를 사랑하였으니 나의 사랑 안에 거하라 ¹⁰ 내가 아버지의 계명을 지켜 그의 사랑 안에 거하는 것 같이 너희도 내 계명을 지키면 내 사랑 안에 거하리라 ¹¹ 내가 이것을 너희에게 이름은 내 기쁨이 너희 안에 있어 너희 기쁨을 충만하게 하려 함이라

제자들은 왜 예수님 안에 거해야 하는가? 하나님 아버지께서 예수님을 사랑하신 것처럼, 예수님이 그들을 사랑하시기 때문이다(9절). 예수님은 제자들에게 자기 안에 거하면서 자기 사랑을 누리라고 하신다. 앞에서는 '내 안에 거하라'고 하셨는데(15:7), 이번에는 '내 사랑 안에 거하라'고 하신다. 누구든지 예수님 안에 거하는 사람은 예수님의 사랑을 누릴 수 있다.

예수님의 사랑은 그분이 하나님 아버지께 받으신 것이다(Ridderbos). 그러므로 예수님은 자기가 하나님께 받은 사랑으로 제자들을 사랑하신다. 예수님은 하나님의 사랑의 통로가 되시며, 하나님의 사랑이 예수님을 통해 제자들에게 전달되고 있다.

그렇다면 제자들은 어떻게 해야 예수님의 사랑 안에 계속 머무를 수 있는가? 예수님은 자신이 아버지의 계명을 지켜 아버지의 사랑 안에 거하는 것처럼, 제자들도 예수님의 계명을 지키면 예수님의 사랑 안에 거할 수 있다고 하신다. 하나님의 사랑 안에 거하는 것은 어떤 신비로운 경험이 아니다(Klink). 말씀에 적극적으로 순종하는 것이 바로 하나님의 사랑 안에 거하는 것이다(cf. 14:15; cf. 요일 5:3).

우리의 순종은 하나님이 먼저 우리를 사랑하심에서 비롯되고(cf. 롬 5:8), 하나님의 사랑에 대한 우리의 반응이다. 우리가 먼저 순종했기

때문에 하나님이 우리를 사랑하시는 것이 아니다(Klink). 심지어 우리의 순종도 성령을 통해 우리 안에 내재하시는 예수님이 가능하게 하신다.

예수님이 제자들에게 순종하라고 하시는 것, 곧 주님의 사랑 안에 거하라고 말씀하시는 것은 자기 기쁨을 그들 안에 두기 위해서다(11a절). 예수님은 제자들에게 자기 기쁨을 주어 그들의 기쁨이 충만하기를 원하신다(11b절). 제자들을 예수님의 기쁨으로 채워 주고자 하신다.

예수님은 제자들에게 이미 평안(14:27)과 사랑(15:10)을 주셨는데, 이번에는 기쁨을 주신다. 요한복음에서 '기쁨'(χαρά)은 3:29 이후 이번이 두 번째다. '기쁨'은 고별사 안에서만 7차례 언급된다(15:11; 16:20-24; 17:13). 예수님이 죽음을 앞두고 이처럼 여러 차례 기쁨에 관해 말씀하시는 것이 다소 아이러니해 보일 수도 있지만, 이는 예수님이 십자가에서 죽으시는 것이 우리에게 기쁨을 주기 위한 것임을 의미한다. 이 기쁨은 인간이 느끼는 행복함이 아니다. 예수님이 성령을 통해 주시는 선물이다(Burge).

예수님은 순종을 의무나 져야 할 짐으로 주지 않으셨다. 하나님의 기쁨과 사랑을 누리는 수단으로 주셨다. 우리가 온 마음으로 순종할 때 오직 하나님만 주실 수 있는 기쁨을 누리게 될 것이다. 그러나 반쯤 순종할 때는 순종과 불순종의 최악을 경험하게 된다(to be halfhearted is to get the worst of both worlds)(Morris).

이 말씀은 우리 믿음의 삶이 어떠한지 돌아보게 한다. 만일 우리 삶에 하나님이 주시는 기쁨과 사랑이 함께한다면 하나님 말씀에 순종하며 잘 살고 있는 것이다. 그러나 불안과 불만이 가득하다면 분명 잘못 사는 것이며 순종하지 않는 삶을 살고 있는 것이다. 예수님이 순종하는 사람들에게는 사랑과 기쁨을 주신다고 하셨기 때문이다.

VII. 다락방 디스코스(13:1–17:26)
  B. 고별사(13:31–16:33)
    4. 나는 참 포도나무다(15:1–17)

(3) 서로 사랑하라(15:12–17)

^{12} 내 계명은 곧 내가 너희를 사랑한 것 같이 너희도 서로 사랑하라 하는 이 것이니라 ^{13} 사람이 친구를 위하여 자기 목숨을 버리면 이보다 더 큰 사랑이 없나니 ^{14} 너희는 내가 명하는 대로 행하면 곧 나의 친구라 ^{15} 이제부터는 너 희를 종이라 하지 아니하리니 종은 주인이 하는 것을 알지 못함이라 너희를 친구라 하였노니 내가 내 아버지께 들은 것을 다 너희에게 알게 하였음이라 ^{16} 너희가 나를 택한 것이 아니요 내가 너희를 택하여 세웠나니 이는 너희로 가서 열매를 맺게 하고 또 너희 열매가 항상 있게 하여 내 이름으로 아버지 께 무엇을 구하든지 다 받게 하려 함이라 ^{17} 내가 이것을 너희에게 명함은 너 희로 서로 사랑하게 하려 함이라

본 텍스트는 서로 사랑하라는 예수님의 명령으로 시작해(12절) 같은 명령으로 끝난다(17절). 12절과 17절이 일종의 괄호를 형성하는 것이다. 요한은 그가 보낸 서신에서도 그리스도인들에게 사랑이 얼마나 중요한지 누누이 강조한다. 한 예로 요한일서 4:11–12은 그리스도인 사이의 사랑의 중요성에 대해 다음과 같이 말한다. "사랑하는 자들아 하나님이 이같이 우리를 사랑하셨은즉 우리도 서로 사랑하는 것이 마땅하도다 어느 때나 하나님을 본 사람이 없으되 만일 우리가 서로 사랑하면 하나님이 우리 안에 거하시고 그의 사랑이 우리 안에 온전히 이루어지느니라." 그러므로 어떤 이들은 본문이 예수님의 고별사에서 가장 중요한 핵심이라고 한다(cf. Burge).

예수님은 제자들에게 자기의 사랑 안에 거하라고 하셨는데(15:9), 이 번에는 예수님이 그들을 사랑한 것 같이 서로 사랑하라고 하신다(12절; cf. 13:34). 우리가 서로 사랑하는 것은 우리를 향한 하나님의 사랑이 우

리 안에 있다는 증거다(cf. 14:23). 자녀들에 대한 하나님의 사랑이 자녀들 사이의 사랑이 된 것이다(Klink). 그러므로 서로 사랑하지 않는 사람들은 하나님의 사랑을 경험하지 못한 자라 할 수 있다.

사랑하라는 말씀은 공관복음에서 가장 큰 계명인 하나님을 사랑하고 이웃을 사랑하라는 말씀과 맥을 같이한다(cf. 마 22:34-40; 막 12:28-34; 눅 10:25-28). 우리가 하나님을 사랑하며 또한 서로를 사랑하는 것은 교회의 본질이자 삶이다.

이 사랑은 예수님의 사랑에서 비롯된다. "내가 너희를 사랑한 것 같이"(12a절). 우리가 인간의 사랑으로 하나님을 사랑하고 서로를 사랑하면 곧 한계에 부딪힌다. 예수님의 사랑으로 사랑해야 변함이 없고 지치지 않는다. 예수님이 순종의 패러다임이 되신 것처럼(15:10), 이번에는 사랑의 패러다임이 되셨다(Mounce).

예수님은 선한 목자 비유에서 목자가 양을 위해 목숨을 내놓는 사랑에 대해 말씀하셨다(10:11). 바울은 하나님의 사랑이 위대한 것은 십자가에서 의로운 자들이 아니라 죄인들을 위해 죽으셨기 때문이라고 한다(롬 5:7-8). 13절은 우리가 상상할 수 있는 가장 큰 사랑은 친구를 위해 자기 목숨을 버리는 것이며, 이보다 더 큰 사랑은 없다고 한다. 예수님이 제자들에게 이 말씀을 하시는 정황을 고려할 때 모두 같거나 비슷한 말씀이라 할 수 있다(Mounce).

예수님은 몇 시간 후 그들을 위해 십자가에서 목숨을 버리실 것이다. 그러므로 가장 큰 사랑은 예수님이 거치셔야 할 가장 큰 시험이기도 하다(Morris). 예수님은 십자가에서 우리가 상상할 수 있는 가장 큰 사랑을 몸소 실천하셨다. 이처럼 큰 사랑으로 우리를 사랑하셨으니, 우리도 서로 사랑하기를 예수님이 하신 것처럼 해야 한다(cf. 12절).

앞서 예수님은 말씀대로 사는 것이 주님의 사랑 안에 거하는 것이라고 하셨다(15:10). 이번에는 예수님이 명령하신 대로 행하는 사람이 친구라 하신다(14절). 그렇다고 해서 순종이 친구 관계를 입증하는 것은 아니다. 다만 서로 친구 관계임을 부수적으로 드러낸다(Mounce). 구약에서는 아브라함(대하 20:7; 사 41:8)과 모세(출 33:11)가 하나님의 친구로 불린다. 친구 사이는 하나님과 인간 사이에 형성될 수 있는 관계 중 가장 깊은 관계다(Burge).

우리가 하나님의 친구가 된 것은 우리 스스로 이룬 업적이 아니다. 예수님이 우리를 택하시고 친구로 삼으셨다(cf. 16절). 이러한 사실이 참으로 다행이라는 생각이 든다. 만일 연약한 우리가 하나님과 친구 관계를 시작하고 유지하려고 한다면 이 관계는 분명히 오래가지 못한다. 그러나 하나님과 우리의 친구 관계는 하나님이 시작하고 유지하시니 영원히 변하지 않는다. 예수님은 이미 친구 관계를 맺은 사람들을 위해 생명을 내놓을 준비가 되셨다(cf. 13절). 십자가에서 이루신 구원은 말씀에 순종하는 주님의 친구들을 위한 것이다.

제자들은 하나님의 아들이신 예수님이 자유롭게 하신 사람들이다(8:35-36). 그러므로 제자들은 하나님의 자녀가 될 권리를 지녔다(1:12). 이번에는 예수님이 자신과 그들의 관계를 확인하신다. 예수님은 이제부터 제자들을 더는 종이라 하지 않고 친구라 하실 것이다(15절).

친구와 종의 차이는 무엇인가? 지금까지 하신 말씀을 종합해 보면 친구와 종은 둘 다 예수님이 하신 말씀에 순종해야 한다는 공통점이 있다. 그러나 종은 주인인 예수님이 하시는 것을 알지 못한다. 반면에 친구는 예수님이 하시는 것을 안다. 예수님이 하나님 아버지께 들은 것을 모두 다 알려 주셨기 때문이다. 또한 나중에 보혜사가 제자들에게 오셔서 예수님이 하신 말씀을 생각나게 하고 깨닫게 하실 것이다. 그러므로 지식이 종과 친구를 구별한다(Klink).

예수님과 제자들이 관계를 맺게 된 것은 그들이 예수님을 따르기로 결정해서가 아니라, 주님이 그들을 택해 제자로 삼으셨기 때문이다(16a절). 당시 랍비와 제자의 관계는 제자가 스승으로 삼고 싶은 랍비를 선택할 때 시작되었다. 그러므로 예수님이 제자들을 세우신 일은 당시

로서는 참으로 파격적인 일이었다.

'내가 너희를 택하여 세웠다'는 예수님의 말씀은 우리가 그리스도인이 되었을 때를 생각나게 한다. 그때는 모든 것이 우리가 한 일이었다. 우리가 마음을 열고 복음을 받아들였고, 우리가 예수님을 영접했다. 그러나 세월이 지나 돌아보면, 모든 것이 하나님의 은혜였고 하나님이 하신 일이었다. 하나님이 우리를 불쌍히 여겨 구원하기로 결정하셨다. 하나님이 성령을 통해 우리를 감동시키셨고, 우리의 마음을 열게 하셨다. 우리가 예수님을 영접하도록 하나님이 모든 환경과 여건을 만들어 가셨다. 그리고 우리에게 구원을 선물로 주셨다. 우리가 죄인이어서 하나님을 몰랐고 스스로 알 수도 없을 때 일어난 일들이다(cf. 롬 5:8). "우리가 아직 죄인 되었을 때에 그리스도께서 우리를 위하여 죽으심으로 하나님께서 우리에 대한 자기의 사랑을 확증하셨느니라"(롬 5:8).

예수님이 우리를 택해 제자로 세우신 것은 세 가지 목적을 두고 하신 일이다(16b절). 첫째, 열매를 맺게 하기 위해서다. 예수님 안에 계속 머물면 예수님은 우리가 열매를 잘 맺을 수 있도록 도우실 것이다. 둘째, 열매가 항상 있게 하기 위해서다. 그리스도인은 계절에 상관없이 항상 열매를 맺는 나무다. 생명이 있는 한 계속 열매를 맺는다. 이는 우리 안에 계신 예수님이 하시는 일이다. 셋째, 무엇이든 예수님의 이름으로 하나님께 구하게 하기 위해서다. 우리가 예수님 안에 거하면, 예수님의 말씀이 우리 안에 거한다(15:7). 그러므로 우리가 구하는 모든 것은 하나님의 말씀과 뜻에 합당한 것들이다. 예수님은 우리가 구하는 모든 것을 다 받게 하실 것이다. 예수님 안에 거하며 예수님의 뜻에 따라 드리는 모든 기도를 들어주실 것이라는 뜻이다.

예수님이 이렇게 말씀하시고 명령하시는 것은 제자들로 하여금 서로 사랑하게 하기 위해서다(17절). 교회의 본질은 서로에 대한 사랑이어야 한다. 하나님이 먼저 우리를 사랑하셨기 때문에(15:12), 우리도 삼위일체 하나님의 사랑으로 서로를 사랑해야 한다. 아무리 믿음이 좋다고 자부하는 사람이라도 사랑하지 않으면 그 믿음은 위선이다. 그러므로 믿음과 사랑은 하나다(Bultmann). 믿으면 사랑한다.

이 말씀은 가장 위대한 사랑은 친구를 위해 자기 목숨을 내놓는 일이라고 한다. 예수님은 친구인 우리를 위해 죽으셨다. 우리도 예수님을 닮아 가려고 노력해야 한다. 서로를 조금 더 사랑하고, 조금 더 섬겨야 한다. 사랑은 행동으로 나타난다. 마음에 담아 두기보다는 실천해야 한다. 하나님은 서로 사랑하는 사람들의 기도를 들으신다.

VII. 다락방 디스코스(13:1–17:26)
  B. 고별사(13:31–16:33)

5. 나도 세상의 미움을 경험했다(15:18–27)

18 세상이 너희를 미워하면 너희보다 먼저 나를 미워한 줄을 알라 19 너희가 세상에 속하였으면 세상이 자기의 것을 사랑할 것이나 너희는 세상에 속한 자가 아니요 도리어 내가 너희를 세상에서 택하였기 때문에 세상이 너희를 미워하느니라 20 내가 너희에게 종이 주인보다 더 크지 못하다 한 말을 기억하라 사람들이 나를 박해하였은즉 너희도 박해할 것이요 내 말을 지켰은즉 너희 말도 지킬 것이라 21 그러나 사람들이 내 이름으로 말미암아 이 모든 일을 너희에게 하리니 이는 나를 보내신 이를 알지 못함이라 22 내가 와서 그들에게 말하지 아니하였더라면 죄가 없었으려니와 지금은 그 죄를 핑계할 수 없느니라 23 나를 미워하는 자는 또 내 아버지를 미워하느니라 24 내가 아무도 못한 일을 그들 중에서 하지 아니하였더라면 그들에게 죄가 없었으려니와 지금은 그들이 나와 내 아버지를 보았고 또 미워하였도다 25 그러나 이는 그들의 율법에 기록된 바

그들이 이유 없이 나를 미워하였다

한 말을 응하게 하려 함이라 26 내가 아버지께로부터 너희에게 보낼 보혜사 곧 아버지께로부터 나오시는 진리의 성령이 오실 때에 그가 나를 증언하실

184

것이요 ²⁷ 너희도 처음부터 나와 함께 있었으므로 증언하느니라

예수님은 우리가 이 땅에서 그리스도인으로 살아가는 일이 결코 쉽지 않을 것이라고 하신다. 세상과 많은 갈등을 빚고 심지어 핍박까지 받을 수 있기 때문이다. 예수님은 그리스도인과 세상 사이의 갈등과 핍박이 필연적이라는 사실을 공관복음에서도 여러 차례 말씀하셨기 때문에 결코 새로운 주제는 아니다(마 10:17-25; 24:9-10; 막 13:9-13; 눅 21:12-17, cf. Brown). 다만 예수님의 제자로 살아가려면 많은 희생을 감수해야 하기에 새로운 각오와 다짐을 요구하신다.

예수님은 제자들에게 세상의 미움을 받게 되거든 세상이 그들보다 주님을 먼저 미워한 줄 알라고 하신다(18절). 어떤 이들은 '사랑과 미움'이 선호도에 관한 언어이지 감정이 실린 것은 아니라며 '만일 세상이 너희를 좋아하지 않거든' 정도로 이해한다(Lindars). 별로 설득력 없는 주장이다. 사랑과 미움은 감정이 실린 표현이다. 세상은 예수님과 제자들을 싫어하는 감정을 노골적으로 표현한다.

예수님이 승천하신 후 기독교가 처음 전파되기 시작할 때 그리스도인들은 폭도로, 혹은 인육을 먹는 자들로, 혹은 불을 지르는 자들로, 혹은 극악무도한 자들로 오해받아 미움을 사기도 했다(Barclay). 그러나 본문은 이러한 상황을 말하는 것이 아니다. 죄로 얼룩진 세상은 진리를 싫어한다. 또한 마귀의 영향을 받는 세상은 선보다 악을 선호한다. 그러므로 자신의 가치관과 세계관이 위협받고 있다고 생각하는 세상이 진리를 선포하고 선한 삶 살 것을 강요하는 예수님을 좋아할 리 없다. 예수님을 미워하는 세상은 예수님을 사랑하고 말씀에 순종하는 그리스도인들도 미워한다. 그러므로 우리가 세상으로부터 미움받는 것은 주님의 십자가를 지고 가는 것이라 할 수 있다.

세상이 믿는 사람들에게 진실이 아닌 세계관과 가치관을 강요하는 사례는 미가야와 여호사밧 이야기(왕상 22:10-27)를 들어 설명할 수 있

다. 미가야는 북 왕국 이스라엘에서 활동하는 선지자였고, 당시 왕은 아합이었다. 남 왕국 유다의 왕 여호사밧은 아합과 사돈을 맺었다. 하루는 두 왕이 힘을 합해 시리아를 치기로 했고, 모든 거짓 선지자가 두 왕이 승리할 것이라고 예언했다. 그러나 여호사밧은 마음이 편하지 않아 참 선지자를 찾았고, 마지 못해 미가야가 끌려왔다. 사전에 아합의 신하들은 미가야에게 자신들이 원하는 대로 예언할 것을 요구했지만, 미가야는 거부하고 하나님이 주신 말씀대로 예언했다. 결국 아합은 미가야에게 분노해 그를 옥에 가두고는 전쟁에서 승리하고 돌아온 후 처형하겠다고 했다. 그러나 그는 전쟁에서 살아 돌아오지 못했다.

세상이 지향하는 것과 예수님이 선포하신 것은 자주 충돌한다. 심지어 여호와를 사랑한다는 종교인들도 하나님의 기준을 따르지 못하거나 무시할 때가 있다. 한 예로 예수님이 태어날 때부터 맹인이었던 사람을 치료하셨을 때, 유대인들은 예수님이 안식일에 일을 했다며 죽이려고 했다(cf. 9장). 예수님과 제자들이 사랑을 통해 다른 사람들로부터 구분되는 것처럼, 세상은 미움으로 구별된다(Morris).

예수님은 세상이 제자들을 미워하는 이유를 설명하시는데, 그들이 더는 세상에 속하지 않았기 때문이다(19절; cf. 3:1-11). 만일 그들이 계속 세상에 속해 있다면 세상은 그들을 세상의 일부로 생각해 사랑했을 것이다. 그러나 예수님은 그들을 세상에서 택하셨다. 그들을 세상으로부터 특별히 구별해 제자로 삼으셨다는 뜻이다. '택하다'(ἐκλέγομαι)는 15:16에서 예수님이 제자들로 하여금 열매 맺게 하려고 택하셨다고 할 때 사용된 단어다. 이번에는 단순히 그들을 택하셨다며 그들의 신분이 세상과 다르다는 점을 강조하신다(Barret).

물론 제자들은 세상에서 태어났다. 그러나 그들은 '세상에서 나온'(ἐκ τοῦ κόσμου) 사람들이다. 또한 예수님은 '세상에서 나온'(ἐκ τοῦ κόσμου) 그리스도인들을 '세상 안'(ἐν τῷ κόσμῳ)에 두셨다(17:11). 그리스도인은 세속적인 마음과 세상의 가치관을 버리고 하나님의 관점을 새롭게 도입해 세상을 살아가는 사람이다(Mounce). "세상은 천사라는 이유로 천사를 미워하지 않는다. 그러나 기독교인이라는 이유로 그리스도인을 미워한다. 세상은 그리스도인의 새로운 인격을 원망한다. 세상은 그리스도인이 누리는 평안으로 고통스러워하며, 그들의 기쁨에 분노한다"(Temple).

예수님을 미워하는 세상이 그리스도인들을 미워하는 것은 예수님 때문이다. 우리와 세상의 관계는 예수님과 세상의 관계에 따라 결정된다(Carson). 또한 우리는 그리스도의 몸이다. 그러므로 우리는 세상이 우리를 미워하는 것을 그리스도의 고난에 동참하는 것으로 생각해야 한다. 하나님이 우리를 인정하셨기 때문에 그리스도의 고난에 동참하게 하신다. 그러므로 세상으로부터 미움받는 것은 영광스러운 일이다.

바로 앞에서 예수님은 제자들을 친구라 하셨다(15:15–16). 이번에는 그들을 종이라 하신다(20a절). 예수님은 13:16에서도 자신과 제자들의 관계를 주와 종이라고 하셨다. 13장에서는 서로 섬기는 것을 격려하기 위해 예수님의 고난에 동참할 것을 권면하며 주–종 관계로 말씀하신다. 어떠한 종도 주인보다 더 크지 못하다. 그러므로 주인이신 예수님을 박해한 세상이 그분의 종인 제자들까지 박해하는 것은 이상한 일이 아니라 지극히 정상적이고 당연한 일이다(20b절). 반대로 만일 세상이 예수님의 말씀을 지켰다면, 제자들의 말도 지켰을 것이다(20c절). 그러나 세상이 예수님의 말씀을 지키지 않고 오히려 박해했으니, 제자들의 말을 듣지 않고 그들을 박해하는 것이 당연하다.

구세주의 말씀을 지키지 않는 세상 사람들(20c절)은 오히려 예수님의 이름으로 말미암아 이 모든 일을 제자들에게 행할 것이다(21a절). '이 모든 일'(ταῦτα πάντα)은 핍박을 의미한다(20절). 예수님을 믿는 사람들은 믿지 않으면 당하지 않았을 고통을 당할 것이다(cf. 마 10:16–25). 바울도 이렇게 증언했다. "무릇 그리스도 예수 안에서 경건하게 살고자 하는 자는 박해를 받으리라"(딤후 3:12; cf. 고후 11:23–27).

성경 말씀을 종합해 볼 때 그리스도인의 삶에 고난이 전혀 없다면 오히려 이상하다. 세상은 그리스도인들을 마치 없는 것처럼 무시해도 될 것 같은데, 왜 핍박하는 것일까? 기독교 진리가 잘못되고 비뚤어진 세계관과 가치관을 가진 세상을 불편하게 만들기 때문이다.

세상은 예수님을 사랑하는 제자들을 미워할 뿐 아니라, 주님을 이 땅에 보내신 하나님도 모른다(21b절). 그들이 모른다는 것은 아예 듣지 못했다는 뜻이 아니라, 듣고도 믿기를 거부했다는 뜻이다. 복음을 거부하는 사람 중 어떤 이들은 예수님만 부인하지 창조주 하나님을 거부하는 것은 아니라고 하지만, 예수님을 거부하면 곧 하나님도 거부하는 것이다.

만일 예수님이 세상에 오셔서 말씀하지 않으셨다면, 그들은 죄가 없었을 것이다(22a절). 로마서 5:13은 "죄가 율법 있기 전에도 세상에 있었으나 율법이 없었을 때에는 죄를 죄로 여기지 아니하였느니라"라고 한다. 그러므로 이 말씀은 예수님이 오시기 전에도 세상에 분명히 죄가 있었지만, 죄로 알지 못했거나 죄로 여기지 않았다는 뜻이다(cf. Carson). 원래 예수님은 죄인들을 죄에서 구원하러 오셨지만(마 1:21), 예수님을 거부한 자들에게는 그들의 죄만 확실하게 드러내셨다.

예수님이 오셔서 사람들의 죄를 들추어내셨기 때문에 그들은 더는 자신들의 죄에 대해 핑계를 댈 수 없다(22b절). 이제 죄는 모세가 시내 산에서 전해 준 율법이 아니라 예수님의 말씀과 가르침이 정의하고 드러낸다(Michaels, Ridderbos). 그러므로 죄에 대한 심판이 이미 시작되었다고 할 수 있다(Brown).

예수님은 하나님이 보내신 분이며, 하나님과 하나이시다. 그러므로 예수님을 미워하는 자는 하나님도 미워한다(23절). 하나님을 사랑하면서 예수님을 미워할 수는 없다. 또한 하나님을 미워하면서 예수님을 사랑할 수도 없다. 두 분은 태초부터 함께 계신 하나님이시다(cf. 1:1).

만일 그들이 예수님의 말씀을 통해 자신이 죄인이라는 사실을 깨달지 못한다면, 예수님이 그 누구도 하지 못한 일을 그들 중에 하신 일이 그들로 하여금 죄인이라는 사실을 깨닫게 할 것이다(24a절). '아무도 못한 일들'(τὰ ἔργα μὴ ἐποίησα)은 예수님이 행하신 온갖 기적을 말한다. 예수님은 죽은 나사로를 살리신 일(cf. 11장)을 포함해 그 누구도 하지 못한 기적들을 그들 앞에서 행하셨다. 그런데도 그들은 믿지 않았다. 어느 정도 상식적인 사람들이었다면 믿었을 텐데 말이다(cf. 14:11).

이 기적들은 예수님 안에 거하시고 예수님과 하나이신 하나님 아버지가 하신 일이기도 하다. 그러나 그들은 주님이 행하신 기적들을 보고도 예수님과 하나님을 믿지 않았다. 그들이 예수님과 하나님을 믿지 않은 것은 곧 미워한다는 증거였다(24b절). 그들은 회개하고 돌아온 것이 아니라, 오히려 그들에게 길과 진리와 생명을 주시고자 한 하나님을 미워했다.

세상 사람들이 기적을 보고도 하나님을 미워하는 것은 참으로 실망스러운 일이지만, 놀랄 만한 일은 아니다. 그들의 어리석은 행동은 그들의 율법을 성취하기 때문이다(25절). '그들의 율법'(τῷ νόμῳ αὐτῶν)은 좁은 의미에서 창세기에서 신명기에 이르는 모세 오경을 뜻하며, 넓은 의미에서는 구약 전체를 뜻한다. 이곳에서는 후자다. 그들이 성취하는 '율법'이 시편 말씀이기 때문이다. 예수님이 인용하시는 말씀은 시편 35:19, 69:4, 109:3 등과 거의 같다. 이 시편들은 고통 속에 있는 사람들이 탄식하며 부른 노래다. 억울함을 호소하는 것이다. 예수님이 행하신 선한 일들을 보고도 하나님을 믿지 않고 오히려 미워하는 것은 논리적으로 납득이 되지 않는다. 이것이 모든 인간이 지닌 어리석음이다. 그러므로 성령이 우리의 눈으로 보게 하고, 귀로 듣게 하고, 마음을 열어 주셔야 비로소 하나님이 주시는 구원을 받을 수 있다.

비록 세상이 예수님을 영접하지 않고 하나님을 미워하지만, 하나님은 계속 그들에게 회개할 기회를 주실 것이다. 이 일을 위해 예수님은 아버지로부터 보혜사를 보내실 것이다(26a절). 요한복음은 '보혜사'(παράκλητος)를 네 번 언급하는데, 그중 세 번째다(14:16, 26; 15:26; 16:7). 앞에서 말한 것처럼 예수님이 보내시는 보혜사는 자신과 동일한 '또 다른 보혜사'다(14:16). 보혜사는 아버지께로부터 나오는 진리의 성령이시다(26b절). 역사적으로 '아버지께로 나오는'(ὃ παρὰ τοῦ πατρὸς ἐκπορεύεται)이라는 말의 정확한 의미가 성령론과 연관해 많은 논쟁을 불러일으켰지만, 단순히 예수님이 하나님으로부터 오신 것처럼 성령도 하나님으로부터 오시는 분, 곧 아버지와 아들과 성령이 본질이 같은 삼위일체 하나님이라는 의미다(cf. 14:16-17).

장차 오실 보혜사는 진리의 성령이며, 예수님에 대해 증언하실 것이다(26c절). 성령은 예수님이 하나님의 아들 메시아이시며, 하나님이시며, 그분이 가르친 모든 것이 하나님으로부터 온 진리임을 확인해 주실 것이다. 보혜사는 세상이 얼마나 예수님을 잘못 대하고 있는지도 증언하실 것이다. 예수님은 사람이 하나님께 나아갈 유일한 길이요 진리요 생명이신데, 그를 미워하는 것은 스스로 하나님과의 화평과 영생을 포기하는 행위임을 지적하실 것이다. 예수님 믿기를 거부하거나 주저하는 사람들이 믿도록 적극적으로 증언하실 것이다.

보혜사가 예수님에 대해 적극적으로 증언하시는 것처럼 제자들도 예수님에 대해 증언해야 한다(27절). 이런 일을 하라고 예수님이 그들을 택해 세우셨다(cf. 19절). 제자들은 지난 3년 동안 예수님과 함께했다. 그러므로 제자들은 이 세상에서 예수님에 대해 가장 잘 아는 사람들이다. 그들은 예수님의 가르침을 모두 들었고, 행하신 기적을 모두 보았고, 심지어 예수님이 유대인들과 갈등을 빚으신 일도 모두 지켜보았다. 그러므로 그들은 예수님의 삶과 가르침을 온 세상에 증언하고 선포하기에 가장 적합한 사람들이다. 그들이 예수님에 대해 증언하다가 혹시 난관에 부딪히게 되면 성령이 도우실 것이다(cf. 마 10:16-20; 막 13:11; 눅 12:12).

제자들은 예수님 때문에 고난을 받을 뿐 아니라, 예수님에 대해 증언하는 중요하고 특별한 위치에 있다(Barrett). 우리도 하나님에 대해 알면 알수록 모르는 사람들과 나누고 알리려는 사명감을 가져야 한다. 예수님에 대해 아는 것은 다른 사람들과 나눌 때 진가를 발휘하기 때문이다.

이 말씀은 예수님을 사랑하는 사람들은 이 땅에서 핍박을 감수해야 한다고 한다. 하나님을 모르고, 더 나아가 알기를 거부하는 세상은 하나님을 미워한다. 우리는 세상이 미워하는 하나님을 사랑한다. 그러므로 세상은 우리도 미워할 것이다. 기독교에 적대적인 세상에서 핍박과 고난은 그리스도인의 삶 일부다. 핍박과 고난이 없는 것이 오히려 신앙생활에 적신호가 될 수 있다.

우리는 예수님에 대한 증인이 되도록 세우심을 받았다. 예수님이 하나님께 나아갈 유일한 길이요 진리요 생명이심을 증언해야 한다. 또한 좋은 증인이 되기 위해서는 꾸준히 진리를 배우고 습득해야 한다. 아는 것만큼 나눌 수 있기 때문이다. 그러므로 나누기(증언하기) 위해서라도 열심히 배워야 한다.

> VII. 다락방 디스코스(13:1-17:26)
> B. 고별사(13:31-16:33)

6. 내가 보혜사를 통해 능력을 주리라(16:1-15)

예수님은 세상이 그리스도인들을 혹독하게 핍박할 것이라고 하신다. 이러한 상황에서 예수님이 그들과 함께하시면 더없이 좋겠지만, 떠나야 한다고 하신다. 다행인 것은 예수님의 공백을 보혜사가 채우러 오신다는 것이다. 보혜사가 얼마나 확실하게 성도들과 함께하며 도우시는지 예수님은 자신이 떠나는 것이 오히려 제자들에게 복이 된다고 하신다. 이러한 내용을 담고 있는 본 텍스트는 다음과 같이 두 파트로 구분된다.

A. 피할 수 없는 핍박과 떠나심(16:1-6)

B. 보혜사가 오심(16:7-15)

(1) 피할 수 없는 핍박과 떠나심(16:1-6)

¹ 내가 이것을 너희에게 이름은 너희로 실족하지 않게 하려 함이니 ² 사람들이 너희를 출교할 뿐 아니라 때가 이르면 무릇 너희를 죽이는 자가 생각하기를 이것이 하나님을 섬기는 일이라 하리라 ³ 그들이 이런 일을 할 것은 아버지와 나를 알지 못함이라 ⁴ 오직 너희에게 이 말을 한 것은 너희로 그 때를 당하면 내가 너희에게 말한 이것을 기억나게 하려 함이요 처음부터 이 말을 하지 아니한 것은 내가 너희와 함께 있었음이라 ⁵ 지금 내가 나를 보내신 이에게로 가는데 너희 중에서 나더러 어디로 가는지 묻는 자가 없고 ⁶ 도리어 내가 이 말을 하므로 너희 마음에 근심이 가득하였도다

15:18에서 시작된 핍박에 대한 가르침과 경고가 계속되고 있다. 예수님이 제자들에게 '이것들'(ταῦτα, 예수님을 믿는다는 이유로 제자들이 받을 핍박, cf. 15:18-27)에 대해 미리 말씀해 주시는 것은 그들이 장차 믿음으로 인해 핍박과 환난을 겪게 될 때 실족하지 않게 하기 위해서다(1절). '실족하다'(σκανδαλίζω)는 길을 가다가 어두움 등으로 인해 가는 길을 볼 수 없어서 넘어지는 것을 뜻하며(cf. 12:35), 본문에서는 믿음을 버리고 예수님을 부인하는 것을 뜻한다. 많은 사람이 예수님의 제자가 되겠다고 나섰다가 예수님을 따르려면 예수님의 피와 살을 먹어야 한다는 말씀에 신앙을 버리고 떠난 것이 하나의 '실족 사례'가 될 수 있다 (cf. 6:53-66). 또 한 가지 사례는 예수님이 재판을 받는 뜰에서 베드로

가 주님을 세 차례나 부인한 일이다(cf. 막 14:66-68).

예수님이 하나님을 사랑하는 사람들이 받을 고난과 핍박을 계속 강조하시는 것은 시사하는 바가 크다. 그리스도인들이 예수님을 사랑하기 때문에 고난받고 핍박받을 것이라는 말씀은 우리 주변에서 '예수 믿으면 부자가 되고 건강할 것이다'라고 말하는 기복 신앙과 질적으로 다른 가르침이다.

예수님의 죽으심으로 구원받은 우리는 예수님을 닮아 가는 삶을 살아야 한다. 그렇다면 우리는 언제 예수님을 닮았다고 할 수 있는가? 세상이 예수님을 대하듯 우리를 대할 때다. 세상은 예수님을 미워하고 핍박했다. 그러므로 세상이 우리를 핍박하고 미워할 때 비로소 예수님을 닮아 가는 삶을 살고 있다고 할 수 있다(cf. 마 10:17-25). 그러므로 기복 신앙은 그리스도인의 삶 일부가 되어서는 안 된다(Mounce).

세상이 제자들에게 가할 핍박의 수위는 어느 정도일까? 예수님은 출교와 죽음까지라고 하신다(2절). 우리는 이미 9:22에서 '출교'(ἀποσυνάγωγος, 회당에서 내쫓는 것을 의미)를 접했다. 어떤 이들은 이 단어가 예수님 시대로부터 한참 후에 사용되기 시작한 단어이므로 요한이 예수님이 하시지 않은 말씀을 하고 있다고 하지만(Martyn), 그렇게 해석할 필요는 없다. 예수님은 처음부터 복음으로 세워지는 기독교가 결코 유대교와 함께 갈 수 없다는 사실을 알고 계셨다. 그러므로 설령 '출교'라는 단어를 쓰지 않으셨다고 해도 유대교가 그리스도인들을 배척하는 일이 반드시 일어날 것이라고 하시는 것이다. 그리스도인들은 예수님을 사랑한다는 이유로 유대교에서도 외부자가 될 것이다.

유대교가 세상과 합세해 그리스도인을 핍박하는 것이 참으로 안타깝다. 유대교는 세상에서 유일하게 여호와가 창조주 하나님이시며, 자신들은 그 하나님의 백성이라고 자부했던 종교다. 그러나 유대교인들은 하나님의 아들이신 예수님을 부인하고 그가 세우실 교회를 핍박하는 자들이 되었다. 진리를 안다는 자들이 진리이신 예수님께 눈을 감았기 때문이다.

오늘날에는 출교를 별일 아닌 것으로 생각할 수 있지만, 당시에는 참으로 큰 파장을 일으키는 일이었다. 사람들의 삶과 그들이 속한 공동체가 종교를 중심으로 형성되었기 때문이다. 그러므로 출교를 당하면 단순히 예배에서만 배제되는 것이 아니라, 가족과 친지들과 사는 마을에서 배척을 당했다. 초대교회 교인들은 이러한 고통과 손해를 감수하고 예수님을 사랑했다.

예수님을 사랑한다는 이유로 핍박당하는 것도 감당하기 쉽지 않지만, 그리스도인들을 더 힘들게 하는 것은 핍박하는 자들이 그들의 박해를 하나님을 섬기는 일로 정당화하고 합리화하는 것이다(2b절). 2절의 '때가 이르면'(ἔρχεται ὥρα)은 예수님이 십자가에서 죽으시는 때를 의미하는데, 본문에서는 유대교 지도자들이 그리스도인들을 핍박하기 시작하는 때를 뜻한다.

'섬기는 일'(λατρεία)은 예배를 뜻한다(롬 9:4; 히 9:6). 그들은 그리스도인을 잡아 죽이는 것이 하나님께 드리는 예배라고 생각할 것이다. 실제로 스데반이 순교할 때 사람들은 하나님을 위해 그를 죽이는 것이라고 생각했다(행 7:57-60). 그 자리에 있었던 바울도 스데반을 죽이는 일에 어떠한 양심의 가책도 느끼지 않았다(행 7:58; cf. 행 26:9-11). 이후 바울은 그리스도인들을 잡아 죽이는 일에 앞장서기까지 했다(행 9:1-2). 이러한 일들은 사람이 아무리 순수하고 선한 종교적 동기에서 하는 일이라 할지라도 잘못되고 죄가 될 수 있다는 것을 보여 준다.

실제로 지금도 세상 곳곳에서 이러한 일들이 일어나고 있다. 조지 부시(George Bush) 전 미국 대통령은 9·11 사태의 배후 중 하나로 사담 후세인(Saddam Hussein) 전 이라크 대통령을 지목하고, 더 나아가 이라크가 대량 살상 무기를 보유하고 있다며 2003년 이라크를 침략했다. 그러나 부시의 주장은 모두 거짓으로 드러났으며, 안타깝게도 그 전쟁으로 인해 이라크인 100만여 명이 죽었다. 또한 미군은 아무것도 이루지 못하고 2011년 이라크를 떠났다. 그들이 떠난 자리에는 혹독한 내란만 있을 뿐이었다. 이 와중에 미국과 한국의 일부 목사는 조지 부시가 거듭난 그리스도인이라면서 "하나님께 기도하는 대통령은 잘못될 수 없다"라며 무조건적인 지지를 표했다. 어떠한 핍박이든 종교적으로 정당화될 때 가장 무자비한 폭력이 된다. 목회자들은 정치적 입장을 표할 시간이 있으면 기도해야 한다.

예수님은 공관복음에서 "그러므로 내가 너희에게 선지자들과 지혜 있는 자들과 서기관들을 보내매 너희가 그 중에서 더러는 죽이거나 십자가에 못 박고 그 중에서 더러는 너희 회당에서 채찍질하고 이 동네에서 저 동네로 따라다니며 박해하리라"(마 23:34)라고 하셨다. 본문에서도 제자들이 예수님으로 인해 생명까지 잃을 수 있다고 경고하신다. 예수님은 하나님을 섬기는 일로 십자가에서 죄인들을 위해 죽으셨다.

세상은 하나님을 섬기는 일이라며 그리스도인들을 잡아 죽인다. 그러나 사실은 하나님 아버지와 아들 예수님을 알지 못해서 이런 만행을 저지른다(3절). 아버지와 아들은 한 분이다(13:20; 14:7; 15:21, 23). 그들은 하나님을 위해 예수님과 제자들을 핍박한다고 하지만, 사실은 하나님을 핍박하는 일이다. 어떻게 하나님을 섬기는 일이 하나님을 핍박하는 일이 되었는가? 그들이 하나님을 모르기에 빚어진 일이다(Bruce). 사람이 하나님을 모르면 많은 죄는 물론이고, 심지어 자기도 모르는 사이에 하나님의 이름으로 죄를 짓는다.

예수님은 핍박이 실제로 있기 전에 제자들에게 알려 주신다. 때가 되어 이런 일을 당해도 당황하지 않게 하려는 것이다(4a절). 사전에 알고 어느 정도 마음을 준비한 후에 당하는 것과 모르고 당하는 것은 매우 다르다. 예수님이 예전에 경고하신 일이 일어난 것이라고 생각하면 견디기가 조금은 쉬워진다.

예수님이 미리 말씀하신 일이 제자들의 삶에 현실로 드러나면 그들은 모든 것이 하나님이 계획하신 대로 진행되고 있다는 증거로 삼아야 한다. 그리스도인이 세상의 핍박을 받는 것도 하나님 계획의 일부라는 것이다. 또한 세상이 그리스도인을 핍박하는 것은 하나님과 사탄 사이의 범우주적 갈등에서 비롯된 것이지, 세상과 그리스도인 사이에 벌어지는 사사로운 일이 아니라는 사실도 깨달아야 한다.

세상이 그리스도인을 핍박하는 것은 예수님이 선포하신 진리를 잠잠케 하기 위해서다. 핍박은 복음이 진리임을 입증하는 일이다. 세상은 어리석은 말을 하는 바보들을 참고 인내하지만 십자가에 못 박아 죽이지는 않는다(Mounce). 그러므로 세상이 예수님을 십자가에 못 박아 죽인 것은 예수님의 말씀이 그들이 듣기 싫어하는 진리임을 입증한다.

예수님이 이때까지 핍박에 대해 말씀하시지 않다가 이제야 알려 주시는 것은 예수님이 그들과 함께하시는 동안에는 이러한 가르침이 필요 없었기 때문이다(4b절). 미리 알려 주어 일찍부터 걱정하게 할 필요가 없었다. 그러나 떠나실 때가 다가오자 앞으로 그들이 홀로 당할 일을 알려 줄 필요를 느끼셨다.

예수님은 앞서 제자들과 잠시 함께할 것이라고 하셨는데(13:33), 이제는 하나님 아버지께 가실 때가 '지금'(νῦν)이라며 그들과 함께하는 시간이 끝났다고 하신다(5a절). '나를 보내신 이'(τὸν πέμψαντά με)는 하나님을 뜻하는 호칭이다(1:33; 4:34; 5:24, 30; 6:38, 39; 13:16, 20; 14:24; 15:21).

'너희 중에서 나더러 어디로 가는지 묻는 자가 없다'(5b절)는 말씀은 쉽게 설명되지 않는다. 베드로가 예수님께 어디로 가시느냐고 물었고(13:36), 도마도 비슷한 질문을 했기 때문이다(14:5). 학자들은 최소한 세 가지 설명을 제시한다.

첫째, 텍스트의 순서를 정비해 16장을 13장과 14장 전에 읽어야 한다고 한다(Bultmann, Bernard). 이렇게 읽으면 베드로와 도마가 질문하기 전에 이 말씀을 하신 것으로 해석할 수 있다. 그러나 이렇게 본문의 순서를 조정할 경우 더 많은 문제가 발생하기 때문에 대부분 학자가 이 같은 해석을 기피한다.

둘째, 편집자 혹은 저자가 요한복음을 저작할 때 여러 출처를 인용했기 때문에 빚어진 일이라고 한다(Beasley-Murray, Brown, Schnackenburg). 이미 베드로와 도마가 질문했다는 점에서 이 말씀은 본문의 문맥에서 문제가 되지만 편집되지 않았다. 복음서 저자가 자신이 인용한 출처와 전통을 존중했기 때문이다. 그러나 편집자(저자)의 중요한 역할 중 하나는 문맥을 매끄럽게 하는 일이다. 그러므로 출처를 존중해서 어떠한 편집도 하지 않았다는 것은 그다지 설득력이 있는 추론이 아니다.

셋째, 제자들이 이미 한 질문들과 예수님이 하지 않았다고 하시는 질문이 내용은 비슷하지만 의미가 다르기 때문이다(Barrett, Carson, Dodd, Hoskyns). 베드로는 떠나신다는 예수님의 말에 충격을 받아 남아 있는 자기는 어떻게 될 것인지에 몰입해 질문했다. 그는 자신에 대해 걱정할 뿐 정작 예수님이 어디로 가시는지는 관심이 없었다(cf. 6절). 도마도 예수님이 어떤 경로를 통해 떠나시는지를 질문했지, 예수님의 목적지가 어디인지는 관심이 없었다.

이러한 상황에서 예수님은 제자들이 정작 해야 할 질문을 하지 않는다고 하신다(Barrett, Carson). 그들은 아직도 모든 것을 자기중심적으로 생각한다. 만일 그들이 하나님의 일에 몰입해 있었다면 예수님이 떠나신다고 했을 때 하나님께 가시느냐고 물으며 기뻐했을 것이다. 하나님과 예수님이 하늘에서 함께 계시게 될 것이기 때문이다(Burge, Mounce).

자기중심적인 생각을 탈피할 수 없는 제자들은 예수님의 떠나신다는 말씀에 슬프기만 하다(6절). 만약 예수님이 하나님께 갔다가 다시 오실 것이라는 사실을 믿었다면 슬퍼하지 않았을 것이다. 예수님이 하나님께 가시면 주님의 오른편에 앉아 그들을 보호하실 것이라는 사실을 믿었다면 슬퍼하지 않았을 것이다(Calvin). 그러므로 제자들의 슬픔은 예수님의 말씀을 불신하는 일이 된다(Hoskyns).

이 말씀은 모든 것에 때가 있다고 한다. 예수님으로 인해 행복할 때가 있으면, 고난받아야 할 때도 있다. 믿음으로 사는 일에도 때와 단계가 있다. 신앙의 첫 단계는 축복만을 누리고 기뻐할 때다. 그러다가 점차 시간이 지나고 신앙이 자람에 따라 조금씩 핍박을 감수해야 할 때가 온다. 성숙한 신앙의 최고봉은 그리스도의 고난에 동참하는 영광을 얻는 일이다.

<pre>
VII. 다락방 디스코스(13:1-17:26)
  B. 고별사(13:31-16:33)
    6. 내가 보혜사를 통해 능력을 주리라(16:1-15)
</pre>

(2) 보혜사가 오심(16:7-15)

[7] 그러나 내가 너희에게 실상을 말하노니 내가 떠나가는 것이 너희에게 유익이라 내가 떠나가지 아니하면 보혜사가 너희에게로 오시지 아니할 것이요 가면 내가 그를 너희에게로 보내리니 [8] 그가 와서 죄에 대하여, 의에 대하여, 심판에 대하여 세상을 책망하시리라 [9] 죄에 대하여라 함은 그들이 나를 믿지 아니함이요 [10] 의에 대하여라 함은 내가 아버지께로 가니 너희가 다시 나를 보지 못함이요 [11] 심판에 대하여라 함은 이 세상 임금이 심판을 받았음이라 [12] 내가 아직도 너희에게 이를 것이 많으나 지금은 너희가 감당하지 못하리라 [13] 그러나 진리의 성령이 오시면 그가 너희를 모든 진리 가운데로 인도하시리니 그가 스스로 말하지 않고 오직 들은 것을 말하며 장래 일을 너희에게 알리시리라 [14] 그가 내 영광을 나타내리니 내 것을 가지고 너희에게 알리시겠음이라 [15] 무릇 아버지께 있는 것은 다 내 것이라 그러므로 내가 말하기를 그가 내 것을 가지고 너희에게 알리시리라 하였노라

본문은 보혜사에 관한 네 가지 말씀 중 마지막이며, 가장 자세하게 설명하신 것이다(cf. 14:16-17, 26; 15:26). 이번 말씀은 예수님이 떠나지 않으면 제자들과 한 곳에만 계시지만, 떠나면 보혜사 성령을 보내 세상 모든 그리스도인과 함께하신다는 것이 핵심이다(Mounce). 그러므로

예수님은 제자들을 떠나는 것이 그들에게 유익이라고 하신다.

이 섹션을 시작하는 "내가 너희에게 실상을 말하노니"(ἀλλ' ἐγὼ τὴν ἀλήθειαν λέγω)에서 '실상'(ἀλήθεια)은 진실을 뜻한다. 제자들은 그들 눈에 보이는 것만 보고 예수님의 떠나심에 대해 걱정하는데, 그들이 보지 못하는 진리가 있다는 것이다. 그러므로 이 말씀은 이때까지 요한복음에서 수차례 접했던 '진실로 진실로 너희에게 이르노니'(ἀμὴν ἀμὴν λέγω ὑμῖν)와 같은 의미를 지닌다.

예수님은 자신이 떠나가는 것이 제자들에게 유익이라고 하신다(7a절). 예수님이 떠나가시는 것은 십자가와 부활과 승천을 통해 하나님께 돌아가는 것을 뜻하며, 이미 여러 차례 떠남에 대해 말씀하셨다(cf. 13:33, 36; 14:2-6). 십자가는 참으로 고통스럽고 두렵지만, 반드시 지나야 하는 과정이다. 예수님이 이 과정을 지나 하나님께 가시면 제자들이 상상하지 못하는 유익함이 그들에게 임할 것이다. '유익하다'(συμφέρω)는 '좋다, 낫다'는 의미이며(cf. BDAG), 예수님의 떠나심은 그들에게 많은 득이 될 것이기에 좋은 일이다.

예수님이 떠나시는 것은 제자들에게 다방면으로 유익하지만, 그 중 가장 큰 유익은 보혜사가 오시는 일이다(7b절). 예수님은 우리의 보혜사이시다(요일 2:1). 그러므로 예수님이 떠나신 후 오실 보혜사(παράκλητος)는 '또 다른' 보혜사이며(14:16), 하나님으로부터 나오는 진리의 성령이시다(15:26). 보혜사는 예수님의 이름으로 오시며(14:26), 예수님에 대해 증언하신다(15:26). 예수님은 보혜사를 통해 제자들과 함께하신다. 보혜사는 아버지와 아들의 말씀에 대해 증언하실 것이다(14:19-20). 그러므로 예수님의 떠나심과 보혜사의 오심은 삼위일체 하나님이 각자 구분되면서도 서로 나눌 수 없다는 사실을 알려 준다(Klink).

그동안 제자들은 하나님 아버지와 아들 예수님이 함께하시는 삶을 살았지만, 보혜사가 오시면 한 분이 더해져 삼위일체 하나님이 함

199

께하시는 삶을 살게 될 것이다(cf. 1:14). 예수님의 떠나심은 그들과
더는 함께하지 않을 것을 뜻하는 것이 아니라, 오히려 보혜사 성령
과 오셔서 그들과 계속해서 함께할 것을 약속하고 보장하는 일이다
(Schnackenburg). 그러므로 제자들에게는 예수님의 떠나심이 유익하다.

보혜사는 오셔서 어떤 일을 하시는가? 예수님은 보혜사가 하실 일
을 자세하게 말씀하신다(8-15절). 앞서 예수님은 보혜사가 믿는 사람들
을 변호하고, 그들의 증언을 강화하는 일을 하실 것이라고 했다(15:26-
27). 또한 제자들에게 예수님의 말씀을 기억나게 하실 것이라고 했다
(14:26). 이러한 일들은 법정에서 피고를 변호하는 사람이 하는 일이다.
이와는 대조적으로 본문에 묘사된 보혜사의 역할은 변호사가 아니라
검사 혹은 판사 역할이다. 죄와 의와 심판에 대해 세상을 책망하실 것
이기 때문이다(8절, cf. 8-11절).

이때까지 요한복음의 흐름 안에서 죄와 의와 심판을 정확하게 규명
하기는 쉽지 않다(Carson). 그러나 다행히 9-11절이 이 세 가지 용어—
죄(9절), 의(10절), 심판(11절)—를 어느 정도 설명하기 때문에 별 어려움
없이 개념을 이해할 수 있다. 보혜사는 하나님이 예수님을 통해 가르
치시고 하신 일들을 바탕으로 죄와 의와 심판의 참모습을 세상에 보여
주실 것이다(Beasley-Murray, cf. 3:20; 8:46). 보혜사가 오시면 세상의 양
심에 말씀하셔서 세상이 죄와 의와 심판에 대해 얼마나 잘못된 생각을
가지고 있는지 분명하게 드러내실 것이라는 뜻이다(cf. Barrett). 성령의
지적을 받아들이고 받아들이지 않고는 세상의 몫이다. 물론 세상은 보
혜사의 책망을 귀담아듣지 않을 것이다. 세상은 화인 맞은 양심을 지
녔기 때문에 진리를 들을 능력이 없다.

보혜사가 오시면 예수님을 믿지 않은 죄에 대해 세상을 책망하실 것
이다(9절). 세상은 죄로 인해 망해 가고 있지만 이러한 사실을 깨닫지
못한다. 세상이 죄 문제를 해결하려면 예수님이 필요하다. 예수님은
세상의 죄를 지고 가기(없애기) 위해 오신 창조주이자 구세주이기 때문

이다(cf. 1:3, 29). 그러나 세상은 예수님을 영접하지 않고(1:10) 오히려 죄인으로 취급했다(cf. 9:24). 보혜사는 예수님을 구세주로 영접하지 않고 죄인 취급한 세상의 죄를 정죄하실 것이다(Burge).

한 학자(Brown)는 세상이 보혜사를 받지 못한 것이 그를 보지도 못하고 알지도 못했기 때문이라는 14:17과 본문이 모순된다고 주장한다. 그러나 14:17은 성령을 영접하는(받는) 것에 대해, 본문은 예수님을 영접하지 않은 것이 죄라는 성령의 메시지를 듣는 것에 대해 말하고 있기 때문에 서로 다르다.

보혜사는 의에 대해서도 세상을 책망하실 것이다(10a절). 예수님이 제자들을 떠나 하나님 아버지께 가시기 때문에 그들이 다시 주님을 보지 못하게 되는 것(10b절)은 보혜사가 책망하는 세상의 의와 연관이 있기에 해석하기가 쉽지 않다. 그러므로 학자들은 본문의 의를 하나님의 의 또는 주님이 인정하시는 의가 아니라, 죄 많은 세상이 스스로 의롭게 여기며 행한 일이라고 한다(Klink). 이사야는 세상의 의에 대해 이렇게 말했다. "무릇 우리는 다 부정한 자 같아서 우리의 의는 다 더러운 옷 같으며 우리는 다 잎사귀 같이 시들므로 우리의 죄악이 바람 같이 우리를 몰아가시나이다"(사 64:6; cf. 단 9:18).

세상은 예수님을 부인하고 십자가에 매다는 것이 의라고 생각했다(Burge, Luther, Mounce, O'Day). 예수님이 떠나신 후에 오시는 성령은 세상의 의(예수님을 부인하고 십자가에서 처형한 것)가 얼마나 어리석고 잘못된 것인지 드러내실 것이다(Burge, Klink). 또한 예수님이 세상에 오셔서 죄를 드러내신 것처럼(5:22, 24), 성령도 오셔서 세상의 죄를 드러내 그들이 결코 의롭지 않다는 것을 보이실 것이다.

보혜사는 심판에 대해서도 세상을 책망하실 것이다(11a절). 세상이 예수님께 행한 악한 심판(판결)과 세상이 행한 잘못된 심판들을 드러내실 것이다(Burge, cf. 7:24; 8:16). 세상의 가장 큰 죄는 단연 예수님에 대한 불의한 심판(판결)이다(Klink). 세상은 겉모양, 곧 눈에 보이는 것으로 심판하기 때문에 영적인 일에 대해서는 완전히 잘못된 판단만 내린다(cf. 7:24).

세상이 영적인 일에 잘못되고 왜곡된 심판을 내리는 것은 세상의 임금 때문이다(11b절). '세상 임금'(ὁ ἄρχων τοῦ κόσμου)은 사탄을 뜻한다(cf. 12:31; 14:30). 세상은 사탄에게 지대한 영향을 받아 마귀의 시각과 기준으로 많은 것을 판단하고 심판한다. 세상에 참으로 치명적인 영향을 미치는 사탄은 하나님의 심판을 받아 이미 패배했다. 또한 앞으로 십자가에서 '공식적으로' 예수님께 패할 것이다. 그러나 마귀는 종말이 올 때까지 세상에 지대한 영향을 미칠 것이다(요일 5:19; cf. 엡 2:2; 6:12).

예수님은 아직도 말씀하실 것이 많지만, 제자들이 감당하지 못할 것을 아신다(12절). 그러므로 나머지는 보혜사가 오셔서 감당하게 하실 것이다. 성령이 오시면 자신의 독자적인 계시가 아니라 예수님이 이미 제자들에게 주신 가르침과 계시의 의미를 깨닫게 함으로써 그들이 살아 내게 도우실 것이라는 의미다(Morris, cf. 14:26).

보혜사는 '진리의 성령'이시다(13a절). 요한복음에서 보혜사가 '진리의 영'(τὸ πνεῦμα τῆς ἀληθείας)으로 불리는 것은 이번이 세 번째이자 마지막이다(cf. 14:17; 15:26). 진리의 영은 이 세상에서 무엇이 진리이고, 무엇이 진짜인지를 알려 주어 제자들을 모든 진리 가운데로 인도하실 것이다(13b절). '모든 진리 가운데로'(ἐν τῇ ἀληθείᾳ πάσῃ)는 진리의 영역 안에 머물며 벗어나지 않는 것을 뜻한다(Barrett). '인도하다'(ὁδηγέω)는 정보나 지식을 갖도록 돕는 일이다(Burge, cf. BDAG). 성령은 제자들로 하여금 진리를 알게 함으로써 그들이 배운 진리의 범위 안에서 살도록 도우실 것이다.

성령은 자신의 새로운 진리와 계시로 제자들을 인도하는 것이 아니라, 예수님에게 들은 것들을 가르치고 말씀하신다(13c절). 그러므로 성령이 제자들에게 주시는 진리와 계시는 하나님 아버지가 아들인 예수님을 통해 이미 그들에게 주신 것이다(Hoskyns). 예수님이 하나님께 들은 것을 가르치신 것처럼(8:26-28; 12:49; 14:10), 성령은 예수님께 들은 것을 가르치신다(Calvin).

또한 성령은 장래 일을 제자들에게 알리실 것이다(13d절). '알리다'(ἀναγγέλλω)는 반복해서 말한다는 의미다(Brown). 한 번만 가르치는 것이 아니라, 알아들을 때까지 계속 반복해 가르치실 것이다. 어떤 이들은 '장래 일'(τὰ ἐρχόμενα)을 오순절에 성령을 통해 임할 방언으로 풀이하지만(cf. 행 2:10-12; 고전 12:10), 세상이 끝나는 날 있을 일들을 말한다(cf. Calvin). 성령은 세상이 끝나는 날까지 제자들과 함께하며 그들을 가르치고 보호하실 것이다.

성령은 자신의 영광이 아니라 예수님의 영광을 나타내실 것이다(14a절). 성령은 예수님께 들은 것을 제자들에게 알리는 일을 통해 예수님의 영광을 나타내신다(14b절). 성령의 주된 사역은 제자들이 이미 예수님께 들은 말씀을 기억나게 하는 것이다. 그러므로 성령은 제자들이 예수님의 말씀을 기억할 때마다 말씀하신 예수님의 영광을 나타내신다. 성령이 드러내시는 예수님의 영광은 아버지의 영광이기도 하다(12:27-28; 17:1, 5). 또한 성령은 예수님의 또 다른 보혜사다. 그러므로 성령은 삼위일체 하나님의 영광을 드러내신다.

아버지 하나님은 모든 것을 예수님께 주셨다(15a절). 성령은 예수님이 그분에게 주신 것을 알리신다(cf. 13절). 그러므로 성령은 예수님이 가지신 것, 곧 아버지께서 그분에게 주신 것을 알리신다. 하나님과 예수님과 성령은 계속 같은 메시지를 선포하시는 것이다(Beasley-Murray).

이 말씀은 세상의 가치관과 기준이 참으로 잘못되었으니 따르지 말라고 권면한다. 세상은 죄와 의와 심판에 대해 매우 잘못 알고 있다. 마귀에게 지대한 영향을 받았고, 지금도 받고 있기 때문이다. 그러므로 우리는 세상과 다른 가치관과 기준으로 살아야 한다. 하나님의 자녀는 세상에 속한 것을 추구할 수 없다.

오늘날 우리를 보호하고 천국으로 인도하시는 보혜사는 삼위일체 하나님의 함께하심이다. 예수님은 말씀을 통해 우리와 함께하시는데, 성령이 가르치고 선포하시는 모든 것은 하나님이 예수님을 통해 하신 말씀이기 때문이다. 우리가 천국에 이를 때까지 삼위일체 하나님이 우리가 가는 길을 보호하고 이끌어 주실 것이다.

사람이 한꺼번에 영적 진리를 다 알 수는 없다. 하나님을 아는 지식에도 순서와 단계가 있기 때문이다. 그러므로 느긋한 마음으로 평생 배우고 묵상해야 한다. 대신 죽는 순간까지 하나님을 조금씩, 더 깊이 알아가야 한다.

VII. 다락방 디스코스(13:1–17:26)
　　B. 고별사(13:31–16:33)

---

7. 내가 너희의 슬픔을 기쁨으로 바꾸리라(16:16–24)

[16] 조금 있으면 너희가 나를 보지 못하겠고 또 조금 있으면 나를 보리라 하시니 [17] 제자 중에서 서로 말하되 우리에게 말씀하신 바 조금 있으면 나를 보지 못하겠고 또 조금 있으면 나를 보리라 하시며 또 내가 아버지께로 감이라 하신 것이 무슨 말씀이냐 하고 [18] 또 말하되 조금 있으면이라 하신 말씀이 무슨 말씀이냐 무엇을 말씀하시는지 알지 못하노라 하거늘 [19] 예수께서 그 묻고자 함을 아시고 이르시되 내 말이 조금 있으면 나를 보지 못하겠고 또 조금 있으면 나를 보리라 하므로 서로 문의하느냐 [20] 내가 진실로 진실로 너희에게 이르노니 너희는 곡하고 애통하겠으나 세상은 기뻐하리라 너희는 근심하겠으나 너희 근심이 도리어 기쁨이 되리라 [21] 여자가 해산하게 되면 그 때가 이르렀으므로 근심하나 아기를 낳으면 세상에 사람 난 기쁨으로 말미암아 그 고통을 다시 기억하지 아니하느니라 [22] 지금은 너희가 근심하나 내가 다시 너희를 보리니 너희 마음이 기쁠 것이요 너희 기쁨을 빼앗을 자가 없으리라 [23] 그 날에는 너희가 아무 것도 내게 묻지 아니하리라 내가 진실로 진실로 너희에게 이르노니 너희가 무엇이든지 아버지께 구하는 것을 내 이

름으로 주시리라 [24] 지금까지는 너희가 내 이름으로 아무 것도 구하지 아니하였으나 구하라 그리하면 받으리니 너희 기쁨이 충만하리라

예수님은 조금 있으면 제자들이 더는 자신을 보지 못할 것이나, 조금 더 있으면 볼 수 있을 것이라고 하신다(16절). 제자들이 이 말씀에 혼란스러워하는 것은 당연한 일이다(cf. 17-18절). 앞서 16:10에서는 "내가 아버지께로 가니 너희가 다시 나를 보지 못할 것이다"라고 하셨는데 이번에는 조금 있으면 다시 볼 수 있다고 하시기 때문이다.

게다가 14:19에서도 본문에 기록된 말씀과 거의 비슷하게 말씀하셨다. "조금 있으면 세상은 다시 나를 보지 못할 것이로되 너희는 나를 보리니 이는 내가 살아 있고 너희도 살아 있겠음이라." 14장에서는 예수님이 떠나신 후에도 주님과 제자들 사이에 지속되는 관계와 교제에 대해 이렇게 말씀하셨고(cf. 14:19-24), 본문에서는 다가오는 핍박을 대비하는 차원에서 그들이 고아처럼 홀로 버려지지 않을 것을 강조하기 위해 이렇게 말씀하신다(Ridderbos).

'조금'(μικρός)은 어느 정도의 시간일까? 학자에 따라 종말에 있을 예수님의 재림까지(Brown, Mounce), 혹은 며칠 후 부활하실 때까지(Burge), 혹은 승천하신 후 오순절에 보혜사가 마가의 다락방에 임하실 때까지(cf. Klink) 등으로 해석하거나, 부활을 일차적인 의미로 재림을 이차적인 의미로 해석하기도 한다(O'Day). 가장 기본적인 의미는 십자가에서 죽으셨다가 사흘 후 부활하실 때까지다. 제자들은 예수님이 붙잡히실 때 모두 신앙을 버리고 도망갔다가 부활하신 예수님을 보고 나서야 교회의 지도자가 될 정도로 신앙을 회복할 것이기 때문이다.

제자들은 예수님의 말씀을 잘 이해하지 못한다. 그들은 네 가지를 이해하지 못한다(17-18a절). (1)조금 있으면 예수님을 보지 못한다는 것이 무슨 뜻인가? (2)그 뒤로 조금 더 있으면 예수님을 볼 수 있다는 것은 무슨 뜻인가? (3)예수님이 아버지께 가신다는 것은 무엇을 의미하

는가? (4)'조금 있으면'이라고 하신 말씀은 무슨 뜻인가? 제자들은 예수님이 도대체 무엇을 말씀하시는지 알 수 없다며 참으로 혼란스러워한다(18b절). 특히 그들의 질문 중 '조금'(μικρός)이 계속 반복되는 것으로 보아 예수님이 말씀하시는 조금이 언제인지, 얼마만큼의 시간을 말하는지가 가장 혼란스럽다.

예수님은 '조금'이 도대체 언제인지 알 수 없다며 혼란스러워하는 제자들에게 3년이나 같이 지냈으면서 그것도 모르냐고 책망하지 않으신다(cf. 19절). '조금'이 언제인지 묻지 못하고 서로 얼굴만 쳐다보는 제자들에게 그들이 알아들을 수 있도록 설명하신다(20-24절). 예수님의 설명은 중요한 진리를 선포할 때 자주 사용하는 '진실로 진실로'(ἀμὴν ἀμὴν)로 시작한다(20a절).

조금 있으면 제자들은 곡하고 애통하겠지만, 세상은 기뻐할 것이다(20a절). 이는 십자가 사건을 염두에 둔 말씀이다. 구약에서 곡하고 애통하는 것은 죽음을 슬퍼하는 일이다(렘 22:10). 요한복음에서도 죽음과 연관해서만 이러한 표현이 사용된다(cf. 11:31, 33; 20:11, 13, 15). 제자들은 예수님의 십자가 죽음을 매우 슬퍼할 것이다. 제자들의 슬픔과는 대조적으로 세상은 예수님의 죽음을 기뻐한다. 세상의 죄와 악을 들춰내는 이가 죽었고, 정의가 실현되었다고 생각하기 때문이다.

요한복음에서 같은 사건을 두고 두 관점이 첨예하게 대립하는 것은 이번이 처음이 아니다. 예수님이 태어날 때부터 앞을 보지 못하는 사람을 치료해 주셨을 때(9장) 눈을 뜬 사람에게는 예수님이 하나님의 아들이신 메시아였지만, 유대교 지도자들에게는 안식일을 범한 죄인에 불과했다. 하나님의 백성은 세상의 비뚤어지고 잘못된 관점과 생각에 동조하거나 동의해서는 안 된다. 성경의 가르침을 근거로 올바르게, 하나님이 예수님을 통해 주신 관점으로 보아야 한다.

십자가 사건이 있고 난 뒤 조금 더 있으면 제자들의 근심이 도리어 기쁨이 될 것이다(20b절). 제자들의 슬픔이 기쁨으로 '대체'(replace)되는 것이 아니라, '변화'(transform)한다(Mounce). 부활을 염두에 둔 말씀이다. 예수님이 부활하시면 십자가 사건으로 인해 근심하던 제자들이 기뻐할 것이다. 반면에 예수님의 십자가 죽음을 기뻐하던 세상은 당혹감과 참담함을 느낄 것이다. 세상은 그들의 임금인 마귀의 영향을 받아 예수님만 죽이면 하나님 나라와 연관된 모든 일이 정리될 것으로 생각하지만, 오히려 기대하고 생각했던 것이 모두 뒤집힐 것이기 때문이다.

십자가는 제자들과 세상에 너무나도 다른 결과를 초래한다(Hoskyns). 십자가는 제자들에게 예수님의 부활과 승천과 성령 안에서의 삶과 영생을 안겨 준다. 반면에 세상에는 죄와 반역에 대한 심판과 죽음이다. 승리가 패배가 되고, 패배가 승리가 된다.

예수님은 제자들이 조금 있으면 경험할 고통(십자가)과 그로부터 조금 더 있으면 누리게 될 기쁨(부활)을 여인의 해산 경험에 비유해 설명하신다(21절). 여자가 해산할 때가 되면 산통을 두려워해 심히 근심한다(21a절). 그러나 아이를 낳고 나면 그 아이로 인해 참으로 기뻐한다(21b절). 어느 정도 기뻐하는가 하면 아이를 낳느라 경험한 산통을 모두 잊을 정도로 기뻐한다. 기쁨이 산통을 능가한다는 뜻이다. 그러므로 구약은 하나님의 축복과 도우심이 임하기 전에 이스라엘이 괴로워하는 것을 해산의 고통으로, 축복과 도우심이 임한 이후를 넘치는 기쁨으로 표현한다(사 21:2-3; 26:16-21; 66:7-14; 렘 13:21; 미 4:9-10). 예수님의 십자가와 부활도 제자들에게 이러한 경험이 될 것이다.

태어난 아이를 끌어안고 기뻐하는 산모가 그 전에 산통을 피할 수 없는 것처럼 예수님의 부활로 인해 기쁨을 누릴 제자들도 십자가 고통을 피할 수 없다. 유대인들은 종말에 메시아가 오시기 전에 엄청난 고통이 있을 것이라며 이것을 '메시아의 출산 진통'(the birth pangs of Messiah)이라고 했다(cf. Bruce). 그러나 제자들의 기쁨은 고통보다 훨씬 더 클 것이다.

조금 있으면 떠난다는 예수님의 말씀에 제자들은 근심한다(22a절).

207

떠나신 후 조금 더 있으면 다시 오신다는 말씀이 실감 나지 않기 때문이다. 그러나 그들은 곧 다시 오실 것이라는 믿음으로 잠시 후 십자가에서 있을 작별의 슬픔을 이겨내야 한다. 주님이 다시 오시면 그들의 마음이 참으로 기쁠 것이며, 누구도 그들의 기쁨을 빼앗아갈 자가 없다(22b절; cf. 20:20). 예수님의 부활이 제자들에게 안겨 주는 기쁨은 십자가의 슬픔보다 훨씬 더 크며 영원할 것이라는 뜻이다.

그날이 되면 제자들은 아무것도 예수님께 묻지 않을 것이다(23a절). '묻다'(ἐρωτάω)는 부탁하거나 기도 등을 통해 구하는 것을 의미한다(TDNT). 앞서 예수님은 무엇이든지 제자들이 주님의 이름으로 구하면 행할 것이라고 하셨다(14:13-14). 이제는 예수님의 이름으로 하나님 아버지께 직접 구하면 주실 것이라고 하신다(23b절). 일부 사본은 개역개정이 번역한 대로 "너희가 무엇이든지 아버지께 구하는 것을 내 이름으로 주실 것이다"라고 하고(cf. 새번역 각주, NIV), 다른 사본들은 "너희가 무엇이든지 내 이름으로 아버지께 구하면 주실 것이다"라고 번역한다(공동, ESV, NAS, NRS).

두 가지 모두 의미에 큰 차이는 없지만, 그동안 예수님이 자기 이름을 통해 하나님께 구해야 한다는 점을 강조하신 점을 고려하면(14:13, 14; 15:16; cf. 16:26) 후자가 더 설득력이 있다. 제자들이 무엇이든 예수님의 이름으로 하나님께 구하면 하나님이 주실 것이다. 앞에서 이미 언급한 것처럼 예수님의 이름으로 구한다는 것은 주님의 뜻과 계획에 합당한 것을 구하는 것이지 자기 마음대로 구하는 것이 아니다.

이때까지 제자들은 예수님의 이름으로 하나님께 아무것도 구하지 않았다(24a절). 예수님이 곁에 계셨기 때문이다. 그러나 이제부터는 주님의 이름으로 하나님께 직접 구해야 한다. 그리하면 하나님이 기도를 들으시고 그들에게 주실 것이다. 하나님께 받은 제자들은 기쁨이 충만할 것이다(24b절). 이 기쁨은 기도의 응답으로 임한다(Morris). 그러므로 이러한 기쁨을 누릴 유일한 방법은 하나님께 예수님의 이름으로 기도

하는 것이다.

이 말씀은 하나님의 말씀을 계속 배워야 한다고 한다. 제자들은 3년 동안 예수님과 함께하며 가르침을 받았지만, 받은 가르침 중 아직도 모르는 것이 많다. 그들은 예수님께 묻지 못하고 서로 눈치만 본다. 상황을 판단하신 예수님이 그들에게 다시 가르침을 주셨다. 하나님의 말씀을 잘 모르는 것은 죄가 아니다. 그러나 계속 배우려고 노력해야 한다. 우리는 말씀 앞에서 평생 학생이 되어야 한다. 또한 알아듣지 못하는 사람들에게 계속 선포해야 한다.

십자가와 부활은 모든 것을 반전시킨다. 세상은 예수님을 십자가에 못 박으면 끝이라고 생각했다. 그러나 부활하신 예수님은 새로운 세상을 시작하셨다. 세상은 예수님을 죄인으로 취급하며 주님을 십자가에서 죽이는 것이 곧 의라고 생각했다. 예수님은 자신의 죽음으로 많은 사람을 의롭게 하셨다. 예수님이 십자가에서 죽으실 때 제자들은 슬퍼하고 세상은 기뻐했다. 그러나 부활하신 예수님은 제자들의 기쁨이 되셨고 세상의 근심이 되셨다.

예수님의 죽음을 통해 하나님께 직접 구하고 받는 시대가 도래했다. 예수님의 이름으로 구하면 하나님은 기쁨으로 화답하신다. 성모 마리아나 어떤 성인을 통해 기도할 필요가 전혀 없다. 우리는 예수님의 이름으로 "긍휼하심을 받고 때를 따라 돕는 은혜를 얻기 위하여 은혜의 보좌 앞에 담대히 나아갈" 수 있다(히 4:16).

> Ⅶ. 다락방 디스코스(13:1-17:26)
>   B. 고별사(13:31-16:33)

8. 에필로그(16:25-33)

²⁵ 이것을 비유로 너희에게 일렀거니와 때가 이르면 다시는 비유로 너희에게 이르지 않고 아버지에 대한 것을 밝히 이르리라 ²⁶ 그 날에 너희가 내 이

름으로 구할 것이요 내가 너희를 위하여 아버지께 구하겠다 하는 말이 아니니 ²⁷ 이는 너희가 나를 사랑하고 또 내가 하나님께로부터 온 줄 믿었으므로 아버지께서 친히 너희를 사랑하심이라 ²⁸ 내가 아버지에게서 나와 세상에 왔고 다시 세상을 떠나 아버지께로 가노라 하시니 ²⁹ 제자들이 말하되 지금은 밝히 말씀하시고 아무 비유로도 하지 아니하시니 ³⁰ 우리가 지금에야 주께서 모든 것을 아시고 또 사람의 물음을 기다리시지 않는 줄 아나이다 이로써 하나님께로부터 나오심을 우리가 믿사옵나이다 ³¹ 예수께서 대답하시되 이제는 너희가 믿느냐 ³² 보라 너희가 다 각각 제 곳으로 흩어지고 나를 혼자 둘 때가 오나니 벌써 왔도다 그러나 내가 혼자 있는 것이 아니라 아버지께서 나와 함께 계시느니라 ³³ 이것을 너희에게 이르는 것은 너희로 내 안에서 평안을 누리게 하려 함이라 세상에서는 너희가 환난을 당하나 담대하라 내가 세상을 이기었노라

예수님은 제자들이 선뜻 알아듣지 못하는 이유가 비유로 말했기 때문이라고 하신다(25a절). 요한복음에서 예수님이 '비유'(παροιμία)라는 말을 사용하시는 곳은 이곳이 유일하다. 저자(내레이터)는 10:6에서 제자들이 '양들의 문' 비유(παροιμία)를 듣고 이해하지 못했다고 했다. 비유는 격언 혹은 상징적 이미지를 사용한 의미가 모호하고 수수께끼 같은 표현이다(TDNT, cf. 10:6; 16:25, 29). 요한복음에서 이 단어가 직접 사용되지는 않지만 12:24, 15:1-8, 16:21 등을 비유라 할 수 있다(O'Day). 예수님의 가르침에 모호하고 수수께끼 같은 내용이 포함되어 있다는 것이 아니라, 제자들이 알아듣지 못하기 때문에 예수님의 말씀이 그들에게 모호하고 수수께끼 같다(Calvin, cf. 16:17–18).

예수님은 때가 이르면 제자들에게 비유로 말하지 않고 아버지에 대한 것을 밝히 알려 주겠다고 하신다(25b절). '밝히'(παρρησία)는 어떠한 것도 숨기지 않고 있는 그대로 말할 것을 의미한다(BDAG, cf. 10:24). 지금은 제자들이 예수님의 말씀을 잘 알아듣지 못해 모호하고 수수께끼

210

처럼 느껴지는 것이 있지만, 때가 이르면 모든 것을 쉽게 잘 알아들을 것이다.

이때는 언제인가? 보혜사가 오셔서 모든 것을 예수님께 들은 대로 알려 주시는 때다(cf. 16:13). 보혜사는 새로운 진리를 가르치시는 분이 아니다. 예수님이 이미 하신 말씀을 생각나게 하고, 주님의 말씀에 대해 증언하는 일을 하신다(cf. 16:13-14). 그러므로 보혜사가 오신다고 해도 여전히 예수님이 제자들을 가르치는 선생이시며, 보혜사를 통해 가르치실 것이다. 그리스도인은 지금도 성령을 통해 예수님의 말씀과 하나님에 대한 진리를 받을 수 있다(Klink, cf. 고전 2:14).

보혜사가 오신 후에도 제자들은 계속 예수님의 이름으로 구할 것이다(26a절). 그러나 예수님은 더는 제자들을 위해 하나님께 구하지 않으신다(26b절). 그때가 되면 제자들이 예수님의 이름으로 직접 하나님께 구할 것이기 때문이다. 이러한 절차가 제자들을 예수님으로부터 멀어지게 하는 것은 아니다. 그리스도인의 지위와 위치가 재정비되는 것이라 할 수 있으며, 하나님 아버지께서 그들에게 더 가까이 오시는 계기라 할 수 있다. 예수님은 아직도 그리스도인들을 위해 하나님께 간구하신다(롬 8:34).

이때까지는 예수님이 하나님의 임재를 세상에 중계했지만(14:9), 성령이 임하시면 하나님이 직접 오신다(16:26-27). 그러므로 예수님과 제자들과 하나님 아버지 사이에 새로운 교제(fellowship)가 이뤄진다고 할 수 있다(Barrett). 아들이신 예수님은 더는 아버지께 구하지 않고, 아버지와 아들이 함께 구하는 자들(제자들)에게 귀를 기울이신다(Augustine).

제자들이 예수님의 이름으로 직접 하나님께 구하는 특권을 지니게 된 것은 그들이 주님을 사랑하고, 예수님이 하나님으로부터 오신 줄을 믿었기 때문이다(27a절). 이 말씀을 통해 예수님은 믿음이 무엇인지 정리해 주신다. 믿음은 예수님을 사랑하는 것이고, 예수님이 하나님으로부터 오신 분이라는 사실을 믿는 것이다. 이처럼 믿음은 예수님 중심

211

이다(Mounce). 하나님은 예수님에 대한 믿음을 가진 사람들을 친히 사랑하신다(27b절). '아버지께서 친히 사랑하신다'(αὐτὸς γὰρ ὁ πατὴρ φιλεῖ)는 우리를 사랑하시도록 하나님이 강요받은 것이 아니라 스스로 사랑하기로 하셨다는 뜻이며, 친밀감을 강조한다.

이러한 하나님의 사랑은 우리가 노력해서 얻은 것이 아니며 우리의 믿음이 빚어낸 결과도 아니다. 하나님의 선물이다. 하나님이 우리를 먼저 사랑하셨기 때문이다(cf. 3:16). 하나님은 사람들에게 화가 나 계신 분이 아니다. 하나님은 사람들을 사랑하시며, 영생은 지속되는 하나님 사랑의 결과라 할 수 있다.

예수님은 하나님 아버지를 떠나 세상에 오셨다(28a절). 그리고 이제 세상을 떠나 아버지께 가실 것이다(28b절). 하늘에서 오셨다가 다시 하늘로 돌아가신다. 구원의 위대한 움직임이다(the great movement of salvation)(Morris). 요한복음이 제시하는 기독론의 핵심적 요약이며(Burge), 예수님이 제자들이 이해하고 믿기를 바라는 것이기도 하다(Michaels).

예수님의 말씀을 듣고 있던 제자들이 반응을 보인다(29-30절). 그들은 예수님의 말씀을 도무지 알 수 없다고 하더니(16:17-18), 이제 비유로 말씀하시지 않고 밝히 말씀하시니(cf. 25절) 바로 알아들을 수 있게 되었다고 한다(30절). 그들은 마치 큰 지혜를 얻은 듯 말하지만, 예수님은 때가 이르러야 곧 성령이 임해야 알게 될 것이라고 하셨다(cf. 25절). 그러므로 아직 그때가 이르지 않았는데 이미 이른 것처럼 말하는 제자들이 다소 아이러니하다(Klink, O'Day).

제자들은 예수님의 메시지를 모두 이해했다고, 또한 믿음이 무엇인지 이미 잘 안다고 생각한다(Hoskyns). 그들은 예수님의 권세와 지식에 대해 모두 이해하는 것처럼 말한다(Klink) 그러나 그들은 예수님에 대한 믿음을 표하는 것이 아니라, 자신들에 대한 믿음을 표하고 있을 뿐이다(Barrett, Calvin).

'사람의 물음을 기다리시지 않는다'(οὐ χρείαν ἔχεις ἵνα τίς σε ἐρωτᾷ)는 '누가 물어볼 필요가 없을 정도로 환히 알려 주신다'라는 뜻이다(새번역, cf. 공동, ESV, NAS, NIV). 제자들은 예수님이 모든 것을 아신다는 것(cf. 2:25)과 하나님으로부터 오셨다는 것을 믿는다고 말한다(30절). 그러나 그들은 자신이 무슨 말을 하는지 잘 알지 못한다.

예수님은 "너희가 믿느냐?"라고 물으셨다(31절). '너희가 진짜 믿는 다고?'(Do you really believe?)라며 쏘아붙이는(반박하는) 말씀이다(Burge, cf. Mounce, O'Day). 예수님은 다음 장에 기록된 기도문에서 그들이 믿음과 지식을 갖출 때에 관해 말씀하신다. 그러나 지금은 그때가 아니다. 그 러므로 그들은 모르고, 믿지 않는다.

예수님은 제자들에 대해 그들 자신이 아는 것보다 더 많이 아신다 (cf. 30절). 그러므로 곧 그들에게 있을 일에 대해 알려 주신다. 예수님 이 가룟 유다가 데려온 사람들에게 붙잡히실 때 제자들은 예수님을 혼 자 남겨 두고 모두 뿔뿔이 흩어져 각자 도망갈 것이다(32a절). 스가랴 13:7-9을 바탕으로 하신 말씀이다(cf. 마 26:31; 막 14:27). 예수님의 잡 히심과 제자들의 흩어짐도 구약 예언의 성취인 것이다.

제자들은 예수님을 홀로 두고 각자 도망가지만, 예수님은 혼자가 아 니시다. 하나님 아버지가 함께하시기 때문이다(32b절). 어떤 이들은 본 문과 예수님이 십자가에서 "나의 하나님, 나의 하나님, 어찌하여 나를 버리셨나이까?"(막 15:34)라고 외치신 것이 모순된다고 주장한다. 그렇 지 않다. 십자가에서는 시편 22:1을 인용해 인간 예수님이 느끼는 고 통을 표현하신 것이다. 한편, 본문은 예수님과 항상 함께하시는 하나 님의 신실하심에 관한 말씀이다.

제자들이 도망가도 하나님은 예수님과 함께하신다는 것은 주님이 하 나님의 구속사적 계획에 따라 있어야 할 곳에 계시는 것을 뜻한다. 세 상과 마귀는 예수님을 십자가에 못 박음으로써 승리했다고 생각하겠 지만, 예수님을 못 박은 십자가마저도 하나님의 인류 구원 계획의 일부다.

33절은 예수님의 고별사 중 마지막 말씀이며, 가장 중요한 말씀이다. '이것을 너희에게 이르는 것은…'은 25절을 시작한 말씀과 비슷하다. 이때까지 고별사에서 여러 가지를 말씀하신 것은 그들이 예수님 안에서 평안을 누리게 하기 위해서다. 14:27에서도 비슷한 말씀을 하셨다.

또한 제자들이 도망갈 것을 미리 알려 주시는 것 역시 그 일이 있은 후에도 그들로 하여금 평안을 누리게 하려는 것이다(33a절). 예수님은 자기만 살겠다고 스승을 버리고 도망갈 제자들을 사랑하신다. 주님의 사랑이 무조건적인 사랑임을 증명하는 말씀이다(Barclay). 만일 예수님의 사랑이 조건적이었다면 도망간 제자들을 더는 사랑하지 않으실 것이고, 그들에게 평안을 주지도 않으실 것이다.

제자들은 세상에서 사는 한 환난을 피할 수 없다(33b절). 핍박과 고난은 제자들의 삶 일부다(cf. 15:18-25; 16:2). 다행히 고난과 함께 오는 선물이 있다. 바로 평안(14:27)과 기쁨(16:20, 22)이다. 평안은 환난 중에도 하나님의 약속을 믿고 실천할 때 누릴 수 있다(Mounce). 그러므로 제자도는 위협과 고난 중에 평안과 기쁨을 찾는 것을 배우는 것이다(Burge).

평안은 기도와 밀접하게 연관되어 있다. "아무 것도 염려하지 말고 다만 모든 일에 기도와 간구로, 너희 구할 것을 감사함으로 하나님께 아뢰라 그리하면 모든 지각에 뛰어난 하나님의 평강이 그리스도 예수 안에서 너희 마음과 생각을 지키시리라"(빌 4:6-7).

예수님은 제자들에게 환난을 당해도 담대하라고 하신다(33c절). '담대하다'(θαρσέω)는 위험이나 역경에 직면해 단호한 태도를 취한다는 의미다(BDAG). 이러한 담대함은 세상이나 제자들 자신에게서 나오는 것이 아니다. 오직 예수님이 이루신 일, 곧 예수님이 이미 세상을 이기셨다는 확신에서 나온다(33c절). 어둠(세상)은 빛이신 예수님을 이기지 못했다(cf. 1:5). 예수님이 세상을 이기셨다는 것은 이 땅에서 이루고자 하신 일을 모두 이루셨다는 뜻이다.

몇 시간 후 예수님은 십자가에서 한 번 더, 최종적으로 승리하실 것이다. 자신들이 승자라고 생각했던 세상과 세상의 임금이 완전히 패할 것이다(cf. 12:31; 14:30-31; 16:8-11). 세상은 예수님을 이기려고 온갖 못할 짓을 했다. 그러나 예수님이 세상을 이기셨다!

이 말씀은 예수님이 이미 세상을 이기셨기 때문에 주님의 제자인 우리는 환난을 당해도 담대히 살 수 있다고 한다. 세상은 하나님을 반대하고 대적한다. 하나님을 사랑하는 우리는 이처럼 적대적인 환경에서 살고 있다. 그러므로 많은 고난과 핍박을 경험하는 것은 당연한 일이다. 그러나 세상이 예수님을 이기지 못한 것처럼 우리도 이기지 못할 것이다. 우리를 사랑하시는 하나님이 보호하고 인도하시기 때문이다.

우리는 예수님의 이름으로 하나님께 직접 구하는 시대를 살고 있다. 하나님과 예수님은 우리를 친히 사랑하신다. 제자들이 실패할 것을 아시면서도 그들을 무조건적으로 사랑하신 것처럼 우리도 어떠한 조건 없이 사랑하신다. 그러므로 우리가 구하는 바를 들으시고 성령을 통해 참 평안과 기쁨을 허락하실 것이다.

제자들은 마치 예수님의 가르침과 말씀을 모두 다 아는 것처럼 떠들어 댔지만, 실상은 아는 것보다 모르는 것이 더 많았다. 우리는 더 열심히, 더 많이 하나님의 말씀을 평생 배워야 한다. 성령이 우리를 도우실 것이다.

C. 예수님의 기도(17:1-26)

예수님의 기도는 네 복음서에서도 매우 특별하다. 많은 사람이 요한복음을 '사랑하는 복음서'(beloved Gospel)로 간주하는 것에 비교하자면, 본문은 '사랑하는 장'(beloved chapter)이다(Burge). 예수님이 삶과 사역을 통해 전하고자 했던 핵심 메시지가 모두 요약되어 있기 때문이다. 그러므로 예전에는 이 장에 대한 강해서만 여러 권 출판되었다. 그중 한 저자는 이 장을 묵상하고 연구하는 사람들에게 "이 기도문에 대해 말하고 싶은 사람은 먼저 이 기도의 문턱에 무릎을 꿇고 예배할 준비를 하라"라고 권면했다(Moule).

예수님이 제자들을 두고 아버지께 가면서 그들을 위해 기도하신 것은 옛적에 모세가 죽기 전에 남긴 예언적 기도(신 33장)와 비슷하다(Beasley-Murray). 이스라엘의 선조 야곱도 죽기 전에 예언적 기도를 남겼다(창 49장). 이스라엘의 초대 대제사장이었던 아론 역시 속죄일이 되면 백성을 위해 비슷한 기도를 드렸던 것으로 보인다(cf. 레 16장). 이러한 이유로 교부들은 이 본문을 특별하게 취급했으며, 16세기 이후로는 '대제사장의 기도'(The High Priestly Prayer)로 불리기도 했다(O'Day, cf. Attridge, Burge, McHugh).

전반적인 내용은 봉헌 기도(prayer of consecration)다(Attridge, Hoskyns, Westcott). 예수님은 이 기도를 통해 자신을 십자가 죽음에 봉헌하고(1-8절), 제자들을 십자가와 부활 이후 효과적인 사역을 하는 자들로(9-26절) 봉헌하신다(Hoskyns). 또한 세 가지 주요 주제가 17장 전체에 통일성을 부여한다(Burge). (1)예수님은 하나님의 영화를 드러내고자 기도하신다. (2)예수님은 십자가 사건 후에도 제자들이 생존할 수 있도록 기도하신다. (3)예수님은 믿는 자들이 자신처럼 거룩한 삶을 살도록 기도하신다. 본 텍스트는 1-7절, 9-19절, 20-26절 등 세 파트로 구분되며 각 섹션은 다음과 같은 공통점을 지닌다(Brown).

1. 예수님이 구하고 바라는 것으로 시작함(1, 9, 20절)
2. '영화'(영광)라는 주제를 담고 있음(1-5, 10, 22절)
3. 중간에 아버지를 부르심(5, 11, 21절)

216

4. 아버지가 아들에게 주신 자들을 언급하심(2, 9, 24절)
5. 따르는 자들에게 아버지에 대해 계시하심(6, 14, 26절, '당신의 이름/말씀')

본문은 예수님이 다락방에서 기도하신 내용이다. 예수님은 이 기도를 마친 후 제자들과 함께 유월절 만찬이 열린 다락방을 떠나 기드론 계곡을 건너 겟세마네 동산으로 가실 것이다. 그러므로 이 말씀은 예수님이 제자들에게 주시는 마지막 말씀이라 할 수 있다. 본문을 다음과 같이 세 파트로 구분해 주해하고자 한다.

A. 아버지와 아들의 영화를 위한 기도(17:1-8)
B. 제자들을 위한 기도(17:9-19)
C. 모든 성도를 위한 기도(17:20-26)

VII. 다락방 디스코스(13:1-17:26)
　C. 예수님의 기도(17:1-26)

1. 아버지와 아들의 영화를 위한 기도(17:1-8)

[1] 예수께서 이 말씀을 하시고 눈을 들어 하늘을 우러러 이르시되 아버지여 때가 이르렀사오니 아들을 영화롭게 하사 아들로 아버지를 영화롭게 하옵소서 [2] 아버지께서 아들에게 주신 모든 사람에게 영생을 주게 하시려고 만민을 다스리는 권세를 아들에게 주셨음이로소이다 [3] 영생은 곧 유일하신 참 하나님과 그가 보내신 자 예수 그리스도를 아는 것이니이다 [4] 아버지께서 내게 하라고 주신 일을 내가 이루어 아버지를 이 세상에서 영화롭게 하였사오니 [5] 아버지여 창세 전에 내가 아버지와 함께 가졌던 영화로써 지금도 아버지와 함께 나를 영화롭게 하옵소서 [6] 세상 중에서 내게 주신 사람들에게 내가 아버지의 이름을 나타내었나이다 그들은 아버지의 것이었는데 내게 주셨으며 그들은 아버지의 말씀을 지키었나이다 [7] 지금 그들은 아버지께서 내

217

게 주신 것이 다 아버지로부터 온 것인 줄 알았나이다 ^{8} 나는 아버지께서 내
게 주신 말씀들을 그들에게 주었사오며 그들은 이것을 받고 내가 아버지께
로부터 나온 줄을 참으로 아오며 아버지께서 나를 보내신 줄도 믿었사옵나
이다

예수님은 제자들에게 여러 가지 가르침을 주신 후 하나님께 기도하
기 시작하셨다(1a절). '눈을 들어 하늘을 우러러'(ἐπάρας τοὺς ὀφθαλμοὺς
αὐτοῦ εἰς τὸν οὐρανὸν)는 유대인들이 기도하는 전형적인 자세다(11:41;
cf. 시 123:1; 막 7:34; 눅 18:13). 아마도 예수님은 손도 하늘을 향해 치켜
들고 기도하셨을 것이다(cf. 출 9:33; 17:11; 시 28:2). 당시 유대인들은 눈
을 뜨고 하늘을 우러러보며 기도했으며, 눈을 감고 기도하는 것은 성
경 그 어디에도 없는 서구적인 방법이다(Mounce). 눈을 뜨고 기도하는
것은 하나님을 인격적으로 만나 뵙고자 하는 간절함을 상징한다. 반면
에 눈을 감고 기도하는 것은 하나님을 마치 신비롭지만 비인격적인 힘
정도로 생각할 위험이 있기 때문에 꼭 좋은 것만은 아니다(Mounce).

예수님은 제자들에게 '때'에 관해 여러 차례 말씀하셨는데(cf. 16장),
이번에는 기도를 통해 하나님 아버지께 '때'가 이르렀다고 하신다(1b절).
잠시 후 가룟 유다가 데려온 자들에게 잡혀가(18:1–14) 십자가에서 자
신의 삶을 봉헌할 때가 되었다는 뜻이다(cf. 2:4; 4:21; 5:28; 7:30; 8:20;
12:23; 13:1). 예수님의 이 땅에서 삶이 막바지로 치닫고 있다.

예수님은 하나님을 자주 '아버지'(πατήρ)라고 부르시는데, 이 기도문
에서도 6차례나 하나님을 아버지라고 부르며 기도하신다(17:1, 5, 11,
21, 24, 25). 그중 한 차례는 '거룩하신 아버지'(17:11), 한 차례는 '의로우
신 아버지'(17:25)라고 부르신다. 유대교에서는 이때까지 하나님을 아
버지라고 부르는 이들이 없었다. 하나님을 아버지로 부르는 것은 예수
님의 고유한 가르침으로, 예수님은 하나님을 아람어 'Abba'(아빠)로 부
를 수 있게 하셨다(막 14:36; 롬 8:15; 갈 4:6). 자녀가 자비로운 아버지에

게 나아가는 것처럼 하나님께 직접 나아가게 하기 위해서다.

예수님은 아버지께 아들을 영화롭게 함으로써 아들로 하여금 아버지를 영화롭게 하게 해 달라고 간구하신다(1c절). '영화롭게 하다'(δοξάζω)는 '찬양하다, 영광을 돌리다'라는 뜻이다. 십자가는 하나님이 아들을 영화롭게 하시는 일이며, 아들이 하나님을 영화롭게 하는 일이다. 그러므로 예수님은 고난의 십자가에서 자신이 죽을 때까지 하나님 아버지가 함께해 주시기를 간구하신다(Mounce).

'영화'는 기도문의 가장 중요한 주제다(Burge). 이 영화는 십자가에서 새로 임하는 것이 아니라, 이미 예수님(cf. 1:14; 17:22-24)과 하나님(cf. 11:4, 40)이 가지고 계신 것을 봉헌하는 것이다(Ridderbos). 또한 하나님이 아들을 영화롭게 하고, 아들이 하나님을 영화롭게 한다는 것은 하나님과 예수님의 미션(mission)과 본질(nature)이 같다는 뜻이다(Klink, cf. 1:1).

하나님 아버지께서는 예수님에게 만민을 다스리는 권세를 주셨다(2b절; cf. 5:27; 마 11:27; 28:18). 요한복음은 '주다'(δίδωμι)를 76차례 사용하며, 이 기도문에서만 17차례 사용한다(Mounce). 바울 서신의 '은혜'가 요한복음에서는 '주는 것'으로 표현된다(Morris). 은혜 혹은 좋은 것을 주시는 것은 하나님의 본질이다(3:16). 하나님이 예수님에게 만민을 다스리는 권세를 주신 것은 이미 다니엘 7:13-14에 예언되어 있다.

> 내가 또 밤 환상 중에 보니 인자 같은 이가 하늘 구름을 타고 와서 옛적부터 항상 계신 이에게 나아가 그 앞으로 인도되매 그에게 권세와 영광과 나라를 주고 모든 백성과 나라들과 다른 언어를 말하는 모든 자들이 그를 섬기게 하였으니 그의 권세는 소멸되지 아니하는 영원한 권세요 그의 나라는 멸망하지 아니할 것이니라(단 7:13-14).

예수님은 받은 권세를 아버지께서 자기에게 주신 모든 사람에게 영생을 주는 일에 사용하신다(2a절; cf. 3:35-36; 10:28). 하나님이 예수님을 통해 세상을 구원하고 영생을 주시는 것은 복음이자 하나님의 비전이다(Klink, 롬 1:1-5). 예수님이 하나님이 보내신 사람들에게만 영생을 주시는 것이 하나님의 예정과 인간의 책임에 대한 오해를 불러일으킬 수도 있지만, 요한은 한 번도 이 둘이 상충한다고 생각하지 않는다(cf. 6:37-44; 10:29).

예수님이 하나님이 보내신 사람들에게 주시는 영생은 무엇인가? 예수님은 '영생'(ζωὴν αἰώνιον)을 유일하신 참 하나님과 그가 보내신 예수 그리스도를 아는 것이라고 정의하신다(3절). 어떤 이들은 예수님이 자신을 두고 '나'라고 하지 않고 '예수 그리스도'라 칭한다는 점을 근거로 이 말씀은 예수님이 하신 것이 아니라 훗날 교회가 이렇게 고백한 것(creed)을 요한이 이곳에 삽입한 것이라고 주장한다. 그러나 별 설득력 없는 주장이다. 예수님은 자신에 대해 얼마든지 3인칭으로 말씀하실 수 있으며, 영생을 이렇게 정의하는 것은 요한복음의 메시지와 잘 어울리기 때문이다.

요한복음에서 '유일하신 참 하나님'(τὸν μόνον ἀληθινὸν θεὸν)이 등장하는 것은 이곳이 유일하다(cf. 출 34:6; 사 37:20). '안다'(γινώσκω)는 경험하고 순종하고 사랑한다는 뜻이다(Burge). 하나님을 아는 것은 곧 예수님의 삶과 미션에 동참하는 것이다. 아들을 부인하는 것은 곧 아버지에 대한 참 지식을 부인하는 것이다. "아들을 부인하는 자에게는 또한 아버지가 없으되 아들을 시인하는 자에게는 아버지도 있느니라"(요일 2:23). 오직 아들을 통해 아버지를 알 수 있기 때문이다(1:18; 14:6-7, 11; 20:31).

예수님은 아버지께서 주신 일을 모두 이루어 아버지를 영화롭게 하셨다(4절). 저자는 성육신하신 예수님이 제일 먼저 하신 일은 온 세상에 하나님의 영광을 드러내는 것이라 했는데(1:14), 예수님은 하나님이 그분을 이 땅에 보내실 때 주신 사명을 온전히 다 이룸으로써 하나님의 영광을 드러냈다고 하신다. 이 말씀이 시사하는 바가 크다. 우리는 세부적인 종교 예식(religious ritual)을 행하거나 광기에 가까운 열정을 표현하는 것으로는 하나님의 영광을 드러낼 수 없다. 오직 하나님이 주신 사명을 온전히 이룰 때 하나님을 영화롭게 할 수 있다. 소명을 의식하며 성실하게 살아가는 것이 바로 하나님의 영광을 드러내는 삶이다.

예수님은 창세 전부터 아버지와 함께 가졌던 영화로 자신과 아버지를 영화롭게 하기를 기도하신다(5절). 예수님은 태초부터 아버지와 함께하신 하나님이시다(1:1; cf. 8:58; 12:28). 인류를 구원하고자 하는 하나님의 뜻에 따라 인간이 되어 세상에 오셨다. 이제 때가 되어 다시 아버지께 돌아가실 때가 되었다. 그러므로 옛적부터 변함없는 아버지와 공유하신 영화로 십자가에서 영화롭게 되기를 원하신다.

예수님이 아버지와 함께 자신을 영화롭게 해 달라고 기도하시는 것은(5절) 아버지가 예수님께 주신 사람들(제자들)에게 아버지의 이름을 나타내셨기 때문이다(6a절). 그들은 원래 아버지의 소유였는데, 아버지가 아들인 예수님에게 주셨다. 사람은 하나님이 예수님에게 보내지 않으시는 한 예수님을 영접할 수 없다. 예수님은 아버지의 이름을 제자들에게 나타내는 사역을 하셨고 그들은 하나님 아버지의 말씀을 잘 지켰다. 그들은 세상 안에서 살지만, 세상을 따르지 않고 예수님이 선포하신 아버지의 말씀에 잘 순종한 것이다. 그러므로 예수님은 아버지의 이름을 그들 가운데 보전하기 위해 그들을 보호해 주실 것도 기도에 포함하신다(cf. 17:11).

제자들도 예수님이 가르치신 모든 것과 행하신 모든 기적이 하나님 아버지께로부터 왔고, 하나님이 하신 일이라는 것을 안다(7절). 예수님의 제자가 되는 것은 곧 하나님 아버지와 아들이신 예수님이 한 분이라는 것을 믿음으로 고백하는 것이다. 이렇게 고백하는 사람은 어느 시대든 소수에 불과하다. 오래전에 하나님은 자기 혼자만 믿는 것 같다며 탄식하는 엘리야에게 바알에게 무릎 꿇지 않은 7,000명이 있다고 하셨다(왕상 19:18). 많지는 않지만 항상 하나님과 예수님을 사랑하는 사람들을 이 땅에 두실 것이다.

예수님은 자신이 아버지께 받은 말씀을 제자들에게 주셨다(8a절). 제자들은 예수님의 가르침을 받고 예수님이 하나님 아버지께로부터 오신 것과 아버지께서 예수님을 보내신 것을 믿었다(8b절). 예수님의 가르침을 하나님이 주신 말씀으로 믿었기 때문이다. 이 구절은 믿음을 정의한다고 할 수 있다. 믿음은 예수님이 아버지께로부터 오셨으며(cf. 1:18), 아버지께서 예수님을 보내신 것을 믿는 것이다. 사람이 이렇게 하려면 하나님 아버지를 먼저 알아야 한다. 그러므로 믿음과 하나님을 아는 지식은 나눌 수 없다(Calvin). 또한 믿음이 없으면 하나님에 대해 아무것도 알 수 없다. 그러므로 믿음은 하나님과 예수님을 아는 것이다(cf. 3절).

이 말씀은 하나님이 주신 사명에 성실하게 임할 때 하나님을 영화롭게 한다고 한다. 예수님은 하나님 아버지가 주신 일을 모두 이룸으로써 하나님을 영화롭게 하셨다. 순종과 열정으로 하나님이 맡기신 일을 성실하게 감당할 때 하나님이 우리를 통해 영광 받으신다.

하나님은 우리에게 영생을 주기 위해 예수님에게 모든 권세를 주셨다. 그러므로 영생은 예수님에게 모든 권세를 주신 유일하신 참 하나님과 그분이 보내신 예수 그리스도를 아는 것이다. 영생으로 인도하는 믿음은 아는 것(지식)과 떼어 놓을 수 없다. 더 열심히 성경을 연구하고 묵상하며 하나님을 더 깊이 알아 가는 믿음을 추구해야 한다.

> VII. 다락방 디스코스(13:1–17:26)
> C. 예수님의 기도(17:1–26)

2. 제자들을 위한 기도(17:9–19)

⁹ 내가 그들을 위하여 비옵나니 내가 비옵는 것은 세상을 위함이 아니요 내

게 주신 자들을 위함이니이다 그들은 아버지의 것이로소이다 ¹⁰ 내 것은 다 아버지의 것이요 아버지의 것은 내 것이온데 내가 그들로 말미암아 영광을 받았나이다 ¹¹ 나는 세상에 더 있지 아니하오나 그들은 세상에 있사옵고 나는 아버지께로 가옵나니 거룩하신 아버지여 내게 주신 아버지의 이름으로 그들을 보전하사 우리와 같이 그들도 하나가 되게 하옵소서 ¹² 내가 그들과 함께 있을 때에 내게 주신 아버지의 이름으로 그들을 보전하고 지키었나이다 그 중의 하나도 멸망하지 않고 다만 멸망의 자식뿐이오니 이는 성경을 응하게 함이니이다 ¹³ 지금 내가 아버지께로 가오니 내가 세상에서 이 말을 하옵는 것은 그들로 내 기쁨을 그들 안에 충만히 가지게 하려 함이니이다 ¹⁴ 내가 아버지의 말씀을 그들에게 주었사오매 세상이 그들을 미워하였사오니 이는 내가 세상에 속하지 아니함 같이 그들도 세상에 속하지 아니함으로 인함이니이다 ¹⁵ 내가 비옵는 것은 그들을 세상에서 데려가시기를 위함이 아니요 다만 악에 빠지지 않게 보전하시기를 위함이니이다 ¹⁶ 내가 세상에 속하지 아니함 같이 그들도 세상에 속하지 아니하였사옵나이다 ¹⁷ 그들을 진리로 거룩하게 하옵소서 아버지의 말씀은 진리니이다 ¹⁸ 아버지께서 나를 세상에 보내신 것 같이 나도 그들을 세상에 보내었고 ¹⁹ 또 그들을 위하여 내가 나를 거룩하게 하오니 이는 그들도 진리로 거룩함을 얻게 하려 함이니이다

이 섹션은 예수님이 제자들을 위해 기도하신 내용이다. 예수님은 자신이 하나님과 하나인 것처럼 제자들도 하나님과 하나가 되기를 간절히 원하신다. 또한 제자들이 하나님의 계획과 목적에 부합하는 삶을 살도록 봉헌 기도를 드리신다. 예수님은 양들을 위해 생명을 내놓은 목자처럼 제자들을 위해 기도하신다(cf. 10:17).

예수님은 세상을 위한 기도가 아니라 제자들을 위해 간절한 기도를 드리신다(9a절). 어떤 이들은 예수님이 세상을 위해 기도하지 않으시는 것이 세상을 향한 하나님의 사랑(cf. 3:16)과 상충된다고 하지만 그렇지 않다. 3:16이 말하는 세상을 향한 하나님의 사랑을 깨닫고 복음에 반

응하는 사람들은 세상에서 극히 소수에 불과하다. 반면에 본문의 세상은 하나님을 거역하고 부인하는 세상 전반을 의미한다. 그러므로 예수님은 온 세상을 위해 기도하지 않으시고 세상 안에서 소수로 살고 있는 제자들을 위해 기도하신다. 만일 온 세상이 하나님의 축복을 누리고자 희망한다면, 유일한 방법은 세상이 세상인 것을 멈추는 것이다 (only hope for the world is precisely that it should cease to be the world)(Barrett).

제자들은 하나님이 예수님에게 주신 사람들이다(9b절; cf. 17:6). 예수님은 하나님이 원하시는 대로 제자들을 가르치고 세우셨다. 또한 제자들은 아직도 아버지의 사람들이다(9c절). 아버지와 아들은 한 분이므로 하나님이 제자들을 예수님에게 보내셨다고 해서 그들과의 관계가 끝나는 것이 아니다. 제자들은 예수님을 통해 그들을 예수님에게 보내신 하나님과 관계를 유지하고 있다. 예수님이 이처럼 하나님 아버지와 제자들의 관계를 강조하시는 것은 하나님 아버지가 제자들을 보호해 주셔야 하기 때문이다. 하나님이 그들을 안전하게 지켜 주셔야 제자들의 사역을 통해 세상에 있는 사람들이 구원을 얻게 된다(Mounce).

제자들뿐 아니라 세상의 모든 것이 예수님의 것이며 또한 아버지의 것이다(10a절). '나의 것들'(τὰ ἐμὰ)과 '당신[아버지] 것들'(τὰ σὰ)은 둘 다 중성(neuter) 대명사다. 예수님이 제자들이 아니라 세상 만물을 염두에 두고 이렇게 말씀하신 것이다. 하나님은 세상에 있는 모든 것을 예수님에게 넘겨주셨다(cf. 단 7:13-14). 그렇다고 해서 소유권이 예수님에게만 있는 것은 아니다. 예수님은 아버지와 함께 세상에 있는 모든 것을 창조하시고 공유하신다(cf. 1:11).

예수님이 제자들을 아버지께 맡기신다고 해서 아들이 그들을 잃는 것은 아니다. 그들은 아직도 예수님의 제자이며, 하나님의 자녀다. 제자들이 예수님을 통해 하나님께 나아갈 수 있는 것처럼, 하나님은 예수님을 통해 제자들에게 임하신다(Bultmann). 그러므로 제자들은 예수님을 통해 아버지를 아는 것보다 더 많이 알 필요도, 예수님을 통하지 않는 다른 방법을 찾을 필요도 없다.

예수님은 아버지와 공유하는 제자들을 통해 이미 영광을 받으셨다
(10b절). '받았다'(δεδόξασμαι)는 완료형이다. 예수님이 제자들을 통해 이
루시고자 한 일, 곧 하나님이 그들을 보내며 부탁하신 일을 모두 이루
셨다는 뜻이다. 그러나 최종적으로, 그리고 가장 극적으로 영광을 받
으실 십자가가 남아 있다. 또한 십자가에 달리실 예수님이 잡히시는
것을 보고 도망가는 제자들을 통해 영광을 받으셨다고 할 수는 없다.
그러므로 예수님은 부활하신 이후 제자들을 통해 영광받으실 것을 이
미 받으신 것처럼 완료형으로 표현하신다. 이 같은 시제의 사용은 하
나님이 영원(eternity)에 거하심을 근거로 한다(Carson, cf. 사 57:15).

세상에 오신 목적을 모두 이루신 예수님이 떠나실 때가 되었다(11절).
그러므로 예수님은 더는 세상에 계시지 않고 아버지께 가실 것이다.
성육신해 세상에 오실 때 떠나온 아버지의 품으로 돌아가실 때가 된
것이다. 안타까운 것은 사랑하는 제자들은 데려갈 수 없으며 이 땅에
남겨 두어야 한다. 그러므로 예수님은 안타깝고 애틋한 마음으로 그들
을 아버지의 이름으로 보전해 아버지와 아들이 하나인 것같이 그들도
하나 되게 해 달라고 거룩하신 하나님 아버지께 간구하신다.

이번에도 예수님은 마치 시간의 흐름이 멈춘 듯 말씀하신다(O'Day).
하나님은 탕자와 같은 우리를 사랑하고 환영하신다. 그러므로 유일무
이한 아들이 아버지께 돌아가면, 아버지는 상상을 초월하는 기쁨으로
기뻐하실 것이다. 그러나 가벼워야 할 예수님의 마음이 남겨 두고 떠
나는 제자들로 인해 한없이 무겁다.

'거룩하신 아버지'(πάτερ ἅγιε)는 신약에서 단 한 차례 사용되는 호칭
이다(cf. 벧전 1:15-16; 계 4:8; 6:10). 신약에서 이 호칭이 잘 사용되지 않
는 이유는 구약에서 '거룩함'이 하나님이 우리와 다르심(otherness)을 강
조할 뿐, 자비와 사랑은 별로 강조하지 않기 때문일 것이다(Morris).
요한복음에서는 영(πνεῦμα)이 '성[거룩한]령'(πνεύματι ἁγίῳ)으로 3차례

(1:33; 14:26; 20:22), 예수님이 '하나님의 거룩하신 자'(ὁ ἅγιος τοῦ θεοῦ)로 한 차례(6:69) 불렸다. 예수님은 아버지를 거룩하다고 하심으로써 삼위일체 하나님의 본질이 인간인 우리와 질적으로 다름을 드러내신다. 요한복음에서 하나님은 아들을 통해 우리와 가까이 계신 분이다.

예수님은 하나님이 자기에게 주신 아버지의 이름으로 제자들을 보전하시기를 기도하신다(11b절). '보전하다'(τηρέω)는 하나님이 모든 능력을 동원해 제자들을 지켜 주셔서 세상이 가하는 해를 입지 않게 해 달라는 기도다(Mounce, Schnackenburg). 예수님이 제자들을 위해 이렇게 기도하시는 것은 제자들이 그들을 미워하는 세상 안에 있기 때문이다(cf. 14-15절; 15:18-21). 하나님이 보전을 멈추시는 순간 제자들은 도저히 감당할 수 없는 세상의 공격을 받게 된다. 그러므로 이 말씀은 오늘날 우리가 잘 살고 있는 것은 바로 하나님의 보호하심이 우리를 보전하고 있기 때문임을 암시한다.

예수님은 하나님이 제자들을 보전하셔서 아버지와 아들이 하나인 것처럼 그들도 하나 되기를 바라는 마음에서 이렇게 기도하신다(11c절). 공동체가 왜 필요한지를 생각하게 하는 말씀이다. 그리스도인들이 각자 뿔뿔이 흩어져 살면 마귀는 그들을 훨씬 더 쉽게 공격할 수 있다. 반면에 하나님과 예수님이 하나이신 것처럼 성도들이 하나가 되면 마귀는 쉽게 공격하지 못한다. 또한 그리스도인들은 하나님의 도우심과 서로 격려하는 힘으로 마귀의 공격을 막아 낼 수 있다.

예수님은 자신이 이 땅에서 제자들을 어떻게 보전했는지 회고하신다. 예수님은 하나님 아버지가 그에게 주신 이름으로 제자들을 보전하고 지키셨다(12a절). 하나님의 이름은 하나님이 지니신 모든 권세와 능력을 상징한다. 그러므로 잠언 18:10은 "여호와의 이름은 견고한 망대라 의인은 그리로 달려가서 안전함을 얻느니라"라고 한다.

예수님은 하나님의 에이전트(agent)가 되어 하나님의 능력으로 제자들을 보전하고 지키셨다. '지키다'(φυλάσσω)는 군사적인 언어이며 매우 철두철미하게 적의 공격을 감시하고 적절하게 대응한다는 뜻이다(cf. TDNT). 예수님이 제자들을 보전하고 지키시는 것은 그들이 이미 구원받았다는 증거다(Klink). 오직 예수님을 믿는 사람만이 하나님의 이름 안에 살며 보호받을 수 있기 때문이다.

다만 예수님이 구원하지 못한 제자가 하나 있다. 바로 멸망의 자식이다(12b절). '멸망의 자식'(ὁ υἱὸς τῆς ἀπωλείας)은 하나님의 심판을 받아 멸망할 자를 뜻한다. 물론 가룟 유다를 두고 하신 말씀이다(cf. 13:21-30). 가룟 유다도 다른 제자처럼 예수님과 3년을 함께 지냈지만, 그는 예수님을 영접하지 못했다. 가룟 유다는 스스로 불신을 선택했다고 생각하겠지만, 실상은 그렇지 않다. 그의 불신은 이미 오래전에 성경에 기록된 예언을 응하게 하는 것이었다(12c절).

예수님이 정확히 구약의 어느 예언을 두고 이렇게 말씀하시는지 알 수 없지만, 가룟 유다가 떠날 때 "내 떡을 먹는 자가 내게 발꿈치를 들었다 한 성경을 응하게 하려는 것"(13:18)이라고 하신 것을 고려하면 시편 41:9을 염두에 두고 이렇게 말씀하신 듯하다. 하나님이 열두 제자를 예수님께 보내실 때 11명은 예수님을 영접하고 사랑하도록, 가룟 유다는 메시아에 대한 배신 예언을 성취하는 자로 보내셨다.

예수님은 곧 하늘에 계신 아버지께 돌아갈 것이기에 굳이 이렇게 기도하시지 않아도 된다(13a절). 가서 하나님과 재회하며 부탁하시면 되기 때문이다. 그러나 제자들을 위해 일부러 이 땅에서 이렇게 기도하신다. 예수님은 이렇게 기도하심으로써 제자들이 주님의 기쁨으로 충만해지기를 원하시기 때문이다(13b절). 예수님은 거의 비슷한 말씀을 15:11에서도 하셨다(cf. 16:24).

어떻게 이 기도가 제자들을 기쁨으로 충만하게 할 수 있을까? 제자들은 불안하다. 예수님은 몇 시간 후 십자가에서 죽으시고 사흘 만에 부활해 그들과 함께하실 것이지만, 얼마 후 승천해 그들을 떠나실 것이다. 제자들은 고아처럼 홀로 남겨지는 것을 두려워하고 있다. 그런 점에서 예수님이 자신이 떠나도 하나님이 그들과 함께하시며 보전하고 지키실 것을 기도하는 것은 그들에게 형언할 수 없는 평안과 위로가 되었을 것이다. 그러므로 그들은 예수님만 주실 수 있는 기쁨(cf. 3:29; 16:24), 곧 성령을 통한 하나님의 임재로 충만하게 된다(cf. 롬 14:17; 갈 5:22). 예수님의 기도는 제자들을 위한 외적 도움(external aid)을 확실하게 하는 효과를 발휘하고 있다(Barrett).

제자들이 세상의 미움을 사는 이유는 단 한 가지, 하나님의 말씀을 받았기 때문이다(14절). 예수님은 하나님의 말씀을 제자들에게 가르치셨고, 제자들은 받은 하나님의 말씀을 사랑했다. 하나님 말씀을 삶의 지침이자 기준으로 삼아 순종하며 살고자 노력했다는 뜻이다(cf. 17:6-8). 또한 앞으로도 성령이 계속 말씀을 기억나게 하고 말씀 위에 확고히 서게 하실 것이다(cf. 14:26).

하나님을 미워하는 세상이 하나님 말씀을 사랑하고 순종하는 제자들을 어떻게 대하겠는가? 당연히 하나님을 미워하는 것처럼 제자들도 미워한다(14a절). 세상은 하나님의 말씀을 통해 다른 가치관과 세계관으로 살아가는 그리스도인들을 비아냥거리고 멸시할 뿐 아니라 노골적으로 핍박할 것이다(cf. 15:18-27). 예수님이 세상에 속하지 않으신 것처럼 그리스도인도 세상에 속하지 않았기 때문이다(14b절). 하나님이 그리스도인들을 보호하지 않으시면, 그들에게 적대적인 세상에서 살아가기가 쉽지 않다.

세상은 악해서(갈 1:4) 하나님의 선하신 가르침을 견디지 못한다. 그러므로 악한 세상과 벗이 되는 것은 곧 선하신 하나님과 원수가 되는 일이다. "누구든지 세상과 벗이 되고자 하는 자는 스스로 하나님과 원수 되는 것이니라"(약 4:4). 본문은 막연하게 세상을 긍정적으로 보는 사람들과 세상의 가치관과 세계관을 바꾸지 않고 그대로 인정하려는 사람들에게 주는 경고다(Brown).

예수님은 하나님께 제자들을 세상에서 데려가시라고 기도하지 않으

228

신다(15a절). 다만 그들이 악에 빠지지 않게 보전하시기를 간구하신다 (15b절). 주기도문의 한 대목을 연상케 한다(cf. 마 6:13). 이 구절을 감싸는 14절과 16절은 내용이 비슷하다. 그러므로 15절에 기록된 예수님의 기도가 매우 중요하다. 그리스도인의 삶이 어떠해야 하는지 정의하기 때문이다. 그리스도인은 이 땅에 사는 한 세상을 떠나서 살 수 없다. 물론 세상이 우리의 거처는 아니다(14:1-6). 하늘나라가 우리가 거할 곳이다. 그럼에도 불구하고 우리는 세상에 있어야 한다. 하나님 나라에 입성하기 전에 이룰 사명이 있기 때문이다. 그러므로 교회는 세상에서 나오면 안 된다. 또한 세상이 교회의 일부가 되어서도 안 된다. 교회는 성령으로 충만한 하나님의 거처가 되어야 한다.

개역개정과 KJV이 '악'으로 번역한 것(τοῦ πονηροῦ)은 '악한 자'(마귀)로 번역될 수도 있다(새번역, 공동, NAS, NIV, NRS, ESV). 요한은 그를 '세상의 임금'(12:31; 14:30; 16:8-11)으로 칭하며 세상이 이 자의 다스림 아래 있다고 한다(요일 5:19). 예수님도 사역하시면서 마귀의 공격을 지속적으로 받으셨지만, 사탄은 예수님을 이기지 못했다(14:30). 앞으로 마귀는 예수님의 제자들을 계속 괴롭힐 것이다.

예수님을 배신한 가룟 유다를 통해 마귀의 능력이 어느 정도인지 가늠할 수 있다. 가룟 유다는 3년이나 예수님과 함께 살았지만 마귀의 속삭임에 넘어가 예수님을 팔았다(13:27; cf. 12:31; 14:30; 16:11). 마귀의 권세와 능력도 결코 만만치 않다. 우리가 세상에서 하나님께 순종하며 사는 것은 치열한 영적 전쟁이다.

요한복음에서 세상은 물리적인 공간이 아니라 어둠과 불신이 있는 곳이기도 하다(cf. 3:19). 그러므로 물리적인 세상에 산다고 해서 반드시 세상에 속하거나 세상의 일부라 할 수 없다. 예수님이 세상에 속하지 않으신 것처럼 제자들도 세상에 속하지 않았다(16절). 14절에서 하신 말씀을 재차 강조하시는 말씀이다. 니고데모에게 하신 말씀이 생각난다. "육으로 난 것은 육이요 영으로 난 것은 영이니"(3:6). 세상의 일부가 아닌 예수님과 제자들은 영에서 난 이들이며, 하나다.

예수님은 진리인 하나님의 말씀으로 제자들을 거룩하게 해 주시길 기도하신다(17절). 제자들의 삶이 예수님께 배운 하나님의 진리로 가득하게 되기를 바라는 기도다. '거룩하다'(ἁγιάζω)의 가장 기본적인 개념은 구별해 따로 세운다는 것이다(TDNT, cf. 출 28:41). 그러므로 거룩하게 되는 것은 분리하는 것으로만 가능하다(Burge, cf. 10:36). 예수님은 제자들이 거룩한 일을 하도록 그들을 따로 구분해 봉헌하신다(Klink).

예수님은 자신이 아버지의 보내심을 받아 세상에 오신 것처럼 제자들을 세상에 보내셨다(18절). 그러므로 예수님이 시작하신 하나님의 미션(mission)을 제자들이 이어 나갈 것이다. 제자들은 영으로 난 사람들이다. 하나님 나라를 대표해 세상에 있지만, 세상의 일부이거나 세상에 속하지는 않았다. 그들은 하늘나라의 대사(ambassador)다.

예수님은 제자들을 위해 자신을 스스로 거룩하게 하실 것이다(19a절). 예수님은 십자가 죽음을 제자들을 위해 자신을 거룩하게 하는 일로 생각하신다. '위해'(ὑπέρ)는 항상 희생제물과 연관되는 표현이다(Burge, Klink, Lindars, Mounce, cf. 6:51). 예수님이 흘리시는 피는 제자들을 위한 것이다(Hoskyns). 그러므로 본문은 17장에 기록된 기도의 핵심 문장이다(Burge). 제사장이신 예수님이 제자들을 위해 자신을 제물로 드리실 것이다.

> 염소와 송아지의 피로 하지 아니하고 오직 자기의 피로 영원한 속죄를 이루사 단번에 성소에 들어가셨느니라 염소와 황소의 피와 및 암송아지의 재를 부정한 자에게 뿌려 그 육체를 정결하게 하여 거룩하게 하거든 하물며 영원하신 성령으로 말미암아 흠 없는 자기를 하나님께 드린 그리스도의 피가 어찌 너희 양심을 죽은 행실에서 깨끗하게 하고 살아 계신 하나님을 섬기게 하지 못하겠느냐(히 9:12-14).

이 말씀은 예수님이 제자들을 떠나신 후에는 하나님 아버지께서 그들과 영원히 함께하신다고 한다. 하나님은 그분의 이름으로 그들을 보전하며 지키신다. 세상이 아무리 제자들을 미워해도 그들을 해치기 위해 할 수 있는 일은 아무것도 없다. 하나님이 그들을 보호하시기 때문이다. 이와 같이 사람이 예수님을 영접하면 그가 영생에 이르기까지 하나님이 길을 인도하고 보호하신다.

세상에서 일어나는 모든 일은 하나님이 계획하신 것이다. 심지어 악한 일들도 하나님이 예정하신 일의 일부일 수 있다. 가룟 유다가 예수님을 팔아넘기는 것은 배은망덕한 일이며 도무지 이해할 수 없는 악한 일이다. 그러나 이마저도 오래전에 예언된 성경 말씀을 응하게 하는 일이었다. 그러므로 우리는 나쁜 일이 일어날 때 하나님을 원망만 할 것이 아니라, 그 일을 허락하신 이유를 찾으려고 노력해야 한다.

세상은 악하고 하나님을 미워하기 때문에 우리가 세상에서 예수님의 말씀대로 사는 것은 참으로 어렵다. 그렇다고 해서 그리스도인들이 세상의 기준과 가치관을 받아들여 세상의 일부가 되는 것은 있을 수 없는 일이다. 하나님은 죄 많은 이 세상에서 경건하고 거룩하게 사는 하나님의 백성이 되라며 우리를 따로 구분하셨다. 세상에서 빛과 소금으로 살아가는 일은 참으로 쉽지 않다. 그러나 계속 노력하면 하나님이 우리를 보전하고 지키실 것이다.

Ⅶ. 다락방 디스코스(13:1-17:26)
  C. 예수님의 기도(17:1-26)

3. 모든 성도를 위한 기도(17:20-26)

[20] 내가 비옵는 것은 이 사람들만 위함이 아니요 또 그들의 말로 말미암아 나를 믿는 사람들도 위함이니 [21] 아버지여, 아버지께서 내 안에, 내가 아버지 안에 있는 것 같이 그들도 다 하나가 되어 우리 안에 있게 하사 세상으로 아

버지께서 나를 보내신 것을 믿게 하옵소서 [22] 내게 주신 영광을 내가 그들에게 주었사오니 이는 우리가 하나가 된 것 같이 그들도 하나가 되게 하려 함이니이다 [23] 곧 내가 그들 안에 있고 아버지께서 내 안에 계시어 그들로 온전함을 이루어 하나가 되게 하려 함은 아버지께서 나를 보내신 것과 또 나를 사랑하심 같이 그들도 사랑하신 것을 세상으로 알게 하려 함이로소이다 [24] 아버지여 내게 주신 자도 나 있는 곳에 나와 함께 있어 아버지께서 창세 전부터 나를 사랑하시므로 내게 주신 나의 영광을 그들로 보게 하시기를 원하옵나이다 [25] 의로우신 아버지여 세상이 아버지를 알지 못하여도 나는 아버지를 알았사옵고 그들도 아버지께서 나를 보내신 줄 알았사옵나이다 [26] 내가 아버지의 이름을 그들에게 알게 하였고 또 알게 하리니 이는 나를 사랑하신 사랑이 그들 안에 있고 나도 그들 안에 있게 하려 함이니이다

제자들을 위해 기도하신 예수님이(cf. 17:9-19) 이번에는 제자들이 전도해 세울 하나님 백성 공동체를 위해 기도하신다. 아직 만나 보지 못한 미래의 제자들을 위한 기도다. 그러므로 이 섹션은 21세기를 살아가는 우리를 위한 기도이기도 하다(Mounce). 예수님은 곧 하나님께로 떠나신다. 머지않아 제자들도 곧 떠날 것이다(cf. 24절). 그러나 그들이 세운 교회는 세대를 이어 가며 주님이 다시 오실 때까지 세상에 있을 것이다. 예수님의 제자가 있는 곳마다 회심자가 계속 생겨날 것이고, 새로운 회심자가 있는 한 교회는 계속 유지될 것이다.

예수님에게 하나님 아버지의 말씀을 배우고 양육받은 제자들이 머지않아 사역자가 되어 예수님의 말씀으로 사람들을 전도할 것이다. 본문은 제자들의 증언을 듣고 예수님을 믿게 될 사람들을 위한 기도다(20절). 세대를 이어 가며 전수될 복음은 계속 새로운 그리스도인들을 양성할 것이다. 하나님이 예수님에게 주신 말씀을 예수님이 제자들에게 주고, 제자들은 그 말씀으로 다음 세대를 세운다. 그러므로 하나님은 모든 사람의 믿음의 저자이시다(Calvin).

예수님은 하나님 아버지가 자기 안에, 자기가 아버지 안에 있는 것처럼 미래 그리스도인들이 하나가 되어 삼위일체 하나님 안에 있게 하시기를 기도하신다. 이미 제자들도 하나 되게 해 달라고 기도하셨는데(17:11), 이번에는 아직 만나 보지 못한 미래 성도들이 하나가 되도록 기도하신 것이다. 교회의 미션(mission)은 성도의 수가 몇 명이든 하나 되어 하나님 안에 거하는 것이다.

하나님에게서 멀어진 인류의 파멸은 스스로 부서지고 흩어지는 것이다(Calvin). 그러므로 하나님이 하시지 않으면 하나 됨은 불가능하다. 예수님이 교회에 바라는 하나 됨(unity)은 균일성(uniformity)이 아니다. 하나님 아버지와 아들 예수님이 각자 개성이 있고 다르면서도 하나이신 것처럼 교회에 속한 성도들 역시 각자 다른 개성을 지니면서 목적과 사랑과 실천에는 한 몸처럼 행동하기를 원하신다(cf. 고전 12:12-27). 그러므로 오늘날 교회가 온갖 분란으로 나뉘는 것은 우리가 하나 되기를 원하시는 예수님께 큰 상처가 되며 마귀만 좋아할 일이다.

그리스도인들이 하나가 되면 세상은 예수님이 창조주 하나님이 보내신 메시아라는 사실을 믿게 될 것이다(21b절). 죄와 온갖 잇속이 만연한 세상은 결코 하나가 될 수 없다. 이러한 세상에서 그리스도인들이 예수님의 말씀으로 하나님 안에서 하나가 되면, 세상은 교회를 동경할 것이다. 그들은 어떻게 해서 그리스도인들이 하나 되는지 관심을 갖게될 것이고, 예수님의 말씀으로 하나 된 것을 깨닫게 될 것이다. 하나됨은 세상과 상당히 이질적인 것이다. 그러므로 교회를 하나로 만드신 예수님이 이 세상에서 나신 분이 아니라 하나님에게서 오신 분임을 믿게 될 것이다. 예수님의 말씀이 우리 삶에서 맺는 열매(하나 됨)가 세상을 설득한다.

예수님은 아버지와 아들이 하나된 것처럼 그리스도인들이 하나 되도록 자신이 하나님 아버지께 받은 영광을 그들에게 주셨다(22절; cf. 17:1, 5). 영광은 인간이 경험할 수 있는 하나님의 현현과 존재와 임재를 상징한다(Carson). 예수님이 미래의 그리스도인에게 영광을 주신 것은 그들 힘으로는 결코 하나가 될 수 없으며, 반드시 하나님의 임재와 도움이 필요하기 때문이다. 하나님의 영광이 교회에 임하여 교회를 하나 되게 하실 것이다. 역으로 말하자면, 분란과 내분이 있는 교회에는 하나님의 임재가 없다고 할 수 있다.

그리스도인들이 하나가 되면 세상은 하나님이 그들을 사랑하시기 때문에 하나가 되었다는 사실을 알게 될 것이다(23절). 아버지는 예수님 안에 계시며, 예수님은 그들 안에 계신다. 그러므로 그리스도인 안에는 예수님과 하나님이 함께 계신다. 아버지와 아들은 그 안에 계시며 그들로 하여금 온전함을 이루어 가게 하실 것이다(23a절). '온전함'(τετελειωμένοι)은 목적을 달성하고 완성한다는 뜻이다(BDAG). 하나님이 그리스도인에게 기대하시는 온전함은 그들이 하나 되는 것이다. 하나 됨은 교회가 이 땅에 존재하는 가장 기본적이고 궁극적인 목표라는 뜻이다. 교회의 하나 됨은 교회 안의 통일성이 아니라, 예수님(하나님) 안에서 하나 됨이다(cf. 21, 22절).

예수님이 교회의 하나 됨을 이처럼 간절히 원하시는 것은 세상에 두 가지를 알려 주시기 위해서다. 첫째, 하나님이 예수님을 보내신 것을 알게 하기 위해서다. 이 부분에 대해서는 21절 주해를 참조하라. 둘째, 하나님이 예수님을 사랑하신 것처럼 교회도 사랑하시는 것을 알게 하기 위해서다. 세상은 너무나도 많은 파편으로 나뉘어 있어 결코 하나가 될 수 없다. 그러므로 교회가 하나 되면 세상은 교회에 임한 창조주 하나님의 특별한 사랑을 의식하게 될 것이다.

세상을 향한 하나님의 사랑은 하늘에서 내려오신 예수님을 통해 절정에 달했다(3:16). 이 사랑은 아직 끝나지 않았으며, 주님이 다시 오실 때까지 그리스도인들을 통해 계속 이어질 것이다. 세상에 하나님의 사랑을 가장 확실하게 보여 주는 것은 교회의 하나 됨이다. 교회가 하나 되면 세상은 하나님의 사랑이 아직도 교회를 통해 이 땅에 임하고 있음을 의식하게 된다. 그러므로 하나 됨을 통해 전도의 길도 열릴 것이다.

예수님은 제자들뿐 아니라, 앞으로 태어날 모든 그리스도인과 함께 천국에서 살게 될 날을 기대하신다(24절). 예수님은 제자들과 함께 거할 곳을 마련하러 아버지의 집으로 갔다가 준비되면 그들을 데리러 오겠다고 하셨다(14:2-3). 이번에는 제자들뿐 아니라 그들을 통해 하나님의 백성이 될 미래 그리스도인들의 거처에 대해 말씀하신다. 그들도 예비된 거처로 가서 예수님과 영원히 거할 것이다(24a절). 그곳에서 예수님과 함께 거하며 하나님 아버지가 창세 전부터 주님을 사랑하여 주신 영광을 보게 될 것이다(24b절). 그리스도인들이 하나님과 함께 영광스러운 영생을 누릴 것이라는 뜻이다(Bultmann).

세상은 의로우신 아버지인 하나님을 알지 못한다(25a절). '의로우신 아버지'(πάτερ δίκαιε)는 '거룩하신 아버지'(πάτερ ἅγιε, 11절)와 평행을 이룬다. 하나님의 의는 구약에서 매우 흔한 주제이며, 주로 심판과 연관된다. 그러나 이곳에서는 죄인들을 정죄하는 것보다(cf. 5:30; 7:24) 구원하기 위해 오셨다는 사실(cf. 3:17)이 강조되고 있다(Klink). 누구든지 의로우신 하나님을 믿으면 복을 누리고 구원을 얻게 될 것이기 때문이다(cf. 요일 1:9).

세상은 의로우신 아버지를 알지 못하지만, 예수님은 아신다(25b절). 또한 그리스도인들도 아버지께서 예수님을 보내신 줄 안다(25c절). 믿음이 무엇인지가 간략하게 정의되고 있다. 믿음은 하나님 아버지께서 우리를 구원하기 위해 예수님을 보내셨다는 사실을 아는 것이다. 그리스도인은 이러한 사실을 아는 '인싸'(insiders)이며, 예수님이 인간이 하나님께 나아갈 '길이요 진리요 생명'이심을 믿는다(cf. 14:6). 그러므로 본문의 핵심은 예수님 없이는 하나님을 온전히 알 수 없다는 것이다(Klink).

예수님은 그들로 하여금 아버지의 이름을 이미 알게 하셨고, 앞으로도 계속 알게 하실 것이다(26a절). 본문은 아직 태어나지 않은 그리스도인들에 관한 말씀인 만큼 예수님이 제자들에게 가르치신 것이 세대를 거듭하며 영원히 전수될 것을 말씀하신 것이다. 주님이 다시 오실 때까지 그리스도인 공동체는 계속 이어질 것이다.

신앙이 세대를 거듭해 전수되는 것은 두 가지 사실을 드러낸다(26b절). 첫째, 예수님에 대한 하나님 아버지의 사랑이 그들 안에 있다는 사실이다. 하나님의 사랑이 없이는 믿음을 유지하는 것이 불가능하다. 그러므로 그들이 믿음을 유지하는 것은 곧 하나님의 사랑이 그들 안에 있다는 증거다. 둘째, 예수님이 그들 안에 계신다는 사실이다. 그들이 하나님을 믿고 사랑을 경험하게 되는 데는 세대를 거듭하며 전수된 예수님의 가르침이 가장 중요한 역할을 한다. 예수님의 가르침을 믿는다는 것은 예수님을 영접했다는 뜻이다. 그러므로 예수님 말씀이 전수되는 한 예수님도 그들 안에 거하신다.

이 말씀은 하나님이 우리에게 가장 원하시는 것은 하나 됨이라고 한다. 세상은 절대 하나가 될 수 없다. 그러나 그리스도인들은 예수님 안에서 하나 될 수 있다. 예수님이 하나님과 하나이신 것처럼, 우리도 하나님 안에서 하나가 될 수 있다.

교회의 하나 됨은 하나님이 세상을 사랑하신다는 가장 확실한 증거다. 또한 하나 됨은 세상을 향한 예수님의 가장 강력한 메시지다. 세상이 이룰 수 없는 하나 됨을 예수님의 말씀이 이루었기 때문이다. 이러한 사실은 온갖 죄와 이권으로 분열된 오늘날 교회에 시사하는 바가 매우 크다.

Ⅷ. 재판과 죽음

(18:1-19:42)

이 섹션은 예수님의 삶 마지막 순간에 있었던 일들을 회고한다. 예수님이 어떤 재판을 받으시고, 어떻게 십자가에서 죽으셨는지에 관한 이야기다. 그러므로 학자들은 이 섹션을 요한복음의 '수난 이야기'(passion narrative)라고 부르기도 한다.

공관복음도 예수님이 십자가에서 죽으시기 전에 겪으신 고난을 회고하며, 전반적인 내용은 요한복음에 기록된 것과 비슷하다. 네 복음서를 종합하면 다음과 같은 순서로 일이 진행되었다(cf. Burge).

1	예수님이 제자들과 함께 예루살렘을 떠나 감람산으로 가심
2	가룟 유다가 무리를 데리고 예수님을 잡으러 옴
3	대제사장이 예수님을 심문함
4	본디오 빌라도가 예수님을 심문함
5	빌라도가 예수님에게 죄가 없다며 풀어 주려고 함
6	무리가 예수님 대신 바라바를 풀어 달라고 함
7	빌라도가 예수님 처형을 명령함
8	예수님이 두 죄수와 함께 십자가에 못 박히심
9	군인들이 예수님의 옷을 나눠 가짐
10	예수님에게 신 포도주를 줌

| 11 | 예수님이 숨을 거두심 |
| 12 | 아리마대 사람 요셉이 예수님의 시신을 가져다가 장사를 치름 |

공관복음과 비교할 때 요한복음에만 기록된 디테일이 있는가 하면, 공관복음에는 있는데 요한복음에는 없는 것들도 있다. 공관복음에는 있지만 요한복음에 없는 디테일은 (1)가룟 유다의 입맞춤과 배신, (2)겟세마네 동산에서 예수님이 하신 기도 내용, (3)제자들이 잠을 이기지 못하는 모습, (4)대제사장 종의 잘린 귀를 낫게 하신 일, (5)구레네 시몬, (6)야유하는 무리, (7)십자가 위에서 부르짖으심(cf. Brown, Carson, Mounce) 등이다.

한편, 요한복음에만 있고 공관복음에 없는 디테일은 (1)예수님을 잡으러 온 자들이 두려워 땅에 엎드린 일, (2)예수님이 대제사장 안나스와 나눈 말씀, (3)예수님이 빌라도와 나누신 대화, (4)십자가에 새겨진 죄패와 연관된 일, (5)예수님의 옷에 대한 자세한 설명, (6)사랑하는 제자에게 어머니를 부탁하심, (7)예수님의 다리가 꺾일 위기, (8)군인이 창으로 옆구리를 찌름, (9)니고데모가 예수님을 장사함(cf. Brown, Carson, McHugh) 등이다.

공관복음은 예수님이 십자가를 지신 일을 많은 고난이 동반된 참으로 안타까운 일로 간주한다. 반면에 요한복음은 예수님의 죽음을 태초부터 예견된 좋은 일로 보는 듯하다. 요한복음에서 예수님이 십자가에서 죽으신 일은 책이 시작된 이후 지속적으로 언급된 '때'가 이르렀음을 의미한다(cf. 2:4; 7:30; 8:20; 13:1). 또한 십자가는 예수님이 높임을 받는 일이며(cf. 3:13-14; 8:28; 12:32), 영광을 받으시는 일이다(12:23; 13:31-32; 17:1). 예수님은 영광스럽게 생각하는 십자가에 끌려가는 것이 아니라 자원해서 가신다(10:17-18; cf. 15:13). 그러므로 일부 학자는 이 섹션에 붙여진 '수난 이야기'(passion narrative)라는 타이틀이 잘못되었다고 한다. 오히려 '영광 이야기'(glorification narrative)가 더 적절한 표현일 수 있다. 영광스러운 길을 가시는 예수님의 마지막 순간을 회고하는 본 텍스트는 다음과 같이 구분된다.

A. 잡히심(18:1-11)
B. 안나스 앞에서(18:12-27)
C. 빌라도에게 재판을 받으심(18:28-40)
D. 유대인들의 요구(19:1-16)
E. 십자가 죽음과 장사(19:17-42)

VIII. 재판과 죽음(18:1-19:42)

A. 잡히심(18:1-11)

¹ 예수께서 이 말씀을 하시고 제자들과 함께 기드론 시내 건너편으로 나가시니 그 곳에 동산이 있는데 제자들과 함께 들어가시니라 ² 그 곳은 가끔 예수께서 제자들과 모이시는 곳이므로 예수를 파는 유다도 그 곳을 알더라 ³ 유다가 군대와 대제사장들과 바리새인들에게서 얻은 아랫사람들을 데리고 등과 횃불과 무기를 가지고 그리로 오는지라 ⁴ 예수께서 그 당할 일을 다 아시고 나아가 이르시되 너희가 누구를 찾느냐 ⁵ 대답하되 나사렛 예수라 하거늘 이르시되 내가 그니라 하시니라 그를 파는 유다도 그들과 함께 섰더라 ⁶ 예수께서 그들에게 내가 그니라 하실 때에 그들이 물러가서 땅에 엎드러지는지라 ⁷ 이에 다시 누구를 찾느냐고 물으신대 그들이 말하되 나사렛 예수라 하거늘 ⁸ 예수께서 대답하시되 너희에게 내가 그니라 하였으니 나를 찾거든 이 사람들이 가는 것은 용납하라 하시니 ⁹ 이는 아버지께서 내게 주신 자 중에서 하나도 잃지 아니하였사옵나이다 하신 말씀을 응하게 하려 함이러라 ¹⁰ 이에 시몬 베드로가 칼을 가졌는데 그것을 빼어 대제사장의 종을 쳐서 오른편 귀를 베어버리니 그 종의 이름은 말고라 ¹¹ 예수께서 베드로더러 이르

시되 칼을 칼집에 꽂으라 아버지께서 주신 잔을 내가 마시지 아니하겠느냐
하시니라

예수님이 유월절 만찬 중에 하셨던 고별사와 기도가 끝나고 새로운
섹션이 시작된다. 이제부터는 이야기가 매우 빠르게 진행된다. 이 섹
션이 회고하는 예수님의 잡히심부터 장사까지는 불과 몇 시간 사이에
일어난 일이다.

예수님은 제자들과 함께 예루살렘성을 떠나 기드론 시내 건너편으로
가셨다(1a절; cf. 마 26:30; 막 14:26; 눅 22:39). 기드론 시내는 예루살렘성
동쪽과 감람산 사이에 있는 계곡으로(ABD), 거의 1년 내내 말라 있다
가 겨울에 비가 오면 잠시 물이 흐르는 와디(wadi)였다. 이 시내를 건넜
다는 것은 예수님이 제자들과 함께 예루살렘 동쪽에 있는 감람산으로
가셨다는 뜻이다.

예수님은 제자들과 함께 감람산에 있는 동산으로 가셨다(1b절). 겟세
마네 동산이다(cf. 마 26:36; 막 14:32). '겟세마네'는 '착유기'(oil press)라는
의미를 지니며, 히브리어 '갓세마님'(נַּת שְׁמָנִים)에서 비롯된 것으로 추정
된다(cf. ABD, DJG). 아마도 이 올리브 농장 주인이 예수님과 제자들이
언제든지 와서 사용할 수 있게 했기에 겟세마네는 예수님이 자주 찾으
시는 기도처가 되었던 것으로 보인다(요 18:2).

요한이 이곳을 겟세마네나 감람산이라 하지 않고 무명의 '동산'이라
고 하는 것은 에덴동산을 연상케 하기 위해서다(Brown, Michaels, cf. 창
2:8-16). 예수님은 잠시 후 이 동산에서 잡히셨다가, 동산에서 죽어 묻
히시며(19:41), 동산에서 부활하신다(20:15). 요한복음이 에덴동산과 예
수님의 수난 이야기를 연결하고자 하는 것은 예수님의 죽음이 에덴동
산에서 있었던 일을 반전시키기 때문이다. 에덴동산과 겟세마네 동산
은 둘 다 사람에게 생명과 죽음을 안겨 준다. 그러나 순서에 중요한 차
이가 있다. 에덴동산에서는 생명 다음 죽음이 임했다. 그러나 겟세마

네 동산에서 잡히신 예수님은 죽음을 통해 우리에게 생명을 주실 것이다. 첫 번째 동산에서 일어난 일의 순서가 두 번째 동산에서 뒤집혔다. 이러한 이유 등으로 신약은 아담을 예수님의 모형이라 하기도 하고, 예수님을 새(마지막) 아담이라고도 한다(cf. 롬 5:12-21; 고전 15:21, 45).

겟세마네 동산은 가끔 예수님이 제자들과 함께 모이시는 곳이었다(2a절). 겟세마네는 예수님이 자주 찾으시는 기도 처소였다. 누가복음은 예수님이 습관적으로 이곳을 찾으셨다고 한다(눅 22:39). 평소에 제자들과 자주 찾으시는 곳이었기 때문에 가룟 유다도 겟세마네 동산에 대해 알고 있었다(2b절). 그는 이날 밤 어디로 가야 예수님을 찾을 수 있는지 정확히 알고 있었던 것이다.

가룟 유다가 큰 무리를 이끌고 예수님이 계신 겟세마네 동산으로 왔다(3절). 로마의 '군대'(σπεῖρα)는 일반적으로 600명 규모였지만(BDAG), 때로는 보병 760명과 마병 240명 등 총 1,000명에 달하거나(Burge) 혹은 200명 정도의 규모도 이렇게 불렸다(Mounce, O'Day). 정확히 어느 정도의 군대가 동원되었는지는 알 수 없지만, 1,000명을 지휘하는 천부장이 이끌 정도였으니 상당한 규모였던 것이 확실하다(Bruce, cf. 18:12).

무장하지 않은 예수님과 제자들을 잡기 위해 수많은 군인이 동원되었다! 예수님은 로마 군대도 긴장시키는 '위험 인물'로 낙인찍히신 것이다(cf. Barclay). 순례자들이 예루살렘 성전으로 모이는 절기 때면 로마는 예루살렘에 큰 군대를 주둔시켜 폭동을 예방했다. 이 군대는 그중 일부였다.

로마 군대와 함께 대제사장들과 바리새인들의 아랫사람들도 왔다. '아랫사람들'(ὑπηρέτας)은 대제사장들과 바리새인들이 고용한 사람들로 성전을 경비하는 경비원들이었다(cf. BDAG). 그들도 무기를 들고 군대와 함께 왔다. 군인들과 성전 경비원들이 함께 왔다는 것은 하나님의 백성을 대표하는 유대인들과 이방인을 대표하는 로마 사람들 사이에 긴밀한 협업이 이뤄지고 있음을 의미한다. 예수님은 이방인인 로마 사람들과 유대교 지도자들에게 골칫거리가 되셨다(cf. Burge). 또한 밤에 어둠 속으로 떠난 가룟 유다는 영적 어두움인 마귀가 이 일에 개입하고 있음을 보여 준다(cf. 엡 6:11-12). 하나님 백성과 이방인들과 마귀가 함께 공모해 예수님을 죽음으로 내몰고 있는 것이다.

그들은 등과 횃불도 가지고 왔다. 유월절은 보름에 있는 절기이기에 이날 밤 달이 떴다면 예수님을 식별하는 데 많은 빛이 필요하지 않았을 수 있다. 여기서 하나의 아이러니가 형성되고 있다. 이 무리는 등과 횃불 등 온갖 인위적인 빛으로 무장한 채 '세상의 빛'(8:12; 9:5)과 '참빛'(1:9)이신 예수님을 잡으러 왔다!

예수님은 앞으로 무슨 일이 벌어질지, 가룟 유다가 왜 큰 무리를 이끌고 왔는지 이미 다 아신다(4a절). 그러나 피하지 않고 오히려 먼저 그들에게 다가가 누구를 찾느냐고 물으신다(4b절). 예전에 예수님은 같은 질문(τί ζητεῖτε;)을 제자가 되고 싶어 하는 사람들에게 하셨다(1:38). 이번에는 자신을 잡으러 온 자들에게 하신다. 예수님이 지금 일어나고 있는 일의 주도권을 가지셨다는 증거다(Klink, Mounce, cf. 10:18). 예수님은 어쩔 수 없이 끌려간 것이 아니라, 자신이 원해서 그들과 함께 가신 것이다.

그들은 나사렛 예수를 찾는다고 했다(5a절). 당시 사람들은 누구를 부를 때 '어느 지역에 사는 누구' 형식으로 불렀다. 그러므로 '나사렛 예수'(Ἰησοῦν τὸν Ναζωραῖον)는 나사렛에 사는(출신) 예수라는 뜻이다. 예수님은 이 정도만 말해도 누구나 아는 유명 인사가 되셨다(Ridderbos). 가룟 유다도 그들과 함께 서 있었다(5c절).

예수님은 주저하지 않고 자신이 바로 나사렛 예수라고 하신다(5b절). 앞서 예수님은 '내가 그라'(ἐγώ εἰμι)를 자신이 하나님임을 밝힐 때 사용하셨다(cf. 4:26; 8:24, 58). 이곳에서 이 용어를 사용해 그들에게 답하시는 것이 우연일 수도 있지만, 다음 절에 묘사된 그들의 반응을 보면 우연이 아니다.

잡으러 온 사람들은 예수님 자신이 하나님이라는 의미에서 '내가 그라'($\dot{\epsilon}\gamma\dot{\omega}$ $\epsilon\dot{\iota}\mu\iota$)라고 하신 것을 안다. 그러므로 그들은 순간적으로 두려워하며 뒤로 물러나 엎드렸다(6절). 마치 하나님을 만난 듯한 두려움으로 반응하고 있다(Barrett, Beasley-Murray, Brown, cf. 사 6:5; 겔 1:28; 단 10:9). 심지어 그들이 예수님을 경배하고 있다고 해도 과언이 아니다(Klink). 예수님 한 분이 그를 잡으러 온 수백 명을 두려워 떨게 하신다. 예수님은 스스로 그들을 따라가신 것이지, 결코 끌려가신 것이 아니다.

예수님은 엎드려 두려워 떨고 있는 자들에게 누구를 찾느냐고 다시 물으셨다(7a절). 예수님의 질문은 마치 그들을 도와 한 번 더 자기를 잡을 기회를 주시는 듯하다(Schnackenburg). 그들은 엎드린 채로 한 번 더 '나사렛 예수'라고 대답했다(7b절). 예수님이 이처럼 두 차례나 같은 질문을 하시고, 그들이 두 차례나 같은 말로 답하는 것은 그들이 이곳에 온 이유를 그들 마음에 한 번 더 각인시키고자 해서다.

예수님은 다시 한번 자신이 바로 그들이 찾는 나사렛 예수라고 대답하셨다(8a절). 그러면서 그들이 찾는 사람은 자기이니, 함께 있는 제자들이 그 자리를 떠나는 것을 허락하라고 하신다(8b절). 예수님이 두 차례나 누구를 찾는지 질문하심으로써 그들이 이곳에 온 이유는 오직 예수님을 잡기 위해서라는 것을 각인시키신 이유가 여기에 있다. 제자들이 어떠한 해도 받지 않게 하시려는 것이다. 예수님은 제자들의 선한 목자이시다(cf. 10장). 그들을 위해 목숨을 내놓으실 뿐 아니라(10:11, 15) 이리들이 그들을 헤치지 못하게 하신다(10:12).

요한은 예수님이 제자들이 잡혀가지 않게 하신 것은 "아버지께서 내게 주신 자 중에서 하나도 잃지 아니하였사옵나이다"라고 하신 말씀을 응하게 하기 위해서라고 한다(9절). 예수님은 17:12에서 멸망의 자식인 가룟 유다 외에는 제자들을 모두 보전하고 지키셨다며 이렇게 말씀하셨다(cf. 6:39).

'말씀을 응하게 하려 했다'($\dot{\iota}\nu\alpha$ $\pi\lambda\eta\rho\omega\theta\hat{\eta}$ $\dot{o}$ $\lambda\dot{o}\gamma o\varsigma$)는 구약 말씀이나 예

언이 성취되는 것을 묘사할 때 사용되는 표현이다. 요한은 예수님이 하신 말씀을 구약 예언을 대하듯 대하고 있다(Burge, Klink, Mounce). 예수님의 말씀을 구약과 동일한 권위에 올려놓은 것이다(Brown). 당연한 일이다. 예수님은 구약을 통해 말씀하신 하나님이시기 때문이다.

시몬 베드로가 가지고 있던 칼을 빼 말고라는 이름을 가진 대제사장의 종을 쳐서 오른편 귀를 베어 버렸다(10절; cf. 눅 22:50). 예수님 입장에서는 일이 커졌다! 제자들이 해를 당하지 않고 그 자리를 떠날 수 있도록 협상 중인데, 이러한 상황에 아랑곳하지 않는 베드로가 사고를 친 것이다!

어떤 이들은 베드로가 대제사장의 종 말고의 귀를 자른 일을 두고 종교 권력에 반항하는 것이라는 등 많은 상징성을 부여해 해석하기도 한다(cf. Daube, Klink). 그러나 성경 해석에서 지나친 상상력은 금물이다. 베드로의 성격을 고려할 때, 그는 깊이 생각하지 않고 예수님을 잡으러 온 사람 중 가장 가까이 서 있는 사람의 귀를 잘랐을 것이다(Mounce). 말고가 대제사장의 종이라 귀를 잃은 것이 아니라, 하필 그 자리에 서 있다 보니 빚어진 일이다. 베드로는 예수님이 하시고자 하는 일을 이해하지 못한다.

일촉즉발 상황에서 예수님이 곧바로 베드로에게 칼을 칼집에 꽂으라며 야단을 치셨다(11a절). 어떻게 생각하면 베드로가 취한 행동이 고마울 수도 있다. 비록 성공하지는 못하겠지만, 어쨌든 예수님이 잡히시는 것을 막아 보려고 이렇게 행동했기 때문이다. 그러나 예수님은 본인의 의지와 상관없이 끌려가시는 것이 아니다. 자원해서 이 길을 가신다. 예수님은 이 길을 가기 위해 성육신하셨다. 그러므로 베드로의 행실은 하나님의 원대한 구속사를 방해하는 것밖에 되지 않는다. 물론 베드로는 깨닫지 못했기 때문에 이렇게 행동했다.

예수님은 자신이 아버지께서 주신 잔을 마셔야 한다고 하신다(11b절). 구약에서 잔은 하나님의 진노와 심판을 상징한다(시 11:6; 60:3; 사 29:9–

10; 51:17, 21-23; 63:6; 렘 25:15-29; 49:12). 겟세마네에서 드린 기도에서도 같은 의미로 잔이 언급된다(마 26:39; 막 14:36; 눅 22:42). 예수님은 로마 사람들과 유대교 지도자들과 사탄이 빚어낸 진노의 잔을 순종으로 마실 것이다.

이 말씀은 어떠한 상황에서도 끝까지 우리를 보호하시는 하나님의 사랑이 어떤 것인지 생각하게 한다. 예수님은 잡으러 온 무리에게 그들이 원하는 것은 자기뿐이니 제자들은 해를 받지 않고 그 자리를 떠나게 하라고 하셨다. 또한 베드로가 불러온 일촉즉발 상황에서도 사람들을 진정시키시며 제자들에게 어떠한 해도 가지 않게 하셨다. 예수님은 말로만 제자들을 보호하신 것이 아니라 행동으로 그들을 보호하셨다. 주님은 같은 사랑으로 우리를 보호하신다.

예수님께 중요한 것은 개인적인 안전과 평안이 아니다. 자신의 삶을 통해 하나님의 일을 이뤄가는 것이다. 그러므로 예수님은 잡으러 온 자들과 같이 가면 죽을 것을 알면서도 그들과 함께 가셨다. 십자가에서 죽는 것은 하나님의 뜻이므로 그 일에 자신을 복종시켜야 한다는 각오로 스스로 가셨다. 부르심을 받은 우리도 하나님의 뜻 이루는 것을 삶의 최우선으로 삼아야 한다.

폭력은 하나님이 사용하시는 방법이 아니다. 예수님은 칼을 빼든 베드로를 야단치셨다. 마태는 예수님이 "칼을 가지는 자는 다 칼로 망하느니라"라고 말씀하셨다고 기록한다(마 26:52). 만일 베드로가 예수님을 잡아가는 일로 화를 내고자 했다면, 윗사람들이 명령한 대로 행해야 하는 말고가 아니라, 그를 보낸 대제사장들을 상대로 화를 냈어야 한다. 모든 전쟁이 나쁜 것도 이러한 이유 때문이다. 정작 전쟁을 일으킨 자들이 아니라, 다른 사람들이 죽는다. 어떠한 경우에도 폭력은 정당화될 수 없다.

B. 안나스 앞에서(18:12-27)

이 섹션은 예수님을 붙잡아 간 유대교 지도자들이 예수님을 로마 총독 빌라도에게 넘기기 전에 심문한 일을 기록한다. 그해 대제사장인 가야바와 그의 장인이자 이전 대제사장인 안나스가 예수님을 심문한다. 닭이 울기 전에 베드로가 예수님을 세 번 부인할 것이라고 하신 예언(13:38)이 이 섹션에서 성취된다. 본 텍스트는 다음과 같이 구분된다.

  A. 안나스에게 끌려가심(18:12-14)
  B. 베드로가 부인함(18:15-18)
  C. 안나스가 심문함(18:19-24)
  D. 베드로가 다시 부인함(18:25-27)

1. 안나스에게 끌려가심(18:12-14)

¹² 이에 군대와 천부장과 유대인의 아랫사람들이 예수를 잡아 결박하여 ¹³ 먼저 안나스에게로 끌고 가니 안나스는 그 해의 대제사장인 가야바의 장인이라 ¹⁴ 가야바는 유대인들에게 한 사람이 백성을 위하여 죽는 것이 유익하다고 권고하던 자러라

로마 군인들과 대제사장의 아랫사람들이 예수님을 결박했다(12절). 예수님의 제안에 따라 제자들은 안전하게 겟세마네 동산을 빠져나간 상황이다. 로마 군인 1,000명을 지휘하는 '천부장'(χιλίαρχος)이 군대를 이끌고 왔다는 것은 예수님을 잡아들이도록 빌라도가 상당한 규모

의 군대를 보냈음을 암시한다(cf. BDAG). 아마도 사람들이 예수님을 잡아들이는 것에 반발해 폭동 일으킬 것을 사전에 차단하기 위해 큰 군대를 보낸 것으로 생각된다. 유대교 지도자들이 예수님을 로마 정권을 위협하는 정치적 메시아라고 주장한 것을 빌라도가 받아들인 결과로 보인다.

그들은 예수님을 먼저 안나스에게 끌고 갔다(13a절). 안나스는 그 해의 대제사장인 가야바의 장인이었다(13b절). 요한은 가야바와 안나스 두 사람 모두 대제사장이었다고 한다. 심문이 이뤄지고 있는 곳은 안나스의 저택인데, 본문에서는 그를 대제사장이라고 한다(18:15-16, 19, 22). 또한 요한은 가야바도 대제사장이라고 한다(18:13, 24). 대제사장직은 연임할 수 있지만, 대제사장은 언제나 한 명만 있었다. 따라서 요한이 안나스와 가야바를 둘 다 대제사장이라고 하는 것에 대해 일부 학자는 다양한 설명과 해석을 내놓았다.

역사적 기록에 따르면 이 해 대제사장은 가야바(Καϊάφας)가 확실하다. 그는 주후 18-36년에 대제사장으로 활동했으며, 요한복음에서도 이미 소개된 적이 있다(11:49). 가야바의 장인 안나스("Αννας)는 주후 6년에 대제사장으로 임명되었다가, 빌라도 총독의 전임자인 발레리우스(Valerius Gratus)에 의해 주후 15년에 해임되었다(Burge). 안나스는 상인들이 성전 뜰에서 순례자들이 제물로 드릴 짐승들을 매우 비싼 값에 팔게 하고는 그들에게서 뒷돈을 챙긴 것으로 유명하다(Mounce).

안나스는 대제사장직에서 물러난 후에도 막강한 권력을 누렸다. 그의 다섯 아들과 손주 하나와 사위를 대제사장 자리에 올려놓았기 때문이다. 안나스야말로 '대제사장들의 대부'라 할 수 있는 사람이다. 게다가 로마 사람들이 대제사장직을 조종하는 것에 불만을 품었던 유대인들은 안나스를 무조건적으로 지지했다. 그러므로 예수님이 현재 대제사장인 가야바가 아니라 이전 대제사장이었던 안나스에게 먼저 끌려가신 것은 당시 상황을 고려할 때 당연한 일이라 할 수 있다(cf. Carson).

원래 대제사장직은 영구직(종신직)이다(민 35:25). 하지만 로마의 지배를 받으면서 대제사장직은 연임할 수 있는 1년직이 되었다. 대제사장직에서 물러나도 예우 차원에서 타이틀을 유지하게 했다. 그러므로 요한은 안나스와 가야바 두 사람 모두 대제사장이라고 한다(cf. 눅 3:2; 행 4:6).

가야바는 예전에 예수님을 두고 유대인들에게 한 사람이 백성을 위해 죽는 것이 유익하다고 권고한 적이 있다(14절; cf. 11:50). 요한은 그가 이렇게 말한 것에 대해 '스스로 한 것이 아니라, 대제사장으로서 예수님이 민족을 위하시고 또 그 민족만 위할 뿐 아니라 흩어진 하나님 자녀를 모아 하나가 되게 하기 위해 죽으실 것을 예언적으로 말한 것'이라고 했다(11:51-52). 가야바는 이 말을 통해 자신이 생각하고 아는 것보다 더 많은 말을 한 것이다.

요한은 예전에 가야바가 예수님에 대해 한 말이 실현되고 있다는 사실을 지적함으로써 모든 일이 하나님이 계획하신 대로 이루어지고 있음을 암시한다. 하나님의 통제 밖에서 일어나는 일은 하나도 없다는 것이다. 이 점을 강조함으로써 요한은 예수님이 본인의 의지에 따라 스스로 십자가를 향해 가시는 것이지, 누구의 강요나 억압에 의해 끌려가는 것이 아니라고 한다.

이 말씀은 최악의 상황에서도 하나님의 역사는 계속된다고 한다. 예수님이 결박되어 안나스에게 끌려가셨다. 그러나 이 일은 우연히 일어난 일이거나, 어쩌다보니 된 일이 아니다. 예전에 가야바의 입을 통해 이미 말씀하신 대로 일어난 일이다. 우리는 어떠한 상황에 처하더라도 절망할 필요가 없다. 모든 일이 하나님의 통제 아래 진행되기 때문이다.

예수님 시대에 유대교는 몰락 수순을 밟고 있었다. 몇 년 후면 예루살렘 성전이 파괴되고 유대인들은 세상 곳곳으로 흩어질 것이다. 유대교가 이처럼 몰락하게 된 것은 부패와 타락이 만연했기 때문이다. 그

중 가장 심각한 부패는 종교의 사유화라 할 수 있다. 세습과 정치적 로비를 통해 한두 집안이 대제사장직을 독식하며 유대교를 좌지우지하다시피 했다. 직분이 봉사직이 아니라 권력이 될 때 교회도 썩는다.

Ⅷ. 재판과 죽음(18:1-19:42)
  B. 안나스 앞에서(18:12-27)

2. 베드로가 부인함(18:15-18)

¹⁵ 시몬 베드로와 또 다른 제자 한 사람이 예수를 따르니 이 제자는 대제사장과 아는 사람이라 예수와 함께 대제사장의 집 뜰에 들어가고 ¹⁶ 베드로는 문 밖에 서 있는지라 대제사장을 아는 그 다른 제자가 나가서 문 지키는 여자에게 말하여 베드로를 데리고 들어오니 ¹⁷ 문 지키는 여종이 베드로에게 말하되 너도 이 사람의 제자 중 하나가 아니냐 하니 그가 말하되 나는 아니라 하고 ¹⁸ 그 때가 추운 고로 종과 아랫사람들이 불을 피우고 서서 쬐니 베드로도 함께 서서 쬐더라

예수님이 안나스에게 심문받으실 때 뜰에서 있었던 일이다. 시몬 베드로와 또 다른 제자 한 사람이 잡혀가시는 예수님을 따라갔다(15a절). 아마도 겟세마네 동산에서부터 계속 따라왔을 것이다. 베드로가 예수님께 야단을 맞고도 따라온 것은 그가 예수님을 마음으로 사랑하고 존경한다는 것을 암시한다.

'또 다른 제자'는 대제사장과 아는 사람이었다(15b절). 그가 안나스와의 친분을 이용해 대제사장의 집 뜰로 들어가는 것을 보면(15c절) 두 사람은 서로 잘 아는 관계였던 것이 확실하다(15c절). 이 제자는 누구일까?

일부 학자는 이 제자와 예수님이 사랑하시는 제자(13:23; 19:25-27, 35; 20:1-10; 21:1-7, 20-24)가 같은 사람이라고 생각한다. 그는 대제사장뿐 아니라 베드로와도 특별한 관계를 유지했다(cf. 13:24). 그러나 13:23에서 예수님이 사랑하시는 제자는 저자인 요한이 거의 확실하다. 그러므로 만일 요한이라면 이곳에서 굳이 '또 다른 제자'라 할 필요가 없다.

요한과 예수님이 사촌 사이이고, 어머니 마리아가 엘리사벳을 통해 제사장 집안과 연관이 있다는 사실(cf. 눅 1:35-36)을 근거로 상황을 설명하려는 주석가도 있다(Brown). 그러나 대부분은 이 '또 다른 제자'가 요한을 배제한다고 생각한다. 요한이 베드로, 안나스, 가야바, 빌라도 등 사람들의 이름을 구체적으로 언급하는 상황에서 굳이 자신을 예수님이 사랑하시는 제자가 아니라 '또 다른 제자'로 언급하는 것은 잘 이해되지 않는 일이다(Schnackenburg). 한편, 갈릴리 호수에서 고기를 잡던 어부 요한이 어떻게 예루살렘에 사는 대제사장과 아는 사이인지 문제를 제기하는 이들도 있다(Barrett).

그러므로 이 '또 다른 제자'는 열두 제자에 속하지 않은 예루살렘에 사는 사람이었을 것으로 보인다. 후에 예수님의 장사를 치를 니고데모와 아리마대 요셉(19:38-40)이 부유한 사람들이라는 점을 고려하면 이 제자는 예수님을 추종하는 사람 중 예루살렘에 사는 사람으로 대제사장과 알고 지낼 정도의 영향력을 가진 사람일 가능성이 크다. 저자가 의도적으로 이름을 밝히기를 꺼리는 만큼 이 제자의 신분에 대해서는 이 정도에서 끝내는 것이 바람직하다.

안나스를 아는 제자는 대제사장의 집 뜰로 들어가고, 베드로는 문밖에 서 있었다(16a절). 그런 후 제자가 문 지키는 여자에게 부탁해 베드로를 데리고 뜰로 들어갔다(16b절). 당시 성전 문지기는 남자만 고용했지만, 개인 집에서는 여자 종을 문지기로 세우기도 했다(Carson). 문지기는 집 안으로 누가 들어올 수 있고, 누가 들어올 수 없는지 구분해야 하는 자리라 눈썰미가 좋은 여자들을 많이 고용했다고 한다(cf. Keener). 이렇게 해서 두 사람 모두 안나스의 집 뜰 가까운 곳에서 예수님을 지켜보게 되었다.

그런데 문제가 생겼다. 문을 지키는 여종이 베드로에게 "너도 이 사람의 제자 중 하나가 아니냐?"라고 물은 것이다(17a절). 부정사로 시작하는 이 질문(μὴ καὶ σὺ ἐκ τῶν μαθητῶν εἶ τοῦ ἀνθρώπου τούτου;)은 '아니다'(No)를 기대하는 물음이다(Wallace). 여자는 베드로가 예수님의 제자라고 생각해 질문한 것이 아니다. 그냥 지나가는 말로 "설마 잡혀 온 사람과 연관 있는 것은 아니지?"라는 취지에서 한 질문이다(Bultmann, Burge, cf. 아가페, ESV, NAS, NIV, NRS).

베드로는 아니라고 대답했다. "나는 아니라"(οὐκ εἰμί). 여종은 베드로에게 예수님과 관계없는 사람임을 확인하는 질문을 했고, 베드로는 어떠한 관계도 아니라고 대답했다. 베드로는 예수님에 대한 믿음을 부인하는 것이 아니라, 예수님과의 관계를 부인하고 있다(Mounce). 그러나 관계를 부인하면 그 사람에 대한 모든 것을 부인하는 것이나 마찬가지다. 그러므로 아무리 믿음을 고백하고 확인해도 관계를 부인하면 의미가 없다(Calvin). 베드로는 믿음을 부인하는 것보다 더 심각하게 예수님을 부인하고 있다.

베드로는 일단 위기를 넘기고 뜰 안으로 들어갔다. 때는 3월 말이나 4월 초쯤이라 새벽에 쌀쌀했다. 종들과 아랫사람들은 추위를 달래기 위해 불을 피우고 둘러서서 쬐고 있었다(18절). 베드로도 그들 사이에 서서 불로 몸을 따뜻하게 했다.

함께 불을 쬐는 것은 친근함과 교제를 상징한다(Klink, Michaels). 베드로가 함께 불을 쬐고 있는 사람 중에는 '아랫사람들'(ὑπηρέται)도 있었다. 이들은 예수님을 잡으러 겟세마네 동산에 왔던 사람들의 동료였다(cf. 18:3, 12). 베드로는 그들 중 하나인 말고의 귀를 잘랐다(18:10). 베드로가 바로 몇 시간 전에 칼을 가지고 싸우던 자들과 함께 불을 쬐는 것이 상당히 아이러니하다.

이 말씀은 다른 사람아 내뱉은 말이 비수가 되어 우리 가슴에 꽂힐

251

수 있다고 한다. 문을 지키던 여종은 별생각 없이 입버릇처럼 "설마 잡혀 온 사람과 연관 있는 것은 아니지?"라고 질문했지만, 베드로는 예수님과의 관계를 전면 부인하는 대답을 했다. 참으로 안타까운 일이다. 베드로가 겪은 일을 반복하지 않으려면 많은 기도와 묵상으로 신앙에 대한 대답을 미리 준비하고 연습해 보는 것도 좋다.

> VIII. 재판과 죽음(18:1–19:42)
>   B. 안나스 앞에서(18:12–27)

3. 안나스가 심문함(18:19–24)

[19] 대제사장이 예수에게 그의 제자들과 그의 교훈에 대하여 물으니 [20] 예수께서 대답하시되 내가 드러내 놓고 세상에 말하였노라 모든 유대인들이 모이는 회당과 성전에서 항상 가르쳤고 은밀하게는 아무 것도 말하지 아니하였거늘 [21] 어찌하여 내게 묻느냐 내가 무슨 말을 하였는지 들은 자들에게 물어보라 그들이 내가 하던 말을 아느니라 [22] 이 말씀을 하시매 곁에 섰던 아랫사람 하나가 손으로 예수를 쳐 이르되 네가 대제사장에게 이같이 대답하느냐 하니 [23] 예수께서 대답하시되 내가 말을 잘못하였으면 그 잘못한 것을 증언하라 바른 말을 하였으면 네가 어찌하여 나를 치느냐 하시더라 [24] 안나스가 예수를 결박한 그대로 대제사장 가야바에게 보내니라

대제사장들의 대부라 할 수 있는 대제사장 안나스가 예수님에게 제자들의 규모가 얼마나 되는지, 무엇을 가르쳤는지 물었다(19절). 먼저 제자들에 대해 묻는 것은 예수님을 추종하는 사람들의 규모를 파악하는 것이 급선무이기 때문이다(Mounce). 예수님을 처형하려면 총독 빌라도를 설득해야 하는데, 로마 사람인 빌라도에게 가장 중요한 이슈는 예수님이 로마 제국에 위협을 가할 정도의 무리를 거느리고 있는가 하는 점이다. 유대교 지도자들은 예수님을 로마 정권을 위협하는 반역자

또는 혁명가로 몰아가야 한다(cf. 19:12). 안나스는 예수님을 로마에 반역하는 정치범으로 몰아가는 데 조금이라도 도움이 될 만한 정보를 얻게 되면 빌라도 앞에서 증인을 자처할 것이다(Kysar, Mounce).

원래 유대인 재판에서 재판관이 피고에게 직접 질문하거나 심문하는 것은 불법이다(Burge, Mounce). 재판관들은 증인들이 피고에 대해 증언한 것만 듣고 판결해야 한다(Carson). 그러므로 만일 안나스의 뜰에서 벌어지고 있는 일이 정식 재판이라면, 안나스는 규칙을 위반하고 있다. 또한 그가 우대 차원에서 아직도 '대제사장'으로 불리기는 하지만, 그해 대제사장은 그의 사위 가야바이므로(cf. 18:13), 그는 재판을 주관할 자격이 없다. 그러므로 지금 벌어지고 있는 일은 정식 재판이 아니라, 오늘날로 말하자면 피고를 재판에 회부하기 전에 이뤄지는 '사전조사'라 할 수 있다.

예수님은 정보를 얻어내려는 안나스에게 자신은 모든 것을 회당(cf. 6:59)과 성전(cf. 5:14; 7:14, 28; 8:20; 10:23) 등 공공장소에서 공개적으로(cf. 7:4, 26; 11:54) 사람들이 알아들을 수 있게 쉽게 가르쳤고(10:24; 11:14; 16:25), 은밀하게는 아무것도 말하지 않았다고 하신다(20절; cf. 1:10). 그러므로 만일 안나스가 예수님이 무엇을 가르치셨는지 알고 싶다면 예수님의 가르침을 들은 사람들을 수소문해서 데려다가 들으면 된다(21절). 이 자리에서 예수님에게 질문할 필요가 없다는 것이다.

예수님은 안나스가 어떤 정보를 얻고자 하는지 아신다. 만일 안나스가 불법으로 재판을 진행하려고 하면 증인들을 세워 예수님이 무엇을 가르치셨는지 들으면 된다. 아마도 안나스는 이미 예수님이 무엇을 가르치셨는지에 대해 많은 정보를 입수했을 것이다. 그러나 예수님을 사형으로 몰고 갈 만한 물증과 증언은 확보하지 못했다. 그러므로 혹시 새롭고 치명적인 정보를 얻을 수 있을까 해서 물었는데, 예수님은 그의 요구에 응하지 않을 것을 분명히 하신다. 잡혀 오셨지만 일을 진행하는 주도권을 예수님이 쥐고 계신다.

안나스가 예수님께 뒤집어씌울 수 있는 유일한 종교적 죄는 선지자로 행세하며 많은 사람을 현혹했다는 것이다(Beasley-Murray, cf. 마 24:11, 24; 막 13:5, 22; 눅 21:8). 거짓 선지자들의 특징 중 하나는 은밀하게 소수를 현혹하는 것이다. 예수님은 은밀하게는 아무것도 말하지 않았다고 하신다. 거짓 선지자로 낙인찍힐 만한 일이나 가르침을 하지 않았다고 하시는 것이다. 구약은 거짓 선지자를 사형에 처하라고 한다(신 13:1-11).

옆에서 듣고 있던 아랫사람 하나가 손으로 예수님을 때리며 대제사장에게 대답하는 자세가 불손하다고 했다(22절). '아랫사람'(ὑπηρέτης)은 성전 경비병 등 유대교 지도자들이 고용한 사람들이다. 이들은 겟세마네 동산으로 예수님을 잡으러 온 무리에 섞여 있었으며(18:3), 예수님이 심문받으시는 동안 베드로가 안나스의 뜰에서 이들 중 몇 명과 함께 불을 쬐고 있다(18:18).

'손으로 쳤다'(ἔδωκεν ῥάπισμα)는 막대기나 채찍으로 때리는 것을 의미하기도 하지만, 본문에서는 손바닥으로 뺨을 때리는 행동을 묘사한다(Morris). 예수님이 주인에게 잘 보이려는 종에게 따귀를 맞으신 것이다! 이 대목에서 우리는 안나스와 이 종에게 물어야 한다. "하나님의 아들이신 예수님을 이렇게밖에 대할 수 없었느냐?" 마음이 무거워진다.

예수님은 만일 자신의 가르침 중 잘못된 것이 있다면, 그에 대해 증인들을 세워 증언하게 하면 되는데, 어찌 바른(옳은) 가르침만을 말한 자기를 치느냐고 따져 물으셨다(23절). 책잡을 것이 없으면 이대로 심문을 끝내면 될 것을 왜 말도 안 되는 것으로 트집을 잡느냐는 것이다. 예수님은 영원한 재판관의 권위를 가지고 이렇게 말씀하셨다(cf. 5:22-27).

안나스는 예수님을 사형으로 몰고 갈 만한 말을 듣길 원했지만, 더는 할 말이 없다. 설령 예수님을 사형으로 몰고 갈 만한 종교적인 죄를 찾는다 해도 별 의미가 없다. 로마의 지배를 받는 유대인들은 자체적으로 사형을 집행할 수 없다. 사형은 반드시 로마 사람들이 선고하고 집행해야 한다. 로마 군대는 종교적인 이유로 사람을 처형하지 않았으며, 더욱이 유대인들의 종교적 이슈에는 관여하지 않았다.

안나스는 예수님을 결박한 채로 사위이자 그해 대제사장인 가야바에게 보냈다(24절). 어떤 이들은 이 문장의 시제(부정 과거형 ἀπέστειλεν+완료형 분사 δεδεμένον)를 과거 완료형(pluperfect)로 해석해 이 구절을 18:13과 14절 사이로 옮겨야 한다고 주장한다. 이렇게 할 경우 이 섹션(19~23절)에서 예수님께 질문하는 대제사장은 안나스가 아니라 그의 사위 가야바가 된다. 그러나 번역본에는 반영되지 않은 접속사(οὖν)가 '이 일이 있고 난 후, 그 다음'이라는 의미를 지니므로 본문이 묘사하는 순서에 따라 안나스가 심문을 마친 뒤 예수님을 가야바에게 보낸 것으로 해석해야 한다(Bruce).

이 말씀은 종교적 권력을 가진 자들이 진리에는 별 관심이 없다고 경고한다. 안나스는 다섯 아들과 손주와 사위를 대제사장직에 올려놓은 절대적인 종교 권력자다. 하지만 그는 예수님이 하나님의 아들이라는 것을 보지 못한다. 또한 예수님이 가르치신 것이 진리인지에 대해서도 알려고 하지 않는다. 그의 유일한 관심사는 어떻게 해서든 예수님을 로마 정권을 위협하는 혁명가로 몰아 사형시키는 일이다. 예수님이 자신과 같은 사람이 누리는 종교적 권위에 위협이 된다고 생각하기 때문이다. 참으로 어이없는 일이지만, 지금도 비슷한 일이 여러 교단과 교회에서 반복되고 있다. 우리는 첫사랑, 처음 소명을 받았을 때를 평생 마음에 간직하며 살아야 한다.

> VIII. 재판과 죽음(18:1-19:42)
> B. 안나스 앞에서(18:12-27)

4. 베드로가 다시 부인함(18:25-27)

²⁵ 시몬 베드로가 서서 불을 쬐더니 사람들이 묻되 너도 그 제자 중 하나가

아니냐 베드로가 부인하여 이르되 나는 아니라 하니 ²⁶ 대제사장의 종 하나
는 베드로에게 귀를 잘린 사람의 친척이라 이르되 네가 그 사람과 함께 동
산에 있는 것을 내가 보지 아니하였느냐 ²⁷ 이에 베드로가 또 부인하니 곧
닭이 울더라

베드로가 예수님을 세 번 부인한 일은 안나스의 집에서 심문을 받으
실 때 있었던 일이다(Brown). 그러나 공관복음은 베드로의 부인이 가
야바의 뜰에서 있었던 일이라고 한다(막 14:64, 66). 요한복음은 양쪽
으로 읽히도록 첫 번째 부인은 안나스의 집에서 심문받으시는 상황에
(18:18), 두 번째와 세 번째 부인은 예수님이 안나스의 집에서 가야바의
집으로 끌려가시는 상황(18:24, 28)에 삽입했다(Burge).

베드로는 안나스를 잘 아는 제자의 도움으로 안나스의 집 뜰에 들어
와 있다(18:15). 집으로 들어올 때 문을 지키던 여종의 질문에 예수님을
모른다며 한 번 부인했다(18:17). 뜰로 들어온 베드로는 예수님이 안나
스에게 심문받으시는 동안 뜰에서 아랫사람들과 함께 불을 쬐고 있었
다(18:18).

함께 불을 쬐던 사람 중 하나가 '너도 그 제자 중 하나가 아니냐?'라
고 물었다(25a절). 문을 지키던 여종의 질문처럼 이 질문도 부정사(μή)
로 시작하며, '설마 너도 그의 제자 중 하나는 아니지?'라는 의미다.
'아니다'(no)라는 답을 기대하는 질문이다(Wallace). 베드로는 곧바로 '나
는 아니라'라고 했다(25b절). 베드로는 집 안으로 들어오면서 이미 여종
에게 거짓말을 했기 때문에 이번에는 거짓말이 더 쉽게 나왔다.

그러자 다른 사람이 나섰다. 그는 대제사장의 종 중에서 베드로에
게 귀를 잘린 사람(말고, cf. 18:10)의 친척이었다(26a절). 이 사람도 무리
와 함께 예수님을 잡으러 겟세마네 동산에 왔었다. 그는 베드로가 동
산에서 예수님과 함께 있는 것을 자기가 보지 않았느냐고 물으며 다그
쳤다. 그의 질문은 "당신이 동산에서 그와 함께 있는 것을 내가 보았는

데 그러시오?"라는 의미다(새번역, cf. 공동). 처음 두 질문과 달리 이 질문은 '그렇다'(yes)를 답으로 요구한다(O'Day).

궁지에 몰린 베드로가 세 번째로 아니라고 부인하자 곧 닭이 울었다. 닭이 울기 전에 베드로가 세 번 주님을 부인할 것이라고 하신 예수님의 말씀이 그대로 이뤄진 것이다(cf. 13:38). 공관복음은 베드로가 닭이 우는 순간 자신의 죄를 깨닫고 울었다고 한다(마 26:75; 막 14:72). 한편, 누가복음은 닭이 우는 순간 대제사장에게 심문을 받으시던 예수님이 베드로를 쳐다보셨고, 베드로가 집 밖으로 나가 심히 통곡했다고 한다(눅 22:61-62). 베드로는 얼마나 죄송했을까!

베드로는 이날 처절하게 실패했다. 예수님은 안나스의 질문에 아무 것도 부인하지 않으셨는데, 베드로는 모든 것을 부인했다(Brown). 그는 이날 신앙적으로 완전히 실족했다. 그러나 예수님은 베드로를 실패자로 오래 두지 않으실 것이다. 부활하신 후 그를 다시 회복시키실 것이다(21:15-23).

이 말씀은 사람이 곤경에 처하면 예수님을 쉽게 부인할 수 있다고 한다. 그러므로 평소에 기도와 찬양과 묵상으로 예수님에 대한 믿음을 고백하기를 입버릇처럼 해야 한다. 계속 반복해서 고백하다가 이런 일을 경험하면 하지 않다가 당면하는 것보다 주님에 대한 믿음을 고백하기가 조금 더 쉬울 것이다. 고백은 많이 연습할수록 진심이 될 것이다.

VIII. 재판과 죽음(18:1-19:42)

C. 빌라도에게 재판을 받으심(18:28-40)

²⁸ 그들이 예수를 가야바에게서 관정으로 끌고 가니 새벽이라 그들은 더럽힘을 받지 아니하고 유월절 잔치를 먹고자 하여 관정에 들어가지 아니하더라 ²⁹ 그러므로 빌라도가 밖으로 나가서 그들에게 말하되 너희가 무슨 일로 이

사람을 고발하느냐 [30] 대답하여 이르되 이 사람이 행악자가 아니었더라면 우리가 당신에게 넘기지 아니하였겠나이다 [31] 빌라도가 이르되 너희가 그를 데려다가 너희 법대로 재판하라 유대인들이 이르되 우리에게는 사람을 죽이는 권한이 없나이다 하니 [32] 이는 예수께서 자기가 어떠한 죽음으로 죽을 것을 가리켜 하신 말씀을 응하게 하려 함이러라 [33] 이에 빌라도가 다시 관정에 들어가 예수를 불러 이르되 네가 유대인의 왕이냐 [34] 예수께서 대답하시되 이는 네가 스스로 하는 말이냐 다른 사람들이 나에 대하여 네게 한 말이냐 [35] 빌라도가 대답하되 내가 유대인이냐 네 나라 사람과 대제사장들이 너를 내게 넘겼으니 네가 무엇을 하였느냐 [36] 예수께서 대답하시되 내 나라는 이 세상에 속한 것이 아니니라 만일 내 나라가 이 세상에 속한 것이었더라면 내 종들이 싸워 나로 유대인들에게 넘겨지지 않게 하였으리라 이제 내 나라는 여기에 속한 것이 아니니라 [37] 빌라도가 이르되 그러면 네가 왕이 아니냐 예수께서 대답하시되 네 말과 같이 내가 왕이니라 내가 이를 위하여 태어났으며 이를 위하여 세상에 왔나니 곧 진리에 대하여 증언하려 함이로라 무릇 진리에 속한 자는 내 음성을 듣느니라 하신대 [38] 빌라도가 이르되 진리가 무엇이냐 하더라 이 말을 하고 다시 유대인들에게 나가서 이르되 나는 그에게서 아무 죄도 찾지 못하였노라 [39] 유월절이면 내가 너희에게 한 사람을 놓아 주는 전례가 있으니 그러면 너희는 내가 유대인의 왕을 너희에게 놓아 주기를 원하느냐 하니 [40] 그들이 또 소리 질러 이르되 이 사람이 아니라 바라바라 하니 바라바는 강도였더라

예수님은 안나스의 집에서 가야바에게로(18:24), 이어서 가야바의 집에서 로마 총독이 머무는 관정으로 끌려가셨다(28a절). 요한은 예수님이 가야바의 집에 오래 머물지 않으셨거나, 그곳에서 진행된 심문이 안나스의 집에서 있었던 것과 비슷하기 때문에 생략하고 넘어가는 듯하다. 그해 대제사장이었던 가야바는 예루살렘 산헤드린의 의장이기도 하다.

로마 사람들은 유대를 주(州)로 편입해 로마인 총독이 지배하게 했다. 로마 사람들은 유대인들에게 사형을 집행할 권리를 주지 않았다. 그러므로 이날 새벽에 모인 유대교 지도자들(71명으로 구성된 예루살렘 산헤드린)이 예수님을 죽이기로 판결했음에도 로마 총독인 빌라도에게 결박한 예수님을 넘겨준 것이다. 이제 그들은 어떻게 해서든 빌라도에게 예수님을 로마 제국의 평안을 위협하는 폭동 선동자(insurrectionist)로 각인시켜야 한다. 로마 사람들은 유대인의 종교적 이슈에는 관여하지 않았기 때문이다.

'관정'(πραιτώριον)은 라틴어 단어(praetorium)를 소리 나는 대로 음역해 헬라어로 표기한 것이다(BDAG). 로마 군대는 예루살렘 서편 언덕 위에 있던 헤롯 대왕의 오래된 궁전을 관정으로 사용했다(O'Day). 당시 총독이었던 빌라도는 로마 상비군을 성전의 북서쪽에 있으며 안토니아(Antonia)로 불리는 요새에 주둔시켰다(Mounce).

예수님이 총독의 관정으로 끌려가실 때는 새벽이었다(28a절). 빛으로 오신 예수님(cf. 1:4-5)이 십자가에서 어둠의 권세를 물리치고 승리하실 날이 밝아 오고 있다(Bultmann). 유대인들은 이날 해가 지면 모두 유월절 만찬에 참여해야 하며, 잔치에 참여하려면 온종일 정결을 유지해야 한다. 그러므로 그들은 관정에 들어가지 않고 입구에서 예수님을 빌라도에게 넘겨주었다(28b-29a절). 유대인들은 이방인에게 닿으면 부정하게 된다고 생각했다(Burge). 이방인이 있는 관정에 들어가면 부정하게 될 수 있다고 염려하는 자들이 정작 예수님을 가장 큰 부정의 근원인 죽음으로 내몰고 있다! 남이야 어떻게 되든 자기네만 정결하면 된다는 심보가 참으로 위선적이다.

보고를 받은 빌라도가 관정 밖으로 나왔다(29a절). 이방인을 접해 부정하게 되지 않으려고 관정 안으로 들어오기를 꺼리는 유대인들을 만나기 위해서다. 빌라도는 티베리우스 황제(Caesar Tiberius)에 의해 유대의 다섯 번째 총독으로 임명되어 주후 26년부터 36년까지 유대와 사마리아 지역을 관리했다(ABD). 요세푸스는 그가 참으로 잔인하고 폭력적인 사람이었다고 한다. 빌라도는 매우 강한 반(反)유대주의 성향을 지닌 사람이었으며 갖가지 만행을 저질렀다.

반면에 성경은 빌라도를 우유부단하고 유대인의 눈치를 보는 사람으로 묘사한다. 그럴 수밖에 없는 것이 예수님을 십자가에 매달 무렵에는 그의 정치적 입지가 매우 좁아져 있었기 때문이다(cf. Carson). 결국 그는 몇 년 후 로마의 문책성 소환을 받는다. 그는 평상시에는 가이사랴(Caesarea Maritima)에서 살았지만(cf. 행 23:33-35), 유대인들의 주요 절기 때는 병력을 이끌고 예루살렘에 와 있었다. 절기로 인해 수십만 명이 모여든 상황에서 혹시라도 일어날지 모르는 폭동을 제재하기 위해서다.

빌라도는 유대인들에게 "너희가 무슨 일로 이 사람을 고발하느냐?"라고 물었다(29a절). 몰라서 묻는 것이 아니다. 그는 전날 밤 대제사장들의 아랫사람들과 함께 가서 예수님을 잡아 오라며 많은 로마 군인을 보냈다(cf. 18:3). 그러므로 빌라도가 유대인들에게 어떤 죄목으로 예수님을 데려왔는지 묻는 것은 정식 재판을 시작하겠다는 뜻이다(Klink). 오늘날 상황에 빗대자면 재판에서 유대인들은 검사, 예수님은 변호인 없는 피고, 빌라도는 재판장 역할을 한다.

예수님을 잡아 온 유대인들이 빌라도에게 "이 사람이 행악자가 아니었더라면 우리가 당신에게 넘기지 아니하였겠나이다"라고 말했다(30절). 이 사람들은 예수님에 대해 구체적인 죄목과 증거를 제시할 생각이 없다(Burge). 빌라도가 그들의 주장에 동조해 군대를 보내 예수님을 잡아들였으니, 이번에도 자신들의 판단을 믿고 원하는 대로 하게 해 달라며 빌라도에게 압력을 행사하려고 한다(Carson).

유대인들이 구체적인 죄목과 증거를 제시하지 않자 빌라도는 "너희가 그를 데려다가 너희 법대로 재판하라"라고 말했다(31a절). 예수님의 일과 연관해 유대인들의 말에 한 번 속았으면 됐지 더는 속지 않겠다며 그들에게 모멸감을 주는 말이다(Carson). 만일 유대인의 법이 이렇다 할 증거나 구체적인 죄목도 없이 이처럼 모호하게 사람을 죄인으로 규정하는 것을 허락한다면, 그 법대로 이 사람을 재판하라는 뜻이다. 자기는 이 일에서 손을 떼겠다는 것이다.

전날 유대인들은 빌라도를 찾아와 로마에 도전하는 혁명 집단이 곧 반역을 일으킬 것이라며 우두머리를 잡아들여야 한다고 했을 것이다. 이에 유대의 치안을 책임지는 빌라도가 군인들을 보냈지만, 돌아온 군인들(천부장, 18:12)에게서 예수님은 그런 일을 할 만한 사람이 아니며 세력도 없다는 보고를 받았을 것이다. 빌라도는 유대인들이 그를 속였고, 긁어 부스럼을 만들고 있다고 생각한다. 그러므로 납득이 갈 만한 죄목과 증거가 없으면 그들 법대로 예수님을 처리하라고 한다.

어떻게 보면 로마와 유대라는 두 세력이 예수님을 죽일 권력을 갖기 위해 다투고 있다(Klink). 사람을 죽일 권력이 없는 유대인들은 그들의 판결대로 예수님을 죽이라 하고, 권력을 가진 빌라도는 뚜렷한 물증이 없으면 그렇게 하지 않겠다고 한다. 빌라도는 유대인과의 권력 다툼에서 양보하거나 져 줄 생각이 없다. 그러므로 로마의 법 기준은 다르니 그들의 율법대로 하라고 한다.

빌라도가 이렇게 말하자 유대인들은 자기들에게는 사람을 죽이는 권한이 없다고 한다(31b절). 로마가 각 지역을 다스리는 총독들에게 요구한 중요한 일 중 하나는 범죄자를 처형하는 권리를 오직 로마만 가지는 것이었다(Burge, Carson). 그러므로 로마의 지배를 받는 그 어떤 민족이나 주민도 자체적으로 사형을 집행할 수 없었다.

그러므로 빌라도가 유대인들에게 예수님을 데려가서 그들의 법대로 처리하라고 하는 것은 예수님에 관한 일을 대수롭지 않은 사안으로 본다는 뜻이다. 그러자 유대인들은 예수님은 사형을 받아야 하는 심각한 범죄자인데 자신들에게는 사람을 사형시킬 권한이 없다며 반발한다.

요한은 로마의 권력을 상징하는 빌라도가 예수님을 두고 유대교를

261

상징하는 지도자들과 옥신각신하는 것은 예수님이 자기가 어떤 죽음을 맞이할 것인지 가리켜서 하신 말씀을 응하게 하려는 것이라고 한다(32절). 두 가지 의미에서 예수님의 말씀이 응하는 것으로 볼 수 있다. 첫째, 예수님은 십자가에서 죽으셔야 하는데, 이 형벌은 로마 권세만이 행할 수 있다. 그러나 빌라도가 보기에 예수님은 십자가에 처형될 만한 죄를 지은 일이 없다. 빌라도는 세 번이나 예수님에게 죄가 없다고 하다가(18:38; 19:4, 6), 끝에 가서는 폭도로 변할 것 같은 유대인들을 달래기 위해 어쩔 수 없이 예수님을 처형하라고 명령한다(19:16).

둘째, 유대교 지도자들은 예수님이 스스로 하나님이며 메시아라고 망언했으니 죽어야 한다고 한다. 그러나 이것은 유대교가 자체적으로 다뤄야 할 종교적 이슈이지, 로마가 공권력을 행사해 사형에 처할 사안이 아니다. 결국 예수님은 두 권력의 다툼 속에서 정치적 희생양이 되신 것이지 죽임당할 만한 죄를 지으신 일이 없다.

유대인들이 거세게 반발하자 빌라도는 관정으로 들어가 예수님을 불러들였다(33a절). 유대인들은 부정하게 되지 않으려고 관정 밖에 서 있다. 그러므로 빌라도는 예수님과 독대하는 상황이다. 빌라도는 예수님에게 "네가 유대인의 왕이냐?"라고 물었다(33b절). 누가는 유대인들이 예수님이 자칭 유다의 왕이라 했다고 고발하며 가이사에게 세금을 바치지 말라고 했다는 말을 증거로 제시했다고 기록한다(눅 23:2). 세금을 걷는 것은 왕권과 연관이 있기 때문에 만들어 낸 말이다.

유대인들이 예수님에 대해 빌라도에게 어떤 죄목을 씌웠는지 상상이 가는 대목이다. 요한복음에서 예수님은 하나님 나라에 관해 별로 말씀하지 않으신다. 그러나 전혀 하지 않은 것은 아니다(cf. 3:3, 5). 유대인들은 제자들과 주님을 따르는 무리가 예수님을 왕처럼 대한 것(12:1-19)과 사람들이 오병이어로 수천 명을 먹이신 예수님을 왕으로 삼으려고 했던 일(6:15)을 왜곡해 예수님이 로마를 위협한다고 빌라도에게 말했을 것이다.

빌라도가 믿기지 않는다는 투로 조롱하며 질문한 것인지(Mounce), 혹은 이렇다 할 감정을 더하지 않고 죄목에 대한 사실 확인을 위해 이렇게 질문한 것인지 확실하지는 않다(Hoskyns). 나중에 빌라도가 예수님에게 '유대인들에게 들었다'는 반응을 보이는 것으로 보아(cf. 35절), 전자가 옳을 것이다. 빌라도가 보기에 예수님은 로마 제국을 대항해 폭력적으로 싸울 사람이 아니며, 그렇게 할 만한 세력도 확보하지 못했다.

예수님은 빌라도에게 예수님을 왕이라고 하는 것이 그의 생각인지 혹은 유대인들이 하는 말을 들은 것인지 물으셨다(34절). 그러자 빌라도는 경멸하는 투로 "내가 유대인이냐?"라고 대답했다(35a절). 예수님이 유대인의 왕이라는 것은 자기 생각이 아니고 유대교 지도자들이 가져온 죄목이며, 그들이 참으로 어리석고 쓸데없는 일을 했다는 것이다(cf. Carson). 그러면서 빌라도는 예수님에게 도대체 무슨 일을 했기에 다른 민족도 아니고 예수님이 속한 유대 사람들과 그들의 국민 종교인 유대교 대제사장들이 앞장서서 그를 죽이고자 자기에게 데려온 것이냐고 물었다(35b절). 아무리 생각해도 지금 상황이 상당히 이상하다는 것이다. 대체로 유대인들은 반역죄를 저지르다가 잡힌 사람들도 풀어 달라며 쫓아다니는 백성인데, 예수님의 경우는 처벌해 달라고 직접 데려왔다. 게다가 대제사장들이 이 일에 앞장서고 있으니 로마 사람인 빌라도가 보기에 참으로 특이한 상황이다.

예수님은 빌라도에게 하나님 나라에 대해 말씀하셨다(36절). 예수님이 세우시는 하나님 나라는 이 세상에 속한 것이 아니라 하늘에 속한 나라다. 만일 이 땅에 속한 것이었다면 예수님이 모은 추종자들, 곧 그분이 세우시는 나라의 시민이 되고자 하는 사람들이 절대로 예수님이 잡히도록 내버려 두지 않았을 것이다. 엄청난 유혈 사태가 벌어진 후에 어쩔 수 없이 넘겨주었거나, 혹은 유대인들을 상대로 승리해서 예수님이 잡혀 올 일이 없었을 것이다. 그런데 예수님이 이 순간 이 자리에 계시는 것은 그분이 세우고자 하신 하나님 나라는 이 땅에 속한 것

263

이 아니기에 그 누구도 예수님이 잡히시는 것을 폭력으로 막지 않았기 때문이다.

학자들은 예수님이 말씀하시는 '내 나라'(ἡ βασιλεία ἡ ἐμὴ)를 대략 세 가지로 해석한다. 첫째, 영적(비공간적) 해석이다. 이 해석에 따르면 예수님의 나라는 사람의 마음과 영혼 속에 거하는 비물질적인 나라다(Brown). 둘째, 미래적(종말적) 해석이다. 예수님의 나라는 이 세상에 지금 존재하는 나라가 아니라, 다가오는 내세에 세워질 나라다. 셋째, 도덕적-종교적(정치적) 나라다. 기능적인 면에서는 나라와 권세와 왕권이 있지만, 실체는 없다. 오직 우리의 개념 속에 존재하는 나라다(Klink). 예수님의 다스림은 공간적으로 정의될 수 없으며 권세(능력)로 정의되기 때문에 세 번째 해석이 가장 큰 호응을 얻는다(Beasley-Murray, Carson, Michaels).

예수님의 말씀을 듣고 있던 빌라도가 "그러면 네가 왕이 아니냐?"라고 반문했다(37a절). 이 땅에 없다 할지라도 하늘이든 어디든 네 나라가 있다면 왕이 맞지 않느냐는 취지의 질문이다(O'Day). 이에 대해 예수님은 "네 말과 같이 내가 왕이니라"라고 하셨다(37b절). 예수님은 스스로 왕이라고 한 적이 없으며, 자신을 가리켜 왕이라고 하는 것은 자기 말이 아니라 빌라도가 하는 말이라며 선을 그으신다(Bruce, Dodd, Mounce, cf. 공동, ESV, NIV, NRS). 빌라도의 질문에 긍정도 하지 않으면서, 부정도 하지 않으신다(Burge). 예수님이 말씀하시는 나라는 이 세상의 것과 질적으로 다르기 때문에 왕이라 할 수도 있고, 왕이 아니라 할 수도 있다는 뜻이다(Carson, Klink).

예수님은 자신이 진리에 대해 증언하기 위해 세상에 왔다고 하신다(37b절). 진리의 왕이신 예수님만 자기 왕권을 정의할 수 있으며(cf. 14:6), 진리에 대한 그분의 증언은 왕권 행사다(Hoskyns). 그에 더해 예수님은 진리에 속한 사람은 자기 음성을 듣는다고 하신다(37c절). 예수님은 자기 음성을 듣는 자들을 모아 하나님의 자녀가 되게 하려고 이 땅에 오셨다. 그들은 예수님의 음성을 듣고 반응한다. 목자의 음성에 반응하는 양의 모습이다(cf. 10:10-11). 이렇게 말씀하심으로써 예수님 자신이 바로 진리라고 하신다(cf. 14:6).

듣고 있던 빌라도가 "진리가 무엇이냐?"라고 물었다(38a절). 매우 진지한 질문인 것 같지만, 실은 예수님의 말씀을 더는 듣고 싶지 않아서 차단하기 위해 이 질문을 던지고 있다(Köstenberger). 또한 잘못된 질문이다. 예수님이 말씀하시는 진리는 '누구'(who)이지 '무엇'(what)이 아니다(Haenchen). 그런데 빌라도는 진리이신 예수님에게 진리가 무엇이냐고 묻는다. 처음부터 진리에 관심이 있어서 질문한 것이 아니기 때문에 빌라도는 예수님의 대답을 기다리지도 않고 관정 밖으로 나간다(38b절, cf. Mounce).

빌라도는 밖에서 상황을 지켜보던 유대인들에게 예수님이 무죄라고 했다(38c절). 유대인들이 예수님을 포박해 오면서 적용한 죄목(로마 정권을 위협하는 반역자)에 동의할 수 없다는 것이다. 그렇게 보기에는 아무런 증거가 없다. 그러므로 빌라도는 예수님에 대해 어떠한 법적 조치를 취할 필요를 느끼지 못한다.

빌라도는 사람들에게 유월절에 총독이 죄인 한 사람을 놓아주는 전례에 따라 유대교 지도자들이 로마 정권을 위협하는 반역자라며 데려온 '유대인의 왕' 예수님을 놓아주기를 원하느냐고 물었다(39절). 일명 '유월절 사면'이다. 어떤 이들은 이 전례에 의문을 제기하기도 한다. 로마법에는 종교 절기 사면에 대한 언급이 없기 때문이다. 그러나 이 정도 사면은 총독의 재량으로 충분히 할 수 있는 일이다. 또한 총독도 이 제도를 잘만 활용하면 골치 아픈 케이스를 재판하지 않아도 된다. 대부분 학자는 본문이 언급하는 사면이 실제로 있었던 일이라고 결론 짓는다(Brown, Burge, Carson, Keener, Mounce, O'Day).

빌라도는 유월절 사면의 혜택을 예수님에게 주고자 했다. 예수님이 잡혀 온 정황과 직접 심문해 얻은 증거와 정보를 종합해 보면 이 사람은 죽을 만한 일을 한 사람이 아니다. 유대교 지도자들에게 미움을 산 것뿐이다. 그러므로 관정 앞에 모여 있는 사람들에게 소위 유대인의 왕으로 불리는 예수님을 유월절 사면으로 놓아주기를 원하느냐고 물었다.

빌라도의 말을 들은 무리는 예수님이 아니라 바라바라는 강도를 놓아 달라고 했다(40절). 예수님은 예루살렘 사람들이 대부분 잠들어 있는 야밤에 잡혀 오셨으며, 이 일은 다음 날 아침 일찍 있었던 일이다. 그러므로 예루살렘 사람 대부분은 무슨 일이 벌어지고 있는지 알지 못한다. 아마도 유대교 지도자들이 아랫사람들을 보내 관정 앞에 모여 있다가 만일 빌라도가 이러한 질문을 하거든 바라바를 요구하라고 사주했을 것이다. '또 소리 질러'(ἐκραύγασαν οὖν πάλιν)는 그들이 여러 차례 빌라도에게 같은 요구를 했으며, 상황이 점점 악화되어 폭동이 일어날 수도 있는 일촉즉발의 상황임을 암시한다(Mounce, cf. 마 27:24).

'바라바'(Βαραββᾶς)는 아람어와 히브리어로 '아버지'(אַבָּא)와 '아들'(בַּר)을 합한 이름이며, '아버지의 아들'(בַּר־אַבָּא)이라는 의미다(cf. TDNT). 이 죄수의 실제 이름이 아니라 별명이었을 가능성이 크다. 일부 사본은 마태복음 27:16에서 그를 '예수 바라바'(Ἰησοῦν Βαραββᾶν)라고 표기한다. 그도 '예수'라는 이름을 지닌 것이다. 두 '예수' 중 하나는 '인간 아버지의 아들'이고, 다른 하나는 '하나님 아버지의 아들'이라는 대조를 이룬다. 원래는 바라바의 이름이 '예수'도 포함했는데, 필사가들이 불경스럽다며 삭제한 것으로 보인다.

마가는 바라바가 민란을 꾸미고 그 민란 중에 살인하고 체포된 자라고 한다(막 15:7; cf. 눅 23:19). 본문은 그가 강도였다고 한다(40b절). 주석가들은 빌라도가 원래는 이날 바라바와 그의 두 부하를 처형하려고 십자가 세 개를 세워 두었는데, 바라바를 살려 달라는 무리의 요구에 따라 그가 매달릴 자리에 예수님을 대신 매달았다고 한다(Carson, Osborne). 예수님은 바라바의 부하들 사이에서 죽으신 것이다.

바라바의 이름이 '예수 바라바'였다고 가정하면 빌라도는 무리에게 참으로 기가 막힌 선택을 요구했다. 바라바는 로마의 억압으로부터 한 순간의 신체적 해방을 위해 투쟁하다가 잡혀 왔고, 예수님은 죄인들에게 영원한 해방을 주시다가 잡히셨다. 그러므로 빌라도는 자신도 깨닫지 못하는 상황에서 무리에게 '일시적인 육체적 해방'과 '영원한 영적 해방' 중 하나를 선택하라고 한다.

이 말씀은 예수님은 어떠한 죄도 짓지 않으셨다고 한다. 유대교 지도자들은 예수님을 총독 빌라도에게 보내면서 로마 제국을 위협하는 자이므로 사형에 처해야 한다고 했다. 그러나 그들의 말만 듣고 전날 예수님을 잡아들이기 위해 군대까지 보낸 빌라도마저 예수님이 로마 제국에 위협이 된다고 생각하지 않는다. 돌아온 부하들의 보고도 그렇고, 자신이 예수님을 직접 만나 보니 예수님은 로마를 위협할 사람이 아니라는 확신이 든다.

유대교 지도자들이 예수님을 죽이고자 하는 것은 자신들의 지위와 이권을 위협한다고 생각하기 때문이다. 예수님이 자신을 가리켜 메시아라고 하신 것은 죄가 될 수 없다. 유대교는 당시에도 지금도 스스로 메시아라고 하는 사람을 죽이지 않는다. 디아스포라 유대인들이 모여 사는 뉴욕의 브롱크스(Bronx) 지역에는 항상 소수의 '메시아'가 상주하고 있다. 그러므로 예수님은 로마 권세와 유대교 권세의 갈등으로 인해 억울하게 희생되셨다.

Ⅷ. 재판과 죽음(18:1~19:42)

D. 유대인들의 요구(19:1~16)

¹ 이에 빌라도가 예수를 데려다가 채찍질하더라 ² 군인들이 가시나무로 관을 엮어 그의 머리에 씌우고 자색 옷을 입히고 ³ 앞에 가서 이르되 유대인의 왕

이여 평안할지어다 하며 손으로 때리더라 ⁴ 빌라도가 다시 밖에 나가 말하되 보라 이 사람을 데리고 너희에게 나오나니 이는 내가 그에게서 아무 죄도 찾지 못한 것을 너희로 알게 하려 함이로라 하더라 ⁵ 이에 예수께서 가시관을 쓰고 자색 옷을 입고 나오시니 빌라도가 그들에게 말하되 보라 이 사람이로다 하매 ⁶ 대제사장들과 아랫사람들이 예수를 보고 소리 질러 이르되 십자가에 못 박으소서 십자가에 못 박으소서 하는지라 빌라도가 이르되 너희가 친히 데려다가 십자가에 못 박으라 나는 그에게서 죄를 찾지 못하였노라 ⁷ 유대인들이 대답하되 우리에게 법이 있으니 그 법대로 하면 그가 당연히 죽을 것은 그가 자기를 하나님의 아들이라 함이니이다 ⁸ 빌라도가 이 말을 듣고 더욱 두려워하여 ⁹ 다시 관정에 들어가서 예수께 말하되 너는 어디로부터냐 하되 예수께서 대답하여 주지 아니하시는지라 ¹⁰ 빌라도가 이르되 내게 말하지 아니하느냐 내가 너를 놓을 권한도 있고 십자가에 못 박을 권한도 있는 줄 알지 못하느냐 ¹¹ 예수께서 대답하시되 위에서 주지 아니하셨더라면 나를 해할 권한이 없었으리니 그러므로 나를 네게 넘겨 준 자의 죄는 더 크다 하시니라 ¹² 이러하므로 빌라도가 예수를 놓으려고 힘썼으나 유대인들이 소리 질러 이르되 이 사람을 놓으면 가이사의 충신이 아니니이다 무릇 자기를 왕이라 하는 자는 가이사를 반역하는 것이니이다 ¹³ 빌라도가 이 말을 듣고 예수를 끌고 나가서 돌을 깐 뜰(히브리 말로 가바다)에 있는 재판석에 앉아 있더라 ¹⁴ 이 날은 유월절의 준비일이요 때는 제육시라 빌라도가 유대인들에게 이르되 보라 너희 왕이로다 ¹⁵ 그들이 소리 지르되 없이 하소서 없이 하소서 그를 십자가에 못 박게 하소서 빌라도가 이르되 내가 너희 왕을 십자가에 못 박으랴 대제사장들이 대답하되 가이사 외에는 우리에게 왕이 없나이다 하니 ¹⁶ 이에 예수를 십자가에 못 박도록 그들에게 넘겨 주니라

　　예수님은 하나님의 백성인 유대인에게 재판을 받으시고(18:13-27), 이방인을 대표하는 로마인에게 재판을 받으셨다(18:28-40). 이는 증거와 자료를 근거로 한 재판이 아니었다. 이미 정해진 형벌을 내리기 위

한 형식적인 재판이었다. 아이러니한 것은 하나님의 백성이라고 자부하는 유대인은 하나님의 아들이신 예수님을 죽이려 하고, 하나님을 알지 못하는 이방인을 대표하는 로마인은 메시아로 오신 예수님에게 죄가 없다며 어떻게 해서든 살리려 한다는 사실이다. 이제 예수님에 대한 최종 판결만 남았다.

빌라도는 예수님을 풀어 주고 싶지만, 관정 앞에 모여 있는 유대인들을 설득하지 못했다. 게다가 그가 가장 두려워하는 유대인들의 폭동에 대한 우려가 가중되는 상황이다. 유월절로 인해 많은 사람이 예루살렘에 모여 있기 때문에 만일 폭동이 일어나면 걷잡을 수 없이 퍼져나갈 것이다. 그러므로 폭동 가능성을 잠재우려면 유대인들이 원하는 대로 해 줄 수밖에 없다.

빌라도는 관정으로 들어가 부하들에게 예수님을 채찍질하라고 했다 (1절). 율법은 40회 이상 채찍질하는 것을 금한다(신 25:3; cf. 고후 11:24). 반면에 로마는 제한을 두지 않았다. 채찍은 참으로 잔인하고 인격 모독적인 벌이다. 모든 사람이 보는 앞에서 행해졌기 때문이다. 로마 사람들은 가죽으로 만든 채찍 줄에 날카로운 뼛조각을 달아 사용했는데, 날카로운 쇳조각을 단 것도 있었다. 이런 채찍으로 심하게 맞으면 살이 찢기는 것은 물론이고, 뼈가 드러나고 내장까지 흘러나왔다고 한다 (TDNT).

로마 사람들은 범죄자를 처벌할 때 푸스티가티오(fustigatio), 프라겔라티오(flagellatio), 베르버라티오(verberatio) 등 세 단계로 구분해 채찍질했다. 가장 가벼운 첫 단계(fustigatio)는 범죄자들에게 경고성으로, 가장 심각한 마지막 단계(verberatio)는 처형될 사람이 빨리 죽도록 기력을 쇠하게 만들기 위해 혹독하게 채찍질했다(Burge). 마가복음 15:15은 로마 군인들이 예수님을 십자가에 매달기 전에 가장 혹독하고 잔인한 마지막 단계의 채찍질을 했다고 한다. 본문에서는 아마도 예수님에게 앞으로 더 신중하게 행동하라는 경고성으로, 그를 죽이라고 외치는 무리에게는 그를 벌했으니 이 정도로 끝내자는 의미로 첫 단계 채찍질(fustigatio)을 하게 했을 것이다(Bruce, Burge, Carson, Mounce). 그러나 설득되지 않고 폭도로 변하려는 무리를 진정시키기 위해 어쩔 수 없이 십자가에 못 박으라며 넘겨줄 때(16절)는 마지막 단계의 채찍질을 한 후에 넘겼을 것이다(verberatio). 요한복음은 예수님이 두 번 채찍질당하셨음을 암시한다(Bruce, Burge, Mounce).

빌라도는 예수님을 살리려고 했다. 이에 자기는 예수님 처형에 동조하지 않았고, 유대인들에게 모든 책임이 있는 것처럼 말한다(Beasley-Murray). 그렇다고 해서 예수님의 죽음에 대한 책임을 회피하거나 면할수는 없다. 그러므로 빌라도가 두 차례나 책임을 부인함에도(4, 6절; cf. 18:38) 요한은 마치 빌라도가 예수님을 직접 채찍질한 것처럼 말한다(1절). 교회는 사도신경을 통해 매주 그에게 예수님의 죽음에 대한 책임이 있다는 사실을 고백한다. "본디오 빌라도에게 고난을 받아 십자가에 못 박혀 죽으시고…."

예수님을 채찍질한 로마 군인들이 가시나무로 엮은 관을 예수님 머리에 씌우고 자색 옷을 입혔다(2절). 군인들이 예수님에게 씌워 준 '관'(στέφανος)은 시합이나 경기에서 승리한 사람에게 씌워 주는 관이지 왕족이 쓰는 '관'(διάδημα)이 아니다(cf. BDAG). 그들은 예수님을 '유대인의 왕'이라고 놀리면서(3절), 정작 관은 왕과 상관없는 것으로 씌운 것이다. '자색 옷'(ἱμάτιον πορφυροῦν)은 로마 군인들과 관료들이 입고 다니던 붉은색 망토(cloak)를 뜻한다(TDNT). 왕족들이 입고 다니던 자색 옷과는 질이 다르다. 마태복음 27:29은 그들이 예수님에게 갈대로 만든 지팡이를 오른손에 쥐게 했다고 한다.

군인들은 예수님이 최대한 우스꽝스럽게 보이도록 꾸미고 육체적으로 학대하는 데서 그치지 않고 영적으로도 학대하고 있다. 그들은 예수님을 '유대인의 왕'이라고 놀리면서 때렸다(3절). '유대인의 왕이여 평안할지어다'(χαῖρε ὁ βασιλεὺς τῶν Ἰουδαίων·)는 로마 군인들이 황제에게 하는 인사말을 모방한 것이다(Klink). 원래는 이렇게 인사하고 충성을 상징하는 입맞춤을 해야 하는데 그들은 예수님의 뺨을 때린다(cf. 마 27:30). 메시아가 어리석은 죄인들의 놀림거리가 되셨다!

빌라도는 예수님을 로마를 위협하는 '유대인의 왕'으로 생각하지 않는다. 그러나 '유대인의 왕'은 예수님을 로마의 유대 통치를 위협하는 인물로 내몰아 처형할 수 있는 유일한 합법적 죄목이다. 그러므로 빌라도는 예수님이 유대인의 왕이라는 것을 계속 강조해야 한다. 그는 시간이 지나면 자신이 알거나 생각한 것보다 더 많은 것을 말했다는 사실을 깨달을 것이다. 예수님은 온 인류를 구원하기 위해 하늘에서 오신 '유대인의 왕'이시기 때문이다. 언젠가는 세상 모든 사람이 본인의 의지와 상관없이 왕이신 예수님 앞에 엎드릴 것이다(빌 2:10-11).

빌라도는 채찍질을 당하신 예수님을 관정 밖으로 끌고 나왔다(4a절). 자신은 예수님에게서 아무런 죄를 찾지 못했다는 사실을 모여 있는 유대인들에게 알리기 위해서다(4b절). 그들이 보기에 정말로 예수님이 죽을 만한 죄를 지을 사람인지 확인해 보라는 뜻이다. 예수님은 원래 죄가 없지만 그들이 원하는 대로 채찍질해서 혼내 주었으니 이 일은 이 정도에서 마무리하자는 의도가 깔려 있다(cf. Mounce).

빌라도는 군인들이 가시관을 씌우고 자색 옷을 입힌 예수님을 밖에 있는 사람들에게 보이며 '보라 이 사람이로다'라고 외쳤다(5절). 아마도 예수님이 입고 계신 자색 옷이 채찍질 자국을 모두 가리지는 못했을 것이다. 예수님의 이 모습은 이사야 53:2-3을 생각나게 한다.

> 그는 주 앞에서 자라나기를 연한 순 같고 마른 땅에서 나온 뿌리 같아서 고운 모양도 없고 풍채도 없은즉 우리가 보기에 흠모할 만한 아름다운 것이 없도다 그는 멸시를 받아 사람들에게 버림 받았으며 간고를 많이 겪었으며 질고를 아는 자라 마치 사람들이 그에게서 얼굴을 가리는 것 같이 멸시를 당하였고 우리도 그를 귀히 여기지 아니하였도다(사 53:2-3).

271

학자들은 빌라도가 예수님에 대해 '이 사람이로다'(ὁ ἄνθρωπος)라고 한 말에 대해 (1)예수님의 '인자' 되심을 상기시키는 표현, (2)이사야의 고난받는 여호와의 종, (3)스가랴 6:12의 '싹', (4)메시아의 타이틀, (5)아담(창 3:22) 등 다양한 해석을 내놓았다(cf. Brown, Dodd, Klink, McHugh, Morris). 신약이 예수님을 새로운(제2의) 아담이라고 하는 것을 고려하면 마지막 옵션이 가장 설득력 있다. 그러나 빌라도는 구약을 알지 못한다. 그러므로 단순히 예수님을 고발한 유대인들에게 그는 어떠한 해도 끼칠 수 없는 무능하고 죄 없는 사람이라는 의미에서 이렇게 말했을 수 있다. 빌라도는 예수님이 십자가 죽음을 통해 온 세상에 얼마나 큰 영향을 끼칠지 모르고 이렇게 말했다. 그러므로 한 학자는 그가 본의 아니게 기독교 진리에 대한 증인이 되고 있다고 한다(Hoskyns). 예수님은 세상이 전혀 생각하지 못한 메시아이시기 때문이다.

아무것도 모른 채 그 자리에 서 있는 유대인들은 '예수는 아무런 죄가 없으며, 그는 죄를 지을 만한 사람도 못 된다'라는 빌라도의 말에 혼란스러움을 느낄 수 있다. 그러나 관정 밖에 서 있는 사람 중에는 대제사장들과 그들의 아랫사람이 많았다. 그들은 예수님을 십자가에 못 박으라고 소리치며 주변 사람들을 선동했다(6a절). 빌라도는 죄 없는 예수님을 죽이라고 외치는 유대인들을 참으로 어이없는 자들이라고 생각했다. 그러므로 만일 예수님을 죽이고 싶으면 직접 데려가 십자가에 못 박으라고 했다(6b절). 그에 더해 빌라도는 죄 없는 사람을 죽이는 것은 자기 양심이 허락하지 않는다는 취지의 말도 했다(6c절).

빌라도가 예수님에게서 어떠한 죄도 찾지 못했다고 하자 유대인들은 그들의 법대로 하면 예수님은 당연히 죽어야 한다고 말했다(7a절). 유대인들의 법은 구약 율법을 뜻한다. 도대체 예수님이 어떤 율법을 어겼기에 죽어야 한다고 하는가? 이때까지 유대인들은 예수님의 죄가 무엇인지 구체적으로 밝히기를 주저했다(cf. 18:30). 드디어 그들이 주장하는 예수님의 죄가 밝혀지는 순간이다. 그들은 예수님이 자신을 두

272

고 하나님의 아들이라고 한 것이 죽어 마땅한 죄라고 한다(7b절; cf. 레 24:16).

예수님은 하나님 아버지와 자신이 같다는 의미에서 하나님의 아들이라고 하셨다(cf. 5:18). 마가복음에서 대제사장 가야바가 예수님의 죄로 지적한 것이 이것이다(막 14:61-64). 공관복음에서 예수님은 하나님의 아들이냐는 질문에 자신은 '인자'(고난받는 메시아를 상징)라고 대답하기도 하셨다(마 26:63-64; 막 14:61-61). 예수님은 자신이 하나님의 아들이라는 사실을 항상 마음에 품고 사셨다.

로마 사람인 빌라도는 예수님에게 죄가 없다고 하는데, 유대인들은 예수님의 죽음이 율법을 이루는(실천하는) 일이라고 한다(Keener). 유대인들은 로마 사람들의 법에는 아닐지라도 자기네 율법에 따르면 예수님이 죽어 마땅하다며 빌라도에게 유대인의 법을 존중하라는 취지에서 이렇게 말했다. 그러나 구약에 비추어 볼 때 사람을 가리켜 하나님의 아들이라고 하는 것은 죄가 아니다. 실제로 구약은 왕들을 하나님의 아들들이라고 불렀다(cf. 시 2편; 45편; 89편; 110편).

유대인들은 구약을 모르는 빌라도에게 왜곡된 구약 해석을 근거로 예수님의 죽음을 요구하고 있다. 그러나 그들의 말은 빌라도를 더욱 더 두렵게 했다(8절). '더욱'(μᾶλλον)은 그가 이전보다 예수님을 더 두려워하게 되었다는 뜻이다(cf. BDAG). 하나의 아이러니가 형성되고 있다(Dodd, Haenchen, Keener). 다신주의자인 빌라도는 예수님의 하나님 아들 되심을 심각하게 받아들이지만, 유일신주의자인 유대인들은 예수님을 망언하는 자로 확신한다. 예수님이 누구인가에 대해 조금 더 아는 자는 하나님의 백성이라고 자부하는 유대인들이 아니라 이방인인 빌라도다(cf. 1:11).

예수님에 대해 더 두려워진 빌라도는 예수님을 관정 안으로 데려오게 하고는 "너는 어디로부터냐?"라고 물었다(9a절). 지켜보는 유대인들이 없으니 솔직하게 말해 보라는 취지의 질문이다. 빌라도는 예수님에게 사람인지 혹은 신(神)인지 질문하고 있다(Bultmann). 당시 가장 보편적이었던 세계관에 따르면 왕이나 특별한 재능을 지닌 사람들은 신으로 간주되었다. 바울과 바나바도 선교 여행 중 루스드라에서 신으로 여겨졌다(행 14:11).

예수님은 하늘에서 오셨다(cf. 1:1-3, 18; 3:34; 6:33; 7:29; 16:27-28). 그러므로 빌라도에게 '나는 신이다'라고 말씀하시거나, 신들의 거처인 '하늘에서 왔다'며 그가 알아듣게 말씀하실 수도 있다. 그러나 침묵하신다(9b절). 예수님은 이미 18:36-37에서 자신에 대해 말씀하셨다. 그러므로 지금 침묵하시는 것을 '한 번 확인했으면 됐지 몇 번을 확인하려 하느냐?'라며 빌라도를 야단치는 것으로 해석할 수도 있다(cf. Mounce). 또한 빌라도에게는 예수님이 하나님인지 혹은 인간인지 판단할 자격이 없으며, 설령 진실을 알게 된다고 해도 최종 판결에 공정하게 반영하지 못할 것을 아신다. 게다가 불신자인 그가 오직 믿음으로만 알 수 있는 것을 묻고 있다(Beasley-Murray, cf. 20:31). 그러므로 예수님은 그의 질문에 침묵하신다.

예수님이 어떤 말씀도 하지 않자 빌라도가 무시당하고 있다고 생각했는지 예수님을 살리고 죽이는 권한이 자기에게 있음을 상기시킨다(10절). 예수님의 유죄 여부를 판결하는 일에 있어서 자신이 절대적인 권세를 가졌음을 과시하는 말이다. 그러나 우리는 그가 잠시 후 자신의 판단이 아니라 유대인들이 원하는 대로 예수님에게 사형을 선고하는 허수아비라는 것을 잘 안다. 만일 자신이 원하는 대로 권력을 행사했더라면 애초에 예수님에게 채찍질하지도 않았을 것이다(cf. 1절). 그러므로 그는 허세를 부리고 있다.

예수님은 허세를 부리는 빌라도에게 예수님을 해할 권세를 하늘에서 주지 않으셨다면 자기를 해할 권한이 그에게 없었을 것이라고 하신다(11a절). 이 순간 빌라도가 허세를 부릴 수 있는 것은 그가 예수님을 해할 권세를 지녔기 때문이 아니라, 그렇게 하도록 하나님이 허락하셨기 때문이라는 것이다. 모든 것이 합하여 하나님의 역사를 이루어 가고 있다. 심지어 악한 빌라도와 유대인들마저도 하나님이 이용하고 계신다.

자기는 예수님을 살릴 수도 있고 죽일 수도 있다며 허세를 부리는 빌라도도 죄인이지만, 예수님을 죽이도록 넘겨준 유대인들의 죄는 더 크다(11b절). '넘겨준 자'(ὁ παραδούς)가 단수로 표기되어 있어 어떤 이들은 대제사장, 혹은 가룟 유다, 혹은 마귀를 뜻하는 것으로 해석한다(cf. Brown, Keener). 그러나 예수님의 죽음에는 수많은 사람이 연루되어 있다. 그러므로 예수님은 보편성을 강조하기 위해 단수를 사용해 말씀하셨다. 우리도 예수님을 빌라도에게 넘긴 죄인 중 하나다. 인간의 죄가 예수님을 죽음으로 내몰았기 때문이다.

빌라도는 말씀을 듣고 난 후 더욱더 예수님을 놓아주려고 한다(12a절). 그는 예수님과 처음 대화를 나누었을 때부터(18:38) 계속 예수님을 풀어 주려고 했다. 예수님의 말씀을 온전히 믿지 않더라도 죄가 없고 이렇게 말씀하시는 이를 죽게 하는 것은 마음이 찜찜한 일이다. 신들과 인간의 차이가 크지 않다고 여기던 당시 다신주의자로서 그를 죽게 하면 왠지 나쁜 일이 생길 것만 같다. 또한 시간이 지날수록 예수님의 말씀으로 인해 빌라도의 두려움이 커지고 있다(Mounce, cf. 8절).

빌라도가 예수님을 놓아주려 하자 유대인들의 반발이 더 거세졌다(12b절). 그들은 만일 빌라도가 예수님을 놓아준다면 가이사의 충신이 아니라고 한다. '가이사의 충신'(φίλος τοῦ Καίσαρος)은 라틴어 문구인 'amicus Caesaris'를 헬라어로 번역한 것으로, 이를 직역하면 '가이사의 친구'라는 의미다(Brown, cf. Carson). 가이사가 특별히 가까이하는 소수에게만 주는 영광스러운 타이틀로 사용되기도 했다(Keener). 그러나 본문에서는 가이사에게 우호적이며 '충성을 다하는 자'라는 의미로 사용되는 듯하다.

유대인들은 유대 땅에서 가장 높은 지위에 있는 로마 관료가 로마 황제에 대한 충성이 부족하다며 빌라도를 협박하고 있다(Burge, Klink). 만일 빌라도가 예수님을 죽이지 않으면 사절단을 로마에 보내 그가 로마 황제의 권세를 위협하는 '유대인의 왕' 예수님을 죽이지 않았다는 사실을 알리겠다는 것이다. 이런 일이 로마에 알려지면 빌라도는 로마 황제의 권세를 위협하는 유대 반역자를 살려 준 죄에 대한 책임을 추궁당할 수 있다. 그러므로 만일 희생양으로 끌려온 예수님을 살려 준다면, 오히려 빌라도가 유대인들의 정치적 모략의 희생양이 될 것이다.

참으로 어이없는 일이 벌어지고 있다. 빌라도의 관정 앞에 모인 유대인들은 자신이 로마의 종들이라며 그들의 왕이신 예수님 대신 가이사를 선택했다. 다른 날도 아니고 이스라엘이 이집트의 종살이에서 해방되어 자유를 찾은 일을 기념하는 유월절에 로마의 종이 되기를 자청하고 있다!

빌라도는 더는 예수님을 살려 줄 수 없다. 예수님을 살려 주면 유대인들이 그를 황제에게 불충한 자로 몰아 그의 죄를 고발하는 사절단을 로마에 보낼 것이기 때문이다. 기록에 따르면 유대인들은 종종 그들의 입장을 전달하기 위해 로마에 사절단을 파견했다. 그러므로 그들의 위협은 매우 현실적인 것이었다.

빌라도는 예수님을 끌고 가서 돌을 깐 뜰에 있는 재판석에 앉았다(13절). 헬라어 사본이 누가 재판석에 앉았는지 정확하게 말하지 않기 때문에 어떤 이들은 피고인 예수님을 재판석에 앉혀 놓고 판결하는 것이라고 한다(cf. Barrett, Brown, Keener, O'Day). 그러나 '재판석'(βήματος)은 지역을 다스리는 자가 피고에게 형벌을 선언하는 곳이다(BDAG). 그러므로 피고인 예수님이 형벌을 선언하는 재판석에 앉으셨을 리 없다(Bruce). 빌라도가 재판석에 앉아 예수님에게 최종 판결을 선언한 것이다(Mounce). 신약은 하나님과 예수님이 세상을 심판하시는 심판대를 이렇게 부르기도 한다(롬 14:10; 고후 5:10).

요한은 재판석이 히브리어로 '가바다'(Γαββαθᾶ)라고 하는 곳, 곧 '돌로 깐 뜰'이라는 의미를 지닌 장소에 있었다고 한다. 엄밀히 말하자면 '가

바다'는 히브리어가 아니라 아람어에서 비롯된 단어다(cf. 새번역 각주).
정확한 위치는 알 수 없지만 예루살렘 사람이라면 누구나 이름만 들으
면 아는, 빌라도의 관정 앞이나 옆에 있는 돌을 깐(땅에 돌을 박아 포장한)
공간(뜰)이었을 것이다(cf. Carson).

　요한은 예수님이 빌라도에게 사형 선고를 받은 날이 유월절 준비일
이며, 때는 제육시였다고 한다(14a절). 유월절 준비일은 수요일 밤에 시
작해 목요일 해 질 때 끝난다. 반면에 공관복음은 예수님이 제자들과
목요일 밤에 유월절 만찬을 하신 것으로 기록한다. 그러므로 요한이
의미하는 바는 '유월절이 있는 주의 안식일을 준비하는 날' 곧 금요일
해가 지기 전을 의미하는 것으로 해석해야 한다(Burge, Carson, Morris, cf.
아가페). 또한 19:31도 예수님이 숨을 거두신 날이 '큰[중요한] 안식일
의 준비일'이었다고 한다. 이러한 전통을 근거로 우리는 예수님의 죽음
이 '성금요일'에 있었다고 하는 것이다.

　로마 사람들과 유대인들은 해가 뜰 때(오전 6시경)부터 질 때(오후 6시
경)까지를 12등분해 시간을 계산했다. 그러므로 제육시는 정오쯤(낮 12
시경)이다. 반면에 마가는 제삼시(오전 9시경)에 빌라도가 예수님을 십자
가에 못 박으라고 했다고 기록한다(막 15:25). 이러한 차이에 대한 다양
한 설명이 있지만, 요한과 마가 모두 대략적인 시간을 말하고 있기 때
문에 세 시간 차이는 그다지 중요하지 않다(Bauckham, Burge, Morris). 예
수님이 세상 죄를 지고 가는 하나님의 어린양이 되어 유월절에 희생되
실 것은 이미 1:29에서 암시되었다(cf. 1:36).

　빌라도는 판결을 들으러 모인 유대인들에게 "보라 너희 왕이로다"라
고 외쳤다(14b절). 어떠한 비아냥이나 냉소적인 의미도 더해지지 않은
담백한 선언이다(Kysar). 빌라도가 이렇게 말하는 것은 예수님이 아니라
그를 죽이고자 하는 유대인들을 비꼬기 위해서다(O'Day). 그는 절대 권
력자인 자신의 뜻대로 판결하지 못하게 된 상황에 대한 불만을 이렇게
표현하고 있다.

무리가 "없이 하소서 없이 하소서 그를 십자가에 못 박게 하소서"라고 소리를 질렀다(15a절). 그들의 외침은 일상적으로 아랫사람이 윗사람에게 사용하지 않는 세 개의 명령문으로 구성되어 있다(Wallace). 그들은 빌라도에게 자신들에게는 예수님 같은 왕은 없으니, 당장 그를 처형하라고 명령하고 있다.

이성을 잃고 예수님을 죽이라고 소리치는 유대인 무리는 그들이 예수님만 거부한다고 생각한다. 그러나 사실은 예수님을 통해 역사하신 하나님도 거역하고 있다. "이는 모든 사람으로 아버지를 공경하는 것 같이 아들을 공경하게 하려 하심이라 아들을 공경하지 아니하는 자는 그를 보내신 아버지도 공경하지 아니하느니라"(5:23).

빌라도는 분위기를 고조시키기 위해 한 번 더 물었다. "내가 너희 왕을 십자가에 못 박으랴?"(15b절). 대제사장들이 무리를 대표해서 대답했다. "가이사 외에는 우리에게 왕이 없나이다"(15c절). 이날은 이스라엘이 이집트에서 해방된 일을 기념하는 유월절이다. 또한 구약은 하나님만이 그들의 왕이시라고 한다. 그런데 유대교의 가장 높은 자리에 앉은 자들이 자신들은 로마 황제의 백성이라며 여호와만이 그들의 왕이라는 사실을 스스로 부인하고 있다(Barrett). 대제사장들은 빌라도보다 더 로마 황제에게 충성하는 자들이 되었다. 또한 하나님 백성이기를 거부하는 세상의 일부가 되었다(cf. 1:11).

빌라도는 예수님을 십자가에 못 박도록 그들에게 넘겨주었다(16절). 빌라도는 예수님을 놓아주려고 했지만, 유대인들의 반발이 너무 심해 그렇게 하지 못했다. 심지어 성난 유대인들을 달래기 위해 군인들에게 명령해 예수님을 채찍질하게 했다(1절). 이 정도 선에서 이 일을 마무리하자는 취지였다. 그러나 유대인들이 계속해서 협박해 오자 어쩔 수 없이 십자가에 못 박으라며 예수님을 내주었다. 정황상 이때 예수님은 로마 군인들이 죄인의 죽음을 재촉하기 위해 가했던 가장 혹독한 채찍질(verberatio)을 당하시고 골고다를 향해 가셨을 것이다(cf. Burge).

사람을 사형에 처하는 것은 오직 로마 사람들만 할 수 있는 일이었다. 그러나 예수님이 십자가에서 죽게 된 일에 유대인들이 가장 중요하고 결정적인 역할을 하고 있기 때문에 요한은 빌라도가 그들에게 십자가에 못 박으라며 예수님을 넘겨주었다고 한다. 결국 빌라도도 자신의 의지를 발휘하지 못하고 유대인들에게 이용당하고 있다.

이 말씀은 하나님의 아들이신 예수님이 십자가에서 죽게 된 일에 가장 중요하고 결정적인 역할을 한 사람들은 하나님의 백성이었다고 한다. 유대인들은 여호와 하나님이 세상 모든 민족 중 자신들만 택해 백성으로 삼으시고 사랑하신다고 자부했다. 그러나 그들은 하나님의 아들이신 예수님을 영접하기를 거부했다. 오히려 로마 총독 빌라도를 협박해 예수님을 죽음으로 내몰았다. 하나님에 대한 그들의 어리숙한 믿음과 지식이 오히려 길이요 진리요 생명이신 예수님을 보지 못하게 했다. 우리도 항상 겸손히 주님을 사모해야 한다. 남들보다 하나님을 더 잘 아는 것이 교만이 되면 믿지 않는 자들보다 더 심각한 죄를 지을 수 있다.

우리는 결정권을 가진 자의 결단이 얼마나 중요한지 생각해 보아야 한다. 로마 총독 빌라도는 그의 말대로 예수님을 살릴 수도 있고 죽일 수도 있는 권세를 가졌다(10절). 또한 예수님에게 죄가 없다고 확신하며 놓아주려고 했다. 그러나 무리의 협박을 이겨내지 못하고 결국 예수님을 십자가에 못 박도록 허락했다. 그렇게 역사의 죄인이 되고 말았다. 오늘날에도 매주 수억 명에 달하는 그리스도인이 그의 죄를 기억하며 사도신경을 통해 예수님이 빌라도에게 고난을 받아 죽으셨다고 한다. 그가 하나님을 두려워하지 않고 사람을 두려워해 바른 판결을 내리지 못했기 때문이다. 우리가 살면서 내리는 결정들이 하나님을 향한 두려움에 근거하고 있는지, 혹은 사람을 향한 두려움에 근거하고 있는지 깊이 묵상하고 반성해 보아야 한다.

E. 십자가 죽음과 장사(19:17-42)

빌라도는 예수님을 놓아주고 싶었지만, 유대인들의 협박을 이기지 못하고 그들이 원하는 대로 십자가에 처형하라며 예수님을 내주었다 (19:16). 이제는 형 집행만 남았다. 예수님이 십자가를 지고 골고다로 가서 죽으신 일과 이후 무덤에 장사된 일을 회고하는 이 섹션은 다음과 같이 구분된다.

  A. 십자가에 못 박히심(19:17-27)
  B. 숨을 거두심(19:28-30)
  C. 창으로 옆구리를 찔리심(19:31-37)
  D. 장사되심(19:38-42)

1. 십자가에 못 박히심(19:17-27)

¹⁷ 그들이 예수를 맡으매 예수께서 자기의 십자가를 지시고 해골(히브리 말로 골고다)이라 하는 곳에 나가시니 ¹⁸ 그들이 거기서 예수를 십자가에 못 박을새 다른 두 사람도 그와 함께 좌우편에 못 박으니 예수는 가운데 있더라 ¹⁹ 빌라도가 패를 써서 십자가 위에 붙이니 나사렛 예수 유대인의 왕이라 기록되었더라 ²⁰ 예수께서 못 박히신 곳이 성에서 가까운 고로 많은 유대인이 이 패를 읽는데 히브리와 로마와 헬라 말로 기록되었더라 ²¹ 유대인의 대제사장들이 빌라도에게 이르되 유대인의 왕이라 쓰지 말고 자칭 유대인의 왕이라 쓰라 하니 ²² 빌라도가 대답하되 내가 쓸 것을 썼다 하니라 ²³ 군인들이 예수를 십자가에 못 박고 그의 옷을 취하여 네 깃에 나눠 각각 한 깃씩 얻고 속옷도

취하니 이 속옷은 호지 아니하고 위에서부터 통으로 짠 것이라 ²⁴ 군인들이 서로 말하되 이것을 찢지 말고 누가 얻나 제비 뽑자 하니 이는 성경에

그들이 내 옷을 나누고

내 옷을 제비 뽑나이다

한 것을 응하게 하려 함이러라 군인들은 이런 일을 하고 ²⁵ 예수의 십자가 곁에는 그 어머니와 이모와 글로바의 아내 마리아와 막달라 마리아가 섰는 지라 ²⁶ 예수께서 자기의 어머니와 사랑하시는 제자가 곁에 서 있는 것을 보시고 자기 어머니께 말씀하시되 여자여 보소서 아들이니이다 하시고 ²⁷ 또 그 제자에게 이르시되 보라 네 어머니라 하신대 그 때부터 그 제자가 자기 집에 모시니라

군인들이 예수님을 형장으로 끌고 갔다(17절). 예수님은 자신이 매달 릴 십자가의 수평 기둥을 지고 빌라도의 관정을 떠나 형장으로 가셨 다. 아마도 오늘날 비아 돌로로사(Via Dolorosa)로 알려진 길을 따라 예 루살렘성 밖에 있는 처형 장소로 가셨을 것이다(cf. 레 24:14; 신 17:5). 이미 혹독한 채찍질을 당하고 피도 많이 흘려 몸이 상할 대로 상한 상 태에서 14-18kg에 달하는 기둥을 지고 가는 것은 매우 어려운 일이었 다. 공관복음은 시간이 지체되자 로마 군인들이 시몬이라고 하는 구레 네 사람에게 예수님의 십자가를 억지로 지워 형장으로 가게 했다고 한 다(막 15:21; 눅 23:26).

형이 집행되는 장소는 히브리어(아람어)로 '골고다'(Γολγοθα), 곧 '해골 의 장소'(Κρανίου Τόπον)라고 불리는 곳이었다(cf. BDAG). 이곳이 골고 다(해골)로 불리게 된 이유가 이 지역이 해골 모습과 비슷하기 때문인 지, 혹은 죄수들을 처형하는 장소이기 때문인지, 혹은 묘지가 많았기 때문인지는 정확하게 알려지지 않았다. 요한은 이 장소의 헬라어 이름 과 아람어 이름을 함께 제시함으로써 예수님이 죽으신 장소가 바로 이 곳이었다며 역사성을 강조한다.

초대교회 교부들은 이삭이 장작을 지고 모리아산에 오른 일(창 22:6)이 예수님이 십자가를 지고 골고다로 가신 일의 모형이라고 해석하기도 했다(Mounce). 대부분 학자는 오늘날 예루살렘의 한 중앙에 있는 성묘교회(The Church of the Holy Sepulchre)로 알려진 곳이 골고다였을 것이라고 한다(cf. Brown, Carson, Keener). 당시에 이 교회 터는 예루살렘성 밖에 있던 것으로 밝혀졌다(Burge). 지금도 이 교회의 지하실로 내려가면 예수님이 묻혔던 곳으로 추정되는 좁은 굴을 볼 수 있다.

범죄자를 처형하는 십자가에는 (1)'X' 모양, (2)'T' 모양, (3)'†' 모양 등 세 가지 종류가 있었다(Carson, Hengel). 예수님의 경우 19절에서 '나사렛 예수 유대인의 왕'이라는 죄패가 머리 위에 붙여졌다고 하는 것으로 보아 세 번째인 '†' 모양 십자가에 달리셨다. 이 모양의 십자가로 처형할 때 수직 기둥(라틴어로 staticulum이라 불림)은 형을 집행할 장소에 미리 준비해 두었는데, 죄인의 발이 땅에 닿지 않도록 높이가 2m 정도 되었다(cf. Burge, Carson, Mounce). 한편, 수평 기둥(라틴어로 patibulum이라 불림)은 죄인이 등에 지고 형장으로 갔다. 이 기둥은 14-18kg에 달했으며, 형장에 도착하면 수직 기둥에 조립되어 십자가를 이루었다(Hengel).

십자가가 조립되면 땅에 누워 있는 상태로 죄인을 못 박았다. 발목을 겹치게 한 후 15-20㎝ 길이의 못 하나로 두 발목을 관통하게 했다. 손목에도 못을 박았다. 못질이 끝나면 십자가를 들어 올려 수직으로 세운 뒤 고정시켰다. 십자가에 매달린 죄인은 보통 2-3일 동안 혹독한 고통을 겪다가 끝에 가서는 대부분 질식사했다. 십자가형은 참으로 잔인한 처형 방식이었다. 네 복음서를 바탕으로 이날 예수님이 빌라도의 관정을 떠나신 후에 있었던 일들을 재구성하면 다음과 같다(Wilkins).

1. 골고다에 도착하심(마 27:33)
2. 군인들이 준 쓸개 탄 포도주 거부하심(마 27:34)
3. 예수님의 옷을 나누어 가짐(마 27:35)

4. '유대인의 왕 예수' 죄패를 붙임(마 27:37)

5. 두 강도 사이에 못 박히심(마 27:38)

6. 가상 제1언(눅 23:34)

"아버지 저들을 사하여 주옵소서 자기들이 하는 것을 알지 못함이니이다"

7. 지나가는 사람들이 모욕함(마 27:39-44)

8. 강도들과 대화하심(눅 23:39-43)

9. 가상 제2언(눅 23:43)

"내가 진실로 네게 이르노니 오늘 네가 나와 함께 낙원에 있으리라"

10. 가상 제3언(요 19:26-27)

"여자여 보소서 아들이니이다 보라 네 어머니라"

11. 온 땅에 어둠이 깔림(마 27:45)

12. 가상 제4언(마 27:46)

"나의 하나님, 나의 하나님, 어찌하여 나를 버리셨나이까"

13. 가상 제5언(요 19:28)

"내가 목마르다"

14. 가상 제6언(요 19:30)

"다 이루었다"

15. 가상 제7언(눅 23:46)

"아버지 내 영혼을 아버지 손에 부탁하나이다"

16. 숨을 거두심(마 27:50; cf. 요 19:30)

로마 군인들이 골고다(갈보리)에서 예수님을 십자가에 못 박았다 (18a절). 예수님의 양팔을 수평 기둥에 박고 십자가 전체를 들어 올린 것이다. 십자가에 매달린 사람은 2-3일에 걸쳐 매우 고통스럽게 죽어 갔다. 예수님의 경우에는 빨리 처리해야 한다. 몇 시간 후에 안식일이 시작되기 때문이다.

다른 두 사람도 예수님 좌우편에서 십자가 죽음을 맞이했다(18b절). 원래 중앙은 가장 영광스러운 자리다. 그러나 이곳에서는 가장 수치스럽고, 사람들의 눈에 가장 잘 띄어 이목을 끄는 자리다. 공관복음은 사람들이 십자가에 매달리신 예수님을 모욕했다고 한다(마 27:39; 막 15:29).

예수님과 함께 처형된 두 사람은 아마도 예수님 대신 풀려난 바라바의 부하들이었을 것이다(Carson, cf. 18:40; 마 27:38). 예수님은 바라바가 매달려야 할 자리에 매달리신 것이다. 예수님의 양옆은 한때 야고보와 요한이 탐을 내던 자리다(마 20:20-23). 그러나 예수님이 매달리시는 순간 주님의 양옆은 탐할 만한 영광의 자리가 아니다.

예수님이 두 죄인과 함께 죽으신 것은 이사야 53:12을 성취하는 일이다. "그가 자기 영혼을 버려 사망에 이르게 하며 범죄자 중 하나로 헤아림을 받았음이라 그러나 그가 많은 사람의 죄를 담당하며 범죄자를 위하여 기도하였느니라." 또한 24절에서 인용되는 시편 22:16 말씀을 생각나게 한다. "개들이 나를 에워쌌으며 악한 무리가 나를 둘러 내 수족을 찔렀나이다."

빌라도가 패에 '나사렛 예수 유대인의 왕'이라고 써서 십자가 위에 붙였다(19절; cf. 마 27:37; 눅 23:38). '패'(τίτλος)는 라틴어 단어(titulus)를 소리 나는 대로 음역한 것이며, 영어와 우리 말로 '타이틀'(title)이라는 의미를 지닌다. 죄목을 기록한 판이며, 처형될 범죄자가 목에 걸거나 손에 들고 형장으로 갔다. 빌라도는 자기 뜻대로 예수님을 살려 주지 못하게 하는 유대인들에게 보복하기 위해 직접 이 패를 썼다(Morris). 누가 봐도 예수님과 절대 어울리지 않으며, 유대인 지도자들의 억지 주장에서 비롯된 죄목이기 때문이다.

'나사렛 예수'(Ἰησοῦς ὁ Ναζωραῖος)는 군인들이 대제사장들의 아랫사람들과 함께 겟세마네 동산으로 몰려가 예수님을 찾은 일을 생각나게 한다(cf. 18:5, 7). 다윗왕의 후손으로 오신 예수님은 다윗의 고향 베들레

헴에서 태어나셨다. 그러나 헤롯의 핍박을 피해 이집트로 갔다가 돌아온 후에는 나사렛에서 자라셨다. 예수님의 부모가 헤롯을 두려워해 베들레헴에 정착하기를 꺼렸기 때문이다(cf. 마 2:19-23).

나사렛은 나다나엘이 처음 예수님에 관해 듣고 "나사렛에서 무슨 선한 것이 날 수 있느냐?"라고 했던 말도 생각나게 한다(1:46). 그는 친구 빌립에게 나사렛에서 메시아가 나셨다는 말을 듣고, 나사렛은 참으로 작고 보잘것없는 마을이라 그곳에서 메시아가 나올 리 없다는 뜻에서 이렇게 말했다. 그러나 작은 마을 나사렛에서 메시아가 나신 일은 이사야 53:1-2을 실감하게 한다. "우리가 전한 것을 누가 믿었느냐 여호와의 팔이 누구에게 나타났느냐 그는 주 앞에서 자라나기를 연한 순 같고 마른 땅에서 나온 뿌리 같아서 고운 모양도 없고 풍채도 없은즉 우리가 보기에 흠모할 만한 아름다운 것이 없도다."

'유대인의 왕'(ὁ βασιλεὺς τῶν Ἰουδαίων)은 유대교 지도자들이 예수님이 로마와 가이사를 위협한다며 고발한 죄목이다. 빌라도는 그들의 말을 믿고 많은 군인을 보내 예수님을 잡아 심문했지만, 예수님은 결코 그럴 만한 인품도 쿠데타를 일으킬 만한 세력도 지니지 않았다는 사실을 알게 되었다. 유대인들이 꾸민 음모의 희생양이라는 것을 알아차린 빌라도는 주님을 놓아주려고 했다. 그러나 빌라도는 로마에 사절단을 보내 그가 반역자를 놓아주어 가이사에게 적대적인 판결을 했다고 고발하겠다는 유대인들의 협박에 못 이겨 예수님을 사형에 처하게 되었다. 이에 빌라도는 예수님의 죄목을 '유대인의 왕'이라고 적어 유대인들에 대한 자신의 불편한 심기를 표하는 동시에 예수님뿐 아니라 그를 고발한 유대인들을 함께 조롱하고 있다(Klink, cf. 18:39).

예수님이 십자가에 못 박히신 골고다는 성에서 가까워 많은 유대인이 지켜보았다(20a절). 예루살렘으로 들어오는 큰길가에 있었을 것이다. 로마 사람들은 사람들에게 두려움을 심어 줌으로써 범죄와 저항을 억제하는 전시 효과를 노리며 십자가형을 집행했기 때문이다(Hengel).

빌라도는 죄패에 유대인들의 언어인 히브리어와 로마 사람들의 언어인 라틴어, 그리고 당시 통용어로 자리잡았던 헬라어 등 세 가지 언어로 '나사렛 예수 유대인의 왕'이라 적었다(20b절). 세상 모든 사람이 알게 하기 위해서다. 빌라도는 예수님을 이처럼 범우주적으로 정죄하며 빈정대지만, 예수님은 곧 범우주적인 구원을 이루실 것이다(Barrett).

유대인의 대제사장들이 빌라도가 죄패에 적은 내용을 보고 반발했다(21a절). '유대인의 왕'이라 쓰지 말고 '자칭 유대인의 왕'이라고 쓰라는 것이다(21b절). '자칭 유대인의 왕'(εἶπεν· βασιλεύς εἰμι τῶν Ἰουδαίων)을 직역하면 "그가 말하기를 '나는 유대인의 왕이다'"이다. 그들은 자신들이 예수님을 고발해 이렇게 되었다는 사실을 회피하고 싶다. 그래서 예수님 스스로 유대인의 왕인 척하다가 위협을 느낀 로마 총독 빌라도에 의해 반역자로 몰려 죽음을 맞이했다는 분위기를 만들려고 한다. 온갖 나쁜 짓을 다 하고서 책임은 전혀 지지 않으려는 악한 사람들이다.

그동안 유대인들에게 밀려 그들이 원하는 대로 해 주었던 빌라도가 자기는 쓸 것을 썼다며 그들의 요구를 묵살했다(22절). '내가 쓸 것을 썼다'(ὃ γέγραφα, γέγραφα)는 두 개의 완료형 동사로 구성되어 있다. 산헤드린과 유대인들의 결정에 문제가 있음을 지적하며 불편한 심기를 드러내는 말이다(Beasley-Murray, Bruce, Burge). 또한 요한복음에서 구약 말씀을 상기시키는 표현이다(Klink, Mounce, cf. 2:17; 6:31, 45; 10:34; 12:15; 15:25). 빌라도는 자신도 모르게 예수님이 구약 말씀을 성취하기 위해 죽으셨다고 한다(Klink). 또한 자신의 결정을 절대 바꾸지 않을 것이라는 뜻이다.

만일 빌라도가 이 요구를 들어주면 유대인들은 예수님의 죽음에 대해 어떠한 책임도 없다며 손을 씻을 것이다. 그러면 모든 것이 예수님의 자업자득이 된다. 게다가 빌라도가 '자칭'이라는 말을 더하면 거짓말이 된다(Burge). 예수님 스스로 유대인의 왕이라고 하지 않으셨기 때문이다.

군인들은 예수님을 십자가에 못 박은 후 옷을 벗겨 자기들끼리 나눠 가졌다(23-24a절). 예수님은 옷이 벗겨진 채 죽음을 맞이하셨다. 로마 사람들은 범죄자를 발가벗긴 채 십자가를 지게 하거나, 십자가에 매단 후 옷을 벗김으로써 소유권과 명예를 박탈해 수치를 최대화하는 효과를 유도했다(Keener). 옷을 네 조각으로 나눠 각각 한 조각씩 가졌다는 것은 군인 네 명이 예수님을 끌고 골고다로 왔다는 것을 의미한다. 겉옷(외투)을 뜻하는 '옷'(ἱμάτιον)은 벨트와 샌들과 머리 덮개(터번)를 포함한다(Barclay). 그러므로 군인들이 네 조각으로 나눴다는 것은 각자 한 가지씩 가졌다는 뜻으로 해석할 수도 있다(Klink, Mounce).

'속옷'(χιτών)은 겉옷 안에 입는 옷이며, 사람 몸에 직접 닿는 옷이다. 어떤 이들은 속옷이 위에서부터 통으로 짠 것이라는 말에 교회의 통일성, 혹은 예수님의 헌신, 혹은 대제사장이 입은 옷의 모습이라며 예수님의 대제사장직 등 다양한 상징성을 부여해 해석한다(Bond, cf. Brown, Burge, Hoskyns, Klink, McHugh). 그러나 본문이 강조하는 것은 이런 일이 실제로 있었다는 역사성이지 상징성이 아니다(Carson, Mounce).

로마 군인들이 예수님의 옷을 나눠 가지는 것은 본의 아니게 메시아에 대한 구약의 예언이 성취되고 있음을 의미한다. "그들이 내 옷을 나누고 내 옷을 제비 뽑나이다"(24절). 이 말씀은 시편 22:17-18의 일부다. 시편 22편은 왕족시(royal psalm)이며 탄식시(lament psalm)다. 다윗이 그의 후손으로 오실 메시아에 대해 예언적으로 부른 노래다. 시편 22:17-18은 이렇게 슬퍼한다. "내가 내 모든 뼈를 셀 수 있나이다 그들이 나를 주목하여 보고 내 겉옷을 나누며 속옷을 제비 뽑나이다." 예수님이 못 박히신 십자가 아래에서 예수님의 물건을 약탈해 나눠 가지는 군인들마저도 하나님의 계획과 통제를 벗어나지 못한다(Keener, Schnackenburg).

십자가 처형이 있을 때면 형을 집행하는 군인들은 누구도 십자가에 다가오지 못하게 했지만, 범죄자들의 죽음을 슬퍼하며 통곡하는 여인들의 경우 울음 소리가 들릴 정도로 가까이 다가오는 것을 허락했다 (Keener). 공관복음은 여인들이 멀리서 슬퍼했다고 하는데, 요한은 그들이 예수님의 십자가 곁에서 슬퍼했다고 한다. 아마도 먼 곳에서 지켜보다가 군인들의 허락을 받고 가까이 왔다는 뜻일 것이다(Mounce).

네 여인 중 가장 먼저 언급되는 이는 예수님의 어머니다. 요한복음에서 그녀가 언급되는 것은 가나의 혼인 잔치 이후 처음이다(cf. 2:1). 그녀의 이름은 마리아지만, 요한복음은 이름을 밝히지 않는다. 나머지 여인들의 경우 공관복음에 기록된 내용을 고려하면(cf. 마 27:55-56; 막 15:40) 두 번째 여인은 예수님의 이모이자 세베대의 아들인 야고보와 요한 형제의 어머니인 살로메다.

세 번째 여인은 글로바의 아내 마리아다. 기독교 전통에 따르면 글로바는 예수님의 아버지 요셉의 형제였다(Klink). 예수님의 동생 야고보의 뒤를 이어 예루살렘 교회의 우두머리가 된 사람은 글로바의 아들 시몬이었다(Bauckham). 마가는 그녀를 '작은 야고보와 요세의 어머니'라고 한다(Brown, Burge. cf. 마 20:20; 27:56; 막 10:35; 15:40).

네 번째 여인은 막달라 마리아다. 그녀는 헤롯왕(안티파스)이 갈릴리 지역을 다스리며 수도로 삼은 디베랴 근처에 있는 막달라 출신이며, 여인 중 자주 1순위로 언급되는 것으로 보아 리더급 여인이다. 누가는 예수님이 그녀에게서 일곱 귀신을 내쫓으셨다고 한다(눅 8:2). 이후 막달라 마리아는 일편단심으로 예수님과 제자들을 따르며 섬기는 삶을 살았다. 초대교회에 가장 잘 알려진 여성 제자라 할 수 있다. 막달라 마리아는 사도들에게 사도 역할을 했다(Bauckham). 요한복음에서 처음 모습을 보이는 그녀는 잠시 후 부활 이야기에서 중요한 역할을 할 것이다(20:1-2, 11-18).

예수님은 어머니와 사랑하시는 제자가 곁에 서 있는 것을 보시고 어머니에게 "여자여 보소서 아들이니다"라고 하셨다(26절). 예수님이 어머니를 '여자여'(γύναι)라고 부르시는 것은 가나의 혼인 잔치에서처럼

(cf. 2:3-5) 우리를 혼란스럽고 당혹스럽게 한다. 누구라도 자기 어머니를 이렇게 부르는 것은 무례하게 들릴 수 있기 때문이다(BDAG, cf. 눅 1:42). 그러나 이 단어는 존칭으로 사용되는 단어이기도 하다. 오늘날 영어로 말하면 '마담'(madam, ma'am) 정도 되며, 우리말로는 '부인'에 가깝다(BDAG, cf. 4:21; 8:10; 19:26). 예수님이 어머니를 이렇게 부르시는 의도를 파악하기가 참으로 어려운 것은 당시의 헬라 문헌 그 어디에도 아들이 어머니를 이렇게 부르는 경우가 없어서 대조하기가 불가능하기 때문이다. 그러나 예수님이 십자가에서 죽어 가면서 어머니를 '여자여'라고 부르시는 것을 보면, 결코 무례한 표현이 아니며 공손하면서도 어느 정도의 거리감을 유지하는 호칭으로 보인다. 그러므로 '어머니'로 번역하는 것도 좋은 대안이다(cf. 새번역, 공동). 이미 몇 차례 언급한 것처럼 '사랑하시는 제자'는 저자 요한이 거의 확실하다(cf. 13:23).

일부 학자는 예수님의 이 말씀이 사랑하는 제자에게 자기 어머니를 보살펴 달라고 부탁하는 말이 아니라고 한다(Klink, McHugh). 예수님이 십자가에서 하신 말씀 한 마디 한 마디가 모두 상징적인 의미를 지녔다고 생각하기 때문이다. 그러나 이 말씀이 어떤 상징성을 지녔는지는 충분히 설명하지 못한다. 그러므로 예수님이 어머니를 사랑하는 제자에게, 또한 제자를 어머니에게 소개하기 위해 이렇게 말씀하시는 것으로 보는 것이 바람직하다(Burge, Mounce). 게다가 예수님의 말씀을 들은 '사랑하시는 제자'가 자기 집으로 어머니 마리아를 모신다(27절). 예수님은 왜 친형제들에게 어머니를 부탁하지 않고 사랑하는 제자에게 부탁하셨을까? 아마도 형제들은 아직 예수님을 믿지 않기 때문에 그 자리에 없었을 것이다(Mounce).

이 말씀은 예수님의 죽음이 구약 말씀을 온전히 성취했다고 한다. 예수님은 창조주 하나님의 계획에 따라 이 땅에 오셨고, 그분의 삶과 죽음에 대해 구약 저자들이 여러 차례 예언했다. 예수님은 죽음을 통해서까지 말씀을 성취함으로써 하나님 말씀의 신실함을 온 천하에 드러내셨다. 우리가 믿고 고백하는 하나님의 모든 말씀은 반드시 성취되고 이루어질 것이다. 우리는 이러한 사실을 확신하며 살아야 한다.

만일 빌라도가 유대인 대제사장들의 항의에도 불구하고 자기가 적은 죄목을 고치지 않겠다며 고집을 부린 것처럼 예수님을 놓아주겠다고 고집했더라면 역사는 어떻게 변했을까? 그는 예수님에게 죄가 없다고 확신했다. 그러나 하나님이 아니라 인간들을 두려워한 나머지 동의하지도 설득되지도 않는 판결을 내려 메시아를 죽음으로 내몰았다. 만일 그가 용기를 내어 올바른 판결을 내렸더라면 최소한 그의 죄가 매주 사도신경을 통해 그리스도인의 입으로 고백되지는 않았을 것이다.

예수님과 3년 동안 함께했던 제자들은 도망가고 주님 홀로 죽음을 맞이하다시피 하셨다. 그나마 네 여인과 '사랑하시는 제자'가 비통한 마음으로 주님 곁을 지켰다. 우리는 제자도가 무엇인지 생각해 보아야 한다. 제자도가 지식을 전달하고 가르치는 일로 끝나서는 안 된다. 제자도는 예수님과 평생 함께하며 무슨 일이 있어도 주님을 배신하지 않을 각오로 사는 것이다.

VIII. 재판과 죽음(18:1-19:42)
  E. 십자가 죽음과 장사(19:17-42)

2. 숨을 거두심(19:28-30)

²⁸ 그 후에 예수께서 모든 일이 이미 이루어진 줄 아시고 성경을 응하게 하려 하사 이르시되

내가 목마르다

하시니 ²⁹ 거기 신 포도주가 가득히 담긴 그릇이 있는지라 사람들이 신 포도주를 적신 해면을 우슬초에 매어 예수의 입에 대니 ³⁰ 예수께서 신 포도주를 받으신 후에 이르시되 다 이루었다 하시고 머리를 숙이니 영혼이 떠나가시니라

공관복음은 예수님이 십자가에서 숨을 거두실 때 정오에서 오후 3시까지 온 땅에 어둠이 깔렸다고 한다(마 27:45). 요한복음은 이 같은 디테일을 최소화하며 담담하게 이야기를 진행한다. 예수님의 죽음을 조명하는 이 섹션의 핵심 주제는 구약 말씀의 성취(실현)다. 그래서 겨우 세 절로 구성된 이 섹션에 '이루다'(τελέω), '응하다'(τελειόω) 등 말씀이 성취되었음을 알리는 동사가 세 차례나 사용된다.

예수님은 죽음을 통해 이 땅에서 이루고자 한 모든 일, 곧 아버지께서 맡기신 일을 하나도 남김없이 모두 이루었다는 사실을 아셨다(28a절; cf. 4:34; 5:36; 17:4). 또한 성경을 응하게 하려고 "내가 목마르다"라고 하셨다(28b절). 헬라어로 한 단어인 '내가 목마르다'(διψῶ)는 요한복음에만 기록된 말씀이다. 예수님은 모든 것을 이루고 나서 개인적인 갈증을 표현하기 위해 이렇게 말씀하실 수도 있고(Culpepper), 혹은 하나님 아버지께 빨리 돌아가고 싶은 영적인 목마름을 표현하시는 것일 수도 있다(Tasker). 혹은 한 번 더 구약 말씀을 이루기 위해 이렇게 말씀하시는 것일 수도 있다. 대부분 학자는 한 번 더 구약 말씀을 이루기 위한 말씀인 것으로 해석한다(cf. Brown, Burge, Keener, McHugh, Mounce). 학자들이 이렇게 해석하는 이유는 요한복음이 이미 시편 69편 말씀을 2:17과 15:25 등에서 두 차례 인용했고, 로마 군인들의 반응이 이 시편과의 연관성을 유지하는 듯하기 때문이다(29절). "그들이 쓸개를 나의 음식물로 주며 목마를 때에는 초를 마시게 하였사오니"(시 69:21). 또한 예수님은 30절에서도 한 번 더 "다 이루었다"라고 하신다.

예수님은 자신을 생수의 강이라 하시며 "누구든지 목마르거든 내게로 와서 마시라"라고 하셨다(7:37). 또한 "내가 주는 물을 마시는 자는 영원히 목마르지 아니하리니 내가 주는 물은 그 속에서 영생하도록 솟아나는 샘물이 되리라"라고 하셨다(4:14). 예수님은 이 생수가 자신의 십자가 죽음에서 흐르는 것이라 하신다(Klink). 주님의 십자가를 영접하지 않으면 절대 목마름을 해소할 수 없다.

지켜보던 사람들이 해면(스폰지)에 신 포도주를 적신 후 우슬초에 매어 예수님의 입에 대 주었다(29절). '신 포도주'(ὄξος)는 가격이 저렴해 서민들이 식사 때 즐겨 마시는 음료였다. 갈증을 달래는 데는 물보다 더 좋다고 생각했다(TDNT). 이러한 행동을 두고 예수님이 너무 일찍 숨을 거두시는 것을 막기 위한 행동이나(Brown) 혹은 예수님에 대한 조롱으로 해석하는 이들이 있는가 하면(Carson, Davies & Allison, Gundry, Luz), 배려로 해석하는 이들도 있다(Blomberg, Boring, France, Morris). 그러나 이러한 행동이 자비에서 비롯되었는지, 혹은 조롱에서 비롯되었는지는 그다지 중요해 보이지 않는다(Wilkins). 중요한 것은 이 말씀을 통해 한 번 더 구약 말씀을 이루셨다는 사실이다(30a절).

'우슬초'(ὕσσωπος)는 가지가 두껍지 않아 해면(스폰지)을 매달기에 적합하지 않다. 물기를 묻혀 뿌리는 일은 가능하다. 예수님이 매달리신 십자가는 높지 않아 군인들이 손을 들면 얼마든지 스폰지를 예수님의 입에 댈 수 있었다. 그럼에도 불구하고 우슬초가 언급되는 것은 예수님의 죽음과 유월절 양의 연관성 때문이다(cf. 19:31-37). 이집트에서 맞이한 첫 유월절에 이스라엘 사람들은 우슬초에 유월절 양의 피를 적셔 문설주에 뿌림으로써 더는 이집트 사람이 아니라 하나님의 백성임을 표했다(출 12:22; 레 14:4-7; 민 19:19). 그날 밤 죽음의 사자는 이 표시가 있는 집의 장자들은 죽이지 않고 표시가 없는 집의 장자들만 죽였다. 예수님이 십자가에서 흘리신 피가 하나님의 백성을 죽음에서 보호하는 보혈이 된 것이다.

예수님은 한 번 더 "다 이루었다"라고 하셨다(30a절). '다 이루었다'(τετέλεσται)는 아버지께서 아들에게 주신 모든 일을 이루셨다는 선언이다. 이러한 선언은 희생된 이의 절망적인 외침이 아니다(Burge, Mounce). 승리했다는 선언이다(Carson). 십자가에 매달려 희생되신 예수님이 승리하셨다(Hoskyns).

'머리를 숙이니 영혼이 떠나가시니라'(30b절)의 주어는 예수님이다.

'영혼이 떠나가시니라'(παρέδωκεν τὸ πνεῦμα)를 직역하면 '영을 넘겨주셨다'이다. 예수님은 숨을 거두시는 순간까지 모든 것을 스스로 주관하셨다(Burge, Klink, cf. 10:18). 상황에 끌려가신 것이 아니라, 상황을 주도하신 것이다. 고개를 숙인 것은 하나님께 모든 것을 맡기셨음을 의미한다(Tasker). 누가복음 23:46은 이렇게 기록한다. "예수께서 큰 소리로 불러 이르시되 아버지 내 영혼을 아버지 손에 부탁하나이다 하고 이 말씀을 하신 후 숨지시니라."

이 말씀은 장차 올 메시아에 대해 구약이 예언한 바를 예수님이 모두 이루셨다고 한다. 예수님의 십자가 죽음도 구약을 성취하는 일이며, 하나님 아버지께서 아들이신 예수님에게 이루라고 하신 일이다. 하나님이 이루신 구속 역사에서 우연히 일어난 일은 하나도 없다. 모두 다 하나님이 계획하고 예언하신 대로 실현되었다. 우리는 이러한 하나님의 보호와 인도하심 속에서 살고 있다. 그러므로 현재나 미래에 대해 불안해할 필요가 없다. 우리는 하나님 계획의 일부이기 때문이다.

VIII. 재판과 죽음(18:1-19:42)
  E. 십자가 죽음과 장사(19:17-42)

3. 창으로 옆구리를 찔리심(19:31-37)

³¹ 이 날은 준비일이라 유대인들은 그 안식일이 큰 날이므로 그 안식일에 시체들을 십자가에 두지 아니하려 하여 빌라도에게 그들의 다리를 꺾어 시체를 치워 달라 하니 ³² 군인들이 가서 예수와 함께 못 박힌 첫째 사람과 또 그 다른 사람의 다리를 꺾고 ³³ 예수께 이르러서는 이미 죽으신 것을 보고 다리를 꺾지 아니하고 ³⁴ 그 중 한 군인이 창으로 옆구리를 찌르니 곧 피와 물이 나오더라 ³⁵ 이를 본 자가 증언하였으니 그 증언이 참이라 그가 자기의 말하는 것이 참인 줄 알고 너희로 믿게 하려 함이니라 ³⁶ 이 일이 일어난 것은 그 뼈가 하나도 꺾이지 아니하리라

> 한 성경을 응하게 하려 함이라 [37] 또 다른 성경에
>
> 그들이 그 찌른 자를 보리라
>
> 하였느니라

예수님이 십자가에서 숨을 거두신 날은 준비일이었다(31a절). 준비일은 전날(목요일) 밤에 시작해 이날(금요일) 해 질 녘에 끝난다. 예수님과 제자들이 유월절 만찬을 드신 것이 바로 이날이 시작되는 목요일 밤이었다. 잠시 후 해가 지면 안식일이 시작된다. 그러므로 이날은 안식일 전날인 '준비일'(παρασκευή)이다(Burge, O'Day). 또한 이날은 준비일 중에서도 매우 특별한 날이었다. 이 해에는 유월절과 안식일이 겹쳤기 때문이다(Mounce). 그러므로 요한은 '그 안식일은 큰(위대한) 날'이었다고 한다(μεγάλη ἡ ἡμέρα ἐκείνου τοῦ σαββάτου)(31b절).

율법은 사람을 나무에 매달아 처형하면 그날 내려서 장사하게 한다(신 21:22–23). 그렇게 하지 않으면 땅이 부정하게 된다고 경고한다. 게다가 이번 안식일은 유월절이 겹치는 특별한 안식일이다. 그러므로 정결하게 사는 것을 율법 준수의 가장 중요한 덕목으로 여기는 유대인들은 세 사람의 시신을 십자가에 매달아 두어 땅이 부정하게 되는 것을 염려했다(Burge, cf. 11:55; 18:28).

십자가에 매달린 사람이 숨을 거두려면 보통 2–3일 걸렸다. 이 기간에 밤이 되면 매달려 있는 사람은 짐승과 새들의 공격을 받기도 했다. 로마 사람들은 매달린 사람이 죽으면 다른 사람들에게 본보기로 삼기 위해 시체가 십자가에서 썩도록 내버려 두었다. 만일 죽음을 재촉할 일이 생기면 군인들은 곤봉 같은 것으로 매달린 사람을 때리거나, 창으로 찌르거나, 심지어 독약을 먹이기도 했다. 기운을 쇠하게 하고, 피를 흘리고, 숨을 쉬지 못하게 해 빨리 죽게 하려는 것이다.

유대인들은 빌라도를 찾아가 십자가에 매달린 세 사람의 다리를 꺾어 시체를 치워 달라고 했다(31c절). 숨을 쉬지 못하게 해 빨리 죽이라

는 뜻이다(Brown). 자신들의 종교적 신념을 위해 죽어 가는 사람들에게 어떠한 배려나 자비도 베풀지 않고 매몰차게 빨리 죽이라고 하는 것을 보면 그들이 과연 어떤 생각과 목적으로 신앙생활을 했는지 궁금하다. 여기에서도 하나의 아이러니가 형성된다. 그들은 예수님과 두 강도의 시신이 그들의 거룩한 유월절을 부정하게 한다며 치우라고 한다. 그러나 그들은 유월절 양으로 오신 예수님의 살을 먹지 않으면 결코 죄의 부정함을 씻고 정결하게 되어 영생을 얻을 수 없다(6:53-57).

빌라도의 명령을 받은 군인들이 가서 십자가에 매달린 세 사람의 상태를 살폈다. 예수님의 양옆에 매달린 두 사람은 아직 살아 있었으므로 군인들은 그들이 빨리 숨을 거두도록 두 사람의 발을 꺾었다(32절). 다음으로 중앙에 매달려 있는 예수님의 상태를 확인해 보니 이미 숨을 거두셨기 때문에 다리를 꺾을 필요가 없었다(33절).

골고다로 돌아온 군인들은 왜 예수님부터 확인하지 않고 양옆에 매달린 사람들을 먼저 확인했을까? 아마도 예수님을 처형하러 부하들과 함께 왔던 백부장의 두려움이 한몫했을 것이다. "백부장과 및 함께 예수를 지키던 자들이 지진과 그 일어난 일들을 보고 심히 두려워하여 이르되 이는 진실로 하나님의 아들이었도다 하더라"(마 27:54). 그들은 예수님에게 추가적인 해를 가하는 것이 두려워 마지막으로 미룬 것이다(cf. Mounce).

군인들은 예수님이 이미 죽으셨기 때문에 다리를 꺾지는 않았지만, 죽으셨다는 것을 재차 확인하기 위해 창으로 옆구리를 찔렀다(34a절). 그랬더니 주님의 옆구리에서 피와 물이 흘러내렸다(34b절). 당시 로마 군인들이 지니던 창은 105㎝ 정도 되었다(ABD). 예수님의 옆구리에서 물과 피가 흘러나온 것이 어떤 의학적인 의미를 지니는가를 두고 지금도 논쟁이 계속되고 있다(cf. Brown, Klink). 사람이 죽은 지 24시간은 되어야 몸 안에 있던 물과 피가 분리되기 때문이다(cf. Burge).

그러나 이 말씀은 요한복음에서 물이 의미하는 바와 예수님의 피를 마시는 것이 의미하는 바를 바탕으로 해석하는 것이 바람직하다(Klink, O'Day, Schnackenburg, cf. 1:32-33; 3:5; 6:53-58). 요한복음에서 마르지 않는 물은 성령을 상징한다(Lindar). 제사장들의 성전 사역은 정결하게 하는 물과 짐승의 피를 중심으로 이루어졌다. 그러므로 십자가에 매달리신 예수님의 몸에서 물과 피가 흘러나온 것은 예수님이 지신 십자가가 우리의 죄를 정결하게 함을 의미한다. 이로써 죄를 용서받기 위해 예루살렘 성전을 찾을 필요가 없어졌다. 예수님이 우리의 죄를 정결하게 하는 유월절 양이자 하나님께 인도하는 대제사장이 되셨기 때문이다. 오직 십자가에 매달리신 예수님만이 우리를 죽음에서 구원하고 죄에서 정결하게 하신다(Calvin).

요한은 이 일을 옆에서 지켜본 자가 참된 증언을 했다고 한다(35a절). 자신을 두고 하는 말이다. 앞에서는 자신을 예수님이 '사랑하시는 제자'라고 했는데(cf. 19:26-27), 이번에는 직접 목격한 것을 기록한 참된(산) 증인이라고 한다. 따라서 그가 증언하는 것은 모두 참되다. 일부 학자는 이 말씀이 훗날 다른 사람이 편집할 때 삽입된 것이라고 한다(Bultmann, Schnackenburg). 그러나 그렇게 간주할 만한 증거는 없다.

요한이 증언하는 목적은 독자들로 하여금 예수님을 믿게 하려는 것이다(35b절). 요한은 어떠한 개인적인 이익을 위해 증인이 되거나 요한복음을 집필한 것이 아니다. 그러므로 이권이 전혀 개입되지 않은 요한의 증언은 충분히 신뢰할 만하다. 요한은 요한일서에서도 비슷하게 증언한다.

태초부터 있는 생명의 말씀에 관하여는 우리가 들은 바요 눈으로 본 바요 자세히 보고 우리의 손으로 만진 바라 이 생명이 나타내신 바 된지라 이 영원한 생명을 우리가 보았고 증언하여 너희에게 전하노니 이는 아버지와 함께 계시다가 우리에게 나타내신 바 된 이시니라 우리가 보고 들은 바를 너희에게도 전함은 너희로 우리와 사귐이 있게 하려 함이니 우리의 사귐은 아버지와 그의 아들 예수 그리스도와 더불어 누림이라 우리가 이 것을 씀은 우리의 기쁨이 충만하게 하려 함이라(요일 1:1-4).

요한은 예수님이 양옆에 매달린 두 죄인과 달리 다리가 꺾이지 않았다고 했는데(cf. 32-33절), 이제야 그 이유를 말한다. 성경(구약)을 응하게 하기 위해서다(36b절). 구약에는 이 일에 대한 구체적이고 정확한 예언이 없지만, 유월절 양(출 12:46; 민 9:12)과 의인(시 34:20)에 대한 말씀을 성취하는 것으로 보인다(Brown). 율법은 유월절 양으로 흠이 없는 양만 사용하도록 명령한다. 그러므로 예수님의 다리가 꺾이면 온전한 유월절 양이 될 수 없다. 또한 시편 34:19-20은 하나님이 의인의 뼈가 꺾이지 않도록 보호하신다고 한다. "의인은 고난이 많으나 여호와께서 그의 모든 고난에서 건지시는도다 그의 모든 뼈를 보호하심이여 그 중에서 하나도 꺾이지 아니하도다." 예수님의 뼈가 꺾이지 않은 것은 이 말씀을 성취하기 위해서다. 하나님은 예수님이 의인으로 죽임당하신 것을 인정하셨다(Mounce).

한 군인이 예수님의 죽음을 확인하기 위해 창으로 옆구리를 찌른 것(34절)도 구약 말씀을 성취한다(37절). 스가랴 선지자가 메시아의 죽음에 대해 예언한 말씀이다. "내가 다윗의 집과 예루살렘 주민에게 은총과 간구하는 심령을 부어 주리니 그들이 그 찌른 바 그를 바라보고 그를 위하여 애통하기를 독자를 위하여 애통하듯 하며 그를 위하여 통곡하기를 장자를 위하여 통곡하듯 하리로다"(슥 12:10). 로마 군인이 예수님의 옆구리를 찌를 때 주님의 죽음으로 구원에 이른 모든 죄인이 함께 찔렸다고 할 수 있다. 또한 예수님의 옆구리에서 흘러나온 물과 피가 우리를 씻었다. "그 날에 죄와 더러움을 씻는 샘이 다윗의 족속과 예루살렘 주민을 위하여 열리리라"(슥 13:1). 예수님은 완전한 유월절 제물이 되셨고, 또한 세상과 인류가 안고 있는 문제를 해결하신 완전한 해결책이 되셨다.

이 말씀은 우리의 구원을 이루기 위해 예수님이 모든 것을 내주셨다고 한다. 예수님은 우리를 위해 목숨을 내놓으시고, 심지어 자기 몸에 고인 피와 물도 내주셨다. 주님의 은혜로운 구원을 입은 우리가 할 수 있는 가장 기본적이고 당연한 일은 예수님이 하신 일을 요한처럼 참되게 증언하는 것이다. 전도와 선교를 어렵게 생각하지 말자. 예수님이 우리의 구원을 위해 아낌없이 주신 일을 주변 사람들에게 말하는 것이 바로 전도와 선교다.

예수님은 죽으신 후에도 구약 말씀을 응하게 하셨다. 예수님은 말씀에 따라 이 땅에 오셨고, 말씀에 따라 사셨고, 말씀에 따라 죽으셨다. 잠시 후 예수님은 말씀에 따라 부활하실 것이다. 하나님의 말씀은 예수님의 모든 것을 주관했다. 우리도 이처럼 온전히 말씀에 따라 살고, 말씀의 인도하심을 받는 삶을 살아야 한다.

VIII. 재판과 죽음(18:1-19:42)
  E. 십자가 죽음과 장사(19:17-42)

4. 장사되심(19:38-42)

[38] 아리마대 사람 요셉은 예수의 제자이나 유대인이 두려워 그것을 숨기더니 이 일 후에 빌라도에게 예수의 시체를 가져가기를 구하매 빌라도가 허락하는지라 이에 가서 예수의 시체를 가져가니라 [39] 일찍이 예수께 밤에 찾아왔던 니고데모도 몰약과 침향 섞은 것을 백 리트라쯤 가지고 온지라 [40] 이에 예수의 시체를 가져다가 유대인의 장례 법대로 그 향품과 함께 세마포로 쌌더라 [41] 예수께서 십자가에 못 박히신 곳에 동산이 있고 동산 안에 아직 사람을 장사한 일이 없는 새 무덤이 있는지라 [42] 이 날은 유대인의 준비일이요 또 무덤이 가까운 고로 예수를 거기 두니라

예수님이 죽으신 이날은 준비일이며, 다음 날은 유월절과 안식일이

겹친 특별한 날이다(cf. 19:31). 잠시 후(오후 6시쯤) 해가 지면 유월절이자 안식일이 시작된다. 그러므로 예수님을 장사하려면 해가 지기 전에 서둘러야 한다(신 21:23). 로마 사람들은 십자가에 매달린 시신을 방치해 썩도록 내버려 두거나 장례를 치르지 않고 공동묘지에 묻었다. 희생자의 가족이라 할지라도 로마 사람들이 허락해야만 시신을 수습할 수 있었으며, 이 과정에서 대부분 돈을 주어야 시신을 받을 수 있었다(Mounce). 그러나 반역자로 처형된 사람이라면 이마저도 불가능했다(Carson).

예수님의 시신을 수습하고자 하는 사람이 나왔다. 아리마대의 부자 요셉이다(38절; cf. 마 27:57; 막 15:43; 눅 23:51). '아리마대'('Ἀριμαθαία)는 예루살렘에서 서북쪽으로 약 30㎞ 떨어져 있는 옛 에브라임 지역에 있는 곳이며, 사무엘 선지자의 탄생지로 알려진 곳이다(Wilkins, cf. 삼상 1:1, 19; 2:11; 7:17). 요셉이 예루살렘성 밖에 가족묘를 가지고 있는 것으로 보아 아리마대가 고향이지만 가족들과 함께 예루살렘에서 살고 있었던 것이 확실하다(Bauckham, Keener).

마가와 누가는 그가 빌라도에게 예수님을 넘긴 예루살렘 산헤드린의 멤버였다고 한다(막 15:43; 눅 23:50). 그러므로 요셉이 빌라도를 찾아간 것은 참으로 대단한 용기가 필요한 일이었다. 산헤드린의 비난을 받을 뿐 아니라, 시신을 접촉하면 부정하게 되어 유월절 만찬과 안식일 예배에 참여하지 못하게 될 수 있기 때문이다.

빌라도가 예수님의 시신을 순순히 내준 데에도 요셉의 사회적 지위가 크게 작용한 것으로 보인다. 만일 요셉이 나타나지 않았으면 예수님의 시신은 다른 두 죄인의 시신과 함께 성 밖에 있는 공동묘지에 버려지다시피 했을 것이다(Burge). 유대인들이 빌라도에게 다음 날이 절기인 유월절이자 안식일이라며 시신을 신속하게 처리할 것을 요구하긴 했지만, 아무도 대책을 제시하지는 않았기 때문이다(cf. 19:31).

어떤 이들은 요셉이 아직 예수님의 제자가 아니었다고 하지만(Brown),

요한은 그가 제자였다고 한다(38a절; cf. 마 27:57). 다만 유대인들이 두려워 이때까지 숨기다가 예수님이 죽으시자 용기를 내 예수님의 시신을 수습했다(38b절). 아마도 십자가 사건을 겪으면서 심경에 변화가 있었던 것으로 보인다. 구세주이신 메시아 예수님의 시신이 공동묘지에 내팽개쳐지도록 그냥 둘 수는 없다며, 이제부터는 어떠한 비난과 고난을 감수하더라도 주님 따르는 일을 비밀스럽게 하지 않겠다며 믿음을 밖으로 드러낸 것이다. 그래서 학자들은 아리마대 사람 요셉이 12:42-43이 말하는 "관리 중에도 그를 믿는 자가 많되 바리새인들 때문에 드러나게 말하지 못하니 이는 출교를 당할까 두려워함이라"에 속하는 부류의 대표라고 한다(O'Day).

만일 그가 제자가 아니었다면 예수님을 죽음으로 몰아간 산헤드린 멤버의 따가운 눈총을 받으며 그들이 '신성 모독자'로 규명한 예수님의 시신을 수습할 이유가 없다. 아마도 빌라도도 산헤드린 멤버가 장례식을 치르겠다며 예수님의 시신을 달라고 찾아온 것에 상당히 놀랐을 것이다. 요셉이 이렇게 할 수 있었던 것은 예수님의 죽음이 의미하는 바를 비로소 깨달았기 때문이다(Ridderbos).

공관복음을 종합해 볼 때 예수님이 숨을 거두신 시각이 오후 3시였으니, 해가 지는 6시 전에 장례를 마무리하기 위해 요셉이 오후 4시쯤에 빌라도를 찾아간 것으로 보인다. 그는 예수님의 시신을 수습하기 위해 어느 정도의 돈을 지불했을 것이다(Mounce). 유대인들은 율법에 따라 모든 사람의 시신을 엄숙하게 대했다(cf. 신 21:22-23).

요셉이 예수님의 시신을 가져다가 장례를 치를 때 니고데모가 많은 양의 몰약과 침향 섞은 것을 가지고 찾아왔다(39절). 둘 다 산헤드린 멤버였으니(cf. 3:1) 사전에 예수님의 장례에 대해 비밀리에 협의했을 수도 있다. 유대교 지도자들은 이미 오래전부터 예수님을 죽이고자 했기 때문이다.

요한복음은 니고데모가 조금씩 변화해 예수님의 제자가 된 것을 세 단계로 묘사하는 듯하다. 요한복음에서 니고데모가 처음 등장한 곳은 3:1-15이다. 그는 밤에 예수님을 찾아와 신앙에 관해 질문했다. 이때 니고데모는 질문할 것이 많은 구도자(seeker)였다. 예수님은 그가 유대교 지도자이면서도 신앙에 대해 많이 알지 못한다며 책망하셨다.

니고데모가 두 번째로 모습을 보이는 곳은 7:45-52이다. 대제사장들과 바리새인들이 예수님을 잡아 오라고 보낸 사람들이 빈손으로 돌아와 예수님처럼 사역하는 사람은 이때까지 보지 못했다고 증언했을 때다. 니고데모는 유대교 지도자들에게 율법에 따라 예수님에게 공정한 기회를 주어야 한다며 옹호하는 발언을 했다가 '당신도 갈릴리 사람이냐?'라는 비난을 받았다. 예수님 편을 들지 말고 조용히 있으라는 경고였다.

니고데모가 이번에는 예수님이 십자가에서 숨을 거두셨다는 소식을 듣고 찾아왔다. 예수님을 죽음으로 내몬 산헤드린의 멤버인 그가 예수님의 장례를 치르기 위해 찾아온 것은 그 자체로 대단한 용기와 믿음이 필요한 일이었다. 또한 그는 참으로 많은 양의 몰약과 침향을 가져왔다. 100리트라를 가져왔는데, 한 리트라(λίτρα)는 327.45g이다. 마리아가 예수님에게 부은 향유가 한 리트라였다(12:3). 니고데모가 100리트라를 가져왔으니 거의 33kg에 달하는 향료를 가져온 것이다. 이 정도면 왕의 시신에나 사용할 정도로 참으로 많은 양이다(Brown, Mounce). 니고데모는 예수님이 하나님의 아들이자 이스라엘의 왕으로 오셨다는 사실을 고백하는 의미에서 왕의 시신에 쓸 만한 양의 향료를 가져온 것으로 보인다. 유대인들은 염을 하지 않았기 때문에 시신을 세마포로 쌀 때 악취를 고려해 향료를 사용했다.

상황이 참으로 아이러니하다. 산헤드린은 예수님을 죽음으로 몰았는데, 이 두 명의 산헤드린 멤버는 극진하게 예수님의 장례를 치르고 있다. 두 사람은 예수님에 대한 산헤드린의 결정에 동의하지 않았으며, 요셉은 오래전부터 하나님의 나라를 기다리는 의인이었다(7:45-52; 눅

23:50-51). 니고데모는 십자가에서 죽으신 예수님을 자기 왕으로 고백하고 있다.

요셉과 니고데모는 채찍을 맞고, 십자가에 매달려 죽고, 창에 찔려 만신창이가 된 주님의 시신을 씻겨 세마포로 감싸면서(40절) 얼마나 오열했을까! 생각만 해도 마음이 먹먹하다. 그들은 예수님을 믿는 사람들이었기 때문에 주님이 남기신 말씀에 따라 반드시 부활하실 것이라는 소망으로 이 어려운 순간을 이겨냈을 것이다.

예수님이 죽으신 골고다에는 동산이 있었고, 그 동산 안에 아직 사람을 장사한 일이 없는 새 무덤이 있었다(41절). 이날은 준비일인 데다가 무덤이 골고다에서 가까웠기에 그들은 이곳에 예수님의 시신을 안치했다(42절). 해가 지기까지 시간이 많지 않아서 최대한 신속하게 장례를 치른 것이다.

당시에는 쓸모가 없어 버려진 채석장을 가족묘로 많이 이용했다. 벽에 굴을 파서 사용했는데, 굴 입구는 좁지만(cf. 20:5, 11) 안에는 여러 갈래로 갈라지는 어느 정도 긴 굴이었다. 요셉이 자신과 후손들이 사용하도록 이 무덤을 준비해 두었다. 아직 한 번도 사용하지 않은 새 무덤이었다.

예수님의 시신이 부자인 요셉의 묘에 안치된 것은 이사야의 종의 노래 일부인 53:9을 성취하는 일이다. "그는 강포를 행하지 아니하였고 그의 입에 거짓이 없었으나 그의 무덤이 악인들과 함께 있었으며 그가 죽은 후에 부자와 함께 있었도다."

예수님이 '동산'(κῆπος)에 묻히신 것은 우연이 아니다. 첫 아담이 죄를 지어 온 인류가 하나님으로부터 멀어지게 된 곳이 동산이다(창 3장). 이제 인류를 죄에서 구원해 하나님께 가까이 다가갈 수 있게 할 두 번째 아담이 동산에 안치되셨다(롬 5:12-19). 예수님은 사흘째 되는 날 부활하셔서 온 인류에게 '길이요 진리요 생명'이 되실 것이다(cf. 14:6). 죽음을 상대로 승리하실 것이기 때문이다(Beasley-Murray).

대부분 학자는 옛 예루살렘의 한 중앙에 있으며 오늘날 '성묘교회'(The Church of the Holy Sepulcher)로 알려진 곳이 골고다였을 것으로 본다. 지금도 이 교회의 지하실로 내려가면 예수님이 묻혔던 곳으로 추정되는 좁은 굴을 볼 수 있다. 당시에는 골고다가 예루살렘으로 들어오는 큰길가에 있었다. 로마 사람들은 사람들에게 두려움을 심어 줌으로써 범죄와 저항을 억제하는 전시 효과를 노리며 십자가형을 집행했기 때문이다(Hengel).

이 말씀은 하나님이 때로는 우리의 예측과 상상을 초월해 역사하신다고 한다. 제자들은 모두 도망가고 여인들은 어떠한 힘도 없어서 발만 동동 구르며 예수님의 장례를 걱정할 때 하나님은 요셉을 준비해 두셨다. 또한 니고데모도 예비하셨다. 살다 보면 앞이 도저히 보이지 않을 때가 있다. 이때 절망하거나 낙심하지 말고 '여호와 이레'가 어떻게 펼쳐질지 기대하며 기도하자. 하나님이 반드시 역사하실 것이다.

하나님이 들어 쓰신 요셉과 니고데모는 그들의 사회적 지위로 인해 예수님에 대한 믿음을 숨기며 살았다. 특히 니고데모는 예수님을 영접하기까지 어느 정도 시간이 필요했다. 그러나 중요한 순간에 그는 예수님을 왕으로 고백하며 극진하게 장례를 치렀다. 우리의 믿음이 빨리 자라지 않는 것 같다고 좌절할 필요는 없다. 그럴 때는 인내심을 가지고 스스로 노력하면서 하나님이 믿음을 성장시켜 주시길 간구해야 한다. 또한 신앙이 잘 자라지 않는다며 주변 사람들을 질책할 필요도 없다. 이웃의 신앙이 잘 자라지 않을 때는 기다려 주는 여유를 가져야 한다.

하나님은 우리의 장례 절차까지 주관하신다. 하나님은 예수님의 장례가 왕에 걸맞은 엄숙한 장례로 치러지도록 요셉과 니고데모를 준비해 두셨다. 우리를 구원하신 하나님은 우리가 죽을 때도 모든 것을 주관하실 것이다. 그러므로 죽음에 대해, 혹은 장례에 대해 지나치게 걱정할 필요가 없다. 하나님이 이 땅에 세우신 교회는 모든 성도가 엄숙한 장례를 치를 수 있도록 도와야 한다.

IX. 부활

(20:1–31)

예수님의 십자가 죽음은 끝이 아니었다. 새로운 시작인 부활의 서곡에 불과했다(cf. 2:19). 예수님의 부활도 죽음처럼 우연히 된 일이 아니라, 이미 하나님이 구약을 통해 주신 말씀을 성취하는 일이었다. 예수님의 오심과 죽으심과 부활하심이 모두 하나님의 계획에 따라 진행되고 있는 것이다. 얼마 후에 있을 승천과 먼 훗날 있을 재림도 하나님의 계획에 따라 진행될 것이다. 예수님의 삶과 사역은 모두 하나님의 계획에 따라 적절한 때에 이루어졌다. 우리의 삶도 이렇다는 것을 믿고 살아가면 좋겠다.

모든 복음서가 예수님이 죽은 지 사흘째 되는 날 부활하신 일을 기록하지만, 요한복음이 가장 자세하게 회고한다. 마태와 마가는 부활하신 예수님이 제자들에게 나타나신 이야기를 최소한으로 언급하며(Burge), 누가는 엠마오로 가는 길에 두 제자에게 나타나신 일을 중심으로 부활에 관해 이야기한다. 반면에 요한은 부활하신 예수님이 훨씬 더 많은 사람에게 보이셨다고 한다(cf. 고전 15:3–8). 본 텍스트는 다음과 같이 구분된다.

A. 빈 무덤(20:1-10)

B. 막달라 마리아에게 나타나심(20:11-18)

C. 제자들에게 나타나심(20:19-23)

D. 도마에게 나타나심(20:24-29)

E. 책을 기록한 목적(20:30-31)

A. 빈 무덤(20:1-10)

¹ 안식 후 첫날 일찍이 아직 어두울 때에 막달라 마리아가 무덤에 와서 돌이 무덤에서 옮겨진 것을 보고 ² 시몬 베드로와 예수께서 사랑하시던 그 다른 제자에게 달려가서 말하되 사람들이 주님을 무덤에서 가져다가 어디 두었는지 우리가 알지 못하겠다 하니 ³ 베드로와 그 다른 제자가 나가서 무덤으로 갈새 ⁴ 둘이 같이 달음질하더니 그 다른 제자가 베드로보다 더 빨리 달려가서 먼저 무덤에 이르러 ⁵ 구부려 세마포 놓인 것을 보았으나 들어가지는 아니하였더니 ⁶ 시몬 베드로는 따라와서 무덤에 들어가 보니 세마포가 놓였고 ⁷ 또 머리를 쌌던 수건은 세마포와 함께 놓이지 않고 딴 곳에 쌌던 대로 놓여 있더라 ⁸ 그 때에야 무덤에 먼저 갔던 그 다른 제자도 들어가 보고 믿더라 ⁹ (그들은 성경에 그가 죽은 자 가운데서 다시 살아나야 하리라 하신 말씀을 아직 알지 못하더라) ¹⁰ 이에 두 제자가 자기들의 집으로 돌아가니라

안식 후 첫날인 일요일이 되었다(1a절). 요한은 예수님이 죽으신 금요일 오후부터 부활하신 주일 새벽까지 어떤 일이 있었는지 아무 말도 하지 않는다. 독자들의 모든 관심을 예수님의 죽음과 부활에만 집중하게 하려는 것이다(Hoskyns).

막달라 마리아가 아직 어두운 새벽에 무덤을 찾았다. 그녀는 예수님

이 십자가에서 숨을 거두실 때도 옆에 있었다(19:25). 막달라 마리아는 예수님의 죽음과 부활을 직접 목격한 산 증인이다.

요한은 막달라 마리아가 혼자 무덤에 간 것처럼 말하지만, 그녀가 제자들에게 자신이 목격한 것에 대해 말할 때 '우리'를 언급하는 것으로 보아(2절) 다른 여인들도 함께 갔다. 또한 여자가 어두운 새벽에 홀로 성 밖에 있는 무덤을 찾는 것은 상상하기가 쉽지 않다. 마태는 그녀가 다른 마리아와 함께 갔다고 한다(마 28:1). 다른 마리아는 야고보의 어머니 마리아이며, 살로메도 함께 갔다(막 16:1). 그들은 전날 사 둔 향품을 가지고 무덤을 찾은 것이다(막 16:1; 눅 24:1).

여인들은 돌이 무덤에서 옮겨진 것을 보았다(1b절). 무덤 입구를 가리고 있던 직경 120-180cm가량의 돌이 옆으로 옮겨져 무덤이 열려 있는 것을 본 것이다. 아마도 무척 놀랐을 것이다. 그러나 잠시 후 그들은 부활의 빛이 죽음의 어두움을 비추었기 때문에 무덤이 열렸다는 것을 깨달을 것이다(cf. 1:5).

여인들은 곧바로 시몬 베드로와 예수님이 사랑하시던 제자(요한, cf. 13:23; 18:15-16; 19:35)에게 가서 열려 있는 무덤에 대해 말했다(2절). 막달라 마리아가 그들에게 하는 말로 보아(cf. 2절), 여인들은 열려 있는 무덤 안을 들여다보고 예수님의 시신이 없다는 사실을 확인한 후 제자들을 찾았다. 그들에게는 예수님의 시신이 무덤에 없다는 사실이 가장 놀랄 일이기 때문이다.

여인들은 '사람들'(그들)이 예수님을 무덤에서 가져갔다고 하는데, 누구를 두고 하는 말인가? 당시에 무덤을 약탈하는 도둑들이 종종 있기는 했지만, 그들이 예수님의 시신을 훔치지 않은 것이 확실하다(Barrett). 여인들은 유대인들을 의심했다(Burge, Klink). 그들은 예수님의 재판이 진행되는 내내 불평했고(19:7), 예수님의 다리를 부러뜨려 빨리 죽게 할 것을 요구했으며(19:31), 아리마대 요셉과 주님의 제자들도 그들을 두려워했다(19:38; 20:19). 그러므로 예수님의 시신이 새 묘에 평안히 안치된 것이 싫어서 시신을 훼손하거나 좋지 않은 장소에 유기하기 위해 훔쳤을 것으로 생각한 것이다.

여인들의 말을 들은 베드로와 요한이 곧바로 무덤으로 달려갔다(3절). 둘이 같이 달려갔지만, 요한이 베드로보다 더 빨리 달려 먼저 무덤에 도착했다(4절). 저자가 주는 이러한 디테일이 어떠한 상징성을 지니는 것 아니냐는 추측이 있기는 하지만, 전통적으로는 요한이 베드로보다 더 젊다는 것을 암시하는 것으로 해석한다. 젊은 요한이 나이가 더 많은 베드로보다 더 빨리 뛰었다는 것이다. 생동감이 있는 현실적인 디테일이다.

무덤에 먼저 도착한 요한은 무덤 안을 들여다보았다. 당시 무덤은 입구가 비좁고 낮아서 몸을 구부려야 안을 들여다 볼 수 있었다. 무덤 안에는 세마포가 놓여 있었다(5a절). 그러나 무덤 안으로 들어가지는 않고 베드로가 도착하기를 기다렸다(5b절). 요한이 곧바로 무덤에 들어가지 않고 베드로를 기다린 것이 제자들의 서열 때문이라고 하는 이들이 있다(Michaels). 요한이 수제자인 베드로가 먼저 들어가 확인하도록 배려한 것이라는 뜻이다. 한편, 요한이 예수님이 묻히신 무덤의 경이로움에 압도되었기 때문이라고 하는 이들도 있다(Temple).

이윽고 무덤에 도착한 베드로가 주저하지 않고 무덤 안으로 들어갔다(6a절). 요한이 베드로를 따라 들어갔다. 어떤 이들은 베드로가 먼저 믿은 유대인 그리스도인을, 요한이 유대인 다음으로 믿은 이방인 그리스도인을 상징한다고 하지만(Bultmann), 단순히 두 사람의 성품이 반영된 것으로 보인다. 베드로는 깊이 생각하지 않고 행동하는 사람이다. 그러므로 이번에도 도착하자마자 주저하지 않고 곧바로 무덤 안에 들어갔다. 베드로는 하나님의 자녀가 된 다음에도 이러한 성격을 바꾸지 못했다(Mounce). 반면에 요한은 모든 일에 신중한 사람이다.

둘은 무덤 안에 세마포가 놓인 것을 보았다(6b절). 또한 머리를 쌌던 수건도 보았는데, 세마포와 함께 놓여 있지 않고 딴 곳에 쌌던 대로 놓여 있었다(7절). '머리를 쌌던 수건'(σουδάριον)은 라틴어 단어(sudarium)를 소리 나는 대로 음역해 헬라어로 표기한 것이며, 오늘날로 말하면 냅킨(napkin) 혹은 땀을 닦는 손수건(handkerchief)이다(TDNT). 시신을 덮는 수의의 일부였다. 쌌던 대로 놓여 있었다는 것은 시신의 머리를 덮기 전과 같이 정돈된 모습으로 놓여 있었다는 뜻이다(Morris). 부활하신 예수님이 먼저 머리를 쌌던 수건을 접어 한쪽에 두고, 몸을 감싸고 있던 세마포를 풀어 이것도 가지런히 접어 시신이 안치되었던 곳에 놓아두신 것이다. 예수님이 죽음을 이기고 부활하셨다는 증거다(Klink).

예수님의 시신을 감고 있던 세마포와 머리를 쌌던 수건이 가지런히 놓인 것은 죽음에서 일어난 나사로가 무덤 밖으로 나온 모습과 사뭇 다르다. 그는 수건이 얼굴을 덮고, 세마포가 몸을 감고 있는 상태로 밖으로 나왔다(11:44). 그러나 예수님은 스스로 수의를 벗었거나, 혹은 예수님이 부활하실 때 무덤을 찾은 천사가 벗겨 주었을 것이다(cf. 20:12).

무덤 안에 수의가 정돈된 채로 놓여 있다는 것은 누군가 예수님의 시신을 훔쳤을 가능성을 완전히 배제한다. 만일 누군가가 시신을 훔쳤다면 굳이 34kg의 향료와 함께 감겨 있던 세마포를 풀고 사흘 전에 죽어 어느 정도 부패가 진행되었을 시신만 가져갈 이유가 없다. 그러므로 정돈되어 놓여 있는 수의는 예수님이 부활하셨다는 확실한 증거다.

그때야 무덤에 먼저 도착했던 요한도 들어가 보고 믿었다(8절). 그러나 요한은 자신이 무엇을 믿었는지 알려 주지 않는다. 무덤이 비어 있다는 막달라 마리아의 말(cf. 2절)이 사실인 것을 믿었다고 하는 이들이 있다(Augustine). 그러나 요한은 예수님이 부활하셨다는 사실을 믿은 것이 확실하다(Klink, Mounce, O'Day, cf. 12:31; 14:30; 16:33).

그들이 예수님이 부활하셨다는 것을 믿었다고 해서 부활에 대해 모든 것을 알았다는 뜻은 아니다(9절). 예수님이 부활하셨다는 사실을 믿은 믿음이 구약이 부활에 대해 말한 것을 깨닫기 전에 왔기 때문이다(Morris). 그들은 앞으로도 계속 구약을 연구하고 묵상하며 부활에 대한 지식의 폭을 넓혀 가야 한다. 그러므로 요한은 이와 같은 부연 설명을 더했다. 개역개정은 이 부연설명이 본문의 흐름과는 상관없다고 생각해 괄호 안에 표기했다.

부활하신 예수님의 빈 무덤을 직접 확인한 베드로와 요한은 각자 자기 집으로 돌아갔다(10절). 돌아가는 내내 여러 가지 생각으로 머리가 복잡했을 것이다. 그러나 부활하신 예수님을 만날 것을 생각하니 흥분도 되었을 것이다. 한편, 여인들은 무덤에 들어가지 않은 채 밖에서 이 모든 일을 지켜본 것으로 보인다(cf. 20:11).

이 말씀은 예수님이 부활하셨다는 가장 확실한 증거는 잘 정돈된 빈 무덤이라고 한다. 만일 누군가가 예수님의 시신을 훔쳤다면 세마포와 머리를 쌌던 수건이 정돈된 상태로 그 자리에 놓여 있을 리 없다. 부활하신 예수님이 수의(세마포와 머리를 쌌던 수건)를 잘 정돈해 놓고 그 자리를 떠나신 것이다.

잠시 후 예수님은 제자들에게 나타나 실패한 그들을 회복시키실 것이다. 또한 그들에게 부활의 소망도 주실 것이다. 예수님을 통해 하나님의 자녀가 된 사람들은 실패를 두려워할 필요가 없다. 하나님의 은혜가 다시 회복시켜 줄 것이기 때문이다. 또한 우리는 죽으면 부활한다. 부활하신 예수님이 이를 보장하신다.

IX. 부활(20:1-31)

B. 막달라 마리아에게 나타나심(20:11-18)

¹¹ 마리아는 무덤 밖에 서서 울고 있더니 울면서 구부려 무덤 안을 들여다보니 ¹² 흰 옷 입은 두 천사가 예수의 시체 뉘었던 곳에 하나는 머리 편에, 하나는 발 편에 앉았더라 ¹³ 천사들이 이르되 여자여 어찌하여 우느냐 이르되 사람들이 내 주님을 옮겨다가 어디 두었는지 내가 알지 못함이니이다 ¹⁴ 이

말을 하고 뒤로 돌이켜 예수께서 서 계신 것을 보았으나 예수이신 줄은 알지 못하더라 [15] 예수께서 이르시되 여자여 어찌하여 울며 누구를 찾느냐 하시니 마리아는 그가 동산지기인 줄 알고 이르되 주여 당신이 옮겼거든 어디두었는지 내게 이르소서 그리하면 내가 가져가리이다 [16] 예수께서 마리아야 하시거늘 마리아가 돌이켜 히브리 말로 랍오니 하니 (이는 선생님이라는 말이라) [17] 예수께서 이르시되 나를 붙들지 말라 내가 아직 아버지께로 올라가지 아니하였노라 너는 내 형제들에게 가서 이르되 내가 내 아버지 곧 너희 아버지, 내 하나님 곧 너희 하나님께로 올라간다 하라 하시니 [18] 막달라 마리아가 가서 제자들에게 내가 주를 보았다 하고 또 주께서 자기에게 이렇게 말씀하셨다 이르니라

여인들은 베드로와 요한이 무덤을 살피고 돌아간 후에도 무덤 밖에 서서 울면서 무덤 안을 들여다보고 있다(11절). 베드로와 요한이 예수님이 부활하셨다는 사실을 그들에게 말하지 않았거나, 혹은 예수님의 시신을 찾는 일에 온 마음이 가 있는 마리아가 그들의 말을 듣고도 믿지 못하거나 이해하지 못한 것으로 보인다. 그러므로 무덤이 비어 있는 것은 곧 누군가가 주님의 시신을 훔쳐갔기 때문이라고 생각해 슬퍼하며 울고 있다.

여인들이 무덤 안을 들여다보니 예수님의 시신이 뉘었던 곳에 흰옷 입은 두 천사가 하나는 예수님의 머리가 놓였던 부분에, 다른 하나는 발이 놓였던 곳에 앉아 있었다(12절). 흰색은 천사들이 입는 옷 중에서 가장 흔한 색이다(cf. 겔 9:2; 단 10:5; 행 1:10; 계 3:3-4; 4:5). 천사들이 예수님의 시신이 뉘었던 곳에 앉아 있다는 것은 도둑이 주님의 시신을 훔쳐 간 것이 아니라는 또 하나의 증거다. 하나님이 예수님의 시신에 무언가 특별한 일을 하셨다는 증거이기 때문이다(Beasley-Murray).

그런데 천사들은 어찌 예수님의 머리와 발이 있던 곳에 앉아 마치 주님의 온몸을 떠받들고 있는 듯한 느낌을 주는가? 성전에서 가장 중

311

요한 기구이며 유일하게 지성소에 놓여 있는 법궤의 뚜껑은 하나님이 앉아 계신 은혜의 보좌(시은좌, 속죄소)다(출 25:18-19; 37:1-9). 이 보좌는 두 천사가 양쪽에서 날개를 펼쳐 맞닿는 곳에 있으며, 사람의 눈에는 보이지 않는다. 매년 속죄일에 대제사장은 이 보이지 않는 하나님의 보좌 앞에 짐승의 피를 뿌려 지난 1년 동안 쌓인 하나님 백성의 죄를 사해 주시길 구했다(cf. 레 16장). 천사들은 부활하신 예수님의 머리와 발이 있던 곳에 앉아 주님의 보좌를 떠받들고 있다(Lunn). 이는 죄사함이 더는 성전을 통해 이뤄지지 않고 부활하신 예수님을 통해 이뤄짐을 의미한다. 부활하신 예수님이 성전과 법궤를 대체하셨기 때문이다(Lunn). 예수님이 하신 말씀이 생각난다. "너희가 이 성전을 헐라 내가 사흘 동안에 일으키리라"(2:19).

예수님의 시신이 놓였던 곳에 앉아 있는 천사들이 막달라 마리아에게 왜 우는지 물었다(13a절). 그들도 그녀를 '여자여'(γύναι)라고 부르며 예수님처럼 거리감을 유지한다(cf. 15절; 19:26). 마리아는 제자들에게 한 말(20:2)을 거의 그대로 반복하며 천사들에게 대답한다. "사람들이 내 주님을 옮겨다가 어디 두었는지 내가 알지 못함이니이다"(13b절). 그녀는 아직도 빈 무덤이 예수님의 부활을 상징한다는 사실을 깨닫지 못하고 있다.

인기척이 있었는지, 혹은 천사들이 막달라 마리아 뒤에 나타나신 예수님께 예우를 취하는 통에 깨닫게 되었는지 알 수는 없지만 막달라 마리아도 자기 뒤에 누가 서 있다는 것을 깨닫고 돌아섰다(14a절). 그러나 서 계신 분이 예수님이라는 사실은 깨닫지 못했다(14b절). 엠마오로 가던 두 제자도 예수님을 알아보지 못한 채 다른 사람인 줄 알고 한참 대화한 일을 고려하면(눅 24:13-31), 부활하신 예수님의 모습이 살아 있을 때와 상당히 다르다는 것을 알 수 있다.

하나의 아이러니가 형성되고 있다. 여인들이 그렇게 뵙기를 사모했던 예수님이 나타나시자 정작 주님을 알아보지 못한다! 이런 일이 가능한 것은 씨앗과 그 씨앗에서 싹이 튼 줄기가 다르듯이 살아 있을 때 모습과 죽음 후 부활한 모습이 다르기 때문이다(cf. 고전 15:37-38). 오늘날 우리가 지닌 몸은 장차 얻게 될 부활한 몸의 씨앗일 뿐 동일하지 않다. 그러므로 부활하신 예수님이 평소 주님의 모습을 알던 사람들의 눈을 뜨게 해 주셔야 알아볼 수 있다(눅 24:31).

예수님도 천사들처럼 마리아를 '여자여'(γύναι)라고 부르셨다(15a절). 가나의 혼인 잔치와 십자가에서 어머니를 부를 때 사용하신 호칭과 동일하다(cf. 2:4; 19:26). 하나님으로서 사람과 어느 정도 거리감을 두기 위해 사용하시는 호칭이며, 오늘날 '부인'(madam) 정도의 의미를 지닌다.

예수님은 천사들과 똑같이 "어찌하여 우느냐?"라고 물으신 후 한 가지 질문을 더하신다. "누구를 찾느냐?"(15a절, cf. 13절). 겟세마네 동산에서 대제사장들이 보낸 아랫사람들과 로마 군인들에게 하신 질문과 같다(cf. 18:4). 그때는 예수님을 잡으러 온 사람들에게 질문하셨지만, 지금은 주님을 뵙겠다며 무덤을 찾아온 여인들에게 질문하신다. 예수님은 이 질문을 통해 마리아의 관심을 빈 무덤에서 그녀가 만나고자 하는 자신에게로 돌리려 하신다(Burge, Klink).

마리아는 자기에게 질문하는 이가 동산지기인 줄 알고 그에게 다음과 같은 취지의 질문을 했다. "선생님, 만일 당신이 이 무덤에 안치되어 있던 시신을 옮겼다면 그 시신이 어디 있는지 알려 주십시오. 제가 모셔 가겠습니다"(15b절). 마리아는 아직도 무덤 안에 가지런히 놓여 있는 수의(세마포와 머리를 쌌던 주머니)가 무엇을 의미하는지 모른다. 만일 동산지기가 예수님의 시신을 옮겼다면, 수의와 향료를 제거하고 썩기 시작한 육체만 옮길 리 없지 않은가! 그녀는 시신이 사라진 사실에 너무나도 큰 충격을 받은 나머지 이성적으로 생각하지 못하고 있다.

예수님은 부드럽고 따뜻한 목소리로 혼란스러워하는 마리아의 이름을 부르셨다(16a절). 마리아는 그때야 비로소 자기 앞에 서 있는 이가 예수님이라는 것을 깨달았다. 예수님이 예전에 하신 말씀을 생각나게 한다. "문지기는 그[목자]를 위하여 문을 열고 양은 그의 음성을 듣나니 그가 자기 양의 이름을 각각 불러 인도하여 내느니라 자기 양을 다 내 놓은 후에 앞서 가면 양들이 그의 음성을 아는 고로 따라오되"(10:3-4; cf. 10:14, 16, 27; 사 43:1).

예수님의 음성을 들은 막달라 마리아는 반갑게 "랍오니!"라고 외쳤다(16b절). '랍오니'(ραββουνι)는 당시 유대인들이 사용하던 통용어 중 하나인 아람어로, '선생님'이라는 의미를 지닌 애칭이었다(O'Day). 요한은 이방인 성도들을 위해 이러한 부연 설명을 더하고, 개역개정은 괄호로 표기했다.

예수님은 마리아에게 "나를 붙들지 말라 내가 아직 아버지께로 올라 가지 아니하였노라"라고 하시는데(17a절), 이 말씀은 해석하기 참으로 어려운 신약 말씀 중 하나다(Carson). 예수님이 마리아에게 '붙들지 말라'(μή μου ἅπτου)고 하시는 말씀이 이미 그녀가 예수님을 붙든 것을 더는 못 하게 금하시는 것인지, 혹은 아직 붙들지 않았지만 혹시 붙들까 봐 사전에 금하시는 것인지는 정황과 문맥이 결정해야 한다. 대부분 주석가는 마리아가 이미 주님을 붙든 것을 금하시는 것으로 해석한다.

예수님은 어떤 의도에서 그녀에게 붙들지 말라고 하시는가? '내가 아직 아버지께로 올라가지 아니하였노라'라는 말씀은 무슨 뜻인가? 잠시 후 예수님은 도마에게는 주님의 몸을 만지라고 하신다(20:27). 또한 마태는 빈 무덤을 목격하고 천사들이 알려 준 예수님의 부활 소식을 듣고 제자들에게 알리러 가는 길에 예수님을 만나 주님의 발을 붙잡고 경배했다고 한다(마 28:5-9). 그러므로 예수님이 신체적인 접촉을 금하기 위해 하신 말씀은 아니다.

그렇다면 어떤 의도에서 붙들지 말라고 하시는가? 어떤 이들은 이 말씀을 주검을 만지지 말라는 것으로 해석하지만, 예수님은 이미 부활하셨기 때문에 더는 죽어 있는 상태가 아니다. 어떤 이들은 예수님이 악이 없고 더러움이 없고 죄인에게서 떠나 계신 대제사장으로 승천하기 위해서라고 하지만(cf. 7:26), 요한복음 그 어디에도 예수님이 사람의 만짐을 금하시는 일은 없다. 또한 예수님이 부정한 사람을 접촉하시면 그 사람이 예수님께 영향을 끼치는 것이 아니라, 예수님의 거룩하심이 그를 정결하게 한다.

어떤 이들은 '붙들지 말라'(μή μου ἅπτου)가 원래는 '두려워 말라'(μή πτου)였는데, 훗날 필사한 사람들이 필사하는 과정에서 실수한 것이라고 주장하기도 한다(cf. 눅 21:9). 그러나 이렇게 단정할 만한 근거가 없다. 아마도 예수님은 마리아에게 나를 붙잡고 이곳에 머물러 있지 말고 빨리 가서 자신이 부활했다는 소식을 제자들에게 알리라는 의미에서 이렇게 말씀하신 것으로 보인다(Reith).

또한 예수님은 그동안 배신과 불의한 재판과 억울한 십자가와 찬란한 부활을 모두 겪으셨다. 이제 유일하게 남은 일은 오신 곳으로 다시 돌아가는 일, 곧 승천이다(Burge, Klink, cf. 17:5). 이러한 상황에서 예수님은 자기 죽음이 상징하는 과거에 집착하는 마리아가 새롭고 변화된 신학적 관점으로 살아가기를 원하신다. 더는 무덤에서 찾으려 했던 슬픈 일로 아파하지 말고, 부활하신 예수님을 만났으니 이제부터는 기뻐하며 살아가도록 변화를 요구하시는 것이다. 그렇다면 마리아는 부활의 기쁨을 마음속에 영원히 간직하며 계속 기쁨으로 살 수 있을까? 충분히 가능하다. 잠시 후 예수님이 마리아와 우리 모두에게 성령을 주실 것이기 때문이다(cf. 행 1:13-14; 2:1-3). 그리스도인은 성령 안에서 항상 기뻐하며 살 수 있다. "주 안에서 항상 기뻐하라 내가 다시 말하노니 기뻐하라"(빌 4:4; cf. 살전 5:16).

예수님은 마리아에게 자기 형제들에게 가서 "내 아버지 곧 너희 아버지, 내 하나님 곧 너희 하나님께로 올라간다"라고 전하게 하셨다(17b절). '형제들'(ἀδελφούς)은 모든 남녀 제자를 칭하는 말이다(Klink). 이때까지 요한복음에서 '형제'는 혈육 관계에만 적용되었으며, 이곳에서 처음으로 제자들이 '형제'로 불리고 있다. 그러므로 이 말씀은 제자들의 중요한 신분 변화를 암시한다. 그들은 예수님처럼 하나님의 자녀가 되었다. 물론 예수님과 하나님의 관계와 동일하지는 않지만, 예전에는 하나님-백성 관계였다면 이제부터는 아버지-자녀 관계가 될 것이다. 예수님은 제자들을 고아처럼 버려두지 않겠다고 하신 약속을 지키셨다 (14:18). 예수님의 죽음과 부활이 이루신 일이다.

또한 예수님은 자신의 승천을 가리켜 자기 하나님일 뿐 아니라 그들(제자들)의 하나님이시며, 자기 아버지일 뿐 아니라 그들의 아버지도 되시는 분에게 올라가는 것이라고 하신다. 예수님은 왜 아버지께 가셔야 하는가? 아버지의 집에 제자들이 머물 거처를 마련하기 위해서다 (O'Day, cf. 14:1-4). 제자들이 하나님의 집에 거할 때 비로소 하나님이 그들의 아버지 되심을 확실하게 깨달을 것이다.

예수님은 그들이 머물 거처를 마련하고 다시 오실 것이다(14:3). 오실 때는 '또 다른 보혜사'로 오셔서 영원토록 그들과 함께하실 것이다 (14:16). 오순절 때 마가의 다락방에 임하신 성령은 예수님이 보내신 선물이자 예수님 자신이다. 예수님은 자신을 우리와 영원히 함께하는 성령으로 주셨다.

막달라 마리아는 예수님이 명령하신 대로 제자들을 찾아가 예수님을 보았다고 알렸다(18a절). 또한 예수님이 그녀에게 하신 말씀을 모두 전했다(18b절). 마리아는 예수님이 십자가에 죽으실 때 곁에 있었고 (19:25), 처음으로 빈 무덤을 보았으며(20:1), 제자 중 처음으로 부활하신 예수님을 만나 말씀을 나눈 사람이다(cf. 14-17절). 그녀는 진정한 의미에서 사도들에게 사도가 되었다(Bauckham).

이 말씀은 십자가에서 죽으신 예수님이 부활하셨다고 한다. 죽은 사람이 부활하는 것은 이성과 논리를 지닌 인간이 참으로 이해하기 어렵고 받아들이기 어려운 기독교 진리다(cf. 고전 15:12-13). 믿지 않는 사람에서 믿는 사람으로 가는 길에 놓인 가장 큰 걸림돌이라 할 수 있다. 부활을 사실로 인정하고 고백하는 신앙은 하나님이 부활을 믿는 믿음을 선물로 주셔야만 가능한 일이다. 그러므로 우리가 그리스도의 부활을 믿고 우리의 부활을 소망으로 지니며 산다면, 이러한 믿음 또한 하나님께 감사할 제목이다.

예수님은 천국에 우리가 거할 곳을 마련하기 위해 하나님께 올라가신다. 우리에게는 천국에서 영원히 하나님을 아버지라 부르며 살 소망이 있다. 오늘을 살면서 이 세상에 지나치게 집착하거나 미련을 두며 살지 말자. 하나님이 아름답게 창조하신 세상을 마음껏 누리며 성실하고 선하게 최선을 다해 살되, 다가오는 천국에서의 삶을 항상 마음에 품고 살자.

IX. 부활(20:1-31)

C. 제자들에게 나타나심(20:19-23)

[19] 이 날 곧 안식 후 첫날 저녁 때에 제자들이 유대인들을 두려워하여 모인 곳의 문들을 닫았더니 예수께서 오사 가운데 서서 이르시되 너희에게 평강이 있을지어다 [20] 이 말씀을 하시고 손과 옆구리를 보이시니 제자들이 주를 보고 기뻐하더라 [21] 예수께서 또 이르시되 너희에게 평강이 있을지어다 아버지께서 나를 보내신 것 같이 나도 너희를 보내노라 [22] 이 말씀을 하시고 그들을 향하사 숨을 내쉬며 이르시되 성령을 받으라 [23] 너희가 누구의 죄든지 사하면 사하여질 것이요 누구의 죄든지 그대로 두면 그대로 있으리라 하시니라

예수님은 부활하신 후 승천하실 때까지(cf. 행 1장) 40일 동안 이 땅에 계시며 여러 차례 제자들을 찾으셨다. 그러므로 이 40일은 세상에서 살다가 죽고 부활하신 예수님과 승천하셔서 하나님의 오른편에 앉아 영화롭게 되신 예수님을 이어 주는 시간이라 할 수 있다(Marsh). 이 기

317

간에 부활하신 예수님은 겟세마네 동산에서 주님을 두고 도망갔다가 실패와 좌절감으로 절망 속에 있던 제자들을 회복시키고 세우셨다.

예수님이 부활하신 날, 곧 안식 후 첫날 저녁이 되었다(19a절). 오늘 날 교회가 부활절이라 부르는 일요일의 저녁이 된 것이다. 일요일은 그리스도인에게 두 가지 특별한 의미가 있는 날이다. 첫째, 일요일은 하나님이 천지창조를 시작하신 날이다(cf. 창 1장). 예수님은 제2(새) 창조를 하셨다. 둘째, 일요일은 예수님이 부활하신 날이다. 교회는 이 사실을 기념하고 기뻐하기 위해 일요일을 '주님의 날'(주일)이라고 부른다.

제자들이 예루살렘 안에 모여 있다(19b절). 그 자리에는 사도 10명(가룟 유다는 배신했고, 도마는 이 자리에 없음) 외에도 여러 명이 더 모여 있었다(눅 24:33 참조). 이 사람들은 예수님이 죽으신 후 곧바로 흩어지지 않고 예루살렘에 머물러 있었다. 또한 엠마오로 가던 두 제자처럼 예루살렘을 떠났다가 예수님이 부활하셨다는 소문(소식)을 접하고 다시 돌아온 이들도 있었다(cf. 눅 24장).

한 방에 모인 제자들은 모인 장소의 문들을 꼭 닫아 두었다. 유대인들을 두려워했기 때문이다. 이 모임을 교회의 시작이자 첫 예배로 볼 수 있다. 그런 점에서 교회의 첫 모임은 예수님의 부활을 축하하고 기뻐하는 예배가 아니라 유대인들이 예수님을 잡아 죽인 것처럼 그들도 잡아 죽일지 모른다는 두려움에 사로잡힌 모임이었다. 예수님이 부활한 것이 아니라 제자들이 시신을 훔쳐 간 것이라는 유대인들의 유언비어도 그들의 두려움에 일조했다(마 28:13-15).

그때 예수님이 오셔서 그들 한가운데 서서 평강을 빌어 주셨다(19c절). 예수님이 문을 두드리셨기 때문에 그들이 문을 열어 준 것인지, 혹은 예수님이 벽을 통과해 직접 나타나신 것인지는 알 수 없다. 한 가지 확실한 것은 부활하신 예수님은 어떠한 물리적 제한을 받지 않고 움직이신다는 것이다(Morris).

아마도 제자들은 겟세마네 동산에서 예수님만 두고 도망간 일로 인
해 책망과 비난을 받을 것으로 생각했을 것이다. 그러나 예수님은 그
들을 용서하시고 비난과 책망 대신 복을 빌어 주셨다. 그러므로 예수
님의 인사는 실패하고 죄책감에 시달리는 제자들에게 "괜찮다. 다 용
서했다. 아직도 나는 너희를 나의 귀한 제자로 생각한다"라는 의미로
들렸을 것이다. 예수님의 축복은 지금부터가 더 중요하다는 의미를 지
닌다(cf. Beasley-Murray).

'너희에게 평강이 있을지어다'(εἰρήνη ὑμῖν)는 유대인들의 전통적인 인
사말이다(cf. 삿 6:23; 19:20; 삼상 25:6). 예수님은 제자들에게 "평안을 너
희에게 끼치노니 곧 나의 평안을 너희에게 주노라 내가 너희에게 주는
것은 세상이 주는 것과 같지 아니하니라 너희는 마음에 근심하지도 말
고 두려워하지도 말라"라고 하신 적이 있다(14:27). 또한 예수님은 세상
을 이겨 그들에게 평안을 줄 것을 약속하셨다(16:33). 드디어 예수님이
약속하신 평안이 그들에게 임했다(Burge).

평강을 빌어 주는 예수님의 말씀을 들은 제자들은 어찌할 바를 몰랐
다. 그들 중 몇 명은 부활하신 예수님을 이미 뵈었지만, 대부분 처음이
다. 예수님은 어안이 벙벙한 그들에게 손과 옆구리를 보이셨다. 십자
가 고난과 죽음이 남긴 흔적을 보여 주신 것이다. 예수님은 십자가 죽
음을 통해 이루신 평강을 제자들에게 주고 계신다. 주님이 받으신 상
처가 우리가 누리는 평강(샬롬)의 근원이다. "그가 찔림은 우리의 허
물 때문이요 그가 상함은 우리의 죄악 때문이라 그가 징계를 받으므
로 우리는 평화를 누리고 그가 채찍에 맞으므로 우리는 나음을 받았도
다"(사 53:5).

예수님의 부활한 몸이 십자가에서 받으신 상처를 그대로 지니고 있
다는 사실은 우리의 부활이 어떠할 것인가에 대한 논쟁거리가 될 수
있다(cf. Calvin). 이 이슈에 대해서는 구체적이고 정확하게 대답하지 않
고 신비로 남겨 두는 것이 바람직하다(Mounce). 우리는 부활에 대해 아

319

는 것보다는 모르는 것이 더 많기 때문이다(cf. 고전 15장). 한 가지 확실한 것은 예수님의 몸은 천국에서도 이러한 상처를 지니고 있다는 사실이다. "내가 또 보니 보좌와 네 생물과 장로들 사이에 한 어린 양이 서 있는데 일찍이 죽임을 당한 것 같더라"(계 5:6).

예수님이 십자가에서 받으신 고난의 흔적을 보이시자 이때까지 주저하던 제자들이 그제야 기뻐했다(20b절). 이점을 강조하기 위해 요한은 부정 과거형(aorist)을 사용해 그들이 '보고'(ἰδόντες) '기뻐했다'(ἐχάρησαν)고 한다(Morris). 예수님은 16:20-22에서 제자들에게 "내가 진실로 진실로 너희에게 이르노니 너희는 곡하고 애통하겠으나 세상은 기뻐하리라 너희는 근심하겠으나 너희 근심이 도리어 기쁨이 되리라 여자가 해산하게 되면 그 때가 이르렀으므로 근심하나 아이를 낳으면 세상에 사람 난 기쁨으로 말미암아 그 고통을 다시 기억하지 아니하느니라 지금은 너희가 근심하나 내가 다시 너희를 보리니 너희 마음이 기쁠 것이요 너희 기쁨을 빼앗을 자가 없으리라"라고 하셨다. 부활하신 예수님이 제자들에게 이 약속을 지키신 것이다.

예수님은 제자들에게 다시 한번 평강을 빌어 주시며 아버지께서 그를 보내신 것 같이 자기도 그들을 보낸다고 하신다(21절). 예수님의 사역에 평강이 임했던 것처럼, 제자들의 사역에도 평강이 임할 것이라는 의미다(Klink). 예수님은 새로운 일을 하라며 제자들을 보내시는 것이 아니다. 하나님이 예수님을 보내시며 맡기신 사역을 그들이 이어 가기를 바라신다(cf. 17:18). 제자들과 교회가 계속 이루어 나가야 할 사명(mission)은 예수님이 하나님께 받으신 사명(mission)에서 시작되었기 때문이다(Mounce). 그러므로 우리는 자부심을 가지고 예수님이 하시던 일을 이어 갈 수 있다.

한 가지 염려스러운 것은 제자들과 교회가 과연 예수님이 하시던 일을 이어받아 할 수 있을 것인가 하는 점이다. 이에 대해 예수님은 걱정하지 말라며 해결책을 제시하신다. 그들을 돕기 위해 성령을 주겠으니 성령을 받아 성령의 힘으로 하면 된다고 하신다(22b절). 하나님은 예수님이 세례를 받으실 때 성령을 보내 능력을 주셨다(cf. 1:33). 이와 같이 예수님도 제자들을 보내실 때 그들이 사명을 이룰 수 있도록 성령을 통해 능력을 주실 것이다. 한량없이 주실 것이다(3:34). 하나님이 우리에게 사명을 주실 때는 그 사명을 이루도록 성령이 우리와 함께하시며 돕게 하신다.

우리에게 성령을 주신다는 22절 말씀은 요한복음의 절정(climax)이라 할 수 있다(Burge). 앞서 예수님은 장막절을 기념하기 위해 성전에 모인 사람들에게 성령을 가리켜 생수의 강이라며 모든 목마른 자들은 와서 이 생수를 마시라고 하셨다(7:37-38a). 그러나 그때는 아직 영광을 받지 않으셨으므로 성령이 그들 가운데 계시지 않았다(7:38b). 이제 예수님이 십자가에서 영광을 받으셨으니 성령이 제자들과 함께 계실 때가 이르렀다.

그러므로 예수님은 그들에게 숨을 내쉬듯 성령을 내쉬며 성령을 받으라고 하신다(22a절). 신약에서 '내쉬다'(ἐμφυσάω)는 이곳에서만 사용된다. 칠십인역(LXX)에서는 10차례 사용되며, 가장 인상적으로 사용된 곳은 창세기 2:7이다. 하나님이 사람(아담)을 흙으로 빚으시고 그의 코에 생기를 '불어 넣으시니/내쉬시니'(ἐνεφύσησεν) 사람이 생령이 되었다. 또한 이 단어는 에스겔이 본 마른 뼈 계곡 환상(겔 37장)에서 하나님이 오래전에 죽은 사람들에게 생기를 불어 넣어 다시 살아나게 하신 일을 묘사하는 데 사용되었다(겔 37:9).

종합해 볼 때, 예수님은 옛적에 하나님이 흙덩어리에 불과한 사람에게 생기를 불어 넣어 생령이 되게 하신 것처럼, 죽은 사람과 다를 바 없는 제자들과 교회에 성령을 불어 넣어 새 인류와 새 이스라엘이 되게 하셨다(Klink, 엡 2:15). 하나님이 천지를 창조하실 때 그분의 숨결이 모든 생명의 시작이 된 것처럼, 성령은 예수님이 새로 창조하신 교회가 지닌 생명의 시작이 되셨다. 그러므로 우리는 성령의 도우심 없이는 예수님이 하시던 사역을 이어 갈 수 없다.

학자들 사이에 '성령을 받으라'는 예수님의 말씀과 오순절에 임하실 성령(행 2장)의 관계를 두고 상당한 논쟁이 있다(Brown, Burge, Carson, Keener, Klink). 어떤 이들은 예수님이 이곳에서는 상징적으로 말씀하시기 때문에 제자들이 성령을 받으려면 오순절까지 기다려야 한다고 한다. 어떤 이들은 예수님이 이곳에서 성령의 '맛보기'만 주시고, 오순절때 능력으로 임하는 성령을 주신다고 한다. 어떤 이들은 본문을 요한의 '오순절 성령 임재'라고 한다.

그러나 이때와 오순절 마가의 다락방에 동일하신 성령이 동일한 능력으로 임하신 것이라 해도 별문제 없다. 이곳에서는 소수에게 사적으로, 오순절에는 교회에 속한 모든 성도에게 공식적으로 임하신 것이다. 성령은 이미 예수님이 잉태되실 때부터 주님과 함께하셨지만 세례를 받으실 때 새로 임하셨다. 성령은 본문에서도 예수님과 함께 계시며, 예수님은 자기 안에 계시는 성령을 숨을 내쉬듯 제자들에게 주신다. 그러므로 성령이 제자들에게 임하는 임재 시기를 지나치게 구분할 필요는 없다.

예수님은 제자들에게 죄를 사하는 권세도 주셨다(23절). 그들이 누구의 죄든 사하면 사하여질 것이며, 누구의 죄든지 그대로 두면 그대로 있을 것이라고 하신다. 마태복음 16:19에서도 비슷한 말씀을 하셨다. "내가 천국 열쇠를 네게 주리니 네가 땅에서 무엇이든지 매면 하늘에서도 매일 것이요 네가 땅에서 무엇이든지 풀면 하늘에서도 풀리리라"(cf. 마 18:18). 그렇다고 해서 제자들이 사람의 죄를 용서할 수 있다고 하시는 것은 아니다. 사람의 죄는 오직 하나님만 용서하실 수 있다(cf. 막 2:7). 예수님은 이러한 원리를 강조하기 위해 '사하여지다'(ἀφέωνται), '[잡아] 두다'(κεκράτηνται) 등 두 개의 수동태를 사용하신다(Bruce).

가톨릭에서는 사제들이 사람의 죄를 용서하면 하나님도 용서하신다며 '고해성사'를 한다. 사제에게 죄 사함의 권한이 주어졌다고 보는 것이다. 그러나 성경은 오직 하나님만 인간의 죄를 용서하신다고 한다. 그러므로 본문을 근거로 인간의 죄를 사할 권한이 사도들에게만 주어졌는지, 혹은 교회와 지도자들에게도 주어졌는지를 논쟁하는 것은 별의미가 없다. 오직 하나님만 인간의 죄를 용서하시며, 교회는 죄인들을 그들의 죄를 용서하시는 하나님 앞으로 인도하는 역할을 맡았다.

이 말씀은 예수님의 무한한 용서와 사랑에 관한 것이다. 예수님은 겟세마네 동산에서 도망친 제자들을 탓하지 않으시고 자신이 시작한 하나님의 사역을 이어 가게 하셨다. 또한 성령을 주셔서 그들이 자기 능력으로 사역하지 하지 않고 오직 하나님의 능력으로 사역하게 하셨다. 우리도 성령으로 충만한 사역을 해야 한다. 그렇지 않으면 우리가 하는 일은 육신의 일에 불과하다(cf. 3:6; 6:63).

교회는 죄인들을 하나님께 인도하는 일을 사명으로 받았다. 교회의 일원인 우리도 끊임없이 이 일을 해 나가야 한다. 하나님은 자신이 죄인임을 깨닫고 용서를 구하는 사람에게 자비를 베푸신다.

IX. 부활(20:1-31)

D. 도마에게 나타나심(20:24-29)

²⁴ 열두 제자 중의 하나로서 디두모라 불리는 도마는 예수께서 오셨을 때에 함께 있지 아니한지라 ²⁵ 다른 제자들이 그에게 이르되 우리가 주를 보았노라 하니 도마가 이르되 내가 그의 손의 못 자국을 보며 내 손가락을 그 못 자국에 넣으며 내 손을 그 옆구리에 넣어 보지 않고는 믿지 아니하겠노라 하니라 ²⁶ 여드레를 지나서 제자들이 다시 집 안에 있을 때에 도마도 함께 있고 문들이 닫혔는데 예수께서 오사 가운데 서서 이르시되 너희에게 평강이 있을지어다 하시고 ²⁷ 도마에게 이르시되 네 손가락을 이리 내밀어 내

손을 보고 네 손을 내밀어 내 옆구리에 넣어 보라 그리하여 믿음 없는 자가 되지 말고 믿는 자가 되라 ²⁸ 도마가 대답하여 이르되 나의 주님이시요 나의 하나님이시니이다 ²⁹ 예수께서 이르시되 너는 나를 본 고로 믿느냐 보지 못 하고 믿는 자들은 복되도다 하시니라

예수님이 함께 모여 숨어 있던 제자들을 찾아오셨을 때(20:19-23) 열두 제자(사도) 중 하나이며 디두모라 불리는 도마는 그 자리에 없었다 (24절). '디두모'(Δίδυμος)는 '쌍둥이'라는 의미로, 아마도 그가 쌍둥이 였기 때문에 이러한 별명이 붙었을 것이다. 다른 복음서들은 열두 제자 목록에 그의 이름을 포함하는 정도로 그에 대해 간략하게 언급하지만(cf. 마 10:3; 막 3:18; 눅 6:15), 요한은 본문을 포함해 네 차례나 그에 대해 언급한다(11:16; 14:5; 21:2). 도마가 그 자리에 없었던 이유는 알 수 없지만, 이 이야기를 유발하는 계기가 되었다.

부활하신 예수님을 만난 사람들이 그 자리에 없었던 도마에게 예수님이 부활하셨고 자신들이 주님을 뵈었다는 사실을 알려 주었다(25a절). 그러나 도마는 그들의 증언을 믿지 못하겠다며, 직접 예수님 손의 못 자국을 보고 자기 손가락을 그 못 자국에 넣으며 자기 손을 그 옆구리에 넣어 보지 않고는 믿지 않겠다고 했다(25b절). 모든 제자가 같은 증언을 했음에도 자신이 납득할 만한 물리적인 증거가 없으면, 곧 예수님을 직접 보고 만지지 않으면 믿지 않겠다고 한다. 도마는 표적과 기사를 직접 보지 않으면 도무지 믿으려고 하지 않는 가버나움 사람들과 비슷하다(cf. 4:48).

'믿지 않겠다'(οὐ μὴ πιστεύσω)는 두 개의 부정사를 동반한 매우 강력한 의지의 표현이다(Watson). 도마는 왜 이처럼 완강하게 예수님의 부활을 부인하는가? 아마도 예수님의 죽음으로 인해 그가 꿈꾸던 것들이 깨진 상황에 환멸을 느꼈기 때문일 것이다. 그러므로 그는 자신의 절망과 좌절을 끝낼 예수님의 부활에 대한 확실한 증거를 직접 체험하고

싶은 간절한 마음에서 이렇게 말하고 있다(Temple). 그도 자신의 불신과 좌절이 싫고, 다른 제자들처럼 믿고 싶다. 그러나 제자들의 증언만으로는 믿을 수 없다.

혹은 부활하신 예수님을 보았다는 제자들이 모두 환상을 본 것이지 실체를 본 것이 아니라고 생각할 수도 있다(Mounce). 다른 제자들은 예수님의 부활을 기뻐하고 즐거워하며 미래 사역에 대한 계획을 세워가는데 도마만 한 주 동안 부활의 실체를 부인하는 불편한 마음으로 보낸다. 결국 의심하는 도마만 손해다. 이 일로 인해 영어권에는 '의심하는 도마'(Doubting Thomas)라는 말이 생겨났다.

제자들은 부활하신 예수님의 증인으로 보내심을 받고 성령의 권능도 받았는데(cf. 20:21-23), 제자 중 하나인 도마에 의해 그들의 증언이 거부당하고 있다! 사람들이 우리의 메시지를 받아들이거나 받아들이지 않는 것은 하나님이 하시는 일이기 때문이다. 하나님이 사람의 마음을 움직이고 열어 주셔야 메시지를 받아들이게 된다. 그러나 도마의 불신을 나쁜 것으로만 생각할 필요는 없다. 그의 불신으로 인해 우리는 예수님이 어떠한 몸으로 부활하셨는지 조금 더 자세히 알게 되었기 때문이다.

여드레가 지나서 예수님이 다시 제자들에게 나타나셨다(26a절). 아마도 같은 집, 곧 마가의 다락방에 나타나신 것으로 보인다. 이날은 예수님이 처음 제자들에게 나타나셨던 날처럼 일요일(주일)이었다. 이번에도 그들은 문을 모두 닫고 있었는데, 지난번처럼 예수님이 들어오셔서 그들 가운데 서서 똑같은 복을 빌어 주셨다. "너희에게 평강이 있을지어다"(26b절; cf. 20:19). 일주일 전과 똑같은 상황이 전개된 것이다. 다만 차이는 일주일 전에는 도마가 이 자리에 없었는데, 이번에는 다른 제자들과 함께 이 자리에 있어 예수님을 직접 뵙게 되었다.

예수님은 도마가 한 말(25절)을 그대로 인용하시며 자기를 보고 만져 보라고 하셨다(27a절). 주석가들은 예수님이 도마에게 하신 말씀이 제자들의 증언을 믿지 못한 것에 대해 수치를 안겨 주는 것이라고 하지만(Calvin, Ridderbos), 믿기 어려운 심경을 솔직하게 토로한 것을 나쁘게만 볼 필요는 없다. 또한 요한복음에 기록된 그의 이야기는 완전히 불신하는 사람에 관한 이야기가 아니다. 그러므로 예수님은 그에게 부활을 믿을 기회를 주시는 것이다(O'Day cf. 4:10-26; 5:6-9; 9:35-38; 11:1-42).

예수님은 도마에게 십자가에서 받은 고난의 흔적을 보고 만져 보라고 하시며 '믿음 없는 자가 되지 말고 믿는 자가 되라'고 하신다(27b절). 부활하신 예수님을 직접 보지 못했다며 부활을 의심하는 도마는 불신자가 아니라 예수님의 제자다(cf. 11:16). 다만 자기 기준을 만족시킬 만한 증거가 있으면 믿겠다고 하는 것이다. 그러므로 이 말씀은 '네 기준[직접 보고 만지는 것]만 고집하지 말고 다른 사람들(특히 동료들)의 증언을 듣고도 믿을 수 있어야 한다'는 취지의 말씀이다(cf. 29절). 도마는 제자들의 신실한 증언을 듣고도 두 눈으로 직접 봐야겠다며 믿기를 거부했으니 이런 책망을 들어야 한다.

도마가 실제로 예수님의 손을 만지고 옆구리에 손을 넣었는지는 확실하지 않다. 아마도 자기 앞에 계신 예수님을 직접 보았으니 더는 만질 필요가 없었을 것이다. 그는 요한복음에 기록된 가장 위대한 기독론적 고백(Christological confession)으로 부활하신 예수님에 대한 신앙을 고백했다. "나의 주님이시요 나의 하나님이시니이다"(28절).

'주님'(κύριός)과 '하나님'(θεός)은 예수님의 신분을 가장 적절하게 표현하는 개념이다. 부활하신 예수님은 하나님의 영광을 지니셨다(Bultmann, cf. 1:1). 그러므로 예수님의 부활을 믿지 못했던 도마가 하나님의 영광을 지니신 예수님을 보고 난 후에는 가장 확신에 찬 신앙 고백을 하고 있다(Beasley-Murray, Bruce). 어떤 이들은 도마의 고백이 선언문(statement)이 아니라 호격형(vocative, '나의 주님이여! 나의 하나님이여!')이라고 하지만, 의미하는 바에 별 차이가 없다.

예수님은 이렇게 고백하는 도마에게 그가 보았기 때문에 믿는다고 하시며, 보지 못하고 믿는 자들은 복되다고 하신다(29절). 헬라어 사본에는 첫 번째 문장 "너는 나를 본 고로 믿느냐?"(ὅτι ἑώρακάς με πεπίστευκας;)가 질문형으로 표기되어 있지만, 어떤 이들은 선언문으로 해석해야 한다고 주장한다(Burge, Schnackenburg, cf. NIV, KJV). "너는 나를 본 고로 믿는다." 이 문장은 눈으로 보고서야 믿는다는 사실을 강조하는 수사학적인 질문으로 간주해도 괜찮다(Klink, cf. NRS). 그러므로 선언문이든 질문이든 의미는 같다. 만일 이 말씀이 도마를 책망하는 것이라면 매우 가벼운 책망이라 할 수 있고, 혹은 그의 증거 요구가 정당하다고 인정하는 것일 수도 있다(Morris).

예수님은 도마가 주님을 뵙고 늦게나마 믿음을 고백한 일은 좋은 일이지만, 아무것도 보지 못하고 믿는 자들은 복되다고 하신다(29b절). 도마가 제자들의 증언을 듣고 곧바로 믿었으면 더 좋았을 것이라는 뜻이다. 사실 도마는 예수님의 부활에 대한 증언을 믿지 못해 지난 일주일 동안 홀로 부활을 부정하며 살았다. 만일 그가 듣자마자 믿었다면 경험할 필요가 없는 불신과 의심을 경험한 것이다.

'보지 못하고 믿는 자들은 복되도다'(μακάριοι οἱ μὴ ἰδόντες καὶ πιστεύσαντες)는 요한복음에 기록된 유일한 수훈(beatitude)이다(Klink). 하나님의 가장 큰 축복을 누리며 사는 사람은 도마처럼 보고 믿는 사람이 아니라, 아무것도 보지 않고도 믿는 사람이라는 것이다. 예수님이 승천하신 이후 주님을 직접 보고 믿은 사람은 없다. 물론 환상으로는 지금도 볼 수 있겠지만 말이다. 우리도 예수님을 눈으로 보지 못했지만 믿는다. 그러므로 예수님은 우리를 복되다고 하신다.

이 말씀은 예수님을 믿겠다며 증거를 요구하는 것이 무조건 나쁘다고 할 수는 없지만, 이미 주님을 영접한 사람들의 증언을 신뢰하고 믿는 것이 복되다고 한다. 예수님이 승천하신 후 세상에는 예수님을 본 사람이 하나도 없다. 주님은 세상이 끝나는 날에 다시 오실 것이기 때문이다. 그때까지 세상에는 예수님을 영접한 신실한 증인들이 있을 뿐이다. 이 증인들의 증언을 듣고 믿는 사람들은 참으로 복되다. 보지 못해도 믿는 사람들이기 때문이다.

IX. 부활(20:1-31)

E. 책을 기록한 목적(20:30-31)

³⁰ 예수께서 제자들 앞에서 이 책에 기록되지 아니한 다른 표적도 많이 행하셨으나 ³¹ 오직 이것을 기록함은 너희로 예수께서 하나님의 아들 그리스도이심을 믿게 하려 함이요 또 너희로 믿고 그 이름을 힘입어 생명을 얻게 하려 함이니라

상당수 학자는 이 말씀이 요한복음 원본을 마무리한다고 주장한다 (cf. Beasley-Murray, Carson, Neirynck). 21장은 요한이 죽은 후(cf. 21:22-23)에 그의 제자들이 더한 것이거나, 요한이 원본을 저작한 후 훗날 추가한 것이라고 한다(cf. 21:24). 21장은 에필로그로 프롤로그(1:1-18)와 함께 책의 시작과 끝을 형성하며 1-20장을 감싸는 괄호(enclusio)를 형성한다는 것이다(Klink). 한편, 이때까지 발굴된 요한복음의 헬라어 사본 중 20장으로 끝나는 것이 하나도 없다는 사실을 근거로 그렇게 생각하지 않는 이들도 있다(cf. Hoskyns, Klink, Minear). 역사적 증거는 요한복음이 처음부터 21장으로 구성되었다는 견해를 지지한다. 따라서 각자 어떤 입장을 취하든 에필로그를 형성하는 21장도 영감을 받은 하나님의 말씀이라는 견해를 유지하면 된다(cf. Burge). 그러나 원본이 20장에서 끝난 것으로 간주한다면 이러한 입장을 고수하기가 어려워진다.

요한은 자신의 책이 예수님이 행하신 기적들과 가르침을 모두 기록하고 있지는 않다고 한다(30절). 실제로 공관복음과 비교해 보면 빠진

가르침과 기적이 많고, 추가된 가르침도 많다. 네 복음서는 각 저자가 당시 교회에서 유통되고 가르쳐지던 예수님에 대한 수많은 이야기와 사건 중 자신들의 저작 목적과 관점을 염두에 두고 신중하게 선별한 것만 담고 있다. 복음서는 예수님의 삶에 대한 전기가 아니며, 예수님 이 하신 일을 모두 기록한 백과사전도 아니라는 뜻이다.

요한은 이 복음서를 집필한 목적을 두 가지로 언급한다. 첫째, 독자 들이 이 책을 읽고 예수님이 하나님의 아들 그리스도이심을 믿게 하기 위해서다(31a절). 요한은 예수님이 사람이 하나님께 나아갈 유일한 길 이며 진리라는 사실을 믿게 하려고 이 책을 썼다.

본문에서 '믿다'(πιστεύω)가 부정 과거 가정형(aorist subjunctive)인지 혹 은 현재 가정형(present subjunctive)인지 확실하지 않다. 사본들이 둘로 나 눠져 있기 때문이다. 이 동사의 부정 과거 가정형(πιστεύσητε)과 현재 가 정형(πιστεύητε)의 차이는 중간에 시그마(σ)가 있고 없고다. 그러나 이 시그마의 차이는 매우 중요하며, 요한복음이 어떤 목적을 위해 저작되 었는가를 가름한다.

만일 부정 과거 가정형(πιστεύσητε)이 원본이라면 요한복음은 '너희가 믿음을 얻게 하려고'(that you come to believe), 곧 믿지 않는 사람들을 믿 음으로 인도하려는 전도 목적으로 저작된 책이다(cf. NRS). 만일 현재 가정형(πιστεύητε)이 원본이라면 요한복음은 '너희가 [이미 지닌] 믿음을 유지하게 하려고'(that you may continue to believe), 곧 믿는 사람들의 믿음 이 더 자라도록 격려하기 위해 쓰인 책이 된다.

지금까지 요한복음이 보여 준 성향을 고려하면 불신자들을 전도하 는 일과 믿는 자들을 격려하는 것은 하나의 쌍이 되어 함께 간다. 그러 므로 위 두 가지 중 하나를 택해 따른다고 해도 다른 쪽을 무시하면 안 된다. 요한복음은 믿지 않는 사람들을 전도하고, 이미 믿고 있는 사람 들의 신앙이 더 깊어지도록 격려하기 위해 쓰인 책이다.

둘째, 요한은 독자들이 예수님을 힘입어 생명을 얻게 하고자 이 복음서를 저작했다고 한다(31b절). 우리가 성경을 연구하고 묵상하는 이유이자 목적이기도 하다. 우리는 예수님 안에 있는 풍성한 생명을 누리기 위해 성경을 연구하고 읽어야 한다. 예수님이 생명이시기 때문이다.

이 말씀은 우리에게 결단을 요구한다. 아직 예수님을 하나님의 아들 그리스도로 믿지 않는 사람은 믿어서 생명을 얻겠다고 결단해야 한다. 이미 신앙생활을 시작한 사람은 주님을 더 깊이 알아 가겠다고 결단해야 한다. 믿음의 여정은 평생 예수님과 동행하며 더 깊이 교제하고, 더 깊이 주님을 알아 가는 것이다. 이 일에는 은퇴가 없다. 죽는 순간까지 계속 예수님을 알아 가야 한다.

> 내가 이미 얻었다 함도 아니요 온전히 이루었다 함도 아니라 오직 내가 그리스도 예수께 잡힌 바 된 그것을 잡으려고 달려가노라 형제들아 나는 아직 내가 잡은 줄로 여기지 아니하고 오직 한 일 즉 뒤에 있는 것은 잊어버리고 앞에 있는 것을 잡으려고 푯대를 향하여 그리스도 예수 안에서 하나님이 위에서 부르신 부름의 상을 위하여 달려가노라(빌 3:12-14).

X. 에필로그

(21:1-25)

예수님은 승천하기 전에 실패한 제자들을 회복시키시고 그들을 교회 지도자로 세우신다. 제자들은 예수님과 3년 동안이나 생사고락을 함께 했으면서도 예수님이 겟세마네 동산에서 잡히시던 순간 모두 도망갔다. 그러나 예수님은 그들을 탓하지 않으시고 이미 용서하셨다. 이 섹션은 다음과 같이 두 파트로 구분된다.

  A. 예수님과 제자들(21:1-14)
  B. 베드로와 요한(21:15-25)

X. 에필로그(21:1-25)

A. 예수님과 제자들(21:1-14)

¹ 그 후에 예수께서 디베랴 호수에서 또 제자들에게 자기를 나타내셨으니 나타내신 일은 이러하니라 ² 시몬 베드로와 디두모라 하는 도마와 갈릴리 가나 사람 나다나엘과 세베대의 아들들과 또 다른 제자 둘이 함께 있더니 ³ 시몬

베드로가 나는 물고기 잡으러 가노라 하니 그들이 우리도 함께 가겠다 하고
나가서 배에 올랐으나 그 날 밤에 아무 것도 잡지 못하였더니 [4] 날이 새어
갈 때에 예수께서 바닷가에 서셨으나 제자들이 예수이신 줄 알지 못하는지
라 [5] 예수께서 이르시되 얘들아 너희에게 고기가 있느냐 대답하되 없나이다
[6] 이르시되 그물을 배 오른편에 던지라 그리하면 잡으리라 하시니 이에 던졌
더니 물고기가 많아 그물을 들 수 없더라 [7] 예수께서 사랑하시는 그 제자가
베드로에게 이르되 주님이시라 하니 시몬 베드로가 벗고 있다가 주님이라
하는 말을 듣고 겉옷을 두른 후에 바다로 뛰어 내리더라 [8] 다른 제자들은 육
지에서 거리가 불과 한 오십 칸쯤 되므로 작은 배를 타고 물고기 든 그물을
끌고 와서 [9] 육지에 올라보니 숯불이 있는데 그 위에 생선이 놓였고 떡도 있
더라 [10] 예수께서 이르시되 지금 잡은 생선을 좀 가져오라 하시니 [11] 시몬 베
드로가 올라가서 그물을 육지에 끌어 올리니 가득히 찬 큰 물고기가 백쉰세
마리라 이같이 많으나 그물이 찢어지지 아니하였더라 [12] 예수께서 이르시되
와서 조반을 먹으라 하시니 제자들이 주님이신 줄 아는 고로 당신이 누구냐
감히 묻는 자가 없더라 [13] 예수께서 가셔서 떡을 가져다가 그들에게 주시고
생선도 그와 같이 하시니라 [14] 이것은 예수께서 죽은 자 가운데서 살아나신
후에 세 번째로 제자들에게 나타나신 것이라

부활하신 예수님은 맨 처음 빈 무덤 앞에 서 있던 막달라 마리아와
여인들에게 나타나셨고(20:11-18), 이후 예루살렘의 한 집에 모여 있는
제자들에게 두 차례 나타나셨다(20:19-29). 이번에는 디베랴 호수에서
제자들에게 세 번째로 나타나셨다(1절, cf. 14절). 디베랴는 갈릴리 호수
의 다른 이름이며, 게네사렛으로 불리기도 했다. 예루살렘에서 북쪽으
로 100㎞ 떨어져 있으며, 사해에서 110㎞ 북쪽에 있었다. 갈릴리(디베
랴) 호수의 물은 요단강을 거쳐 사해로 흘러든다. 길이가 남북으로 22㎞
에 달하고, 너비는 동서로 15㎞에 달하는 큰 호수다(ABD).
　갈릴리 호수에는 물고기가 많고, 호수 주변으로 모래사장도 많다.

큰 풍랑이 일 정도라 갈릴리 바다로 불리곤 했다(cf. 4절). 구약 시대에
는 긴네렛 바다로 불렸고(민 34:11; 신 3:17; 수 12:3; 13:27), 신약에서는
게네사렛 호수[바다](눅 5:1)와 디베랴 호수[바다](요 6:1) 등으로도 불렸
다. 또한 게네사렛과 디베랴는 호수 주변에 있는 도시들의 이름이기도
했다. 디베랴는 분봉 왕 헤롯(Antipas)이 통치 수도로 삼은 곳이다.

부활하신 예수님이 처음 두 차례는 예루살렘에 있는 사람들에게 나
타나셨다가, 세 번째에는 이방인이 많이 사는 갈릴리에 모습을 보이신
것은 예루살렘에서 시작해 땅 끝까지 선포되어야 하는 복음의 성격을
고려할 때 자연스러운 단계라 할 수 있다(Klink). 이때까지 세 번 모두
예수님이 먼저 제자들을 찾아와 자신을 보이셨다. 예수님이 스스로 자
신을 보이시는(계시하시는) 일은 요한복음의 중요한 주제다(cf. 1:31; 2:11;
3:21; 7:4; 9:3; 17:6). 예수님은 자신을 제자들에게 보이시며 세상 끝 날
까지 그들과 함께하실 것을 약속하신다(cf. 1:14).

제자 중 시몬 베드로, 디두모라 하는 도마, 갈릴리 가나 사람 나다나
엘, 세베대의 아들들(야고보와 요한), 이름을 밝히지 않는 또 다른 제자
두 명 등 7명이 디베랴 호수에 모여 고기잡이를 하고 있었다(2절). 어떤
이들은 이 일곱 제자가 신앙을 버리고 예수님을 배신한 것이라며 "너
희가 다 각각 제 곳으로 흩어지고 나를 혼자 둘 때가 오나니 벌써 왔도
다"(16:32)라는 말씀이 성취되고 있다고 한다(Hoskyns). 한편, 그들이 갈
릴리 호수에서 고기를 잡는 것은 지난 3년 동안 따르던 예수님이 사라
졌으니 앞으로 무엇을 하며 살아야 하는지에 대한 절박한 고민을 반영
하고 있다고 하는 이들도 있다(Brown). 그러나 예루살렘을 떠나기 전에
부활하신 예수님을 만난 제자들이 신앙을 버리거나 미래에 대해 과도
하게 걱정한다는 점이 이해가 되지 않는다(cf. Barrett). 아마도 예수님의
다음 지시가 있을 때까지 생계를 꾸리기 위해 고기를 잡고 있는 것으
로 보인다(Beasley-Murray, Bruce).

성경에서 숫자 '7'은 완전수(만수)다. 그러므로 요한이 이 자리에 일

곱 명이 모여 있다고 하는 것은 나머지 제자(사도)가 뿔뿔이 흩어졌음을 강조하는 것이 아니다. 여기에 모인 일곱 명은 사도뿐 아니라 예수님을 사랑하고 따르는 모든 제자를 상징한다(Klink, cf. Carson). 이 이야기에서 예수님은 그들에게 새로운 사명을 주신다.

나다나엘은 1:45-50 이후 처음으로 언급된다. 예수님은 그를 제자로 삼으시면서 '더 큰 일을 보리라'고 하셨다(1:50). 본문에서 예수님이 그에게 하신 약속이 성취되고 있다. 세베대의 아들들은 야고보와 이 복음서를 저작한 요한 형제다(마 4:21; 막 1:19). 요한은 자신을 예수님이 사랑하시는 제자라 부르기도 했다. 그러나 자기가 요한이라며 스스로 이름을 밝히지는 않는다. 이번에도 독자들이 알 수 없도록 '세베대의 아들'로 남기를 원한다.

시몬 베드로가 물고기를 잡으러 배를 타고 나가니 나머지 제자들도 함께 가겠다며 따라나섰지만 그날 밤에 아무것도 잡지 못했다(3절). 호수에 물고기가 없는 것이 아니라 제자들이 밤에 고기를 잡으려고 한 것이 문제다. 당시 갈릴리 호수에서 일하는 어부들은 밤에 물고기를 잡았다(cf. 눅 5:5). 날이 밝는 대로 싱싱한 생선을 시장에 내놓기 위해서다. 그러나 중요한 것은 요한복음에서 밤(어둠)은 빛으로 오신 예수님과 대조될 뿐 아니라 하나님의 일을 방해하기도 한다. 그러므로 예수님은 "낮이 열두 시간이 아니냐 사람이 낮에 다니면 이 세상의 빛을 보므로 실족하지 아니하고 밤에 다니면 빛이 그 사람 안에 없는 고로 실족하느니라"(11:9-10)라고 하셨다.

베드로는 사도 중 리더격이다(cf. 1:40, 42). 어떤 이들은 제자들이 고기 잡으러 가는 것을 사도직 혹은 사명(mission)을 버린 것으로 해석하지만(Brown, Hoskyns), 그렇게 생각할 필요는 없다. 오히려 새로 받은 사도적 사명을 삶에서 어떻게 정황화할 것인지에 대한 노력으로 보는 것이 바람직하다(Morris, cf. Barrett). 베드로와 사도들은 옛 직업인 고기 잡는 일을 겸하면서 복음 선포하는 사명을 실현할 가능성을 테스트하고 있다. 일종의 '텐트메이커 선교'(자비량 선교)를 정황화하려는 노력이다.

또한 본문에 기록된 사건의 핵심은 베드로와 제자들의 이야기가 아니라, 고기 잡는 일이 핵심이다. 제자들은 물고기를 잡을 것이 아니라 사람을 낚는 어부가 되어야 한다(cf. 눅 5:10). 예수님이 제자들에게 사명으로 주신 '어업'은 과거에 그들이 하던 '어업'과 질적으로 다르다. 제자들은 잡은 물고기를 사람들의 식탁에 오르게 했지만, 예수님은 그들이 사람들을 죄와 하나님의 진노에서 구하는 어업을 하길 원하신다. 제자들의 고기잡이는 죽이는 것이었고, 예수님이 그들에게 맡기신 사람을 낚는 어업은 살리는 것이다.

밤새 고기를 잡으려 했지만 잡지 못하고 날이 새어갈 때, 곧 새벽에 예수님이 오셔서 바닷가에 서 계셨다(4a절). 그러나 제자들은 예수님이신 줄 알지 못했다(4b절). 아마도 아직 어둑어둑할 때라 호숫가에서 멀리 떨어져(약 90m) 있는 제자들이 잘 볼 수 없었고, 부활하신 예수님의 모습도 예전과 조금 달라 알아보지 못했을 것이다(cf. 20:14; 눅 24:31).

부활하신 예수님은 제자들에게 모습을 보이실 때마다 항상 먼저 말씀하셨다(cf. 20:19-29). 이번에도 먼저 말씀하셨다. "얘들아 너희에게 고기가 있느냐?"(5a절). '얘들아'(παιδία)는 '자녀들'(τέκνα)과 같은 의미를 지닌 말이다. 요한 서신은 자주 두 단어를 바꿔 가며 사용한다(요일 2:14, 18; 2:1, 12, 28; 3:7, 18; 4:4; 5:21). 제자들은 하나님의 아들인 예수님을 통해 하나님의 아이들(자녀들)이 되었다(Klink).

'고기'(προσφάγιον)는 신약에서 이곳에만 한 차례 사용되는 흔하지 않은 단어이며, 먹을 만한 생선을 뜻한다(BDAG). 이 섹션에는 물고기를 뜻하는 세 가지 단어가 사용되는데(cf. 6, 9절), 이 단어가 그중 첫 번째다. 예수님의 질문에 제자들은 "없나이다"라고 대답했다(5b절). 아무것도 잡지 못했다는 뜻이다.

예수님은 그들에게 그물을 배 오른편에 던지라고 하시며, 그렇게 하면 고기를 잡을 것이라는 말씀을 덧붙이셨다(6a절). 제자들은 예수님의 조언에 따라 그물을 던졌고, 얼마나 많은 물고기가 잡혔는지 그물을 들 수 없었다(6b절). 성인 남자 일곱 명이 그물을 배 안으로 끌어들이지 못할 정도로 많은 고기를 잡게 되었으니, 밤새 한 마리도 잡지 못한 일을 충분히 보상하고도 넘치게 되었다. 예수님은 제자들에게 자기를 떠나서는 아무것도 할 수 없다고 하셨는데(15:5), 이 물고기 사건은 그 말씀을 실감하게 한다.

어떤 이들은 제자들이 예수님의 말씀대로 했다가 많은 물고기를 잡게 된 것은 곧 주님께 순종하는 것이 제자도의 핵심임을 상징한다고 한다(Keener). 그러나 이 이야기에서 물고기를 잡는 일은 이슈가 아니다. 게다가 제자들은 배의 오른쪽에 그물을 내리라고 하시는 이가 예수님인 줄 모른다. 이슈는 그들이 의식하든 의식하지 못하든 예수님이 그곳에 함께 계시는 것이다(Barclay). 앞으로 그들이 전도해 제자들을 세워 나갈 때도 마찬가지일 것이다. 그들은 항상 예수님이 함께하시는 제자들을 세워야 한다.

제자 중 예수님이 사랑하시는 제자(요한)가 밤새 잡지 못했던 물고기가 수도 없이 그물에 걸린 것을 보고 해변에 계신 분이 예수님이라는 사실을 깨달았다(7a절). 그는 곧바로 베드로에게 이 사실을 알렸다. 요한은 요한복음에서 가장 이상적인 증인 역할을 한다(Klink). 예수님도 요한이 신실한 증인이라는 것을 인정하시고 그를 사랑하셨다.

겉옷을 벗고 있던 베드로는 요한에게서 해변에 계신 분이 주님이라는 말을 듣고 곧바로 겉옷을 두른 후 바다로 뛰어내려 예수님을 향해 헤엄쳐 갔다(7b절). 요한이 신속한 판단력을 지녔다면 베드로는 모든 일을 신속하게 행한다(Carson). 베드로는 물고기를 잡기 위해 겉옷을 벗어 두었다가(cf. 13:4-5) 뭍에 서 있는 분이 예수님이라는 말을 듣고는 스승을 맞이하는 제자의 예의를 갖추고 물로 뛰어든 것이다.

요한과 베드로의 반응은 막달라 마리아에게 예수님의 무덤이 비어 있다는 소식을 듣고 함께 무덤으로 달려간 일을 생각나게 한다. 그

때 요한이 먼저 무덤에 도착했지만, 안으로 들어가지는 않았다. 반면에 늦게 도착한 베드로는 요한을 지나쳐 먼저 무덤 안으로 들어갔다 (20:3-7). 이번에도 베드로는 배가 호숫가에 닿을 때까지 기다리지 못하고 먼저 헤엄쳐 예수님께 가겠다며 배에서 뛰어내렸다. 베드로가 이처럼 반응하는 것은 얼마 전 대제사장 뜰에서 예수님을 부인한 것에 대한 죄책감을 만회하기 위해서일 수도 있지만(Temple), 그의 성품으로 간주하는 것이 옳을 것이다.

베드로가 배에서 내린 후 여섯 제자는 물고기 가득한 그물이 너무 무거워 배 안으로 끌어 올리지 못하고 끌면서 배를 저어 해변으로 돌아왔다(8절). 다행히 오십 칸쯤 되는 가까운 거리였기에 별 어려움은 없었다. '오십 칸'(πηχῶν διακοσίων)을 직역하면 200규빗이다. 한 규빗이 45㎝ 정도니 200규빗은 90m 정도 되는 거리다. 그들은 연안에서 별로 떨어지지 않은 곳에서 물고기를 잡았던 것이다.

제자들이 육지에 올라와 보니 예수님이 숯불을 피우고 그 위에 생선을 굽고, 떡도 준비해 두셨다(9절). 이러한 광경은 예수님이 제자들을 먹이시는 일에 대한 하나의 모범 사례라 할 수 있다. 예수님이 잠시 후 베드로에게 양들을 먹이라고 하시기 때문이다(Keener, cf. 21:15, 17). 베드로는 이날 예수님이 갈릴리 호숫가에서 손수 지어 주신 조찬을 먹은 일을 기억하며 평생 하나님의 양들을 같은 정성과 사랑으로 먹여야 한다.

예수님이 피우신 숯불은 생선을 요리하고 밤새 추위에 떨며 작업한 제자들의 몸을 녹이기 위한 것이지만, 어쩐지 베드로가 대제사장의 집에서 예수님을 세 번 부인할 때 뜰에 피어 있던 숯불을 생각나게 한다 (cf. 18:15-27). 그때는 숯불이 베드로에게 배신의 계기가 되었지만, 이번에는 새로운 소명의 기회가 된다(cf. 21:15-25).

예수님은 제자들에게 지금 잡은 생선을 좀 가져오라고 하셨다(10절). 예수님이 제자들을 위해 숯불에 굽는 생선은 단수(ὀψάριον)로 표기되었는데(9절), 이번에는 '물고기들'(ὀψαρίων)을 가져오라며 복수를 사용하신다. 물론 제자 일곱 명을 먹이려면 더 많은 생선을 구워야 하고 제자들도 그들이 잡은 물고기를 내놓아야 하겠지만, 단수와 복수를 상징적인 의미를 지닌 것으로 해석할 수도 있다. 예수님이 이때까지 이루신 전도와 구원이 '단수' 정도라면, 앞으로 제자들이 이루어 나갈 전도와 구원은 '복수'가 되어야 한다. 훨씬 더 많이, 더 자주 하나님 나라의 복음이 선포되어야 한다.

잡은 생선을 가져오라는 말씀에 베드로가 배가 있는 곳으로 갔다. 물고기가 너무나 많아 배 안으로 끌어들이지 못한 그물을 육지로 끌어 올리니 그 안에 153마리나 있었다(11절). 요한은 '가득히 찬 큰 물고기', '백쉰세 마리', '이같이 많으나' 등 세 차례나 엄청난 양의 물고기를 강조한다. 만일 이 물고기들이 사람 팔뚝만 하다면 당시 어부들이 사용했던 열악한 그물이 찢어지지 않은 것이 기적이다! 이 이야기의 강조점은 물고기가 이렇게 많은데도 찢어지지 않은 그물에 있다. 수많은 물고기에도 불구하고 찢어지지 않은 그물은 교회가 여러 멤버로 구성되어 있지만, 예수님 안에서 항상 하나 되어 [찢어지지 않고] 해야 할 일을 다 해야 함을 상징한다(Barrett).

잡힌 큰 물고기의 수가 153마리라는 것에 대해 다양한 해석이 있다(cf. Burge, Carson, Klink, Brown). 첫째, 실제로 잡힌 물고기의 수로 보는 해석으로, 이는 역사성을 강조한다(Bernard, Brown). 숫자 '153'은 어떤 상징성을 지닌 것이 아니라, 제자들이 실제로 잡은 물고기 수가 이러했다는 것이다.

둘째, 자연적인 상징으로 해석하는 사람들은 153종의 물고기가 있는 것처럼 교회가 다양한 인종과 민족으로 채워져야 함을 의미한다고 한다. 이러한 해석은 이 세상에 153종의 물고기가 있다는 제롬(Jerome)의 잘못된 주장에서 시작되었다. 그럼에도 불구하고 교회 안에 있어야 하는 민족과 인종의 다양성을 상징한다는 것은 어느 정도 매력이 있는 주장이다.

셋째, 성경적 상징으로 해석하는 사람들은 솔로몬이 성전을 건축하기 위해 동원한 일꾼의 수가 15만 3,000명이었다는 사실과 153마리를 연결시킨다(Guilding, cf. 왕상 5:15-16). 153마리의 물고기가 잡힌 것은 앞으로 제자들이 세워 나갈 교회가 수많은 사람을 동원(전도)해 세워 나가는 새로운 성전이 되어야 한다는 것이다. 기독교 교회가 유대교 성전을 대체한다.

넷째, 수학적 상징으로 해석하는 것이다. 교부 오리겐(Origen)은 '150=(50×3)+3'이라며 153마리의 물고기는 삼위일체 하나님을 상징한다고 했다. 어거스틴(Augustine)은 153이 숫자 1-17을 모두 더한 수라며 '17'에 관심을 집중했다. 17은 '10+7'이다. 그는 이 공식에서 10은 십계명을, 7은 일곱 가지 성령의 은사를 상징한다고 해석했다.

다섯째, 게마트리아(Gematria)로 해석하는 것이다. 게마트리아의 한 예를 들면, 성경에서 666은 적그리스도의 수인데(cf. 계 13:18), 숫자 153 역시 이와 같은 방식으로 상징하는 바를 해석해야 한다는 것이다(cf. Brown). 그러나 수학과 숫자를 동원하는 마지막 두 가지 해석은 어떠한 기준도 없기 때문에 지나치게 주관적이라 할 수 있다(Carson).

현재까지는 첫 번째 해석, 곧 실제 잡힌 물고기의 숫자가 153마리였기 때문에 153으로 표기한 것이라는 해석이 가장 설득력이 있다. 여기에 그물 안에 여러 종류의 다양한 물고기가 있는 것처럼 교회에도 다양한 인종과 종족이 있어야 한다는 해석을 더하면 균형이 맞추어지는 듯하다.

밤새도록 일한 제자들의 허기를 달랠 준비가 모두 끝나자 예수님은 제자들을 불러 조반을 먹으라고 하셨다(12a절). 제자들은 예수님이 준비해 주신 식사를 맛있게 먹었지만, 그가 주님이신 줄 알았기에 아무도 당신이 누구냐고 감히 묻는 자가 없었다(12b절). 부활하신 예수님의 모습이 예전과 달랐기 때문에 빚어진 일이다. 분명히 옛 모습을 어느 정도 지니셨지만, 새로운 모습도 많이 지니셨기에 제자들이 예수님을 쉽게 알아보지 못했다. 막달라 마리아도 예수님을 곧바로 알아보지 못했고(20:16), 엠마오로 가던 제자들은 한참 동안 예수님을 알아보지 못했다(눅 24장). 그러나 식사하는 제자들은 본능적으로 예수님을 알아보았다.

예수님은 제자들에게 떡을 가져다주시고 생선도 가져다주셨다(13절). 실컷 먹으라며 음식을 주고 더 주신 것이다. 떡과 생선은 예수님이 준비하셨지만, 자신을 위한 것이 아니라 제자들을 위한 것이다(Bultmann). 예수님의 사역이 사람들에게 기쁨을 주는 음식(포도주)을 주신 것으로 시작되어(2:1-11), 제자들에게 음식(조찬)을 주시는 것으로 끝나고 있다(O'Day). 우리도 예수님처럼 계속 베풀고 주어야 한다.

예수님이 디베랴 호수에서 고기를 잡고 있는 제자들을 찾아오신 일은 부활하신 후 세 번째로 제자들에게 나타나신 일이다(14절). 성경에서 숫자 3은 만수(滿數)다. 제자들은 세 번이나 부활하신 예수님을 보았으니 부활에 대해 어떠한 의심 없이 믿고 확신해야 한다. 그래야 부활하신 예수님에 대한 믿음 위에 교회를 세워 나갈 수 있다.

이 말씀은 예수님이 제자들에게 실패도 허락하신다고 한다. 제자들은 밤새 수고했지만 물고기를 한 마리도 잡지 못했다. 예수님이 그들과 함께 계시지 않았기 때문이다. 앞으로 그들이 사람을 낚는 어부가 되어도 마찬가지일 것이다. 만일 예수님이 그들의 사역에 함께하시지 않으면 한 사람도 하나님께 인도하지 못할 것이다. 그들은 실패를 거듭하면서 사역은 자기 능력으로 하는 것이 아니라 예수님의 함께하심으로 한다는 사실을 깨달을 것이다. 이러한 사실을 깨달을 때까지 예수님은 사역자들에게 실패를 허락하신다.

우리는 양들을 먹이고 그들에게 베푸는 삶을 살아야 한다. 예수님은 이미 십자가 죽음을 통해 제자들에게 구원과 영생을 베푸셨다. 부활하신 후에도 제자들에게 계속 베푸신다. 심지어 그들의 일터를 찾아와 정성껏 준비한 조반을 먹이셨다. 우리의 사역은 예수님처럼 끊임없이 베푸는 일의 연속이어야 한다.

B. 베드로와 요한(21:15-25)

[15] 그들이 조반 먹은 후에 예수께서 시몬 베드로에게 이르시되 요한의 아들 시몬아 네가 이 사람들보다 나를 더 사랑하느냐 하시니 이르되 주님 그러하나이다 내가 주님을 사랑하는 줄 주님께서 아시나이다 이르시되 내 어린 양을 먹이라 하시고 [16] 또 두 번째 이르시되 요한의 아들 시몬아 네가 나를 사랑하느냐 하시니 이르되 주님 그러하나이다 내가 주님을 사랑하는 줄 주님께서 아시나이다 이르시되 내 양을 치라 하시고 [17] 세 번째 이르시되 요한의 아들 시몬아 네가 나를 사랑하느냐 하시니 주께서 세 번째 네가 나를 사랑하느냐 하시므로 베드로가 근심하여 이르되 주님 모든 것을 아시오매 내가 주님을 사랑하는 줄을 주님께서 아시나이다 예수께서 이르시되 내 양을 먹이라 [18] 내가 진실로 진실로 네게 이르노니 네가 젊어서는 스스로 띠 띠고 원하는 곳으로 다녔거니와 늙어서는 네 팔을 벌리리니 남이 네게 띠 띠우고 원하지 아니하는 곳으로 데려가리라 [19] 이 말씀을 하심은 베드로가 어떠한 죽음으로 하나님께 영광을 돌릴 것을 가리키심이러라 이 말씀을 하시고 베드로에게 이르시되 나를 따르라 하시니 [20] 베드로가 돌이켜 예수께서 사랑하시는 그 제자가 따르는 것을 보니 그는 만찬석에서 예수의 품에 의지하여 주님 주님을 파는 자가 누구오니이까 묻던 자더라 [21] 이에 베드로가 그를 보고 예수께 여짜오되 주님 이 사람은 어떻게 되겠사옵나이까 [22] 예수께서 이르시되 내가 올 때까지 그를 머물게 하고자 할지라도 네게 무슨 상관이냐 너는 나를 따르라 하시더라 [23] 이 말씀이 형제들에게 나가서 그 제자는 죽지 아니하겠다 하였으나 예수의 말씀은 그가 죽지 않겠다 하신 것이 아니라 내

가 올 때까지 그를 머물게 하고자 할지라도 네게 무슨 상관이냐 하신 것이
러라 ²⁴ 이 일들을 증언하고 이 일들을 기록한 제자가 이 사람이라 우리는
그의 증언이 참된 줄 아노라 ²⁵ 예수께서 행하신 일이 이 외에도 많으니 만
일 낱낱이 기록된다면 이 세상이라도 이 기록된 책을 두기에 부족할 줄 아
노라

예수님은 제자들의 아침 식사가 끝나자 베드로와 함께 호숫가를 걸
으며 대화를 나누신다. 몇 걸음 뒤에 주님이 사랑하시는 제자 요한이,
그 뒤에는 나머지 제자들이 따르고 있다(Carson, cf. 20절). 혹은 식사가
끝나고 예수님이 피워 놓으신 불을 쬐며 대화를 나누는 중일 수도 있
다. 대제사장의 뜰에서 베드로가 숯불을 쬐다가 예수님을 세 번 부인
했고(cf. 18:17-27), 이 이야기에서는 예수님이 베드로에게 주님을 사랑
한다면 주님의 양을 치라고 세 번 말씀하시는 것을 보면 숯불 주변에
서 이야기가 전개되고 있는 것으로 보인다. 예수님이 베드로에게 세
차례 물으신 것은 베드로가 세 차례 주님을 부인한 일을 상기시키기
위해서다(Klink, Mounce). 전에는 숯불이 베드로가 예수님을 부인하는
곳이었지만, 이번에는 사랑과 헌신을 다짐하는 곳이 되었다.

예수님은 베드로에게 질문하실 때마다 그를 '요한의 아들 시몬
아'(Σίμων Ἰωάννου)라고 부르신다(15, 16, 17절). 예수님이 베드로를 이
렇게 부르시는 것은 그가 형제 안드레와 함께 제자가 되겠다고 찾아온
이후로 처음이다(cf. 1:42). 그때 예수님은 그의 이름을 아람어로 '게바',
헬라어로는 '베드로'라고 지어 주셨다. 게바와 베드로 둘 다 '바위'라는
뜻이다.

예수님이 요한의 아들 시몬이라며 베드로의 아버지 이름까지 언급하
시는 것은 매우 엄숙하고 공식적인 분위기를 조성하기 위해서다(Burge,
Morris). 이는 예수님과 제자들의 관계가 새로운 국면을 맞이했음을 뜻
한다. 예수님은 실패자라며 낙심하는 제자들을 옛 위치로 회복시키실

것이다. 이 이야기의 주요 핵심 중 하나는 관계 회복이다.

예수님은 베드로에게 "이 사람들보다 나를 더 사랑하느냐?"라고 물으신다(15b절). '이 사람들보다 더'(πλέον τούτων)를 직역하면 '이것들보다 더'도 될 수 있다. 사용되는 대명사(τούτων)는 복수이며, 남성이 될수도 있고 중성(neuter)이 될 수도 있기 때문이다. 우리말 번역본은 모두남성 대명사로 간주해 '이 사람들보다 더'로 번역하지만(cf. 새번역, 공동, 아가페, 현대인) 영어 번역본은 모두 중성으로 간주해 '이것들보다 더'로번역한다(ESV, NAS, NIV, NRS).

이 대명사(τούτων)를 남성 복수로 해석하면 예수님의 질문은 두 가지의미를 지닌다. 첫째, "다른 제자들이 나를 사랑하는 것보다 네가 나를더 사랑하느냐?"이다(Mounce). 예수님이 잡히시던 날 밤 제자들이 모두주님을 버리고 도망갈 것이라고 하시자, 베드로는 그들이 모두 주님을 버릴지라도 자기는 결코 버리지 않겠다며 호언장담한 적이 있다(마26:31-33). 예수님은 아직도 주님을 향한 베드로의 사랑이 다른 제자들보다 더 큰지 물어보시는 것이다.

둘째, "네가 제자들을 사랑하는 것보다 나를 더 사랑하느냐?"이다(Barrett, Carson, Michaels). 예수님은 제자들에게 새 계명을 주시며 자신이 그들을 사랑한 것처럼 그들도 서로 사랑해야 한다고 말씀하셨다(13:34-35; cf. 15:12, 17). 예수님은 베드로가 다른 제자들을 많이 사랑하는 것을 아신다. 이 사랑과 비교할 때 주님을 향한 베드로의 사랑이 어느 정도인지를 물으신다.

한편, 이 대명사(τούτων)를 중성(neuter) 복수로 해석하면 예수님의 질문은 "네가 이것들(어업에 연관된 것들)보다 나를 더 사랑하느냐?"이다. 그러므로 예수님은 베드로에게 어업(생업)을 포기하고 자기를 따를 정도로 사랑하는지를 물으신다. 대부분 주석가는 이 해석을 선호한다(cf. ESV, KJV, NAS, NIV, NRS).

베드로는 예수님의 질문에 "주님 그러하나이다 내가 주님을 사랑하는 줄 주님께서 아시나이다"라고 대답했다(15c절). 예전에는 기회가 있을 때마다 제자 중 자기가 예수님을 가장 사랑한다며 입버릇처럼 떠들어 대던 베드로다(cf. 마 26:33; 막 14:29). 또한 예수님을 위해 자기 생명을 내놓겠다던 베드로다(13:37; cf. 15:12-13). 그러던 그가 이렇게 말하는 것을 보면 많이 겸손해졌다. 그는 더는 마음에 내키는 대로 혹은 생각하는 대로 말하지 않고, 예수님이 그에 대해 아시는 바를 기준으로 말한다. 베드로는 자신에 대해 예수님이 자기보다 더 잘 아신다는 사실을 인정하며 고백하고 있다(cf. 1:42; 2:25; 16:30). 베드로가 예수님을 세 차례 부인한 것이 그의 교만을 치료하는 약이 되었다(cf. 18장).

'사랑하느냐'는 예수님의 질문과 '사랑한다'는 베드로의 대답은 사랑에 대한 서로 다른 동사를 사용한다. 예수님은 처음 두 차례는 '아가파오'(ἀγαπάω)를 사용하시다가 세 번째는 '필레오'(φιλέω)를 사용하신다. 베드로는 세 번 모두 '필레오'(φιλέω)를 사용해 예수님의 질문에 대답한다. 다음 도표를 참조하라.

	예수님의 질문	베드로의 대답
15절	네가 나를 사랑하느냐(ἀγαπάω)?	사랑합니다(φιλέω)
16절	네가 나를 사랑하느냐(ἀγαπάω)?	사랑합니다(φιλέω)
17절	네가 나를 사랑하느냐(φιλέω)?	사랑합니다(φιλέω)

사랑에 대한 이 두 가지 동사는 서로 다른 의미를 지니고 있는가? 혹은 번갈아 가며 사용할 수 있는 비슷한 말인가? 대부분 학자는 이 두 단어가 비슷한 말로 사용되고 있으며, 저자가 의도하는 의미적 차이는 없다고 한다. 요한이 같은 단어를 여러 차례 반복하지 않으려는 차원에 두 가지 단어를 사용하고 있다는 것이다(Carson, Morris, Moulton et al., Turner). 구약을 헬라어로 번역한 칠십인역(LXX)과 신약과 요한복음에서 이 두 단어가 사용되는 사례를 찾아보면 별 차이 없이 비슷한 말로

사용되고 있기 때문이다(Carson, Keener, Shepherd, Turner).

칠십인역(LXX)은 아들 요셉에 대한 아버지 야곱의 사랑(אַהֲבַת)을 묘사할 때 이 두 단어를 동시에 사용해 번역한다(창 37:3-4). 잠언 8:17에서도 같은 히브리어 단어(אֵהַב)를 이 두 가지 헬라어 단어로 번역했다. 만일 예수님이 당시 유대인들이 주로 사용하던 공용어인 아람어로 대화를 나누셨다면 이러한 차이를 주장하는 것이 불가능해진다. 아람어에는 '사랑하다'라는 단어가 단 하나만 존재하기 때문에 사랑을 의미하는 여러 가지 헬라어로 구분할 수 없기 때문이다(Barrett, Burge, Carson, Morris).

만일 두 헬라어 단어의 의미에 차이가 있다면, 디모데후서 4:10에서 데마가 이 세상을 사랑해 바울을 버리고 데살로니가로 갔다는 말에 사용된 '아가파오'(ἀγαπάω)보다는 '필레오'(φιλέω)가 더 잘 어울린다는 것이 학자들의 일반적인 견해다. 요한복음 안에서도 이 두 단어는 비슷한 말로 사용되고 있다(cf. 19:26과 20:2, 14:23과 16:27). 요한복음에서 이 두 단어가 의미 차이 없이 비슷한 말로 사용되고 있다는 가장 결정적인 증거는 하나님 아버지의 아들 예수님에 대한 사랑이 '아가파오'(ἀγαπάω, 3:35)뿐 아니라 '필레오'(φιλέω, 5:20)로도 묘사되고 있다는 점이다.

그렇다면 해석자들이 '아가파오'(ἀγαπάω)와 '필레오'(φιλέω)의 의미를 구분한 것은 언제 시작된 일인가? 9세기에 시작되었다(Keener). 그 전까지는 헬라어로 요한복음 주석을 쓴 사람들(John Chrysostom, Cyril of Alexandria)도 두 단어의 의미에 차이를 두지 않고 서로 대입해 사용할 수 있는 비슷한 말로 간주했다(Keener, Shepherd). 그럼에도 불구하고 같은 절이나 문단에서 동시에 사용될 때는 어느 정도 차이가 있는 듯 보이기도 한다(cf. 21:15, 16, 17). 게다가 예수님이 처음 두 차례 '아가파오'(ἀγαπάω)를 사용해 질문하신 것과 달리 세 번째 질문에서 베드로가 사용하는 '필레오'(φιλέω)를 사용하시는 것을 보면 어느 정도의 의미적 차이가 있는 듯하기도 하다(Hendricksen). 자기는 절대 도망가지 않고 예수님과 함께 죽겠다고 호언장담했다가 실패한 베드로(cf. 13:31-38)로서는 사랑하느냐는 예수님의 질문에 그렇다고 쉽게 대답할 수 없었을 것이다. 그러므로 요한이 예수님과 베드로가 아람어로 나눈 대화를 헬라어로 번역할 때 베드로의 심경을 반영해 '아가파오'(ἀγαπάω)에 대한 예수님의 질문에 그가 '아가파오'(ἀγαπάω)보다는 조금 덜한 '필레오'(φιλέω)로 대답한 것으로 표기한 듯 보인다.

예수님의 질문과 베드로의 대답에 '아가파오'(ἀγαπάω)와 '필레오'(φιλέω)가 쓰인 것처럼, 이후 예수님이 베드로에게 양을 먹이라고 하시는 권면에도 다른 단어들이 사용된다. 예수님은 지속적으로 복수형인 '양들'을 사용해 그들을 먹이고 치라고 하신다. 다음 도표를 참조하라.

	예수님의 명령
15절	내 어린 양(ἀρνίον)을 먹이라(βόσκω)
16절	내 양(πρόβατον)을 치라(ποιμαίνω)
17절	내 양(πρόβατον)을 먹이라(βόσκω)

예수님은 베드로에게 주님에 대한 사랑을 양들을 먹이고 치는 일로 드러내 보이라고 하신다. 당시 큰 양 떼는 우두머리 목자(head shepherd) 한 명과 부하 목자(under shepherds) 여러 명이 함께 관리했다. 예수님이 베드로에게 자기 양 떼를 먹이고 보살피라고 하시는 것은 마치 우두머리 목자가 부하 목자에게 해야 할 일을 지시하는 것과 비슷하다. 이 양 떼의 목자는 예수님이며(10:16), 그분은 양들을 위해 목숨을 내놓으신 선한 목자이시다(10:14-15). 베드로도 예수님을 닮은 선한 목자가 되어야 한다.

예수님의 두 번째 질문은 첫 번째 질문과 동일하며, 다만 '이 사람들보다 더'(πλέον τούτων)라는 말이 빠졌다(16절). 대화의 초점을 예수님에 대한 베드로의 사랑과 그가 양을 먹이는 것에 맞추기 위해서다. 그리스도인 지도자들이 예수님을 사랑한다면, 그 사랑을 주님의 양 떼를 보살피는 것으로 표현하는 일은 매우 중요하다. 이번에도 예수님은 주님을 사랑한다고 고백하는 베드로에게 '내 양을 치라'며 목자가 해야 할 일을 다할 것을 권면하신다(Mounce).

예수님이 베드로에게 같은 질문을 세 번째 하시자 베드로가 처음 두 번처럼 쉽게 '예'(yes)라고 대답하지 못한다(17절). 이번에는 근심하며(슬퍼하며) 자신 없는 말투로 그렇다고 대답한다. 예수님이 같은 질문을 반복하시자 예수님이 이 질문을 통해 무엇을 원하시는지, 혹은 어떤 의도로 이렇게 질문하시는지 스스로 잘 이해하지 못하고 있다고 생각한다. 이번에도 예수님은 베드로에게 자기 양을 먹이라고 하신다. 예수님을 사랑하는 사람들이 그 사랑을 어떻게 표현해야 하는지 한 번 더 가르쳐 주신 것이다.

이어서 예수님은 베드로가 어떤 죽음을 맞이할 것인지 말씀해 주신다. 그동안 예수님은 매우 중요한 가르침을 주거나 사실을 말씀하실 때마다 '진실로 진실로'(ἀμὴν ἀμὴν)로 시작하셨다(cf. 1:51; 3:3, 5, 11; 5:19, 24, 25; 6:26, 32, 47, 53). 이번에도 베드로에게 중요한 말씀을 줄 테니 마음에 새기라며 이렇게 말씀을 시작하신다(18a절). 베드로는 젊어서는 스스로 띠 띠고 원하는 곳으로 다니지만, 늙어서는 그의 팔을 벌릴 것이며 남이 그에게 띠 띠우고 원하지 않은 곳으로 데려갈 것이라고 하신다(18절). 젊어서는 마음대로 활동하고 자유롭게 살지만, 늙어서는 남들에 의해 제한받는 삶을 살 것이라는 뜻이다. 어떤 이들은 이 말씀이 당시 유행하던 격언이었을 것이라고 한다(Barrett, Bultmann). 그러나 모든 사람이 노년에 예수님이 말씀하시는 삶을 사는 것은 아니기 때문에 격언이 아니라고 하는 이들도 있다(Haenchen).

베드로가 '팔을 벌리리라'(ἐκτενεῖς τὰς χεῖράς)라는 것은 그가 예수님처럼 십자가에서 순교할 것이라는 뜻이다. 그래서 초대교회는 이 표현을

347

사용해 성도들의 십자가 순교를 묘사했다(Barrett, Bultmann, Haenchen). 이러한 표현은 이사야 65:2에서 유래한 것으로 보인다. "내가 종일 손을 펴서 자기 생각을 따라 옳지 않은 길을 걸어가는 패역한 백성들을 불렀나니." 베드로는 네로 황제가 교회를 핍박하던 시대에 순교한 것으로 알려져 있다. 그는 자기는 감히 예수님처럼 바르게 매달릴 자격이 없다며 십자가에 거꾸로 매달려 죽음을 맞이했다고 한다.

'남이 네게 띠 띠우고 원하지 아니하는 곳으로 데려가리라'(18b절)는 사람들이 베드로를 줄에 묶어서 끌고 갈 것에 대한 예언이다(Burge, cf. O'Day). 베드로에게 주님을 위해 죽을 기회가 주어질 것이다. 다음 절(19절)에 이어지는 '나를 따르라'는 예수님의 권면이 새로운 의미로 다가온다. 베드로는 죽음을 통해서도 예수님을 따라야 한다. 그러므로 이 말씀은 13:36-38과 함께 읽혀야 한다.

> 시몬 베드로가 이르되 주여 어디로 가시나이까 예수께서 대답하시되 내가 가는 곳에 네가 지금은 따라올 수 없으나 후에는 따라오리라 베드로가 이르되 주여 내가 지금은 어찌하여 따라갈 수 없나이까 주를 위하여 내 목숨을 버리겠나이다 예수께서 대답하시되 네가 나를 위하여 네 목숨을 버리겠느냐 내가 진실로 진실로 네게 이르노니 닭 울기 전에 네가 세 번 나를 부인하리라(13:36-38).

요한은 이야기 진행을 잠시 멈추고 예수님이 베드로에게 하신 말씀의 의미를 설명한다(19절). 예수님의 말씀은 베드로가 어떠한 죽음을 맞이할 것인가에 관한 것이며, 그가 자기 죽음을 통해 하나님께 영광을 돌리게 될 것이라고 말씀하셨다는 것이다. 예수님은 십자가 죽음을 통해 하나님을 영화롭게 하셨다(7:39; 12:16; 13:31-32; 14:13; 17:1-5). 장차 베드로도 예수님처럼 죽음을 통해 하나님의 영광을 드러낼 것이다. 순교는 실패가 아니라 택하심을 받은 사람만이 주님을 위해 할 수 있는 최고로 영광스러운 일이다.

예수님은 베드로에게 그가 어떤 죽음을 맞이할 것인지 말씀하신 후 "나를 따르라"라고 하셨다(19b절). 예수님이 그에게 주신 예비된 길을 가라는 뜻이다. 또한 '나를 따르라'는 예수님이 제자들을 세우실 때 하신 말씀이다(1:43). 이날 예수님은 주님을 따르는 일에서 실패와 좌절을 맛보고 실의에 빠진 베드로에게 제자의 삶을 시작할 새로운 기회를 주셨다.

베드로와 예수님의 뒤를 몇 걸음 거리를 두고 따르는 제자가 있었다. 바로 예수님이 사랑하시는 제자, 곧 만찬석에서 예수님의 품에 의지해 "주님, 주님을 파는 자가 누구오니이까?"라고 묻던 사람이다(20절; cf. 13:23-25). 이 복음서의 저자 요한은 자신을 이렇게 묘사한다.

베드로는 예수님에게 요한은 어떻게 될 것인지 물었다(21절). 조금 전에 예수님은 베드로가 순교할 것이라고 말씀하셨다. 주님의 말씀을 받은 베드로는 요한의 미래도 궁금하다. 베드로와 요한이 함께 모습을 보이는 것이 벌써 네 번째다(cf. 13:22-25; 20:3-9; 21:7). 베드로가 요한에 대해 호기심이 많은 것인지, 혹은 경쟁심을 느낀 것인지는 확실히 알 수 없다.

예수님은 베드로의 질문에 매우 단호하고 냉정하게 대답하신다. 자기가 올 때까지 그를 머물게 하고자 할지라도 베드로와는 상관 없는 일이라고 하신다(22절). 예수님이 재림하실 때까지 요한을 살아 있게 하더라도 순교할 베드로가 알 바 아니라는 것이다. 요한과 베드로가 다른 것처럼 그들의 장래가 다를 것이기 때문이다.

베드로는 자신의 삶과 소명이 요한의 삶과 소명에 비교될 수 있다고 생각한다. 그러나 예수님은 각 사람의 삶과 소명은 서로 비교될 수 없다고 하신다. 그러므로 예수님은 요한의 미래에 대해 질문하는 베드로에게 "너는 나를 따르라"라고 하신다. 남의 일에 마음과 시간을 쏟지 말고 온전히 자기가 해야 할 일을 하며 살라는 것이다. 예수님을 따르는 것은 베드로와 요한의 삶이 보여 주는 것처럼 다양하다(Klink).

신앙에 대해 '이것만, 혹은 내가 생각하는 것만 옳다'고 하는 것은 착각이고 교만이다. 세상에 다양한 사람이 있는 것처럼 예수님을 따르는 방법과 길도 다양하다. 베드로는 이른 죽음으로, 요한은 오래 사는 삶으로 부르심을 받았다(Bultmann). 그러므로 베드로는 순교해 일찍 죽고, 요한은 예수님이 다시 오실 때까지 살아 있다 할지라도 두 사람 모두 예수님을 따르는 것이 중요하다. 다만 '주도 한 분이시요 믿음도 하나요 세례도 하나요 하나님도 한 분'이시라는 사실을 마음에 품고 살면 된다(엡 4:5-6).

'나를 따르라'는 요한복음에 기록된 예수님의 마지막 말씀이다. 처음에 제자가 되겠다며 따라오는 사람들에게 "무엇을 구하느냐?"라고 물으신 것(1:38)과 쌍을 이루는 말씀이기도 하다. 드디어 예수님은 주님을 찾아와 여기까지 따라온 제자들에게 '나를 따르라'라며 삶의 방향을 제시하신다. 제자들이 '와서 보라'(1:39) 하신 예수님의 말씀대로 지난 3년간 주님과 함께 지내며 배우고 훈련받은 자연스러운 결과다.

요한은 예수님이 자기에 대해 베드로에게 하신 말씀의 의미가 무엇인지 한 번 더 설명한다(23b절). 예수님의 말씀이 일부 그리스도인 사이에 오해를 불러일으켰기 때문이다(23a절). 예수님은 요한의 미래에 대해 말씀하시면서 하나의 가정(假定)을 말씀하셨는데, 사람들은 이를 기정사실로 받아들여 요한이 주님이 다시 오실 때까지 죽지 않을 것으로 생각한 것이다. 아마도 시간이 지나면서 내용이 와전되는 바람에 요한이 복음서를 저작할 즈음에는 예수님이 하신 말씀의 의미를 한 번 더 확실하게 전달할 필요가 있었던 것으로 보인다.

요한은 자신을 두고 '이 일들을 증언하고 이 일들을 기록한 제자'라고 한다(24a절). 우리는 그의 증언이 참된 줄 안다고 하는데(24b절), '우리'는 누구인가? 사도 요한이 머물던 에베소 교회 장로들이라며 구체적인 대상을 지목하는 이들도 있고(Bruce, Morris, Westcott), 1:14-18을 바탕으로 '세상 사람들'이라고 하는 이들도 있다(Minear). "말씀이 육신이 되어 우리 가운데 거하시매 우리가 그의 영광을 보니 아버지의 독생자의 영광이요 은혜와 진리가 충만하더라"(1:14). 요한이 속했던 에베소 교회 성도들(Brown), 혹은 요한이 원본을 저작한 이후 21장을 추가한 훗날의 제자들이라고 주장하는 이들도 있다(Culpepper, Schlatter). 요한은 그가 복음서를 저작하도록 격려하고 도운 성도들과 요한복음을 통해 예수님에 대해 증언한 것에 동의하는 사람들을 '우리'라고 칭하는 것으로 보인다. '우리'가 강조하고자 하는 것은 복음서의 저자 요한이 참으로 신실한 증인이라는 사실이다. 그러므로 20:30-31이 요한복음의 목적을 언급한 것처럼, 이 말씀은 요한복음의 출처를 언급한다(Klink). 요한은 예수님의 신실한 제자이며 권위 있는 증인으로서, 성령의 영감을 받아 이 복음서를 집필할 자격을 두루 갖춘 사람이라는 것이다.

요한은 예수님이 실제로 행하신 일은 자신이 이 복음서에 기록한 것보다 훨씬 많아서 낱낱이 기록한다면 이 세상이라도 예수님의 모든 행적을 기록한 책을 두기에 부족할 것이라는 말로 이 책을 마무리한다(25절). 이처럼 과장되게 말하는 것은 당시 자주 사용되던 문학적 관습(literary convention)이다(O'Day, cf. Carson). 우리말 번역에는 잘 드러나지 않지만, 요한은 이 말을 1인칭 단수로 한다. "예수께서 행하신 일이 이 외에도 많으니 만일 낱낱이 기록된다면 이 세상이라도 이 기록된 책을 두기에 부족할 줄 [내가] 아노라." 요한복음에서 저자가 1인칭 단수로 말하는 것은 처음이자 마지막이다.

요한은 자신의 저서가 예수님의 삶과 가르침에 대한 모든 것을 회고하는 것은 아니라고 한다. 이는 예수님의 삶과 가르침을 더 자세히 알려면 다른 복음서(공관복음)도 필요하다는 것을 암시한다. 우리에게 전수된 복음서는 배경이 다른 네 명의 저자가 각기 처한 고유 상황에서 집필한 것이다. 그럼에도 불구하고 이 책들이 증언하는 복음은 하나다. 복음은 하나이지만, 프레젠테이션은 다양하다.

이 말씀은 예수님을 사랑하는 사람들은 그 사랑을 말로만 고백할 것이 아니라 주님의 양들을 먹이고 보살피는 일로 표현해야 한다고 한다. 선한 목자이신 예수님은 우리에게 그분의 양 떼를 맡기셨다. 하나님의 양을 보살피는 것은 목회자들만의 일은 아니다. 먼저 믿게 된 사람이 나중에 믿은 사람들을 격려하며 돕고, 하나님의 말씀으로 세워가는 것 역시 하나님의 양을 돌보는 일이다. 모든 그리스도인이 목양하도록 부르심을 받은 것이다.

때로는 하나님이 우리에게 큰 희생을 요구하실 수도 있다. 예수님은 베드로가 자기처럼 십자가에 매달려 순교하게 될 것이라고 하셨다. 예수님의 제자가 된다는 것은 때때로 복음을 위해 목숨을 내놓아야 할 수도 있다. 하나님이 우리의 순교를 통해 영광을 받고자 하실 수도 있기 때문이다. 그러므로 평소에 하나님이 요구하시는 작은 희생과 헌신에 불평하지 말고 오히려 감사하자. 이는 하나님이 헌신과 희생을 부탁하실 정도로 우리를 친밀하고 귀하게 여기신다는 증거이기 때문이다.

복음이 하나이지만 복음서가 여러 개인 것처럼 교회와 신앙을 유지하는 일에서도 다양성을 인정해야 한다. 나 혼자만 제대로 믿고, 내 방식만 유일하다고 주장하는 것은 독선이며 교만이다. 사람이 저마다 다른 것처럼 다른 가능성에 대해서도 마음을 열어야 한다. 중요한 것은 어떤 모형과 방식을 취하든 온전히 예수님을 따르는 것이다.

다른 사람의 삶에 관심을 갖는 것은 좋은 일이다. 관심을 가져야 그들이 처한 상황을 알고 도울 수 있기 때문이다. 그러나 지나친 관심은 오히려 독이 된다. 예수님이 베드로에게 요한의 미래에 대해 알려고 하지 말라고 하신 것처럼, 어느 정도는 이웃의 일에 관심을 가져도 지나치게 개입하는 것은 옳지 않다. 적당한 거리를 유지하며 서로 존중하고 의지하며 살아야 한다.